Transtornos do espectro
OBSESSIVO-COMPULSIVO

Caroline T. Reppold
Ygor A. Ferrão
Claudio S. Hutz
(Organizadores)

Transtornos do espectro
OBSESSIVO-COMPULSIVO

© 2013 Casapsi Livraria e Editora Ltda.
É proibida a reprodução total ou parcial desta publicação, para qualquer finalidade, sem autorização por escrito dos editores.

1ª Edição	*2013*
Editor	*Ingo Bernd Güntert*
Gerente Editorial	*Fabio Alves Melo*
Coordenadora Editorial	*Marela Roncalli*
Revisão	*Flavia Okumura Bortolon*
Diagramação e Capa	*Carla Vogel*

Dados Internacionais de Catalogação na Publicação (CIP)
Angélica Ilacqua CRB-8/7057

Transtorno do espectro obsessivo-compulsivo / organizado por Caroline T. Reppold, Ygor A. Ferrão, Claudio S. Hutz. - São Paulo : Casa do Psicólogo, 2013.

ISBN 978-85-8040-264-3

1. Transtorno obsessivo-compulsivo 2. Transtornos alimentares 3. Transtornos de comportamento 4. Tabagismo 5. Drogas I. Reppold, Caroline T. II. Ferrão, Ygor A. III. Hutz, Claudio Simon II.

13-0329   CDD 616.85227

Índices para catálogo sistemático:
1. Transtorno obsessivo-compulsivo

Impresso no Brasil
Printed in Brazil

As opiniões expressas neste livro, bem como seu conteúdo, são de responsabilidade de seus autores, não necessariamente correspondendo ao ponto de vista da editora.

Reservados todos os direitos de publicação em língua portuguesa à

Casapsi Livraria e Editora Ltda.
Rua Simão Álvares, 1020
Pinheiros • CEP 05417-020
São Paulo/SP – Brasil
Tel. Fax: (11) 3034-3600
www.casadopsicologo.com.br

Sumário

Prefácio...7
Ellis A. D'Arrigo Busnello

Introdução...13
Caroline Reppold, Claudio S. Hutz, Ellis Busnello e Ygor Arzeno Ferrão

Transtorno obsessivo-compulsivo na infância e adolescência...........21
Caroline Tozzi Reppold, Claudio Hutz e Janaína Pacheco

**Transtornos alimentares na adolescência:
anorexia nervosa e bulimia nervosa**.......................................53
Leticia Oliveira

Álcool: uso, abuso e dependência..93
Lisiane Bizarro, Ana Carolina Peuker e Alcyr Oliveira

Tabagismo...119
Cláudia Galvão Mazoni, Maristela Ferigolo e Helena M. T. Barros

Maconha......147
Lucas Neiva-Silva

Inalantes e solventes......193
Lucas Neiva-Silva

Uso e dependência de cocaína e crack......217
Luciana Signor, Maristela Ferigolo e Helena M. T. Barros

Transtorno de Tourette......241
Igor Marcanti dos Santos, Leandro Ciulla e Ygor Arzeno Ferrão

Ciúme no relacionamento amoroso......299
Andrea Lorena da Costa, Marcelo Campos Castro Nogueira e Monica L. Zilberman

Transtornos de comportamentos sociais com reprovação
cultural: omniomania (comprar patológico) e cleptomania
(roubar patológico)......345
Ygor Arzeno Ferrão, Lívia Lopes Moreira, Helena Bins e Luciana Moreira

Transtornos de comportamentos aditivos: jogar patológico,
dependência de internet e "videogaming"......369
Helena Dias de Castro Bins e Ygor Arzeno Ferrão

Transtorno dismórfico corporal......403
*Albina Rodrigues Torres, Melissa Chagas Assunção,
Daniel L. da Conceição Costa e Luciana Archetti Conrado*

Transtorno da compulsão alimentar periódica (TCAP)......443
Lucia Marques Stenzel e Rafael Marques Soares

Sobre os autores......469

PREFÁCIO

Ellis A. D'Arrigo Busnello
Universidade Federal do Rio Grande do Sul (UFRGS)

Em seu livro sobre a medicina e sobre o capitalismo, Vicente Navarro usa como epígrafe para *"As Origens Políticas e Econômicas do subdesenvolvimento da Saúde na América Latina"*, uma parte de uma velha canção popular colombiana. Esta poderia ser traduzida da seguinte forma:

"Ó amor, ó amor meu,

Diz-me, nós somos pobres porque não temos riquezas

Ou é porque nós não temos riquezas que somos pobres."

Vicente Navarro cunhou a expressão "a falácia do subdesenvolvimento" postulando que a causa do subdesenvolvimento e a consequente má distribuição dos recursos não era a escassez de recursos intelectuais, econômicos e técnicos nos países à época ditos pobres, mas bem o contrário. Buscamos estas reflexões do nosso baú de memórias, mais precisamente, do mestrado em Saúde Pública, área de concentração em saúde mental, que como bolsista da Organização Mundial da Saúde – Organização Pan Americana da Saúde, foi por nós realizado no ano acadêmico de 1971 – 1972, na então Johns Hopkins University School of Hygiene and Public Health (atual Bloomberg School), que se seguiu a uma viagem de treinamento por diversas cidades com serviços comunitários de saúde mental ligados a instituições acadêmicas, quando nos foi solicitada a elaboração deste prefácio para o oportuno livro editado pelos professores universitários Claudio Simon Hutz, Caroline T. Reppold, e Ygor Arzeno Ferrão, que partindo de um país à época dito subdesenvolvido, se propõe a mostrar que as riquezas nele existem para comparecer entre os bens de nossos países em sua busca de serem plenamente desenvolvidos e trabalhando na ponta das buscas das suas sociedades humanas para a melhora das suas condições econômicas e sociais, no caso, da saúde das mesmas.

A oportunidade, a abrangência, a profundidade dos conhecimentos já existentes nele expostos em seus diversos capítulos, e das interrogações que ficam de uma forma clara e radiosa expostas, valem todo e qualquer esforço que se faz para a compreensão do que sejam os transtornos do comportamento humano, sejam impulsivos precedidos por ideias obsessivas, ou compulsivos que, dentro de uma gradação maior ou menor, são tentados controlar. Também a exposição sistematizada destes transtornos do comportamento humano neste livro, abrange aqueles quadros em que os impulsos são realmente levados à ação, através de ações que quem as pratica prejudica a si e a outro(s), sofrendo, quando não destruindo a si próprio e o(s) objeto(s) de seu ato impulsivo, de forma por vezes suportável, mas no mais das vezes insuportável, quando não brutal, incontrolável, implicando em grau menor ou maior de repúdio do(s) seu(s) próprios autores, pelos que os o(s) observa(m), num grau menor ou maior de revolta, de indignação e de repúdio social.

Assim é que estamos em face de um livro produto do desenvolvimento da Medicina e das Ciências da Saúde, e das demais profissões que se envolvem com saúde, sejam dos seus aspetos físicos, mentais e sociais. São todos eles trabalhadores da saúde, alguns já primariamente ligados à mesma, tais como psicólogos, enfermeiros, assistentes sociais, nutricionistas, fonoaudiólogos e biólogos, todos de diversos níveis, que numa façanha inédita conseguiram coligir diversos momentos e aspectos de comportamentos patológicos dos seres humanos, todos muito conhecidos e todos ao mesmo tempo muito pouco compreendidos e por isso mesmo muito pouco beneficiados pelos infelizmente ainda hoje escassos recursos para identificar, entender científica e humanamente, prevenir, tratar e reabilitar os portadores e perpetradores dos ditos atos obsessivo-compulsivos, e dos atos impulsivos controláveis ou não.

Na linha de pensamento acima referido sobre a pobreza e a riqueza do conhecimento científico sobre as causas, as consequências, a prevenção, a cura e a reabilitação, dos humanos e das parcelas da humanidade que apresentam transtornos do que vem sendo referido como o espectro dos comportamentos obsessivo-compulsivos, temos que saudar o surgimento do que espero seja uma primeira de muitas edições deste livro. Nossa confiança absolutamente contrária à perspectiva subdesenvolvida de que somos pobres em pesquisa, na esperança deste professor, é claramente posicionada no que já está sendo apresentado nesta obra em identificação de tipos e subtipos ou diagnósticos, das descobertas que vem e as que virão no bojo dos mesmos, seguidas por outras, que acrescerão às descobertas que estão por vir, sobre a Etiofisiologia e a Etiopatogenia e, consequentemente, sobre as causas e os tratamentos biológicos, psicológicos e sociais do comportamento obsessivo, compulsivo e impulsivo dos indivíduos e dos grupos humanos, e que portanto contribuirão para o desenvolvimento da Medicina, das Ciências da Saúde e das Ciências Humanas, através do fortalecimento da saúde comportamental dos seres humanos que constituem a humanidade.

Este livro congrega cientistas, professores, terapeutas e administradores de programas de saúde, alguns alunos de escolas de Ciências da Saúde e de Ciências Humanas de graduação e de todos os tipos de pós-graduações e extensões das sociedades que já não se podem denominar de subdesenvolvidas, uma vez que desde sempre contraditaram a ideia de que a causa do subdesenvolvimento físico, mental e social de nossas populações não é apenas a escassez e a má distribuição dos recursos humanos e materiais em nossos países, mas a postura subdesenvolvida adotada pelos responsáveis pelas políticas de saúde de nossas nações, acompanhados por vezes por professores, pesquisadores e administradores das escolas das ciências da saúde e pelos dirigentes dos locais onde se desenvolvem ações de saúde. A eles é que cabe responder a questão que ficou expressa na canção popular colombiana por nós referida, se são os recursos econômicos os que nos impedem de agregar e organizar as pessoas que desejam fazer avançar os conhecimentos e que acreditam ser possível desenvolvê-los e aplicá-los dentro das nossas sociedades até pouco tempo ditas subdesenvolvidas. Somos dos que acreditam que nosso atraso repousa na inércia intelectual longamente instalada, que permitiu de uma parte a desorganização, e, de outra, facilitou o desenvolvimento de uma falsa vida acadêmica em nossos meios universitários. Felizmente, ao que tudo indica e o que desponta, desde as últimas décadas, é que a comunidade acadêmica e científica capacitada do nosso país está se organizando e se alinhando com todos aqueles que, em todo o mundo, querem fazer avançar a ciência com a finalidade de tornar muito mais saudáveis física, psíquica e socialmente as sociedades humanas, a humanidade que a compõe, e que certamente este professor acredita termos em abundância em nossos jovens países.

A permanência dos grupos de estudo que conseguiram chegar até este livro é uma demonstração de que nós poderemos ser desenvolvidos dentro de uma sociedade subdesenvolvida ou até em desenvolvimento como o são as nações do nosso continente, e que o rompimento e a superação do nível de atraso da pesquisa em nossas nações não é uma fatalidade que não se possa reverter. É só observar através dos diversos capítulos deste livro a pujança dos trabalhos nele contidos, no que se refere à melhora da definição das condições mentais e comportamentais que são objeto dos capítulos do livro; da abordagem diagnóstica, terapêutica, de reabilitação, do enfoque dos problemas pessoais, familiares e sociais, éticos e legais dos problemas de saúde dentro do mesmo agrupados.

Este livro é, no momento, um belo apanhado do estado atual do conhecimento sobre o que denominamos atualmente de transtornos obsessivo-compulsivos, sobre os transtornos de controle dos impulsos, bem como sobre outros transtornos que com os mesmos mantém clara interface. Também transparece aqui muito do que sabemos e também sobre o muito que resta por saber. É nosso dever, neste momento em que nosso país assume seu papel de ser sujeito e não apenas o objeto do desenvolvimento, dar continuidade à tarefa de atingir o que é apontado pelos nossos arautos, os poetas, o sonho impossível. Esta tarefa, só será concluída no momento em que avançarmos em direção do maior e melhor conhecimento científico sobre as causas, sobre o desenvolvimento, sobre o tratamento e sobre a cura dos problemas de saúde aqui abordados. Isto só poderá ocorrer devido a esforços como este, pois que o ideal de alcançarmos a melhora terapêutica, e por que não, a cura dos problemas de saúde aos quais se refere esta obra, depende dos estudiosos das escolas de conhecimento que aqui se reuniram e que comparecem nesta edição, e dos outros que virão a eles se agregar. Destes é que, estamos certos, virão as contribuições que nos brindarão com a solução destes e de outros problemas de cuja solução dependerá a elevação do grau de saúde física, mental e social dos grupos e das sociedades humanas.

Introdução

Caroline Reppold
Claudio S. Hutz
Ellis Busnello
Ygor Arzeno Ferrão

O surgimento de instrumentos de classificação, tais como o *"Diagnostic and Statistical Manual of Mental Disorders"* (DSM), em suas quatro edições, e a *"International Classification of Diseases"* (CID), em suas dez edições, fez preponderar, em nossos dias, a abordagem categórica e classificatória nos diagnósticos dos transtornos mentais. Tal abordagem retorna o modelo psiquiátrico ao modelo médico tradicional, qual seja, nomeando entidades patológicas e relacionando-as a etiologias específicas, facilitando, destarte, a comunicação e as tomadas de decisão.

Apesar disso, o interesse em modelos baseados em espectros psicopatológicos é crescente. Define-se "espectro" como "um arranjo ordenado de determinada característica (como frequência ou energia); podendo constituir-se de vários *continua* Cada *"continuum"* diz respeito a uma única característica fenomenológica de um transtorno, sendo que em um extremo estaria a ausência dessa característica, enquanto, no outro extremo, a presença absoluta dessa característica. Na linha que une os extremos, a presença/ausência dessa característica deixa de ser absoluta/binária e passaria a ser "dimensional", progressiva, quantitativa, podendo o sujeito apresentar mais ou menos uma determinada característica (ver Figura 1). Vários *continua* agrupados formam um espectro.

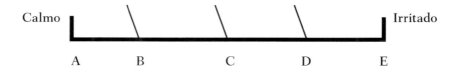

Fig. 1. Exemplo de "continuum" de uma característica psicopatológica, constituindo a "dimensão" calma-irritabilidade. "A" e "E" representam os extremos, enquanto que "B", "C" e "D"representam as variações possíveis dentro do "contínua". "B" = mais calmo do que irritado; "D" = mais irritado do que calmo; "C" = igualmente calmo e irritado.

Tal interesse tem como alicerce a simplicidade dos modelos categóricos e a dificuldade em se obter respostas a determinadas questões como:

- Por que tantas categorias diagnósticas, apesar das tentativas de torná-las homogêneas, continuam apresentando-se heterogeneamente?
- Como justificar as variações nos critérios diagnósticos desde a elaboração dos primeiros instrumentos classificatórios?
- Como explicar que tipos específicos de cognições, emoções, comportamentos e estilos interpessoais podem ser observados em diversas categorias diagnósticas?

- Como explicar que, quanto maior a rigidez nos critérios de avaliação, mais se evidencia que pacientes preenchem critérios para múltiplos transtornos mentais, tanto de eixo I como de eixo II, tornando "comorbidade" quase uma regra em diagnóstico psiquiátrico?

Desta forma, acredita-se que a observação clínica pode arranjar, em grupos (ou espectros), transtornos que se comportem fenomenologicamente de forma semelhante ou apresentem características compartilhadas, sendo cada um deles uma manifestação de um ou mais distúrbios subjacentes interagindo com influências ambientais, tais como eventos negativos de vida, circunstâncias adversas crônicas, ou fatores culturais, produzindo o que chamamos de psicopatologia. Cada transtorno individualmente, dentro desse modelo, pode então diferir dos demais de acordo com o sexo em que predomina, severidade dos sintomas, duração, estágio ou fase da doença ou da vida em que ocorre, aspectos de funcionamento biopsicossocial afetados ou temperamento e personalidade subjacente.

Por exemplo, a teoria que postula um espectro impulsivo-compulsivo tem sido alvo de numerosos estudos e trabalhos, principalmente com o desenvolvimento de pesquisas nas alterações do funcionamento serotoninérgico e na experiência em tratar pacientes com inibidores seletivos da recaptação da serotonina. (Asberg, Traskman & Thorén P., 1976; Coccaro, Siever, Klaret al., 1989; Hollander & Cohen, 1996; Kavoussy & Coccaro, 1996; Miguel & Shavit, 1996; Rapoport, & Ryland, 1992; Roy, Nutt, & Virkkunen; 1987; Swedo, Leonard &, Rapoport, 1989). Outras evidências que corroboram essa hipótese baseiam-se em semelhanças entre os transtornos de controle de impulsos (jogar patológico, tricotilomania, cleptomania, piromania, transtorno explosivo intermitente, comprar patológico, escoriação neurótica, entre outros) e o transtorno obsessivo-compulsivo, como por exemplo, aspectos neurobiológicos, etológicos, epidemiológicos, sociodemográficos, de neuroimagem e de resposta ao tratamento psicoterápico e farmacológico (Ferrão, 2006; Christenson, Faber & De Zwaan, 1994; Del Porto, 1996; Hollander & Wong, 1995).

Baseando-se nisso, em 1995, Hollander e Wong consolidaram o conceito de espectro obsessivo-compulsivo (Fig. 2), apresentando vários transtornos psiquiátricos que compartilhariam características fenomenológicas com o transtorno obsessivo-compulsivo (TOC), situado no centro do espectro (Hollander & Wong, 1995). Contudo, o rol de transtornos que poderia constituir o espectro obsessivo-compulsivo poderia ser ampliado, uma vez que inúmeros transtornos mentais podem compartilhar semelhanças com os sintomas-chave do TOC: as obsessões e as compulsões.

Nesse sentido, este livro destina-se a revisar e discutir vários dos transtornos do espectro obsessivo-compulsivo propostos por Hollander, além de incluir outros transtornos que podem fazer parte dessa intersecção dimensional psicopatológica.

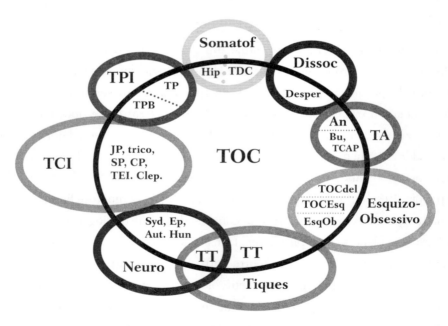

Fig. 2. Espectro obsessivo-compulsivo, adaptado de Hollander e Wong, 1995.
TOC = transtorno obsessivo-compulsivo; TCI = transtornos de controle de impulsos; JP = Jogo patológico; trico = tricotilomania; SP = excoriação neurótica; CP = comprar patológico; TEI = transtorno explosivo intermitente; Clep = cleptomania;

Neuro = transtornos neuropsiquiátricos; Syd = coréia de Sydenham; Ep = epilepsia; Aut = autismo; Hun = coreia de Huntington; TT = transtorno de Tourette; TOCdel = TOC delirante; TOCEsq = TOC com esquizofrenia; EsqOb = esquizofrenia com TOC; TA = transtorno alimentar; Na = anorexia nervosa; Bu = bulimia; TCAP = transtorno de compulsão alimentar periódico; Dissoc = transtorno dissociativo; Despers = despersonalização; Somatof = transtornos somatoformes; Hip = hipocondria; TDC = transtorno dismórfico corporal; TP = transtorno de personalidade; TPAS = transtorno de personalidade antissocial; TPB = transtorno de personalidade *borderline*.

Assim, é que a primeira parte deste livro, explora o núcleo do espectro, ou seja, o transtorno obsessivo-compulsivo, dando uma base fenomenológica para as demais partes do livro. A segunda parte revisa os transtornos de controle de impulsos, mas não apenas aqueles classificados nos manuais diagnósticos, mas revisando também outros transtornos considerados "impulsivos" ainda não adequadamente classificados. A terceira parte inclui os transtornos alimentares, que por suas especificidades, foram agrupados independentemente dos demais transtornos. A quarta parte envolve os transtornos devido ao uso e abuso de substâncias psicoativas, que não são classificados classicamente no espectro obsessivo-compulsivo, mas que compartilham indiscutivelmente características obsessivas e compulsivas, no sentido estrito desses conceitos, como será visto. A quinta parte relata transtornos que não se encaixam nas partes acima, mas que possuem relevância clínica e de pesquisa na abordagem do espectro obsessivo-compulsivo, ou seja, o transtorno dismórfico corporal, o ciúme patológico e o transtorno de Tourette.

Referências

Asberg, M., Traskman, L., & Thorén, P. (1976). 5-HIAA in the cerebrospinal fluid: A biochemical suicide predictor? *Archives of General Psychiatry*, 33, 1193-1197.

Christenson, G. A., Faber, R. J., De Zwaan, M. et al. (1994). Compulsive buying: Descriptive characteristics and Psychiatric comorbidity. *Journal of Clinical Psychiatry*, 55(1), 5-11.

Coccaro, E. F., Siever, L. J., Klar, H. M et al. (1989). Serotoninergic studies in affective and personality disorder patients: Correlations with behavioral aggression and impulsivity. *Archives of General Psychiatry*, 46, 587-599.

Del Porto, J. A. (1996). Compulsões e impulsos: cleptomania, jogar compulsivo, compulsões sexuais. In: E. C., Miguel Filho, (Ed.) Transtornos do espectro obsessivo-compulsivo: diagnóstico e tratamento. Rio de Janeiro: Guanabara-Koogan. p. 104-116.

Ferrão, A., Almeida, V. P., Dedin, N. R., Rosa, R., & Busnello, E. D. (2006). Impulsivity and Compulsivity in patients with Trichotillomania or Skin Picking compared with patients with Obsessive-Compulsive Disorder. *Comprehensive Psychiatry*, 47, 282-288.

Hollander, E., & Wong, C. M. (1995). Obsessive-Compulsive Spectrum Disorders. *Journal of Clinical Psychiatry*, 56 (suppl) 4, 3-6

Hollander, E., & Cohen, L. J. (1996). Psychobiology and psychopharmacology of Compulsive Spectrum Disorders. In: J. M. Oldham, E. Hollander & A. E. Skodol (Eds.). Impulsivity and Compulsivity (143-166). Washington, DC: *American Psychiatric Press*.

Kavoussy, R. J., & Coccaro, E. F. (1996). Biology and pharmacological treatment of impulse-control disorders In: J. M. Oldham, E. Hollander & A. E. Skodol (Eds.). Impulsivity and Compulsivity (119-142). Washington, DC: *American Psychiatric Press*.

Miguel E. C., & Shavit, R. G. (1996). Neurobiologia do Transtorno Obsessivo-Compulsivo: Aspectos etológicos. In: E. C. Miguel Filho (Ed). *Transtornos do espectro obsessivo-compulsivo: Diagnóstico e tratamento* (51-71). Rio de Janeiro: Guanabara-Koogan,

Rapoport, J. L., Ryland, D. H. et al. (1992). Drug treatment of canine acral lick. An animal model of obsessive-compulsive disorder. *Archives of General Psychiatry,* 49, 517-522.

Roy., A., Nutt, D., Virkkunen M. et al. (1987). Serotonin, suicidal behavior and impulsivity. *Lancet,* 2, 949-950.

Swedo, S. E., Leonard, H. I., Rapoport, J. L. et al. (1989) A double-blind comparision of clomipramine and desipramine in the treatment of trichotillomania (hair pulling). *New England Journal of Medicine,* 321, 497-501

Transtorno obsessivo-compulsivo na infância e adolescência

Caroline Tozzi Reppold
Universidade Federal Ciências da Saúde de Porto Alegre (UFCSPA)

Claudio Hutz
Universidade Federal do Rio Grande do Sul (UFRGS)

Janaína Pacheco
Universidade Federal Ciências da Saúde de Porto Alegre (UFCSPA)

Os problemas de pensamento contemplados nesse capítulo referem-se a comportamentos disfuncionais que expressam alterações do processo de pensar quanto ao conteúdo do pensamento e uma provável fusão psicológica evidente entre o pensamento e a ação. Especificamente, este capítulo aborda o tema do transtorno obsessivo-compulsivo (TOC).

As características principais do transtorno obsessivo-compulsivo são obsessões ou compulsões recorrentes suficientemente graves a ponto de consumirem tempo ou causarem sofrimento acentuado ou prejuízo significativo (APA, 2002). Embora seja classificado pelo DSM-IV-TR (APA, 2002) como um transtorno de ansiedade, compreende-se que a natureza bizarra dos pensamentos/comportamentos que o caracteriza confere ao TOC algumas peculiaridades que legitimam o interesse dos pesquisadores em investigá-lo à parte dos transtornos de ansiedade. Os indivíduos que desenvolvem obsessões/compulsões apresentam um padrão recorrente de comportamentos motivados por impulsos vivenciados como intrusivos e inadequados; tendem a subestimar sua capacidade de ser assertivo diante de situações-limite ou a tolerar experiências adversas e a superestimar a possibilidade de que acontecimentos estressores venham a ocorrer (Clerkin & Teachman, 2011). Os indivíduos com problemas de pensamento tendem a suprimir a expressão de seus pensamentos invasivos através de compulsões que visam a diminuir sua ansiedade. Essas compulsões têm o propósito de evitar fatalidades e anular a crença de que pensar algo negativo pode, por si só, se reverter na realização desse pensamento (APA, 2002; OWH, 1993; Torres & Smaira, 2001).

Desta forma, os sujeitos que apresentam obsessão/compulsão adotam prioritariamente como estratégias de enfretamento comportamentos de repetição ou de esquiva que revelam uma tentativa ilusória de controlar situações imprevisíveis e evitar que seu descontrole resulte em ações moralmente inadequadas (APA, 2002; Pace, Thwaites, & Freeston, 2011). Em última instância, buscam evitar sentimentos de culpa por eventos que, na realidade, independem de seu comportamento ou volição e que, na maioria das vezes, sequer vieram a acontecer. Assim, tanto pelo caráter ineficaz de suas estratégias, quanto pela sua capacidade de autocrítica, vivenciam intenso sofrimento psíquico e graves prejuízos emocionais que dificultam seu desenvolvimento social adaptativo (Freeman, Flessner, & Garcia, 2011; Mataix-Cols, Rosário Campos, & Leckman, 2005; Obsessive Compulsive Cognitions Working Group - OCCWG, 1997).

Obsessão/compulsão

Com a descrição, realizada por Pierre Janet, em 1903, da síndrome obsessivo-compulsiva infantil, um novo campo de investigações foi aberto e, desde então, muitas evidências sobre as peculiaridades clínicas do TOC na infância e na adolescência têm sido sistematicamente incorporadas aos manuais psiquiátricos e às diretrizes de tratamento. Um dos principais achados apresentados por esses estudos refere-se à semelhança quanto à prevalência do TOC entre crianças e adultos - 2% a 3% na população geral (Geller et al., 2001; Torres & Lima, 2005; Zohar, 1999). Outro é o reconhecimento de que as obsessões e/ou compulsões podem iniciar em qualquer etapa do ciclo vital, embora em pelo menos um terço dos casos ocorra primeiramente na infância (Fontenelle, Mendlowicz, Marques, & Versiani, 2003; Garcia et al., 2009; Mataix-Cols et al., 2005).

Ressalte-se que as obsessões e compulsões diferem do pensamento mágico, frequente em crianças com desenvolvimento típico, por serem invasivos, estressantes e não auxiliarem na compreensão lógica dos eventos. Compulsões distinguem-se também de rituais próprios de algumas fases do desenvolvimento. Por exemplo, na fase pré-escolar, é comum que as crianças peçam aos cuidadores para contar a mesma história várias vezes da mesma forma, ou cultivem hábitos ritualísticos para dormir, comer ou tomar banho (Rosário-Campos & Mercadante, 2000). Esses comportamentos auxiliam-nas a ter uma sensação de controle sobre a imprevisibilidade das situações e a limitação de seu repertório. Além disso, não causam incômodo, não têm a intensidade de uma compulsão e não interferem no desempenho de outras tarefas.

Comportamentos repetitivos podem ser normais e adaptativos também na vida adulta dependendo de sua frequência, intensidade e adequação social. Exemplos disso são o desenvolvimento de hábitos que promovam um melhor desempenho dos indivíduos em atividades diárias, as superstições ou ainda a organização isolada de uma coleção de objetos de preferência pessoal (Garcia et al., 2009). No entanto, esses comportamentos podem ser postergados de acordo com as demandas da realidade, o que não ocorre com os indivíduos que apresentam sintomas de obsessões e/ou compulsões. Nesse caso, a impossibilidade de atingir objetivos vinculados a suas compulsões implica-lhes forte sofrimento e prejuízos relevantes a sua rotina.

Obsessões são definidas como pensamentos, ideias, imagens ou impulsos que assumem, no plano mnêmico, a forma de palavras, falas, números, músicas, figuras ou cenas repetitivas, vivenciadas como invasivas e desagradáveis (APA, 2002). Pelo seu caráter irracional, as obsessões diferem de preocupações lógicas e excessivas relacionadas a problemas cotidianos e são normalmente considera- das "egodistônicas", à exceção dos casos infantis (APA, 2002; Chiorri, Melli, & Smurra, 2011; Rasmussen & Eisen, 1994; Shafran, 2001). Assim, em razão da ansiedade que evocam, os sujeitos procuram ativamente ignorar, suprimir ou neutralizar esses pensamentos invasivos através de outros pensamentos ou ações, denominados compulsões.

As compulsões são definidas como comportamentos ou atos mentais repe- titivos realizados para aliviar o mal-estar provocado por uma obsessão ou para evitar que uma temida situação imaginada repetidamente venha a acontecer (APA, 2002; Chiorri et al., 2011). Por terem um objetivo definido, ainda que irreal, e por não terem o propósito de atingir um prazer e sim atenuar um des- conforto emocional, as compulsões diferem também de outros comportamentos repetitivos, como os transtornos de tique, a tricotilomania (ato impulsivo e persis- tente de arrancar cabelo) ou o jogo patológico (um transtorno no qual o indivíduo sente-se impelido a participar de jogos de azar, em detrimento de seus compro- missos sociais ou financeiros) (APA, 2002). No caso da compulsão, o sujeito engaja-se nesse padrão de comportamento para atenuar sua ansiedade (uma sen- sação de premência ou imperfeição); em contrapartida, sente-se paulatinamente mais frustrado e estressado em função do tempo que leva para completar sua compulsão e da interferência dessa atividade sobre seu funcionamento social, acadêmico ou profissional (Abramowitz, Taylor, & McKay, 2009; Rapoport et al., 2000). Assim, enreda-se em um ciclo de difícil rompimento.

Aspectos desenvolvimentais e epidemiológicos do transtorno

A maioria dos indivíduos com TOC apresenta múltiplas obsessões e compulsões simultâneas, embora seja comum, no caso das crianças, a ocorrência de compulsões sem obsessões (Geller et al., 2001; Hanna, 1995). Os pesquisadores ainda têm dificuldades em afirmar a independência desses fenômenos (Shafran, 2001). Quando incidem na vida adulta, compulsões e obsessões tendem a surgir de modo concomitante, por outro lado, na infância, as compulsões geralmente antecedem o início das obsessões (APA, 2002; Piacentini & Bergman, 1999). O intervalo médio entre o início das compulsões e o das obsessões, obtido em um estudo brasileiro, foi de 1,6 anos, considerando uma amostra composta por sujeitos que apresentaram o início de seus sintomas antes dos dez anos de idade (Rosário-Campos, 1998, citado por Rosário-Campos & Mercadante, 2000).

As obsessões mais comuns entre a população infantojuvenil são as de contaminação (por exemplo, ser contaminado pela sujeira de um ambiente ou por uma doença), de agressão (medo de ferir-se, ferir os outros, ou agir de forma ofensiva, antissocial ou invasiva, por exemplo, humilhando ou assediando alguém, gritando uma obscenidade em local público ou furtando um objeto), sexuais (por exemplo, uma imagem pornográfica recorrente), de religiosidade (por exemplo, uma memória religiosa intrusiva) e de simetria/exatidão (por exemplo, ideia constante de paralelismo e regularidade) (Geller et al., 1998, 2001; Leckman et al.,1997; March & Leonard, 1996). No caso das obsessões agressivas, muitas crianças e adolescentes desenvolvem também uma fobia[1] de impulso e evitam manusear objetos cortantes ou pontiagudos ou permanecer sozinhos por não confiarem em si próprios (Torres & Smaira, 2001; Zohar, 1999). Esses e os demais

---

[1] Ressalte-se que embora as fobias e o transtorno obsessivo-compulsivo apresentem diversas características em comum (medos irracionais, ansiedade extrema, preservação da capacidade crítica), diferem principalmente por três razões: 1) os fóbicos não apresentam sentimentos distorcidos e exagerados de autoculpabilização; 2) a esquiva passiva é menos eficaz no TOC do que na fobia, visto que estímulos que iniciam obsessões e compulsões são muitas vezes internos e onipresentes; 3) os sintomas do TOC tender à modificação ao longo do tempo, ao contrário das fobias, que apresentam um conteúdo estável (Torres, 2001).

tipos de obsessões tendem a ser associados à dúvida patológica, a um persistente questionamento que o sujeito se faz sobre ter ou não executado um ato temido. Na incapacidade de se certificar de suas ações anteriores, o indivíduo permanece ruminando a ideia de ter ou não deixado a porta aberta, maldito um amigo, colocado fogo em objetos, engolido cacos de vidro ou mantido uma relação homossexual, por exemplo, mesmo sem perceber (APA, 2002). Os conteúdos das obsessões não são arbitrários. Rowa, Purdon, Summerfeldt e Antony (2005) indicam que as obsessões mais intrusivas tendem a ser classificadas pelos sujeitos como as mais temerárias ou mais impressionantes por seu conteúdo. Geralmente, são relacionadas a aspectos inaceitáveis de seu caráter relacionados à moralidade, organização, agressividade e controle de impulsos (Ferrier & Brewin, 2005).

Quanto às compulsões mais frequentemente observadas entre crianças e jovens, estão as compulsões de limpeza, repetição, verificação, simetria/ordenação e os rituais de tocar em objetos ou pessoas (Geller et al., 1998; Hanna, 1995; March & Leonard, 1996; Rettew, Swedo, Leonard, Lenane, & Rapoport, 1992; Zohar, 1999). Entre os adultos, tendem a ser mais frequentes as compulsões de verificação e limpeza e as obsessões relativas à agressividade, contaminação e a questões somáticas (preocupação com doenças ou com a aparência física) (Abramowitz et al., 2009; Del Porto, 1999; Pace et al., 2011). Os estudos transculturais indicam a semelhança dos sintomas quanto à forma e ao conteúdo das compulsões, o que demonstra que este é um transtorno que parece sofrer pouca influência de fatores sociodemográficos (Geller et al., 1998; Leckman et al., 1997; Torres & Lima, 2005).

Desde o primeiro caso de TOC, relatado no campo psiquiátrico por Esquirol, em 1838, observa-se essa convergência universal e a multiplicidade dos sintomas que compõem o quadro clínico desse transtorno (Del Porto, 2001). Rituais de lavagem e conferência (exemplo, lavar repetidamente as mãos, verificar constantemente se as roupas estão limpas, seguir rituais excêntricos de higiene, etc.), de preocupação com demarcação de limites (por exemplo, fechar portas, armários e janela, não pisar nas riscas das calçadas, etc.) e as compulsões de simetria/ ordenação (por exemplo, ordenar as roupas no armário de acordo com normas rígidas, ter que tocar com a mão esquerda o que tocou com a direita, etc) são todos exemplos de compulsões descritas em diversas culturas (Fontenelle et al., 2003; Mancini, D'Olimpio, Del Genio, Didonna, & Prunetti, 2002; Rettew et al., 1992; Zohar, 1999).

Outros indicadores do TOC são a constante solicitação e exigência de garantias, a intolerância a incertezas e ambiguidades, as preocupações exacerbadas com regras e formalidades e a dedicação exagerada às tarefas escolares ou profissionais (Janeck, Calamari, Riemann, & Heffelfinger, 2003; Leckman et al., 1997). São típicos ainda a expressão de impulsos sexuais e agressivos, o excesso de escrúpulos morais e um sentimento exagerado e inapropriado de responsabilidade (Foa, Amir, Bogert, Molnar, & Przeworski, 2001; Tolin, Abramowitz, Brigidi, & Foa, 2003). Uma sensação de fragilidade orgânica, seguida por obsessões somáticas e compulsões de verificação (autoexame), também é comum no TOC, porém mais frequente entre adultos (OCCWG, 1997).

Entre os adolescentes, outras compulsões que ocorrem com certa regularidade são as de contagem e repetição, geralmente mantidas como um comportamento privado (por exemplo, executar mentalmente somas e divisões desnecessárias, reproduzir um ato em um número de vezes determinado aleatoriamente, repetir palavras em silêncio, etc.) e os rituais associados a um ciúme demasiado e irracional (expressas, por exemplo, através de compulsões de verificação relacionadas a obsessões de cunho sexual ou de traição) (Mancini et al,. 2002; Piacentini & Bergman, 1999). Também são comuns os rituais de colecionamento (incapacidade de se desfazer de objetos, muitas vezes inúteis), compulsões semelhantes a tiques (*tic-like*) e outros rituais bizarros evidentes em comportamentos cotidianos, como dançar, rezar, comer, interagir socialmente, etc. (Geller et al., 2001; Zohar, 1999). De forma geral, qualquer comportamento pode potencialmente ser considerado compulsivo, desde que seja excessivo e irracional e siga um rígido e idiossincrático padrão de funcionamento.

Apesar da heterogeneidade dos indicadores de obsessões/compulsões, três características parecem ser norteadoras para investigação diagnóstica do TOC, independente da idade dos sujeitos avaliados: a apresentação de preocupações superestimadas de riscos, a permanência de uma dúvida patológica e uma recorrente sensação de incompletude. Essas características constituem, segundo Rasmussen e Eisen (1994), um espectro relacionado à ansiedade. Nos extremos desse espectro, os menores índices de ansiedade são observados entre aqueles indivíduos que apresentam preponderantemente uma sensação de incompletude, cuja atenuação geralmente é obtida através de comportamentos ritualísticos isolados, como o colecionismo. Já os maiores índices de ansiedade são relatados por aqueles que apresentam uma avaliação exacerbada de possíveis riscos associados normalmente a obsessões de contaminação e a compulsões de verificação e limpeza. Nesse contínuo, a ansiedade é progressivamente maior entre aqueles que revelam uma necessidade de ordem e simetria, obsessões sexuais e agressivas (frequentemente associadas à dúvida patológica) e um senso de responsabilidade patológico (Torres & Smaira, 2001).

Sob outra perspectiva, as experiências relacionadas à obsessão e compulsão podem ser classificadas a partir de três dimensões, que englobam fenômenos cognitivos (pensamentos, ideias e imagens), sensações somáticas de ansiedade e fenômenos sensoriais (Hounie, Brotto, Diniz, Chacon, & Miguel, 2001). Essa última dimensão inclui sensações corporais focais ou generalizadas que precedem um comportamento compulsivo (desconforto abdominal, por exemplo) e também sensações subjetivas de premência, tensão emocional, incompletude ou de que algo não está certo (*just right*). Tais experiências são narradas tanto por crianças, quanto por adolescentes e adultos. Em razão dessa convergência, os manuais de investigação psiquiátricos (APA, 2002; OWH, 1993) aplicam os mesmos critérios diagnósticos para crianças e adultos. A única exceção refere-se à não necessidade de crítica infantil quanto ao caráter excessivo ou irracional de suas obsessões ou compulsões. Como cerca de 30% das crianças com indicadores de TOC descrevem seus sintomas como egossintônicos (Geller et al., 1998), esse critério é prescindível nessa faixa etária. Possivelmente, em função disso, as crianças são apontadas na literatura clínica como mais sigilosas em relação a seus sintomas (Rapoport et al., 2000).

A avaliação do juízo crítico é realizada, em termos operacionais, através de uma classificação categórica proposta pelo DSM-IV-TR (APA, 2002). Todavia, alguns estudos sugerem ser mais adequada a adoção de uma perspectiva dimensional para avaliação dessa função (Türkoy, Tükel, Ösdemir, & Karali, 2002; Yaryura-Tobias et al., 2000). Ocorre que muitos sujeitos apresentam algum grau de comprometimento do *insight*, com a apresentação de ideias prevalentes ou mesmo delirantes (egossintônicas) em níveis distintos, o que torna vaga e difícil uma avaliação categórica. De qualquer forma, adolescentes e adultos apresentam, na maioria dos casos, uma crítica preservada em relação a seus sintomas (Fontenelle et al., 2010; Rowa et al., 2005).

Diante da preservação da capacidade de discernimento, os indivíduos que apresentam obsessões e compulsões que julgam bizarras ou desadaptativas tendem a ocultar seus pensamentos e comportamentos, restringindo, à medida do possível, seus rituais a alguns cômodos da casa ou aos momentos de privacidade. Deste modo, mesmo familiares ou pessoas próximas podem desconhecer a ocorrência desses comportamentos disfuncionais (Torresan, Smaira, Ramos-Cerqueira, & Torres, 2008). Essa dificuldade ressalta a importância da elaboração de um instrumento de autorrelato para uma avaliação de triagem e para execução de intervenções preventivas em casos subclínicos. Nessas condições, rituais considerados pelo senso comum como "manias" ou excentricidades ainda não são vistos de forma repreensiva pelo adolescente, mas já implicam certa limitação funcional, embora dificilmente os façam procurar tratamento (Amazonas, Arcoverde, Caldas, 2010; Leckman, et al., 1997; Torres & Smaira, 2001; Shafran, 2001).

Geralmente, o tempo transcorrido entre o início dos indicadores de obsessões e compulsões e a busca de tratamento é grande (Coles, Johnson, & Schubert, 2011; Fontenelle et al., 2003; Miranda & Bordin, 2001). Isso porque possivelmente não são vistos como problemáticos em um primeiro momento, até que impliquem acentuado sofrimento psíquico ou físico e interfiram na rotina do sujeito, seja pelo tempo que demandam (mais de uma hora por dia para fins diagnósticos) ou pelos prejuízos sociais que sua expressão ou tentativa de esquiva acarretam (distração, isolamento social, declínio do rendimento escolar, depressão secundária, etc.). No caso das crianças e adolescentes, ocorre ainda que muitos comportamentos compulsivos são tratados pela família como passageiros e típicos dessa faixa do desenvolvimento. Os adultos demoram, em média, sete anos para buscar tratamento aos seus sintomas (Marques, 2001) e as crianças, 2,5 anos (Geller et al., 1998).

Evolução clínica das alterações relacionadas ao TOC

O transtorno obsessivo-compulsivo, com frequência, tem um curso crônico e flutuante, com exacerbações normalmente relacionadas ao estresse. Seu início costuma ser gradual, mas em alguns casos pode ser agudo. Durante a evolução desse quadro clínico, dois fenômenos ocorrem com frequência: obsessões e compulsões apresentados tendem a modificar-se, envolvendo novos conteúdos e rituais e com o tempo, o aumento da incidência de marcadores de compulsão e o agravamento das obsessões. Sob tratamento farmacológico ou psicoterapêutico, esses sintomas diminuem de intensidade, mas a remissão completa não ocorre na maioria dos casos (Mataix-Cols et al., 2005; Marques, 2001; Miranda & Bordin, 2001; Skoog & Skoog, 1999).

Segundo a revisão realizada por Zohar (1999), a remissão completa dos sintomas de TOC em amostras infantojuvenis acontece somente em cerca de 10 a 15% dos casos. No entanto, o estudo de Leonard et al. (1993), realizado com sujeitos clínicos de 10 a 24 anos, submetidos a diferentes intervenções, revela um índice de remissão ainda menor (6%). Outras pesquisas apontam que o curso periódico dos sintomas ocorre mais frequentemente no início do transtorno e em pessoas do sexo feminino (Skoog & Skoog, 1999; Torresan et al., 2008). A revisão sistemática sobre fatores preditores de resultados no tratamento do transtorno obsessivo-compulsivo com as terapias comportamental e cognitivo-comportamental, realizada por Raffin, Ferrão, Souza e Cordioli (2008), indica que o início precoce e a maior gravidade dos sintomas são as variáveis que mais influenciam a efetividade dos tratamentos para remissão dos sintomas de TOC.

Enfatiza-se, contudo, os indícios de que a maioria dos casos subclínicos de TOC observados em amostras de adolescentes da comunidade não clínica não chegam a desenvolver o transtorno na vida adulta. Dentre os fatores que contribuem para um bom prognóstico, está a ausência de comorbidade com outros quadros psiquiátricos, a preservação da saúde mental dos pais e o curso episódico dos sintomas. Além desses, são também fatores protetivos o grau de adaptação social do indivíduo, a ausência de eventos traumáticos prévios e, principalmente, a ocorrência tardia do início dos sintomas (Fontenelle et al., 2003; Skoog & Skoog, 1999). Apesar da relevância desse último fator, os critérios para demarcação da incidência do TOC são um ponto controverso nesses estudos.

Embora na maioria dos casos o aparecimento dos primeiros indicativos de compulsões ou obsessões ocorra na infância ou adolescência, os pesquisadores ainda discutem se deveriam considerar como marcador para os estudos sobre prevalência a época do aparecimento dos sintomas iniciais o período do preenchimento de critérios diagnósticos ou a data da busca de tratamento (Emmelkamp, Kraaijkamp, & Van Den Hout, 1999; Fontenelle et al., 2003). Em geral, o critério adotado refere-se ao aparecimento dos primeiros sintomas. Segundo esse parâmetro, no estudo de Geller et al. (1998), a idade referida por pacientes clínicos adultos quanto ao início de seus sintomas variou de 7,5 a 12,5 anos e a média obtida foi igual a 10,3 anos. Já nos estudos de Rasmussen et al. (1994) e Nelson e Rice (1997), as médias de idade relativas ao início dos sintomas elevaram-se, respectivamente, para 20,9 anos (d.p. 9,6 anos) e 18,7 anos (d.p. 13,6 anos), sendo em ambos maior no grupo feminino. Segundo o DSM-IV-TR (APA, 2002), a idade modal de início dos sintomas entre os homens varia de 6 a 15 anos e entre as mulheres, de 20 a 29 anos.

O TOC é um dos únicos transtornos de ansiedade que não apresenta diferenças sexuais quanto à prevalência dos sintomas na vida adulta (Fontenelle, Marques, & Versiani, 2002), no entanto, na população infantil, a ocorrência desse diagnóstico é mais frequente em pessoas do sexo masculino (Geller et al.,

1998; Rapoport et al., 2000; Zohar, 1999; Torres & Lima, 2005). Uma possível explicação para essa diferença é o fato de as compulsões de limpeza e organização serem socialmente mais aceitas e até reforçadas nas meninas. Outra, refere-se ao fato de que as compulsões, conforme já citado, tendem a anteceder as obsessões na infância e a serem consideradas egossintônicas pelas crianças, assumindo características mais próximas dos problemas de externalização do que dos problemas de internalização. Desta forma, parte das explicações que justificam a prevalência dos problemas de comportamento entre meninos poderia ser generalizada para justificar essas diferenças em relação ao TOC (tolerância social, práticas socializadoras parentais, fatores neuroquímicos, etc.), especialmente no que diz respeito a fatores disposicionais. Contudo, é interessante notar que essa diferença diminui justamente a partir do período em que os sintomas tendem a tornar-se egodistônicos. Visto que os sintomas têm uma baixa estimativa de remissão (Fontenelle et al., 2003), o que ocorre provavelmente é uma maior incidência dos sintomas, sobretudo das obsessões, nas meninas durante a adolescência. Nesse período, as adolescentes passam a ter maior consciência da repercussão social de suas atitudes e a investir mais em suas relações interpessoais, tornando-se mais vulneráveis às situações de estresse relacionadas a questões afetivas. Além desses determinantes, outro fator de risco relacionado ao surgimento do TOC na adolescência e na vida adulta é a ocorrência de eventos traumáticos e as condições ambientais de socialização.

Etiologia

Pensamentos obsessivos e comportamentos compulsivos que iniciam tardiamente são mais frequentemente desencadeados por eventos estressores externos, como um rompimento afetivo, a morte de um ente próximo ou a exposição continuada a situações de abuso ou autoritarismo (Amir, Freshman, & Foa, 2000; Gonzalez, 1999; Rosario-Campos, 2001). Evidências relacionadas a determinantes ambientais indicam que as práticas parentais têm uma influência importante sobre o desenvolvimento de obsessões/compulsões, o que talvez exerça um efeito mediador sobre outras variáveis, como autoestima e crença de autoeficácia. Nessa perspectiva, Hibbs e colegas (1993, citado por Steketee & Van Noppen, 2003) e Amir et al. (2000), ao investigarem a relação pais-filhos de crianças e adolescentes com TOC, indicam que as práticas parentais nessas famílias tendem a ser pautadas pelas críticas em relação ao comportamento infantojuvenil, pela hostilidade e/ou pela superproteção emocional.

Steketee e Van Noppen (2003) revelam que 75% dos parentes de pacientes com TOC referem participar dos rituais obsessivo-compulsivos apresentados por seus familiares ou modificar seu comportamento para se acomodar a esses ritos (por exemplo, reorganizando as rotinas domésticas, dirimindo dúvidas patológicas, etc.). Vale lembrar que, no caso de famílias consanguíneas, a possibilidade de que essa interação ocorra entre sujeitos que apresentem concomitantemente obsessões ou compulsões é elevada, visto que, de forma geral, o fator genético é um importante fator de risco para esse transtorno. Nestadt et al. (2000) afirmam que os parentes em primeiro grau de indivíduos com diagnóstico de TOC apresentam, ao longo da vida, uma prevalência cinco vezes maior desse mesmo diagnóstico dos que os sujeitos de um grupo-controle. As altas taxas de concordância de TOC entre gêmeos monozigóticos corroboram os efeitos da hereditariedade sobre a transmissão desse transtorno. Certos sintomas em específico (especialmente os de simetria e ordenação) parecem ser muito susceptíveis ao risco de transmissão genética (Gonzalez, 2001; Rocha et al., 2011).

Achados sobre a etiologia do TOC sugerem que alguns fatores biológicos (genética, funcionamento neurológico, etc.), parecem ser mecanismos determinantes de dois subtipos específicos do Transtorno Obsessivo-Compulsivo: um caracterizado por seu início precoce e outro relacionado a alterações imunológicas. O subtipo peculiar aos indivíduos que manifestam sintomas obsessivos/compulsivos precocemente, na maior parte meninos, parece ter sua etiologia mais diretamente relacionada a questões orgânicas, traumas pré-natais e evidente risco transgeracional (Fontenelle et al., 2002; Hounie et al., 2001). As análises indicam que quanto mais precoce é a incidência das obsessões/compulsões nas crianças, maior é probabilidade de ocorrer compulsões de verificação e maior é o número de casos de parentes em primeiro grau também apresentarem esse sintomas. Já o subtipo imunológico, caracterizado por quadro de sintomas obsessivos/compulsivos observados entre aqueles que apresentam transtornos neuropsicológicos autoimunes associados à infecção estreptocócica, conduz os pesquisadores a levantarem a hipótese de que obsessões e compulsões, nessas condições, podem ter um modelo autoimune como mecanismo patofisiológico (Giedd, Rapoport, Garvey, Perimutter, & Swedo, 2000; Ronchetti, Bohme, & Ferrão, 2004; Swedo & Grant, 2005). De acordo com a revisão apresentada por Rosário-Campos e Mercadante (2000), cerca de 10% a 30% das crianças com TOC demonstram alterações imunológicas associadas.

No entanto, os pesquisadores ainda são controversos sobre a legitimidade da existência desse último subtipo como um transtorno primário, por desconhecer os mecanismos de ação dessa infecção sobre o sistema nervoso central, cujo efeito aumenta o risco não apenas do TOC, como também dos transtornos de tique em geral. Acredita-se que o mecanismo imunológico possa ter um efeito funcional direto sobre neurotransmissores ou uma ação indireta, por exemplo, criando microlesões capazes de romper conexões neurológicas em áreas cerebrais envolvidas na manifestação do TOC (Giedd et al., 2000; Mercadante, 2001; Swedo & Grant, 2005). Embora incipientes, estas investigações podem contribuir para melhor entendimento da heterogenidade de características fenomenológicas e etiológicas dos sintomas obsessivos/compulsivos, trazendo, inclusive, informações sobre as disfunções neuropsicológicas típicas do TOC que podem auxiliar as intervenções de psicólogos.

A identificação das áreas cerebrais e das funções neuropsicológicas afetadas por essa psicopatologia é, de fato, uma das principais pautas de interesse na pesquisa neuropsicológica relacionada ao transtorno obsessivo-compulsivo (Fornaro, 2011). Recentes estudos que avaliam o papel dos circuitos neuronais envolvidos nas disfunções do TOC sugerem que alterações do sistema serotonérgico sejam responsáveis pela hiperativação do circuito caudato-tálamo--frontal, responsável pela manifestação obsessivo-compulsiva (Hoexter et al., 2009; Miguel et al., 2008). As evidências sobre essas disfunções são corroboradas por pesquisas de neuroimagem estrutural e funcional (Lacerda et al., 2001;

Saxena, Brody, Schwartz, & Baxter, 1998), de tratamento neurocirúrgico do TOC - indicado para mais de 20% dos pacientes com TOC, que não respondem a tratamentos psicoterapêuticos e farmacológicos (Lopes et al., 2004) e também por estudos experimentais.

Investigações experimentais demonstram que animais pertencentes a espécies que manifestam comportamentos homólogos aos atos compulsivos humanos (ou seja, comportamentos que apresentam o mesmo substrato neurobiológico) têm suas "compulsões" diminuídas com o uso de inibidores de recaptação de serotonina (Graeff, 2001). A semelhança entre os sintomas de TOC e o comportamento ritualístico de animais, como aves de cativeiro e cães, leva alguns teóricos, como Rapoport (1991, citado por Graeff, 2001, p. 35), a assumir uma perspectiva evolutiva para explicar a alta frequência das compulsões de limpeza (por exemplo, lavar as mãos excessivamente) e verificação (por exemplo, conferir repetidamente se portas e janelas estão trancadas). Segundo Rapoport, essas compulsões seriam, respectivamente, exageros de rotinas de autolimpeza e de conferência de marcação territorial, expressas por diversas espécies animais. Tais comportamentos teriam um valor adaptativo para profilaxia de doenças e para garantia da ocupação de um espaço suficiente para supressão de suas necessidades básicas de alimentação e reprodução.

No caso dos humanos, os atos compulsivos parecem ser associados, especialmente, à desregulação do sistema serotonérgico sobre os gânglios da base. Essas estruturas são responsáveis pela regulação de *feedback* dos movimentos e por outras características mais complexas do comportamento, como motivação, aprendizagem, planejamento motor sequencial, inibição do comportamento e direcionamento cognitivo (Lacerda et al., 2001; Saxena et al., 1998). De acordo com o modelo caudato-tálamo-frontal, o excesso de atividade talâmica, causado por uma falha do núcleo caudado em inibir impulsos corticais, produz uma hiperativação do córtex órbito-frontal. Essa desregulação impede o sujeito de retirar do seu foco de atenção pensamentos fugazes e irrelevantes às demais pessoas e o faz perseverar em comportamentos desajustados. Em última instância, a falha nesse circuito atinge áreas cerebrais responsáveis pelas funções de motivação, processamento de emoções e regulação dos processos de reforço-recompensa (Fontenelle, 2001; Hoexter et al., 2009; Valente & Busatto Filho, 2001). Por conseguinte, as disfunções neuropsicológicas comumente associadas ao transtorno obsessivo-compulsivo referem-se a alterações de funções que abrangem o circuito caudato-tálamo-frontal, especificamente as funções executivas, mnêmicas e visoespaciais.

Alterações neuropsicológicas relacionadas ao TOC

A revisão apresentada por Fontenelle (2001) evidencia que os indivíduos com sintomas clínicos ou subclínicos de TOC apresentam pior desempenho em testes que avaliam áreas cerebrais envolvendo esse circuito, como, por exemplo, o Wisconsin Card Sorting Test, o Stroop Test, o Benton Visual Retention Test, a Figura Complexa de Rey e os subtestes Spatial Working Memory e Attentional Set-Shifting Task da Cambridge Neuropsychological Test Automated Battery. Os resultados das avaliações neuropsicológicas com esses instrumentos revelam comprometimentos em relação à memória de trabalho, evocação livre de ações prévias, monitoramento da realidade (capacidade de distinguir se algo foi executado ou apenas imaginado), memória não verbal e aprendizagem associativa. Prejuízos também ocorrem quanto a habilidades visoespaciais, à dificuldade de tomada de decisão, à expressão de pensamentos rápidos e espontâneo e à capacidade do sujeito mudar seus cenários cognitivos e interromper uma obsessão ou comportamento compulsivo. Os estudos que denotam os prejuízos em habilidades visoespaciais, atenção e memória, sobretudo no que tange aos déficits de conteúdos não verbais, são ressaltados por Muller e Robert (2005), Penadés, Cataláns, Andrés, Salamero e Gastó (2005) e por Tuna, Tekcan e Topçuoglu (2005). As pesquisas indicam ainda uma baixa competência dos indivíduos com marcadores de compulsão/obsessão para planejar atividades e elaborar estratégias organizacionais que auxiliem o desenvolvimento de tarefas como copiar a Figura Complexa de Rey e inibir comportamento indesejado (Bohne, Keuthen, Tuschen-Caffier, & Wilhem, 2005; Penadés et al., 2005). Outros estudos indicam não haver diferenças significativas no desempenho de pacientes com TOC e outros adolescentes controle em testes neuropsicológicos, embora mostrem que uma boa performance em testes de atenção e funções executivas (Teste das Trilhas e Wisconsin) possa predizer o sucesso do tratamento de compulsões (Moritz et al., 2005).

A similaridade evidente entre disfunções neuropsicológicas típicas do TOC e de outras psicopatologias que implicam pensamentos recorrentes e/ou comportamentos repetitivos e compartilham os mesmos circuitos neurobiológicos fundamentam a ideia de que os sintomas obsessivo-compulsivos constituem um espectro que engloba várias categorias nosográficas (Mercadante, Rosário--Campos, Quarantini, & Sato, 2004; Torres & Lima, 2005). Nessa agregação, incluem-se, entre outros quadros, transtornos de tiques, compras compulsivas, jogos patológicos, cleptomania, comportamento incendiário patológico, compulsão alimentar. As altas taxas de coexistência do TOC e dos transtornos de tique (tiques motores e Síndrome de Tourette), encontradas principalmente em amostras juvenis, corroboram essa concepção.

Comorbidades

Os mais altos índices de comorbidades associadas ao TOC são observados em relação aos problemas de comportamento, aos transtornos de ansiedade e de humor, ao abuso e à dependência de substâncias e aos transtornos alimentares (Apter et al., 2002, Geller et al., 1998; OCCWG, 1997; Torresan et al., 2008). Segundo Geller et al., cerca de 70% das crianças e adolescentes com TOC apresentam em paralelo um transtorno disruptivo. Entre os adultos, as mulheres parecem ter um risco aumentado de comorbidade para depressão, distúrbios alimentares e ataques de pânicos, enquanto os homens apresentam maior risco de desenvolver quadros de ansiedade, abuso de drogas e depressão (Apter et al., 2002; Leckman et al., 1997; Petribú, 2001; Yaryura-Tobias et al., 2000). Em geral, os distúrbios de ansiedade (principalmente as fobias) precedem o aparecimento dos sintomas obsessivo-compulsivos, ao passo que os transtornos de humor incidem-se em um período concomitante ou posterior ao TOC, sendo em muitos casos reativo ao sofrimento psíquico e às adversidades sociais que o TOC implica (Miranda & Bordin, 2001; Torresan et al., 2008). De acordo com a Organização Mundial de Saúde (2001, citado por Miranda & Bordin, 2001), o Transtorno Obsessivo-Compulsivo é hoje a décima maior causa de incapacitação, condição esta que certamente repercute sobre o bem-estar dos sujeitos.

São consideráveis também os altos índices de comorbidade entre o TOC e os Transtornos de Personalidade. A tese desenvolvida por Torres (1994, citado por Petribú, 2001) a partir do estudo de 40 pacientes psiquiátricos revela que 70% de sua amostra apresentava em conjunto ao TOC um transtorno de personalidade. O tipo de transtorno varia, segundo os achados de Türkoy et al. (2002), de acordo com o *insight* do sujeito sobre seus sintomas. Os indivíduos com uma crítica preservada sobre o caráter disfuncional de seus comportamentos obsessivos/compulsivos tendem a apresentar um transtorno de personalidade esquiva. Já os transtornos de personalidade *borderline* ou narcisista são mais comuns entre os sujeitos com um *insight* pobre.

Instrumentos de avaliação

Quanto à avaliação do TOC, a literatura indica que esse diagnóstico depende basicamente de manejo clínico (observações, entrevistas, indicações de testagem psicológica ou neuropsicológica, etc.), pois não existem exames laboratoriais ou radiológicos de uso clínico que o comprove. Os principais instrumentos de autoavaliação disponíveis na literatura (Asbahr, 2000; Araújo, 2000; Emmelkamp et al., 1999; Gomes et al., 2010; Williams & Allsopp, 1999) para investigar o transtorno obsessivo-compulsivo são o Leyton Obsessional Inventory (LOI), nas versões original ou infantil, o Maudsley Obsessional-Compulsive Inventory (MOCI) e o Padua Inventory (PI). Esses inventários avaliam o número e a gravidade de sintomas obsessivo-compulsivos. O MOCI e o PI discriminam respectivamente quatro e cinco fatores (MOCI: dúvida, conferência, limpeza e lentidão; PI: impulsividade, conferência, limpeza, ruminação e precisão). Dentre as escalas de heteroavaliação, destacam-se a National Mental

Health Obsessive-Compulsive Scale (NIMHOC), versões adulto e infantil, e a Yale Brow Obsessive-Compulsive Scale (YBOCS), versões original e infantil, ambas destinadas à avaliação da gravidade dos sintomas obsessivo-compulsivos em ensaios clínicos sem fins diagnósticos.

A YBOCS consiste em uma lista de sintomas com mais de 50 exemplos referentes a 15 categorias distribuídos em quatro fatores (obsessão/verificação, simetria/ordem, limpeza/lavagem e colecionismo). Essa lista é acompanhada de duas subescalas que medem a extensão, nas quais, obsessões e compulsões, afetam em separado o indivíduo. Muitos dos estudos sobre a população de pacientes com TOC no Brasil têm sido desenvolvidos pelo Consórcio Brasileiro de Pesquisa em Transtornos do Espectro Compulsivo-Obsessivo (Miguel et al., 2008). Nesse sentido, compreende--se que a proposição de novos instrumentos validados possa contribuir para os estudos sobre fenomenologia e prevalência de indicadores de obsessão e compulsão e, em conjunto com outros recursos avaliação, auxiliar o refinamento de avaliações diagnósticas.

Tratamentos

Em relação à eficácia dos tratamentos, as revisões sistemáticas apresentadas por Raffin et al. (2008) e Prazeres, Souza e Fontenelle (2007) indicam que as terapias comportamentais e cognitivo-comportamentais são efetivas na redução dos sintomas de TOC para mais de 70% dos pacientes. O pior prognóstico é esperado daqueles que apresentam sintomas de colecionismo e de conteúdo sexual/religioso. Em contrapartida, melhor prognóstico é obtido entre aqueles que apresentam melhor capacidade de *insight*, motivação e colaboração com o tratamento. O estudo de Braga, Manfro, Niederauer e Cordioli (2010) revela ainda que os resultados obtidos em um tratamento de 12 sessões de TCC tendem a ser mantidos ao longo do tempo. No estudo, realizado com 42 pacientes, a diminuição da gravidade dos sintomas foi observada após dois anos de acompanhamento. Segundo Prazeres et al. (2007), o uso paralelo de inibidores da recaptação da serotonina e exposição e prevenção de resposta ou terapia cognitiva não é associado a um efeito adicional na resposta ao tratamento. No caso do transtorno infantil, o uso concominante de inibidores da recaptação da serotonina e exposição e prevenção de resposta foi superior aos dois tratamentos isoladamente. Os autores concluem que as psicoterapias baseadas nos pressupostos da TCC são as mais adequadas para o tratamento do transtorno obsessivo-compulsivo.

Segundo o modelo teórico cognitivo-comportamental, a experiência de situações adversas contribui para o desenvolvimento do TOC à medida que subsidia a formação de crenças irreais. Nessa concepção, os comportamentos disfuncionais próprios do TOC são mantidos quando pensamentos intrusivos, vivenciados rotineiramente pela maioria dos indivíduos com desenvolvimento típicos, são superestimados pelos sujeitos, em função de um controle cognitivo inadequado, fazendo com que estes se considerem responsáveis pela eventual ocorrência dos danos imaginados (Raffin et al., 2008; Salkovskis, Forrester, & Richard, 1998). Assim, poder-se-ia pensar que os indivíduos com essa distorção cognitiva tenderiam a apresentar uma crença de *locus* de controle interno. A necessidade de rituais compulsivos e de outros comportamentos que visem à anulação desses pensamentos, bem como os sentimentos de incapacidade que caracterizam o TOC sugerem também uma crença de *locus* de controle externo. Porém, não são encontrados na literatura estudos que investiguem essa relação, o que poderia contribuir para direcionar o foco de tratamentos psicoterápicos baseados em uma diretriz cognitivista.

A essência básica dos modelos cognitivo-comportamentais explicativos do transtorno obsessivo-compulsivo é a criação de pensamentos automáticos errôneos (Cordioli, 2008; Rangé, Asbahr, Moritz, & Ito, 2001). No conjunto, esses pensamentos formam um sistema de crenças que influencia a execução de rituais compulsivos e a expressão de uma ansiedade exacerbada. De acordo com esse modelo, à medida que os indivíduos superdimensionam as ameaças do ambiente (interno ou externo) e acreditam poder causar sérios danos a si ou a outras pessoas, mantêm seus comportamentos compulsivos através de um esquema de reforçamento negativo, no qual os prejuízos temidos são supostamente prevenidos através de comportamentos que apresentam uma relação espúria com a realidade.

Com a perseveração dos rituais e o agravamento das obsessões e dos sintomas secundários, essas crenças e rituais passam muitas vezes a serem reforçados de forma negativa também pelos familiares desses sujeitos, à medida que a família se acomoda diante da excentricidade dos comportamentos disfuncionais, esquivando-se das consequências negativas que a ansiedade da dúvida patológica ou de outras obsessões provoca. É comum também que as famílias reforcem positivamente compulsões apresentadas pelas crianças ou adolescentes, envolvendo-se ativamente em rituais bizarros.

Caso clínico

João, 17 anos, estudante do ensino médio da rede privada, foi trazido à psicoterapia pelos pais que estavam preocupados com a ansiedade manifestada pelo filho. João concordou com o atendimento psicológico. A queixa principal foi que João era muito preocupado com as coisas, em especial com o colégio. Embora apresentasse um excelente desempenho, se preocupava excessivamente com as tarefas escolares; passava a maior parte de seu tempo envolvido com os trabalhos da escola e costumava envolver a família.

Na entrevista de avaliação, o pai relatou que João tinha "umas manias" que ele achava muito estranhas. Quando solicitado, relatou que João parecia "precisar" checar a caixa de correspondência várias vezes ao dia; arrumar repetidas vezes a colcha da cama, parecendo não tolerar que ela estivesse fora do lugar; beijar todos os membros da família antes de ir para a escola, mesmo que esses estivessem dormindo; beijar todas as imagens de santos que havia em casa antes de sair para qualquer compromisso. A avaliação indicou que João colecionava revistas, recortes de jornais de dois temas de seu interesse (um ligado à música e outro ligado ao esporte), além de fitas cassetes em que gravava programas sobre os mesmos temas. Essas coleções ocupavam um grande espaço da casa e era intolerável, para João, se desfazer de qualquer item.

Com relação ao pensamento, a identificação das obsessões adjacentes aos rituais foi mais difícil, mesmo tendo se utilizado alguns inventários. O relato do paciente era que "precisava" cumprir os rituais para garantir que "tudo daria certo". A crença do paciente era que se não realizasse as compulsões alguma coisa de muito ruim aconteceria a ele ou a sua família, além disso, tinha uma expectativa era a de que a ansiedade se elevaria a níveis insuportáveis. João reconhecia a distorção dessa forma de pensar e a inexistência de relação direta entre os rituais e o pensamento.

João descreveu que os rituais existiam há muito tempo, mas que houve um agravamento com a entrada no ensino médio. Entendeu-se que o aumento da exigência nas atividades escolares, bem como da vida social, em decorrência da entrada na adolescência, contribuíram para uma piora no quadro do paciente. João apresentava, ainda, importante déficit em habilidades sociais e autonomia e baixa autoestima. Sentia-se diferente dos colegas e, às vezes, "bizarro" em decorrência dos rituais.

A família e o paciente receberam o diagnóstico de Transtorno Obsessivo-Compulsivo, sem muita surpresa, mas com apreensão sobre o futuro. O paciente foi encaminhado para avaliação psiquiátrica, que ministrou paroxetina. A psicoterapia de orientação cognitivo e comportamental utilizou as técnicas de exposição e prevenção de respostas. Também foram objetivos terapêuticos o aumento no repertório de habilidades sociais, especialmente as habilidades de iniciar e manter conversação, expressão de opiniões e sentimentos e enfrentamento de críticas e de figuras de autoridade. Procurou-se ampliar os interesses do cliente para outras esferas, além das tarefas escolares e estimulou-se um maior contato interpessoal.

REFERÊNCIAS

Abramowitz, J. S., Taylor, S., & McKay, D. (2009). Obsessive-compulsive disorder. *Lancet*, 374, 491-499.

Amazonas, M., Arcoverde, R., & Caldas, M. (2010). O fenômeno da acomodação familiar em pais/mães de pacientes com transtorno obsessivo-compulsivo. *Estudos de Psicologia (Campinas)*, 27, 57-65.

American Psychiatric Association (2002). *Manual diagnóstico e estatístico de transtornos mentais (DSM-IV-TR)*. Porto Alegre: ArtMed.

Amir, N., Freshman, M., & Foa, E. (2000). Family distress and involvement in relatives of obsessive-compulsive disorder patients. *Journal of Anxiety Disorders*, 14, 209-214.

Apter, A., Horesh, N., Gothelf, D., Zalsman, G., Erlich, Z., Soreni, N., & Weizman, A. (2003). Depression and suicidal behavior in adolescent inpatients with obsessive compulsive disorder. *Journal of Affective Disorders*, 75(2), 181-189.

Araújo, L. A. (2000). Escalas de avaliação de transtorno obsessivo-compulsivo em adultos. In: C. Gorenstein, L. Andrade & A. Zuardi (Orgs.). *Escalas de avaliação clínica em Psiquiatria e Psicofarmacologia* (165-166). São Paulo: Lemos.

Asbahr, F. (2000). Escalas de avaliação de transtorno obsessivo-compulsivo na infância e adolescência. In: C. Gorenstein, L. Andrade & A. Zuardi (Orgs.). *Escalas de avaliação clínica em Psiquiatria e Psicofarmacologia* (167-180). São Paulo: Lemos.

Berg, C., Rapoport, J., Whitaker, A., Davies, M., Leonard, H., Swedo, S., Braiman, S., & Lenane, M. (1989). Childhood obsessive-compulsive disorder: A two years prospective follow-up of a community sample. *Journal of the American Academy of Child and Adolescent Psychiatry*, 28, 528-533.

Bohne A., Keuthen N. J., Tuschen-Caffier B., & Wilhelm S. (2005). Cognitive inhibition in trichotillomania and obsessive-compulsive disorder. *Behavioral Research Therapy*, 43, 923-942.

Braga, D., Manfro, H., Niederauer, K., & Cordioli, A. (2010). Full remission and relapse of obsessive-compulsive symptoms after cognitive-behavioral group therapy: a two-year follow-up. *Revista Brasileira de Psiquiatria, 32*, 164-168.

Chiorri, C., Melli, G., & Smurra, R. (2011). Second-Order Factor Structure of the Vancouver Obsessive Compulsive Inventory (VOCI) in a Non-Clinical Sample. *Behavioural and Cognitive Psychotherapy, 22*, 1-17.

Clerkin, E., & Teachman, B. (2011). Training interpretation biases among individuals with symptoms of obsessive compulsive disorder. *Journal of Behavior Therapy and Experimental Psychiatry, 42*, 337-343.

Coles, M. E., Johnson, E., & Schubert, J. (2011). Retrospective Reports of the Development of Obsessive Compulsive Disorder: Extending Knowledge of the Protracted Symptom Phase. *Behavioural and Cognitive Psychotherapy, 11*, 1-11.

Cordioli, A. V. (2008). A terapia cognitivo-comportamental no transtorno obsessivo-compulsivo. *Revista Brasileira de Psiquiatria, 30*, S65-S72.

Del Porto, J. A. (1999). Conceito e diagnóstico. *Revista Brasileira de Psiquiatria, 21*, 6-11.

Del Porto, J. A. (2001). Epidemiologia e aspectos transculturais do transtorno obsessivo-compulsivo. *Revista Brasileira de Psiquiatria, 23*, 3-5.

Emmelkamp, P., Kraaijkamp, H., & Van Den Hout, M. (1999). Assessment of obsessive-compulsive disorder. *Behavior Modification, 23*, 269-279.

Ferrier, S., & Brewin, C. R. (2005). Feared identity and obsessive-compulsive disorder. *Behaviour Research and Therapy, 43, 1363-1374.*

Foa, E., Amir, N., Bogert, K., Molnar, C., & Przeworski, A. (2001). Inflated perception of responsibility for harm in obsessive-compulsive disorder. *Journal of Anxiety Disorders, 15*, 259-275.

Fontenelle, L. (2001). Aspectos neuropsicológicos do transtorno obsessivo-compulsivo. *Revista Brasileira de Psiquiatria, 23*, 27-30.

Fontenelle, J., Santana, L., Lessa, L., Victoria, M., Mendlowicz, M., & Fontenelle, L. (2010). O conceito do insight em pacientes com transtorno obsessivo-compulsivo. *Revista Brasileira de Psiquiatria, 32*, 77-82.

Fontenelle, L., Marques, C., & Versiani, M. (2002). The effect of gender on the clinical features and therapeutic response in obsessive-compulsive disorder. *Revista Brasileira de Psiquiatria, 24,* 7-11.

Fontenelle, Z., Mendlowicz, M., Marques, C., & Versioni, M. (2003). Early- and late-onset obsessive compulsive disorder in adult patients: An exploratory clinical and therapeutic study. *Journal of Psychiatry Research, 37,* 127-133.

Fornaro, M. (2011). Switching from serotonin reuptake inhibitors to agomelatine in patients with refractory obsessive-compulsive disorder: a 3 month follow-up case series. *Annals of General Psychiatry, 10.*

Freeman, J., Flessner, C., & Garcia, A. (2011). The Children's Yale-Brown Obsessive Compulsive Scale: Reliability and Validity for Use Among 5 to 8 Year Olds with Obsessive-Compulsive Disorder. *Journal of Abnormal Child Psychology, 22.*

Garcia, A., Freeman, J., Himle, M., Berman, N., Ogata, A., & Ng, J. (2009). Phenomenology of early childhood onset obsessive compulsive disorder. *Journal of Psychopathology and Behavioral Assessment, 31,* 104-111.

Geller, D., Biederman, J., Faraone, S., Agranat, A., Cradock, K., & Hagermoser, L. (2001). Developmental aspects of obsessive-compulsive disorder: Finding in children, adolescents, and adults. *Journal of Nervous and Mental Disease, 189,* 471-477.

Geller, D., Biederman, J., Jones, J., Park, K., Schwartz, S., Shapiro, S., & Coffey, B. (1998). Is juvenile obsessive-compulsive disorder a developmental subtype of the disorder? A review of the pediatric literature. *Journal of the American Academy of Child and Adolescent Psychiatry, 37,* 420-427.

Giedd, J., Rapoport, J., Garvey, M., Perimutter, S., & Swedo, S. (2000). MRI assessment of children with obsessive-compulsive disorder or tics associated with streptococcal infection. *American Journal of Psychiatry, 157,* 281-283.

Gomes, J., Calvocoressi, L., Van Noppen, B., Pato, M., Meyer, E., Braga, D., Kristensen, C., & Cordioli, A. (2010). Translation and adaptation into Brazilian Portuguese of the Family Accommodation Scale for Obsessive-Compulsive Disorder - interviewer-Rated (FAS-IR). *Revista de Psiquiatria do Rio Grande do Sul, 32,* 102-112.

Gonzalez, C. (1999). Transtorno obsessivo-compulsivo. *Revista Brasileira de Psiquiatria, 21,* 29-32.

Gonzalez, C. (2001). Aspectos genético do transtorno obsesivo-compulsivo. *Revista Brasileira de Psiquiatria, 23*, 38-41.

Graeff, F. (2001). Aspectos neuroquímicos: O papel da serotonina no TOC. *Revista Brasileira de Psiquiatria, 23*, 35-37.

Hanna, G. (1995). Demographic and clinical features of obsessive-compulsive disorder in children and adolescents. *Journal of the American Academy of Child and Adolescent Psychiatry, 34*, 19-27.

Hoexter, M., Shavitt, R., D'Alcante, C., Cecconi, J., Diniz, J., Belotto-Silva, C., & et al. (2009). The drug-naïve OCD patients imaging genetics, cognitive and treatment response study: methods and sample description. *Revista Brasileira de Psiquiatria, 31*, 349-353.

Hounie, A. G., Brotto, S., Diniz, J., Chacon, P., & Miguel, E (2001). Transtorno obsessivo-compulsivo: Possíveis subtipos. *Revista Brasileira de Psiquiatria, 23*, 13-16.

Janeck, A., Calamari, J., Riemann, B., & Heffelfinger, S. (2003). Too much thinking about thinking? Metacognitive differences in obsessive-compulsive disorder. *Journal of Anxiety Disorders, 17*, 181-195.

Lacerda, A. L., Dalgalarrondo, P., & Camargo, E. E. (2001). Achados de neuroimagem no transtorno obsessivo-compulsivo. *Revista Brasileira de Psiquiatria, 23*, 24-27.

Leckman, J., Grice, D., Boardman, J., Zhang, H., Vitale, A., Bondi, C., Alsobrook, J. Peterson, B., Cohen, D., Rasmussen, S., Goodman, W., McDougle, C., & Pauls, D. (1997). Symptoms of obsessive-compulsive disorder. *American Journal of Psychiatry, 154*, 911-917.

Leonard, H., Swedo, S., Lenane, M., Rettew, D., Hamburger, S., Bartko, J., & Rapoport, J. (1993). A 2-to-7 year follow-up study of 54 obsessive-compulsive children and adolescents. *Archives of General Psychiatry, 50*, 429-439.

Lopes, A., Mathis, M. E., Canteras, M. Salvajoli, J. Del Porto, J., & Miguel, E. (2004). Atualização sobre o tratamento neurocirúrgico do transtorno obsessivo-compulsivo. *Revista Brasileira de Psiquiatria, 26*, 62-66.

Mancini, F., D'Olimpio, F., Del Genio, M., Didonna, F., & Prunetti, E. (2002). Obsessions and compulsions and intolerance for uncertainty in a non-clinical sample. *Journal of Anxiety Disorder, 16*, 401-411.

March, J., & Leonard, H. (1996). Obsessive-compulsive disorder in children and adolescents: A review of the past 10 years. *Journal of the American Academy of Child and Adolescent Psychiatry*, 35, 1265-1273.

Marques, C. (2001). Tratamento farmacológico do transtorno obsessivo-compulsivo. *Revista Brasileira de Psiquiatria*, 23, 49-51.

Mataix-cols, D., Rosario-Campos, M. C., & Leckman, J. F. (2005). A Multidimensional Model of Obsessive-Compulsive Disorder. *American Psychiatry*, 162, 228-238.

Mercadante, M. (2001). Transtorno obsessivo-compulsivo: Aspectos neuroimunológicos. *Revista Brasileira de Psiquiatria*, 23, 31-34.

Mercadante, M., Campos, M., Quarantini, L., & Sato, F. (2004). The neurobiological bases of obsessive-compulsive disorder and Tourette syndrome. *Jornal de Pediatria*, 80 (S2), 35-44.

Miguel, E., Ferrão, Ygor, A., Rosário, M., Mathis, M., Torres, A., & Fontenelle, L. (2008). The Brazilian Research Consortium on Obsessive-Compulsive Spectrum Disorders: recruitment, assessment instruments, methods for the development of multicenter collaborative studies and preliminary results. *Revista Brasileira de Psiquiatria*, 30, 185-196.

Miranda, M., & Bordin, I. (2001). Curso clínico e prognóstico do transtorno obsessivo--compulsivo. *Revista Brasileira de Psiquiatria*, 23, 10-12.

Moritz, S., & Muhlenen, A. V. (2005). Inhibition of return in patients with obsessive--compulsive disorder. *Anxiety Disorders*, 19, 117-126.

Muller, J., & Roberts, J. E. (2005). Memory and attention in obsessive-compulsive disorder: a review. *Anxiety Disorders*, 19, 1-28.

Nelson, E., & Rice, J. (1997). Stability of diagnosis of obsessive-compulsive disorder in the epidemiologic catchment area study. *American Journal of Psychiatry*, 154, 826-831.

Nestadt, G., Samuels, J., Riddle, M., Bienvenu, O., Liang, K., LaBuda, M., Walkup, J., Grados, M., & Hoehn-Saric, R. (2000). A family study of obsessive-compulsive disorder. *Archives of General Psychiatry*, 57(4), 358-363.

Obsessive Compulsive Cognitions Working Group (1997). Cognitive assessment of obsessive-compulsive disorder. *Behavior Research and Therapy*, 35, 667-681.

Organization Worthl Mental (1993). *Classificação de transtornos mentais e de comportamento da CID-10: Descrições clínicas e diretrizes diagnósticas.* Porto Alegre: Artes Médicas.

Pace, S., Thwaites, R., & Freeston, M. (2011). Exploring the role of external criticism in Obsessive-Compulsive Disorder: A narrative review. *Clinical Psychology Review,* 31, 361-370.

Penadés, R., Catalán, R., Andrés, S., Salamero, M., & Gasto, C. (2005). Executive function and nonverbal memory in obsessive-compulsive disorder. *Psychiatry Research,* 133, 81-90.

Petribú, K. (2001). Comorbidade no transtorno obsessivo-compulsivo. *Revista Brasileira de Psiquiatria,* 23, 17-20.

Piacentini, J., & Bergman, R. (1999). Obsessive-compulsive disorder in children. *Psychiatric Clinic of North America,* 23, 519-533.

Prazeres, A., Souza, W., & Fontenelle, L. (2007). Terapias de base cognitivo-comportamental do transtorno obsessivo-compulsivo: revisão sistemática da última década. *Revista Brasileira de Psiquiatria*, 29, 262-270.

Raffin, A., Ferrão, Y., Souza, F., & Cordioli, A. (2008). Fatores preditores de resultados no tratamento do transtorno obsessivo-compulsivo com as terapias comportamental e cognitivo-comportamental: uma revisão sistemática. *Revista de Psiquiatria do Rio Grande do Sul,* 30.

Rangé, B., Asbahr, F., Moritz, K., & Ito, L. (2001). Transtorno obsessivo-compulsivo. In: B. Range (Org.). *Psicoterapias cognitivo-comportamentais: um diálogo com a Psiquiatria.* Porto Alegre: ArtMed.

Rapoport, J., Inoff-Germain, G., Weissman, M., Greenwald, S., Narrow, W., Jensen, P., Lahey, B., & Camino, G. (2000). Childhood obsessive-compulsive disorder in the NIMH MECA study: Parental versus child identification of cases. *Journal of Anxiety Disorders,* 14, 535-548.

Rasmussen, S., & Eisen, J. (1994). The epidemiology and differential diagnosis of obsessive-compulsive disorder. *Journal of the Clinical Psychiatry,* 55, 5-10.

Rettew, D., Swedo, S., Leonard, H., Lenane, M., & Rapoport, J. (1992). Obsession and compulsion across time in 79 children and adolescents with obsessive-compulsive disorder. *Journal of the American Academy of Child and Adolescent Psychiatry, 31,* 1050-1056.

Rocha. F., Alvarenga, N., Lage, N., Romano-Silva, M., Marco, L., & Corrêa, H. (2011). Associations between polymorphic variants of the tryptophan hydroxylase 2 gene and obsessive-compulsive disorder *Revista Brasileira de Psiquiatria.* (no prelo).

Ronchetti, R., Bohme, E., & Ferrão, Ygor. (2004). A hipótese imunológica no transtorno obsessivo-compulsivo: revisão de um subtipo (PANDAS) com manifestação na infância. *Revista de Psiquiatria do Rio Grande do Sul, 26,* 62-69.

Rosário-Campos, M. C., & Mercadante, M. (2000). Transtorno obsessivo-compulsivo. *Revista Brasileira de Psiquiatria, 23,* 16-19.

Rosário-Campos, M. C. (2001). Peculiaridades do transtorno obsessivo-compulsivo na infância e na adolescência. *Revista Brasileira de Psiquiatria, 23,* 24-26.

Rowa, K, Purdon, C, Summerfeldt, L. J., & Antony, M. (2005). Why are some obsessions more upsetting than others. *Behaviour Research and Therapy, 43, 1453-1456.*

Salkovskis, P. M., Forrester, E., & Richard, C. (1998). Cognitive-behavioural approach to understanding obsessional thinking. *British Journal of Psychiatry, 173,* 53-63.

Saxena, S., Brody, A., Schwartz, J., & Baxter, L. (1998). Neuroimaging and frontal-sub-cortical circuitry in obsessive-compulsive disorder. *British Journal of Psychiatry, 35,* 26-37.

Shafran, R. (2001). Obsessive-compulsive disorder in children and adolescents. *Child Psychology & Psychiatry Review, 6,* 50-58.

Skoog, G., & Skoog, I. (1999). A 40-years follow-up of patients with obsessive-compulsive disorder. *Archives General of Psychiatry, 56,* 121-127.

Souza, F., Foa, E., Meyer, E., Niederauer, K., & Cordioli, A. (2011). Psychometric properties of the Brazilian Portuguese version of the Obsessive-Compulsive Inventory – Revised (OCI-R). *Revista Brasileira de Psiquiatria* (no prelo).

Steketee, G., & Van Noppen, B. (2003). Family approaches to treatment for obsessive compulsiver disorder. *Revista Brasileira de Psiquiatria, 25,* 43-50.

Swedo, S., Leonard, H., Lenane, M., & Rapoport, J. (1992). Obsession and compulsion across time in 79 children and adolescents with obsessive-compulsive disorder. *Journal of the American Academy of Child and Adolescent Psychiatry,* 31, 1050-1056.

Swedo, S. E., & Grant, P. J. (2005). Annotation: PANDAS: a model for human autoimmune disease. *Journal of Child Psychology and Psychiatry,* 46, 227-234.

Thomsen, P. H. (1995). Obsessive-compulsive disorder in children and adolescents: Predictors in childhood for long-term phenomenological course. *Acta Psychiatric Scandinavia,* 92, 255-259.

Tolin, D., Abramowitz, J., Brigidi, B., & Foa, E. (2003). Intolerance of uncertainty in obsessive-compulsive disorders. *Journal of Anxiety Disorders,* 17, 233-242.

Torres, A., & Lima, M. (2005). Epidemiologia do transtorno obsessivo-compulsivo: uma revisão. *Revista Brasileira de Psiquiatria,* 27, 237-242.

Torres, A., Ramos-Cerqueira, A., & Dias, R. (1999). O ciúme enquanto sintoma do transtorno obsessivo-compulsivo. *Revista Brasileira de Psiquiatria,* 21, 165-173.

Torres, A., & Smaira, S. (2001). Quadro clínico do transtorno obsessivo-compulsivo. *Revista Brasileira de Psiquiatria,* 23, 6-9.

Torresan, R., Smaira, S.; Ramos-Cerqueira, Ana., & Torres, A. (2008). Qualidade de vida no transtorno obsessivo-compulsivo: uma revisão. *Revista de Psiquiatria Clínica,* 35, 13-19.

Tuna, S, Teckan, A. I., & Topçuoglu V. (2005). Memory and metamemory in obsessive--compulsive disorder. *Behaviour Research and Therapy,* 43, 15-27.

Türkoy, N., Tükel, R., Ösdemir, Ö., & Karali, A. (2002). Comparison of clinical characteristics in good and poor insight obsessive-compulsive disorder. *Journal of Anxiety Disorders,* 16, 413-423.

Valente, A., & Busatto Filho, G. (2001). Aspectos neurorradiológicos do transtorno obsessivo-compulsivo: O papel dos gânglios da base. *Revista Brasileira de Psiquiatria,* 23, 42-45.

Williams, T., & Allsopp, M. (1999). Obsessional compulsive disorder in adolescent populations: Experiences of offering a combined pharmacological-psychological approach. *Child Psychology & Psychiatry Review,* 4, 162-169.

Yaryura-Tobias, J., Grunes, M., Todaro, J., McKay, D., Neziroglu, F., & Stockman, R. (2000). Nosological insertion of axis I disorders in the etiology of obsessive-compulsive disorder. *Journal of Anxiety Disorders,* 14, 19-30.

Zohar, A. (1999). The epidemiology of obsessive-compulsive disorder in children and adolescents. *Child and Adolescent Psychiatric Clinic of North America,* 8, 445-460.

TRANSTORNOS ALIMENTARES NA ADOLESCÊNCIA: ANOREXIA NERVOSA E BULIMIA NERVOSA

Leticia Oliveira
Faculdade Anhanguera do Rio Grande

Os transtornos alimentares são patologias graves e de prognóstico reservado (*American Psychiatric Association*, 2003) que levam a limitações físicas, emocionais e sociais (Abreu, 2002), a um risco de suicídio 50 vezes maior que na população geral (Birmingham et al., 2005) e elevados índices de letalidade (Hoek, 2006). Neste capítulo enfatiza-se a anorexia nervosa e a bulimia nervosa, que se apresentam intimamente relacionadas por manifestarem uma preocupação exagerada com o peso e a forma corporal e um medo mórbido de engordar (Buckroyd, 2000) e por acometerem um número cada vez maior de adolescentes (Hay, 2002). Busca-se aqui apresentar brevemente a definição, histórico, critérios diagnósticos, evolução, quadro clínico, prevalência, etiologia, instrumentos de avaliação e o tratamento desses transtornos.

Definição: Anorexia nervosa e bulimia nervosa

A anorexia nervosa tem sido definida como um transtorno do comportamento alimentar caracterizado por uma importante distorção da imagem corporal, limitações dietéticas autoimpostas, padrões bizarros de alimentação com acentuada perda de peso autoinduzida e mantida pelo paciente, associada a um temor intenso de ganhar peso (APA, 2003). Já a bulimia nervosa é uma síndrome caracterizada por alternar períodos de restrição alimentar com episódios de ingestões de grande quantidade de alimento, associados a uma sensação de perda de controle (Thiel & Mello, 2005). Estes episódios – em que são consumidas entre 3.000 e 4.000 Kcal, com relatos de casos até 20.000 Kcal (Mitchell, Crow, Peterson, Wonderlich, & Crosby, 1998) – são acompanhados de estratégias compensatórias inadequadas para que o controle de peso seja mantido. Entre as mais frequentes, estão os comportamentos de purgação (vômitos autoinduzidos, utilização de inibidores de apetite, diuréticos e laxantes), as dietas e atividades físicas rigorosas. Salienta-se a gravidade destas estratégias: há casos de pacientes que chegam a provocar mais de 15 vômitos por dia, a utilizar doses diárias de laxantes que atingem 40 vezes o indicado pelos médicos, e a realizar mais de oito horas de atividades físicas exaustivas (Berkman et al., 2006).

Histórico e critérios diagnósticos atuais

Apesar de ser conhecida atualmente como uma síndrome das sociedades modernas (Selvini Palazzoli, Cirillo, Selvini & Sorrentino, 1998), muito ligada a fatores culturais das sociedades ocidentais (Melin & Araújo, 2002), existem relatos médicos de pacientes acometidos de uma misteriosa enfermidade semelhante à anorexia nervosa datados do século III. Além disso, a prática de jejuar pode ser identificada há séculos, o que leva à reflexão se os transtornos alimentares são doenças novas relacionadas a pressões sociais ou se configuram uma maneira mais profunda de autoexpressão adotada também por outras épocas e culturas (Abuchaim, 1998).

A anorexia nervosa foi reconhecida pela primeira vez na Idade Média como uma afecção misteriosa que se caracterizava por uma dieta de fome autoimposta com significativa perda de peso. Todavia, pesquisas mostram indícios de que antes do século XII já havia descrições esporádicas de patologias semelhantes. Tais casos eram descritos como enfermidades de origem mental, envolvendo sintomas como amenorreia, constipação, hiperatividade e perda do apetite (Kaplan, 1992).

A partir do século XVIII, surgiram vários relatos interessantes descrevendo esta entidade clínica. Há o caso de uma menina francesa que faleceu vítima do transtorno, cuja morte foi atribuída pelos médicos à influência perniciosa da mãe (Kaplan, 1992).

A vida de cerca de 250 santas e beatas da Igreja Católica e suas práticas de asceticismo, descritas por Bell (citado por Hercovici & Bay, 1997), mostra um paralelo entre as práticas religiosas de jejum, as chamadas "anorexias santas", e o conceito da doença aceito hoje. Para o autor, as "anorexias santas" podem ser relacionadas à anorexia atual, visto que em ambas existe uma busca pela libertação feminina de uma sociedade patriarcal.

Já a primeira descrição clínica da anorexia nervosa como uma patologia com características semelhantes àquelas de ordem psicossomática foi feita em 1694, por Richard Morton, a partir da análise de dois casos clínicos (Hercovici & Bay 1997). A síndrome só foi redescoberta em 1868, pelo médico inglês William Whitney Gull, criador do termo "anorexia nervosa" (Bruch, 1973). A partir dessa época, os relatos médicos destacavam o papel da trama familiar na doença dos filhos (Garfinkel, Kennedy & Kaplan, 1995). Gull baseou-se nos quadros clínicos de três meninas entre 14 e 18 anos. Suas conclusões foram de que a aparição típica da doença se dá na adolescência; há uma prevalência em mulheres; intenso emagrecimento e prejuízo das funções nutritivas com grande aumento das atividades físicas; amenorreia associada ao emagrecimento; constipação; perda de apetite e ausência de uma patologia somática (Bruch,1973).

Cerca de cinco anos após as observações de Gull, Ernest Charles Lasségue (citado por Bruch, 1973), um neuropsiquiatra parisiense, denomina a doença como *"anorexie histérique"*. Lasségue acreditava que a etiologia do transtorno era histérica e já naquela época enfatizava muito adequadamente as distorções cognitivas, a negação, os transtornos da imagem corporal e o envolvimento familiar no desenvolvimento da doença. Alguns anos depois, Henri Huchard, outro médico francês, descartou a origem histérica, mudando o termo para *"anorexie mental"*, até hoje utilizado na França e Itália. Já em 1895, Gilles de la Tourette (citado por Kaplan, 1992), um médico que assim como Gull acreditava na importância da separação temporária do paciente anoréxico do meio familiar, foi o primeiro a enfatizar falta de apetite como central na afecção.

No ano de 1914, Morris Simmons (citado por Fairburn, Phil, & Beglin, 1990) encontrou um possível comprometimento de ordem orgânica após a descrição da severa perda de peso em uma jovem acometida de uma destruição da hipófise. A confusão etiológica surgida a partir deste caso, que sugeria o hipopituitarismo como causa da anorexia nervosa, só foi encerrada em 1949, quando foi comprovada a ausência de emagrecimento intenso a não ser em níveis terminais das doenças restritas à hipófise. Nos anos seguintes, a Psicanálise passou a dominar o estudo dos transtornos alimentares, através de uma abordagem psicodinâmica (Hercovici & Bay, 1997), até que outras áreas do conhecimento passaram a se interessar por estas doenças e investigar outras faces do problema (aspectos genéticos, clínicos, culturais, etc.).

A anorexia nervosa também foi vista como um sintoma inespecífico, passível de manifestação em praticamente todos os diagnósticos psiquiátricos que levassem à acentuada perda de peso. Tal concepção provavelmente decorreu da existência de aspectos inespecíficos presentes em sua psicopatologia, tais como alterações cognitivas, afetivas e comportamentais provocadas pela inanição. Outra forma de se conceber a anorexia nervosa foi como variante de outras doenças psiquiátricas, principalmente da histeria, da esquizofrenia e do transtorno obsessivo (Garfinkel, Garner, Kaplan, Rodin, & Kennedy, 1983).

A partir de 1960, o número crescente de indivíduos com anorexia nervosa e as tentativas de distinguir diferentes tipos de pacientes com o quadro parecem ter contribuído para o reconhecimento da doença como síndrome psiquiátrica específica, com aspectos característicos que a distinguem de outros transtornos. Na década de 1970 começam a surgir critérios padronizados para o diagnóstico da anorexia nervosa com base nos distúrbios psicobiológicos e psicopatológicos, desenvolvidos para atender tanto às necessidades clínicas como às de pesquisa (Russel, 1970). De modo geral, os critérios ressaltavam: a perda considerável de peso, a preocupação mórbida com o risco de engordar, alterações na percepção corporal e disfunções endócrinas (ex. amenorreia), aspectos concebidos como diagnósticos de anorexia nervosa pelos atuais sistemas classificatórios (OMS, 1993).

Já o termo "bulimia" tem uma história antiga. Deriva do grego "bous" (boi) e "limos" (fome), designando assim um apetite tão grande que seria possível a um homem comer um boi. Entre os séculos XV e XVIII, diferentes variantes do termo, como os derivados do latim "bulimus" e "bolismos" ou do francês "bolisme", com o mesmo significado anterior, foram empregados na literatura médica na Inglaterra, França, Alemanha e Polônia (Parry-Jones & Parry-Jones, 1991).

Embora o histórico da bulimia nervosa seja mais recente que o da anorexia nervosa – por ter sido reconhecida como uma entidade clínica apenas no final da década de 70 –, nos famosos festins da Roma antiga também era corriqueira a existência de episódios bulímicos e comportamentos purgatórios (Cordas & Claudino, 2002). Os banquetes oferecidos pelas classes sociais mais altas eram acompanhados de orgias sexuais e contavam com a presença de "vomitatórios" (tipos de pias) para a prática dos vômitos autoinduzidos. Mais tarde, tais atitudes foram abandonadas, quando condenadas pela sociedade e quando a obesidade deixou de ser considerada como um sinal de prosperidade (Hercovici & Bay, 1997).

O transtorno foi descrito pela primeira vez por Russell (1983) ao estudar trinta pacientes com peso adequado, mas que apresentavam um intenso medo de engordar e, para se defenderem disto, desenvolviam episódios bulímicos e provocavam vômitos. Como eram constatados quadros de anorexia nervosa na história pregressa dessas pacientes, o pesquisador passou a considerar que a bulimia pudesse ser uma sequela ou uma variação da anorexia (Russell, 1983). Todavia, algum tempo depois, Russel e outros autores apontaram a bulimia nervosa como um quadro distinto, uma vez que apenas 20% a 30% das pacientes bulímicas tinham história pregressa de anorexia nervosa (Fairburn, 1991).

Nas últimas décadas, o diagnóstico tem sido mais investigado, e os especialistas percebem a frequência dos transtornos e as dificuldades de tratamento (Garfinkel et al., 1995). Atualmente, a detecção pode ser realizada através do DSM-IV-TR, embasado em concepções biológicas e psicológicas. Como um resumo das diretrizes diagnósticas para a anorexia nervosa propostas por este tratado pode-se citar: uma recusa de manter o peso corporal indicado à idade e à altura, medo exagerado de ganhar peso ou de se tornar gordo, mesmo que o peso esteja abaixo do esperado; distorção da imagem corporal ou negação da gravidade do peso atual; e em mulheres pós-menarca, constatação de amenorreia (APA, 2003).

O DSM-IV-TR também recomenda, ainda em relação aos critérios diagnósticos, a especificação dos dois subtipos da anorexia: restritivo e bulímico. A diferença está em que no primeiro tipo ocorre apenas uma restrição nutricional através da evitação dos alimentos, enquanto que, no segundo, ocorrem também episódios de um rápido consumo de grandes quantidades de alimentos em um tempo limitado ou indução de vômitos e limpeza estomacal (através do uso de laxantes e diuréticos). Pesquisas apontam que apenas 12% das pacientes com anorexia nervosa restritiva nunca apresentaram episódios bulímicos ou purgação (Eddy, Movotny & Westen, 2004).

Uma síntese dos critérios diagnósticos propostos pelo DSM-IV TR para a bulimia nervosa é: episódios recorrentes de consumo rápido de uma grande quantidade de alimentos em um período de tempo curto; temor de não conseguir parar de comer durante o episódio de ingestão copiosa; provocação de vômitos; uso de laxantes; realização de dieta rigorosa ou jejum para contrabalançar os efeitos do empanturramento e uma média mínima de dois episódios por semana, durante pelo menos três meses (APA, 2003).

Evolução e quadro clínico

A anorexia nervosa geralmente inicia a partir de uma simples dieta realizada como resposta a um excesso de peso real ou imaginário. Apesar da realização de regimes e busca de outros métodos que visam ao emagrecimento serem comuns na adolescência, ao contrário da maioria dos jovens, que após algum tempo retornam ao peso antigo ou atingem o peso ideal, os anoréxicos buscam uma forma física cada vez mais esbelta (Hercovici & Bay, 1997). Os fatores precipitantes ou desencadeantes da inanição são diversos. Podem consistir em eventos vitais significativos como perdas, separações familiares, enfermidades, mudanças de escola, modificações corporais, entre outros, embora muitas vezes o fator específico não possa ser identificado ou, em alguns casos, pode constituir-se em uma circunstância aparentemente corriqueira (Abuchaim, Somenzi, & Duchesne, 1998).

Os pacientes em um primeiro momento eliminam alimentos muito calóricos e, aos poucos, passam a restringir todos os outros itens que faziam parte de seu cardápio (Russel, 1983). Com o tempo, passam a direcionar toda sua atenção para assuntos relacionados à dieta e perda de peso, em uma busca implacável à magreza. Os hábitos alimentares passam então a ser ritualizados e secretos e comportamentos bizarros em relação à comida passam a ocorrer. Os pacientes escondem alimentos por todos os cantos da casa, cozinham refeições elaboradas, compram comida em abundância no supermercado e se preocupam com a dieta da família. Apesar desse contato estreito com a comida, a ingestão nutricional é muito pequena, sendo que, em estágios mais avançados da doença, é comum que comam apenas uma fruta ou uma fatia de queijo, ou que apenas bebam um café durante o dia inteiro (Russel, 1983). Concomitantemente à dieta restritiva, é frequente a ocorrência de episódios de comer compulsivo de alimentos calóricos considerados proibidos pelos pacientes. Para compensar tais orgias alimentares, muitos anoréxicos passam a utilizar métodos de purgação, sendo comum o abuso de laxantes e diuréticos, o engajamento em atividades físicas cada vez mais vigorosas e, em 40% dos casos, a provocação de vômitos, atitude esta que piora muito o prognóstico (APA, 2003).

Com a evolução da doença, as inspeções minuciosas frente ao espelho passam a ser constantes e, embora o emagrecimento seja cada vez mais intenso, o medo da obesidade aumenta. Um aspecto central da patologia, presente quase na totalidade dos casos, é a perturbação da percepção corporal. O indivíduo apresenta uma distorção no modo de perceber o próprio corpo, acreditando estar gordo mesmo contra todas as evidências clínicas e súplicas familiares (Stein & Corte, 2006).

O curso da anorexia nervosa é variável, podendo ir desde um único episódio com recuperação física e psicológica total, o que é mais raro, até evoluções crônicas com sucessivas internações e recaídas. O transtorno pode ser letal em função de suas alterações fisiológicas e metabólicas causadas pela degradação nutricional (Hoek, 2006). Casos fatais não são raros em absoluto. Estudos apontam que o número de mortes por consequência da doença oscila entre cinco e 15% dos casos (Doyle & Briant-Waugh, 2000).

Em relação à bulimia nervosa, pode-se constatar que muitos pacientes têm história prévia de obesidade (Stice, Agras & Hammer, 1999). O excesso de peso tem influência drástica na autoestima e na satisfação corporal, especialmente em crianças e adolescentes com autoimagem negativa, suscetíveis às pressões culturais pela magreza (Pinheiro & Giugliani, 2006). Há também casos de meninas que apresentam um aumento importante da gordura corporal na puberdade, o que requer uma reorganização da imagem corporal e pode reforçar as preocupações exageradas com o peso (Gowers & Shore, 2001).

Mas a busca pela magreza e o consequente desenvolvimento da bulimia não estão relacionados apenas a preocupações estéticas, e sim a uma busca subjetiva de estabilidade ou controle. Inicialmente o disparador das descompensações alimentares é a fome intensa, adquirida através de dietas extremadas. Essa "falha" em manter o controle da alimentação faz com que sejam utilizados métodos de purga e assim se instala um círculo vicioso: restrição – perda do controle/ aumento de peso – purgações. Com o tempo, qualquer situação de angústia tenta ser aliviada através das ingestões copiosas e subsequente eliminação do que foi ingerido (Abreu, 2002).

Porém, ao contrário dos anoréxicos, os pacientes bulímicos apresentam consciência de seus problemas com a alimentação. O segredo é central no transtorno e por isso só procuram tratamento muito tempo após a instalação do transtorno. Apesar da vergonha que sentem, há um desejo de mudar que conduz a buscar ajuda (Cordás & Busse, 1995).

Prevalência

Sabe-se que os transtornos alimentares afetam predominantemente a população jovem (Doyle & Briant-Waugh, 2000) e que a sua prevalência tem aumentado nas últimas décadas (Dunker & Philippi, 2003; Fiates & Salles, 2001; Magalhães, Gulnar, & Mendonça, 2005), especialmente entre a população de 15 a 24 anos (Hoek, 2006).

Pesquisas epidemiológicas estimam a incidência entre 0,5% e 7% para anorexia nervosa e 0,4 % e 16,2 % para bulimia em adolescentes do sexo feminino. Em relação aos homens, os índices variam entre 0 e 0,1% para anorexia nervosa e de 0 a 1,2% para a bulimia nervosa (Hoek & van Hoeken, 2003, Strober, Freeman, Lampert, Diamond, & Kaye, 2000).

Todavia, tais números são questionáveis pelo fato de que apenas os casos mais graves chegam ao conhecimento médico. Além disso, distúrbios não especificados e síndromes parciais, isto é, formas de transtornos alimentares que não preenchem os critérios necessários para o diagnóstico de anorexia nervosa ou bulimia nervosa são bem mais frequentes. Elas ocorrem com 5% a 10% de jovens do sexo feminino (Melin & Araújo, 2002).

Os transtornos alimentares apresentam uma distribuição assimétrica quanto ao gênero (95% são mulheres) como outras poucas patologias psiquiátricas. Esta diferença no número de casos entre os sexos pode estar relacionada a fatores socioculturais biológicos, bem como ao pouco interesse dado, no passado, ao estudo destes transtornos na população masculina (Melin & Araújo, 2002).

Especialistas de países europeus e dos Estados Unidos vêm intensificando os estudos nesta área (Hay, 2002). No Brasil, porém, há poucas pesquisas que avaliam os índices destas patologias na população, mas concorda-se que os números são altos (Oliveira, 2004). Estudos como o de Fiates e Salles (2001), que entrevistaram 221 mulheres universitárias no Estado de Santa Catarina, apontam resultados preocupantes. As autoras concluíram que 22,17% da amostra apresentava alterações importantes no comportamento alimentar. Já o estudo de base populacional desenvolvido por Nunes, Olinto, Barros e Camey (2001) demonstrou que a percepção inadequada do peso corporal de jovens mulheres entre 12 e 29 anos de idade (sentir-se gorda) tem um papel mais importante na determinação dos comportamentos alimentares anormais do que o real índice de massa corporal (IMC).

Todavia, essa percepção corporal disfuncional não atinge apenas as adolescentes. Os índices de transtornos alimentares vêm crescendo na infância (Doyle & Briant-Waugh, 2000). Na cidade de Porto Alegre, 38,1% crianças com peso adequado se consideram "gordas", especialmente meninas de 11 anos de idade, com maior IMC, menor autoestima e que pensam que seus pais gostariam que fossem mais magras (Pinheiro & Giugliani, 2006). Ainda em relação à prevalência, sabe-se que esta é maior em alguns grupos sociais e profissionais nos quais a esbeltez é ainda mais valorizada, como atletas, bailarinas, modelos e nutricionistas (Sundgot, Torstveit & Skarderud, 2004).

Etiologia

Embora a etiologia da anorexia nervosa e bulimia nervosa seja, ainda hoje, desconhecida (Duchesne et al., 2004), são crescentes as evidências da interação de diversos fatores não só na gênese como também na manutenção dos transtornos. Atualmente a maioria dos pesquisadores trabalha com um modelo multidimensional, que reconhece fatores de risco de diversos níveis: socioculturais, individuais e familiares (Morgan, Ramalho, Vecchiatti, & Negrão, 2002), expostos a seguir.

Aspectos socioculturais

Em relação aos aspectos culturais da pós-modernidade, acredita-se que o aumento do número de casos de transtornos alimentares esteja estreitamente ligado ao modelo estético vigente, em que o preconceito contra a obesidade é muito intenso, e a magreza é ligada à imagem feminina de sucesso, perfeição (Romaro & Itokazu, 2002) competência, autocontrole e atratividade sexual (Goldenberg, 2005). O aumento no número de cirurgias plásticas estéticas é um bom exemplo da crescente insatisfação corporal e da busca de formas perfeitas entre homens e mulheres (Ricciardelli & McCabe, 2001).

Atualmente, a busca pela esbelteza tornou-se uma obsessão cultural massificada (Romaro & Itokazu, 2002). Nas sociedades ocidentais, é inquestionável que o número de casos de anorexia nervosa e bulimia nervosa vêm crescendo de forma alarmante, mas também no Japão, onde antes da ocidentalização tais transtornos praticamente inexistiam, nos dias de hoje são quase tão frequentes quanto nos Estados Unidos (Lee & Lee, 2000).

Há algumas décadas, a literatura descrevia que os indivíduos acometidos por transtornos alimentares eram, quase que em sua totalidade, meninas ocidentais, de raça branca e pertencentes a uma classe socioeconômica alta (APA, 2003). Apesar de ser inquestionável que os índices de anorexia nervosa e bulimia nervosa venham crescendo de forma alarmante entre estas adolescentes, hoje tais enfermidades se estendem sobre os limites de raça ou cor (Fonseca, Ireland, & Resnick, 2002).

Neste sentido, alguns autores têm questionado a concepção estabelecida de que os transtornos alimentares atingem predominantemente mulheres caucasianas. Até o momento, poucos estudos se propõem a comparar diferentes culturas e grupos étnicos, e os resultados encontrados são contraditórios. Comprovando os achados iniciais, Chen e Swalm (1998), encontraram maiores índices de insatisfação corporal em adolescentes americanas do que em adolescentes asiáticas. Hoek (2006), em um artigo de revisão de literatura, concluiu que a anorexia nervosa é comum entre jovens brancas, mas extremamente rara entre as negras.

Na mesma linha, Kelly, Wall, Eisenberg, Story, & Neumark-Sztainer (2005) comparando a raça negra com a raça branca, encontraram que as africanas expressaram quase três vezes mais satisfação corporal que caucasianas. Estudo semelhante buscou examinar diferenças de etnia e gênero no que se refere a atitudes e comportamentos alimentares entre universitários. Os estudantes brancos estavam mais insatisfeitos com seus corpos, tinham mais sentimentos negativos por si próprios e faziam mais dieta que os negros (Aruguete, DeBord, Yates & Edman, 2005).

Todavia, outros autores atuais concluem que mulheres pertencentes a minorias raciais apresentam maiores índices de temor à obesidade do que aquelas de cor branca (Field, Colditz & Peterson, 1997, Smith, Thompson, Raczinsky, & Hilner, 1999, Striegel-Moore & Smolak, 2000). No entanto, a maioria das pesquisas aponta que a insatisfação com o corpo, a distorção da imagem corporal e a realização de dietas para perder peso e de exercícios físicos que visam ao emagrecimento ocorrem na mesma proporção para mulheres caucasianas, negras, latinas, índias e asiáticas (O'Dea & Caputi, 2001). Assim, pode-se constatar que o medo de engordar é, hoje, universal e intenso entre as adolescentes, o que favorece o desenvolvimento de comportamentos de risco para o desenvolvimento de transtornos alimentares (Johnson & Wardle, 2005) como a realização de dietas extremadas, atividades físicas em excesso, utilização de medicamentos diuréticos, laxantes e anorexígenos, provocação de vômitos (Andrade & Bosi, 2003).

Também em relação aos aspectos sociais da atualidade, Fernandez (1995) enfatiza o papel da mídia como central no aumento da prevalência de transtornos alimentares nos últimos anos. Segundo a autora, o ideal de corpo feminino que a sociedade oferece às mulheres jovens é um reflexo do que é exibido na televisão, na qual o modelo de beleza é o da manequim anoréxica. Estudos americanos e europeus indicam que 70% das mulheres se sentem com sobrepeso, embora sejam normais ou magras (Hercovici & Bay, 1997). Tais índices podem, em parte, ser explicados pela exploração dos meios de comunicação dessa imagem de mulheres em estado de inanição como padrão estético, estando os ditames da moda absolutamente inadequados à realidade da grande maioria da população. Com a dificuldade de adquirir o peso baixo desejado através de dietas saudáveis e exercícios físicos, muitas adolescentes passam desenvolver práticas inadequadas de controle de peso (Kellner, 2001).

Por fim, cabe refletir sobre a contradição que a sociedade atual apresenta especialmente aos adolescentes: de um lado a ênfase à atividade física e à importância de manter hábitos alimentares saudáveis, através dos veículos de comunicação mais variados (Smolak, 2004). De outro lado, o capitalismo e a urbanização "ditam" a magreza extrema como ideal de beleza. Neste sentido, é notável o crescente número de *sites* que incentivam as adolescentes a desenvolver ou manter transtornos alimentares, ensinando técnicas de purgação e "truques" supostamente milagrosos para atingir um estado severo de emagrecimento (Oliveira, 2004).

Aspectos individuais

Os fatores históricos e culturais levam os indivíduos a se relacionar com seu corpo de diferentes formas. Sabe-se que os padrões de beleza muitas vezes impostos pela sociedade são importantes na formação da imagem corporal e no modo como o indivíduo se relaciona consigo. Todavia, as adversidades infringidas aos indivíduos pela história, cultura e pelo grupo social não atingem suas imagens corporais de forma idêntica. Aspectos de personalidade são decisivos na construção do conceito de si mesmo (Castilho, 2001).

Em relação aos aspectos individuais dos transtornos alimentares, considerase difícil estabelecer quais características de personalidade estavam presentes antes da instalação do transtorno alimentar e quais são consequências deste. A prevalência de transtornos de personalidade entre aqueles com anorexia nervosa e bulimia nervosa ainda é desconhecida (Sansone, Levitt & Sansone, 2005).

Entretanto, alguns traços de personalidade pré-mórbida típicos de adolescentes acometidas de anorexia nervosa são descritos pela literatura com base em evidências clínicas. Entre eles estão: grande necessidade de aprovação externa e falta de respostas às necessidades internas, conformismo, perfeccionismo (Mejía, Díaz, Sierra, & Monsalve, 2003), autoavaliação negativa, expectativas pessoais elevadas e extrema necessidade de agradar e satisfazer os desejos dos outros (Falceto et al., 1993; Fasolo & Diniz, 1998), aspectos estes que reforçam a busca incessante pela magreza (Ghaderi & Scott, 2001; McGee & Williams, 2000). Além disso, os anoréxicos restritivos começam a vida sexual mais tarde e têm menos relações. A sexualidade comumente é infantil: há desinteresse ou conflitos sexuais e perturbações na intimidade (Mejía et al., 2003).

Em relação às comorbidades em pacientes com transtornos alimentares, estudos apontam que aproximadamente metade dos anoréxicos apresenta sintomas clinicamente significativos do transtorno obsessivo-compulsivo (Neumark-Sztaemer, Wall & Guo, 2006) e que anoréxicos que utilizam métodos de purgação têm maiores traços de impulsividade e maior comorbidez psiquiátrica (Marañon, Echeburúa, & Grijalvo, 2004). Além disso, a anorexia nervosa parece estar associada a transtornos da ansiedade (Hudson, Hiripi, Pope, & Kessler, 2007; Mejía et al., 2003) e a doenças afetivas, especialmente distimia e depressão (APA, 2003, Mejía et al., 2003).

Bollen e Franz (2004) investigaram a relação entre os Cinco Fatores da personalidade e a anorexia nervosa e seus dois subtipos – restritivo e bulímico. A amostra foi composta por 71 pacientes com anorexia nervosa restritiva (AN-R) e 29 pacientes com anorexia nervosa bulímica/purgativa (AN-BP), que responderam ao NEO-Five Factor Inventory. Os resultados dos dois grupos com anorexia foram comparados entre si e com o grupo-controle (N = 1390). Comparado com o grupo com AN-BP, o grupo com AN-R teve escores significantemente maiores nos fatores "realização" e "socialização". Já o fator "neuroticismo" foi alto e similar nesses dois grupos. Os dois grupos clínicos apresentaram também índices de "neuroticismo" significativamente mais altos que controles (sem os transtornos). Esse estudo mostra que os dois subtipos da anorexia nervosa podem ser distinguidos tanto nos sintomas quanto nas variáveis de personalidade e que esses aspectos devem ser mais estudados e tratados.

Confirmando essa ideia da diferença entre os subtipos do transtorno, pesquisas mostram que indivíduos acometidos de anorexia nervosa restritiva tendem a ser perfeccionistas e obsessivos e aqueles com anorexia nervosa purgativa tendem a apresentar maior impulsividade e mais atuações (Oliveira & Santos, 2006). Vervaet, van Heeringen e Audenaert (2004) realizaram um estudo com o objetivo de analisar as diferenças na gravidade dos sintomas em indivíduos com anorexia nervosa restritiva e anorexia nervosa bulímica. Participaram do estudo 244 pacientes anoréxicos atendidos pelo Departmento de psiquiatria da Universidade de Gent, na Bélgica. Dos 62 dos sujeitos com psicopatologia menos severa, 48 tinham o diagnóstico de anorexia nervosa restritiva. Este grupo de pacientes parece ter, segundo os autores, sintomas e comportamentos menos graves do que o subgrupo purgativo.

Algumas características de personalidade de pacientes anoréxicos são comuns também aos bulímicos, como a baixa autoestima, incompetência social e necessidade de aprovação externa. Ademais, um número grande de estudos têm examinado a relação entre perfeccionismo e transtornos alimentares, que, embora conhecido por ocorrer na anorexia nervosa, mais recentemente tem sido reconhecido como também associado à bulimia nervosa (Franco-Paredes et al., 2005). Outros aspectos importantes, porém, são típicos dos bulímicos: dificuldades no controle de impulsos, extroversão, cleptomania, automutilação e atuações (APA, 2003, Fernández-Aranda et al., 2008).

Ainda na bulimia nervosa constata-se um baixo grau de manejo emocional, o que acarreta atitudes caóticas não somente relacionadas à alimentação, mas também à escola, ao trabalho, às relações afetivas e interpessoais (Abreu, 2002). Diferentemente da anorexia nervosa, onde há uma decréscimo na atividade sexual, os sintomas bulímicos são associados ao acréscimo (Eddy et al., 2004). São comuns as relações sexuais promíscuas (Cordás & Busse, 1995), presença de longos períodos de solidão e, em outros momentos, relacionamentos intensos e instáveis (Abreu, 2002). Tais dificuldades podem estar relacionadas, entre outros fatores, à violência sexual pregressa. Muitos estudos apontam o histórico de abuso sexual na infância como um fator de risco para os comportamentos bulímicos na adolescência, e constatam que, em muitos casos, a instalação da bulimia pode ser atribuída diretamente a esse tipo de violência (Wonderlich, Wilsnack, Wilsnack, & Harris, 1996).

São frequentes também na bulimia nervosa os transtornos caracterizados pela impulsividade e instabilidade (Grilo, 2002), a dificuldade de autorregulação (Sansone et al., 2005), presença de traços histriônicos, doenças afetivas (APA, 2003) e dependências químicas (Hudson et al., 2007; Sansone et al., 2005). O histórico de outras patologias psiquiátricas, em especial de depressão, também é considerado um fator de risco para os transtornos alimentares, particularmente para a bulimia nervosa (Fairburn, Welch, Doll, Davies, & O'Connor, 1997).

Com o objetivo de verificar a existência de transtornos de personalidade associados, Marañon et al., (2004) avaliaram 66 pacientes acometidos de transtornos alimentares. Através do International Personality Disorders Examination (IPDE) constataram que 51.5% da amostra apresentavam pelo menos um transtorno de personalidade, principalmente obsessivo-compulsivo, evitativo, *borderline* e dependente. Os autores comentam o alto índice de transtornos de personalidade encontrado e enfatizam a necessidade de mais estudos sobre a personalidade dos indivíduos anoréxicos e bulímicos.

Já Sansone et al., (2005), ao realizarem uma extensa revisão de literatura sobre o tema, constataram que a personalidade obsessiva-compulsiva é a mais comum na anorexia nevosa restritiva (22%), seguida da evitativa (19%), *borderline* e dependente (10%). Na anorexia purgativa as personalidade mais prevalentes são a *borderline* (25%), evitativa e dependente (15%) e histriônica (10%). Finalmente, na bulimia nervosa prevalece a personalidade *borderline* (28%), histriônica e dependente (20%).

Em relação aspectos biológicos dos transtornos alimentares, ainda há poucos estudos conclusivos. Uma das hipóteses que tem sido investigada se refere à possível disfunção do sistema nervoso central, mais especificamente a existência de déficits cognitivos associados (Duchesne et al., 2004).

Os resultados de avaliações neuropsicológicas apontam déficits de atenção, déficits visoespaciais e de visoconstrução em pacientes acometidas de anorexia e déficits de atenção seletiva e das funções executivas em pacientes bulímicas (Duchesne et al., 2004). Ressalta-se a dificuldade em afirmar se tais alterações cognitivas já estavam presentes antes da instalação da enfermidade ou se são uma das consequências desta (Hercovici & Bay, 1997).

Outra tese explorada atualmente é a de alterações em vias noradrenérgicas e da serotonina (5-HT) nas patologias do comportamento alimentar. Essas alterações seriam um fator predisponente por meio de ações no humor, controle dos impulsos, obsessividade, regulação de fome e saciedade (Leibowitz & Alexander, 1998). Alguns achados confirmam essa hipótese: diminuição da responsividade do receptor pós-sináptico de serotonina, achatamento da produção de prolactina após estimulação por agentes serotoninérgicos e controle parcial dos episódios bulímicos por agentes facilitadores da transmissão da serotonina (Bacaltchuk, Hay, & Mari, 2000). Todavia, mais pesquisas na área são necessárias para um maior aprofundamento e consistência dos resultados.

Em relação aos aspectos genéticos dos transtornos alimentares, a evidência mais consistente está baseada na concordância para anorexia em gêmeos monozigotos entre 35 e 50% e entre os dizigotos entre 10 e 17% (Cordás & Busse, 1995). É importante salientar, também, que a prevalência de anorexia nervosa entre irmãs é de 3 a 10%, índices que excedem as expectativas normais. Além disso, parentes de primeiro grau de indivíduos acometidos de transtornos alimentares apresentam um risco maior de desenvolver essas doenças (Bulik, Sullivan, Wade & Kendler, 2000). Calcula-se que parentes em primeiro grau de pacientes anoréxicas têm 11 vezes mais chance de desenvolver o transtorno do que parentes de indivíduos saudáveis. Já na bulimia esse risco é quatro vezes maior (Strober et al., 2000).

Aspectos familiares

Desde a identificação dos primeiros casos de transtornos alimentares, independente da perspectiva teórica, os especialistas sempre enfatizaram a influência da família dos pacientes tanto no desenvolvimento quanto na manutenção dos quadros patológicos (Oliveira, 2004). A atenção que tem sido dispensada aos aspectos familiares deve-se à existência de importantes fatores ambientais e genéticos e um funcionamento familiar disfuncional em famílias com pacientes com transtornos alimentares.

Os estudos sobre o desenvolvimento da anorexia e sua conexão com as relações familiares disfuncionais foram intensificados quando os psicólogos passaram a se familiarizar com a questão da separação-individuação de Mahler (1974). A menina anoréxica, nesta concepção, ao ingressar na puberdade não possuiria elementos para separar-se adequadamente da mãe, pois não teria resolvido satisfatoriamente a primeira etapa da separação-individuação. A simbiose da primeira infância teria se mantido latente. Buscaria, então, restaurar a unidade com a figura materna, ocasionando uma detenção do desenvolvimento normal da puberdade.

Baseada nessas concepções, Bruch (1973) considera a personalidade pré--mórbida como um dos fatores etiológicos importantes do transtorno e enfatiza uma estruturação familiar inadequada. Ela aponta, nas anoréxicas, uma "sensação paralisante de ineficácia", atribuída à incapacidade dos pais em favorecer a autonomia e a expressão de si mesmo às filhas. As adolescentes são sempre lembradas como crianças perfeitas, que nunca enfrentaram os pais e com aparência de serem especialmente dotadas. Com o passar dos anos, se tornam especialistas em satisfazer os desejos parentais. Desta forma, essas meninas não são preparadas para a separação e individualização, tarefas típicas da adolescência. A anorexia representa, segundo a autora, uma busca desesperada de tomar possessão do próprio corpo e da identidade, bem como uma tentativa de domínio de quem se sente bastante desamparada. Neste sentido, Falceto et al. (1993) descrevem que, diante da impossibilidade de conquistar a autonomia, essas jovens se definem e ganham espaço dentro de suas famílias através da recusa em alimentar-se.

Bruch (1973) também destaca outros aspectos importantes da enfermidade, como um transtorno da imagem corporal, um defeito na interpretação dos estímulos corporais (como os sinais de necessidade nutricional), além de figuras parentais muito controladoras e intrusivas. O funcionamento familiar é resistente a mudanças notáveis, gerando uma elevação progressiva da preocupação, ansiedade, irritação e mágoa e provocando constantemente novos problemas.

Devido a essa dificuldade de separação e autonomia, os transtornos de alimentação em adolescentes podem ser considerados como uma defesa contra o evento primordial desta etapa do desenvolvimento: mudança. Mudar pode representar a perda ou ameaça da segurança e proteção experimentadas somente dentro do ambiente familiar. O sintoma de recusa da alimentação pode ser entendido como uma forma de o adolescente manter sua identidade infantil, visto que o papel de paciente fortalece ainda mais seus laços de dependência com os pais, evitando, assim, uma separação ativa da família (Onnis, 1994). Neste sentido, a anorexia vem servir ou funcionar como uma espécie de padrão de contenção psicológica para manter a homeostase adquirida, com o objetivo de preservar um estado psicológico frágil. A natureza do transtorno visa à autopreservação, embora suas consequências sejam autodestrutivas (Abuchaim et al., 1998). Paradoxalmente, a negação de comer consiste em uma tentativa desesperada de individuação, que se apresenta sob a forma de um "protesto mudo" e visa também à introdução de conflitos em famílias que evitam qualquer situação que ameace o *status quo* do sistema (Onnis, 1994). Nesta mesma linha, a anorexia nervosa pode ser compreendida como uma resposta à tensão social e ao temor à definição sexual gerada pelas mudanças físicas da puberdade, o que conduz a uma evitação fóbica dos alimentos (Crisp, 1980).

Em relações às figuras parentais, é característico que os pais considerem que suas filhas sempre foram exemplares, estudantes-modelo, dóceis e colaboradoras até a instalação da enfermidade (Ricciardelli &McCabe, 2001). As anoréxicas são vistas por suas famílias como ótimas filhas, meigas e obedientes (Oliveira, 2004).

Baseadas em sua experiência clínica, Fasolo e Diniz (1998) também percebem as figuras parentais de adolescentes com anorexia como muito exigentes e possuidoras de altas expectativas em relação às filhas, esperando que sejam passivas, carinhosas e que correspondam ao padrão estético vigente. Os pais referem-se às meninas como inteligentes e bem-sucedidas, não compreendendo como podem ter desenvolvido sintomas tão graves. Apresentam-se, também, muito confusos e tomados por um sentimento de culpa e fracasso que os paralisa, não permitindo que reajam frente à doença da filha.

Outro modelo clássico desenvolvido para a compreensão e tratamento da anorexia, denominado "Sistêmico Estrutural", foi criado por Salvador Minuchin. O autor preocupa-se em compreender a história familiar pregressa e seu funcionamento atual, com o objetivo de verificar a importância das interações disfuncionais na manutenção dos sintomas. Para ele, o desenvolvimento de uma doença psicossomática está relacionado a três aspectos: um tipo específico de funcionamento e organização familiar, envolvimento do filho nos conflitos parentais e vulnerabilidade fisiológica (Minuchin, Rosman, & Baker, 1978). Neste modelo, as famílias anoréxicas são consideradas famílias psicossomáticas, caracterizadas, fundamentalmente, pela falta de definições de limites, por fronteiras difusas, tendência a apoiar a expressão somática dos conflitos e tensões psicológicas como meio de proteger a lealdade e bem-estar familiar (Minuchin, 1982).

Segundo o autor, sistemas familiares que apresentam como queixa uma enfermidade psicossomática de um dos membros são caracterizados por uma ênfase excessiva nos papéis de cuidado, funcionando melhor quando alguém está doente. Esses sistemas são percebidos socialmente como uma família típica, muitas vezes dando ideia de um funcionamento ideal (Minuchin & Fishman, 1984).

As cinco características relacionais típicas dessas famílias psicossomáticas estão descritas a seguir:

1. O aglutinamento ou emaranhamento é representado por uma proximidade interacional intensa entre os membros da família. As fronteiras

são difusas e há um empobrecimento das percepções de si mesmo e dos outros membros;

2. A superproteção refere-se a uma preocupação exagerada com o bem-estar de todos os membros. À medida que interagem, respostas de cuidado e proteção surgem continuamente, interferindo, assim, no desenvolvimento natural da autonomia e no reconhecimento e expressão de outros interesses fora do ambiente familiar protetor;

3. A rigidez diz respeito à necessidade de manter o *status quo* e a harmonia familiar estabelecida. Há uma grande resistência às mudanças características da adolescência. Permanece, então, o mesmo funcionamento de quando os filhos ainda estavam na infância, o qual, com a chegada da puberdade, tornam-se disfuncional. Para este tipo de família, um filho doente pode servir como desculpa legítima para permanência da união;

4. Outra característica é a baixa tolerância e a falta de resolução de conflitos, resultantes do aglutinamento, superproteção e rigidez. A estrutura familiar é extremamente inflexível na resolução de problemas. Não há possibilidade de negociação, o que contribui para o surgimento de sintomas em membros mais fragilizados;

5) A participação do paciente identificado nos conflitos parentais é referente à tendência de evitar os problemas através da formação de uma tríade com o filho sintomático. A doença do adolescente funciona como reguladora e mantenedora do funcionamento familiar (Minuchin, Rosman & Baker, 1978).

Estudos recentes confirmam as teorizações clássicas e constatam, nas famílias de pacientes anoréxicas, um funcionamento disfuncional. São observados: uma ausência de sintonia comunicacional entre os membros dos sistemas, presença de regras rígidas e disfuncionais, inadequação dos papéis, liderança fixa e autocrática, tendência a evitar a expressão de conflitos, manifestação destrutiva da agressividade, baixo nível de afeição física e autoestima, dificuldades na individualização, delimitação débil de fronteiras entre os subsistemas, falta de gratificação dos subsistemas conjugais com trocas afetivo-relacionais pobres entre os membros dos casais e baixa integração familiar. Além disso, pôde ser constatado um predomínio de técnicas parentais coercitivas na educação das filhas. Em relação aos estilos parentais, embora a maioria dos membros perceba a autoritatividade na postura parental, acredita-se que os pais tenham, na realidade, estilos autoritários e negligentes como padrões de interação familiar (Eizaguirre et al., 2001; Johnson, Cohen, Kasen, & Brook, 2002; Oliveira, 2004).

Ao contrário da aparente harmonia apresentada nas famílias de anoréxicas, as famílias de pacientes bulímicas demonstram um grau maior de desorganização. Neste sentido, comportamentos bulímicos parecem estar relacionados à ambientes familiares mais patológicos (Fornari et al., 1999). A literatura aponta, nessas famílias, um maior desengajamento e maior grau de conflitos do que aquelas com pacientes restritivos (Pantano et al., 1997).

As famílias de pacientes bulímicas são percebidas como perturbadas, desorganizadas e com dificuldade de expressão de afeto e cuidado. Pode ser percebida também, na maior parte dos casos, uma evidente hostilidade e agressividade das figuras parentais em relação aos filhos e falta de respeito entre os membros (Lask, 2000).

Com referência ao casal parental, as relações maritais dos pais são geralmente caracterizadas por baixos níveis de cumplicidade e pouco respeito (Lask, 2000). Já as figuras maternas de adolescentes com transtornos alimentares, especialmente bulímicas, tendem a ser críticas e a supervalorizar a importância do peso de suas filhas (Gowers & Shore, 2001), muitas vezes competindo com elas com relação à estética (Hercovici & Bay, 1997).

Concordando com os especialistas na área, Espina (1996) descreve dois modelos distintos típicos das famílias de pacientes com transtornos alimentares:

1. Famílias centrípetas: são caracterizadas por intensa coesão, expressão emocional pobre, falta de permissividade e pouca socialização (Famílias de pacientes com anorexia);

2. Famílias centrífugas: são aquelas em que existe pouca coesão, medo do abandono, dependência extrema, falta de controle e conflito conjugal (Famílias de pacientes com bulimia).

Pode-se, então, pensar em uma associação entre o ambiente de coesão intensa e a severidade da restrição alimentar e, consequentemente, entre o ambiente familiar desengajado e a compulsão alimentar (Fonseca, Ireland & Resnick, 2002). Ambos os modelos, cada um de sua maneira, são prejudiciais para o desenvolvimento sadio do adolescente e fatores importantes tanto na gênese quanto na manutenção dos transtornos alimentares.

Instrumentos para a avaliação de transtornos alimentares no Brasil

Em função de sua gravidade, é fundamental que a anorexia nervosa e a bulimia nervosa sejam diagnosticadas precocemente. Ainda hoje são poucos os instrumentos desenvolvidos especificamente para avaliar transtornos alimentares, sendo que a maioria ainda não é validada no Brasil. Magalhães et al. (2005) enfatizam a importância de estudos nacionais sobre a validade e confiabilidade dos questionários para rastreamento de transtornos alimentares.

Mas além dos instrumentos que visam ao rastreamento de sintomas e de possíveis doentes, também é necessário o desenvolvimento de outros que investiguem aspectos centrais na gênese e manutenção dos transtornos alimentares como as comorbidades, imagem corporal, qualidade de vida e ajustamento social (Freitas, Gorenstein, & Apolinario, 2002). A seguir, apresenta-se um breve resumo dos instrumentos validados ou atualmente em processo de validação no Brasil:

***Body Shape Questionnaire* (BSQ)** – (Cooper, Taylor, Cooper & Fairburn, 1987). Questionário de Imagem Corporal. Investiga imagem corporal, preocupações exageradas com a forma do corpo e autodepreciação. Já há uma versão em português do instrumento (Cordás, 2000).

***Bulimic Investigatory Test Edinburgh* (BITE)** – (Henderson & Freeman, 1987). Teste de Avaliação Bulímica de Edinburgh. Avalia hábitos alimentares e investiga comportamentos bulímicos. Já foi traduzido para o português e atualmente está em processo de validação (Cordás & Hochgraf, 1993).

***Eating Attitudes Test* (EAT-26)** – (Garner & Garfinkel, 1979). Foi traduzido para o Brasil por Nunes et al. (1994) e é muito utilizado em pesquisas e na clínica. O Teste das Atitudes Alimentares fornece índices sobre a gravidade das preocupações com o peso, dieta e outros sintomas característicos dos transtornos alimentares.

***Questionnaire on Eating and Weight Patterns* (QEWP-R)** – (Spitzer et al., 1992). Questionário sobre Padrões de Alimentação e Peso. Proporciona a investigação de aspectos como: perda de controle alimentar, métodos inadequados de controle do peso, histórico de peso e dieta e grau de preocupação com o corpo. Há uma versão em português que está em processo de validação (Morgan, Borges, & Jorge, 1998).

***Sessão de Transtornos Alimentares do Development and Well-Being Assessment* (DAWBA)** (Goodman, Ford, Richards, Gatward, & Meltzer, 2000) – Validado no Brasil por Moya et al. (2005). Essa sessão é um pacote de questionários, entrevistas e técnicas de avaliação, desenvolvido para gerar diagnósticos baseados no DSM-IV e CID-10 de anorexia nervosa, bulimia nervosa e síndromes parciais em pesquisas epidemiológicas. O instrumento investiga aspectos como distorção da imagem corporal, peso e altura, medo de ganhar peso, comportamentos dirigidos para a perda de peso, presença e frequência de compulsão alimentar, comportamentos compensatórios, sintomas menstruais e o impacto de sintomas no bem-estar e no funcionamento social.

Tratamento dos transtornos alimentares: uma abordagem integrada

Atualmente, a anorexia nervosa e a bulimia nervosa são os transtornos alimentares que mais têm levado pacientes adolescentes a buscar auxílio. É consenso, entre os especialistas, que frente à gravidade dessas doenças se faz necessária uma abordagem integrada de tratamento. O trabalho deve ser conduzido por uma equipe interdisciplinar formada por: clínico geral, endocrinologista, enfermeiro(s), ginecologista, nutricionista, pediatra, psicólogo e psiquiatra. Nesse processo, a psicoterapia é comprovadamente um dos componentes mais eficazes para a melhora das pacientes, embora um número maior de estudos seja necessário (Abreu & Cangelli Filho, 2005), especialmente com amostras maiores.

O tratamento psicológico impõe grandes desafios aos profissionais. As pacientes anoréxicas raramente buscam ajuda, sendo levadas para atendimento na maioria dos casos forçadas pelos pais. Não percebem que estão doentes (APA, 2003) e se mostram resistentes a qualquer tipo de intervenção. Este fato contribui para os altos índices de recusa e desistência prematura do tratamento (Cordás, Guimarães, & Abreu, 2003). Já as bulímicas têm a vantagem de ser conscientes da gravidade do problema e, assim, procurar ajuda por conta própria, na maioria das vezes depois de muitos anos de sofrimento solitário (Hudson et al., 2007). No entanto, cabe relembrar que os vínculos na bulimia nervosa são intensos e instáveis, o que, entre outros fatores, dificulta o trabalho terapêutico (Fonseca et al., 2002).

Vários são os referenciais teóricos que propõem estratégias de tratamento psicoterápico para os transtornos alimentares. Entre eles podem ser destacados os modelos cognitivo-construtivista, psicodinâmico, sistêmico e cognitivo-comportamental, sendo que este último vem demonstrando as melhores respostas terapêuticas em curto prazo. Além disso, frente à disfuncionalidade das relações familiares (Oliveira, 2004), considera-se fundamental a participação dos familiares não só nas fases críticas, mas durante todo o tratamento.

Para os bulímicos, outro método eficiente é a terapia grupal, que serve como um suporte emocional através da experiência compartilhada (Abreu & Cangelli Filho, 2005). Já para os anoréxicos tal método é questionável, na medida em que o contato com outras meninas com peso baixo pode gerar uma competição em busca da magreza (Hercovici & Bay, 1997).

Dependendo da gravidade do transtorno, o tratamento ambulatorial pode não ser suficiente. Em quadros de severo emagrecimento ou naqueles em que a família não tem condições emocionais de cuidar da paciente, a internação hospitalar é indicada e necessária. O tratamento farmacológico também é de grande valia em muitos casos, embora as pesquisas sobre a eficácia das medicações psicotrópicas recebam pouco incentivo financeiro, e não apresentem ainda, resultados conclusivos.

Apesar de todos os esforços, infelizmente, apenas 50% das pacientes têm uma recuperação completa (restabelecimento do peso, a normalização dos comportamentos alimentares e o retorno da menstruação regular). Outros 30% demonstram uma recuperação parcial (presença de algum tipo de resíduo ou distúrbio no comportamento alimentar e falta de habilidade para manter o peso normal). Nos 20% dos casos restantes, a doença assume uma forma crônica, não apresentando qualquer sinal de remissão. Neste sentido, constata-se que a maior parte dos pacientes – mesmo os que tiveram sucesso no tratamento do transtorno alimentar – mantém, ao longo de toda a vida, alterações psicológicas como: pobre relação conjugal, papel materno mal desenvolvido, má adaptação profissional, maltrato com as refeições e desenvolvimento de outros transtornos psiquiátricos (De Panfilis, Salvatore, Avanzini, Gariboldi, & Maggini, 2001).

Considerações finais

Pode-se constatar que os transtornos alimentares são patologias complexas, de etiologia multifatorial e que acometem um número cada vez maior de jovens. Todavia, o meio científico, a sociedade, o governo e a mídia ainda não dão a devida importância para o problema (Oliveira, 2004).

Há poucas pesquisas na área, especialmente realizadas no Brasil. Cerca de 94% das pesquisas são desenvolvidas nos Estados Unidos, na Europa, na Austrália e na Nova Zelândia, e somente 6% no resto do mundo (Cordás, 2000).

Mas, além de estudos que investiguem aspectos fundamentais dessas patologias como os componentes genéticos, o medo mórbido de engordar, a disfuncionalidade nas relações familiares, entre outros, é fundamental trabalhar no campo de prevenção, buscando identificar fatores de risco individuais, familiares e sociais (Boris & Cesídio, 2007).

Enfatiza-se também a necessidade do desenvolvimento e implementação de programas e políticas na área de educação e saúde visando à prevenção dos comportamentos de risco para os transtornos alimentares (Dunker & Philippe, 2003), especialmente voltados à população adolescente. Considera-se fundamental, outrossim, um debate entre as diversas áreas da sociedade sobre o modelo estético estabelecido pela cultura vigente, o qual se mostra impossível de ser obtido pela quase totalidade das mulheres e prejudicial à saúde física e mental.

Caso clínico

Ana é uma jovem de 14 anos que cursa o primeiro ano do Ensino Médio e sonha ser Nutricionista. Há cerca de três anos reside com os pais (João e Maria), uma irmã de 24 anos (Laura) e um irmão de 20 anos (Paulo) na cidade de São Paulo. A família é natural de uma pequena cidade francesa, mas mudou-se para o Brasil em função dos negócios de João, que abriu uma rede de restaurantes no país.

O início do emagrecimento de Ana ocorreu há cerca de dois anos. Ela afirma que se achava "gorda, horrível, a pessoa mais feia do mundo" (SIC). Segundo a adolescente, o aparecimento da anorexia nervosa se deu repentinamente. Lembra exatamente do dia em que acordou e simplesmente parou de comer e passou a realizar exercícios físicos exaustivos. Ana acredita que o fato desencadeante de sua doença foi a saída de sua única amiga da escola, onde era excluída e considerada estranha por todos, que riam de seu sotaque francês e de suas roupas formais. Paulo, na mesma época, tornou-se dependente químico e a família mandou que o filho voltasse para a França para "baixar a poeira e se livrar das más companhias brasileiras" (SIC).

Hoje, João percebe que, mesmo antes do emagrecimento, a filha já apresentava mudanças no comportamento, e que, ao contrário da menina alegre que sempre havia sido, tornara-se isolada e irritável. Maria conta que a família demorou cerca de seis meses para perceber o transtorno alimentar de Ana. O problema só foi descoberto depois da desconfiança de que a adolescente estava dando seu almoço ao cachorro da casa e em uma situação em que a mãe entrou no banheiro e a viu nua, em um estado assustador de inanição, muito bem escondida através de roupas largas. A mãe conta que não pôde acreditar que o problema estava se repetindo: Laura também apresentou histórico de transtorno alimentar na adolescência.

No mesmo dia, os pais levaram Ana a um psiquiatra, mas ela relutou muito e disse que só compareceu à consulta por insistência de sua irmã, a quem é muito apegada. Achava que os pais não estavam sabendo valorizar seus esforços para emagrecer.

O médico logo fez o diagnóstico de anorexia nervosa, e frente à gravidade do quadro a menina teve de ser internada, permanecendo no hospital por três meses. Ana fica exaltada ao falar sobre este período, quando, segundo ela, teve sua liberdade completamente cerceada e durante o qual odiava os pais com "toda a força" (SIC). Diz que não acreditava estar doente e, apesar de todos alegarem que estava muito magra, olhava para o espelho e se via gorda. Além disso, se sentia perfeitamente bem, saudável e animada. Porém, admite que tinha a noção de que pensar em dieta e exercícios físicos durante vinte e quatro horas por dia não era normal, mas mesmo assim não conseguia comer. Lembra, com tristeza, que nessa época não escovava os dentes porque acreditava o creme dental engordava e achava que os ossos das mãos eram na verdade, gordura que deveria ser eliminada.

Após a internação, Ana passou a ser acompanhada por uma equipe interdisciplinar. Com o auxílio do tratamento psicológico individual e farmacológico, conta que aos poucos foi "ficando mais calma" e "vendo quanta bobagem passava pela *cabeça" (SIC). A família também participa de sessões semanais de psicoterapia familiar desde a instalação da doença.*

Embora hoje esteja se sentindo melhor, Ana afirma que ainda não consegue se alimentar corretamente, obrigando-se a não realizar alguma refeição importante caso coma um doce. Além disso, sabe que tem "um longo caminho pela frente" (SIC) e mostra-se consciente de que a anorexia não é curada abruptamente e que provavelmente vai precisar estar atenta a questões ligadas à alimentação ao longo de sua vida.

*Os nomes foram alterados para manter o sigilo da paciente e sua família.

Referências

Abreu, C. N. (2002). Psicoterapia Construtivista: o novo paradigma dos modelos cognitivistas. In: B. Rangé (Org.), *Atualizações em Terapia Cognitivo-Comportamental*. Porto Alegre: Artes Médicas.

Abreu, C.N., & Cangelli Filho, R. (2005). Anorexia nervosa e bulimia nervosa: a abordagem cognitivo-construtivista de psicoterapia. *Psicologia: Teoria e Prática, 7*(1), 153-165.

Abuchaim, A. L. G. (1998). Aspectos históricos da anorexia nervosa e da bulimia nervosa. In: M. C., Nunes, J. C., Appolinário, A. L., Abuchaim, W., Coutinho, et al. (Orgs.), *Transtornos Alimentares e Obesidade* (13-20). Porto Alegre: Artes Médicas.

Abuchaim, A. L. G., Somenzi, L., & Duchesne, M. (1998). Aspectos psicológicos. In: M. C., Nunes, J. C., Appolinário, A. L., Abuchaim, W. Coutinho, et al. (Orgs.) *Transtornos Alimentares e Obesidade* (63-75). Porto Alegre: Artes Médicas.

American Psychiatric Association (2003). *DSM-IV-TR, Manual diagnóstico e estatístico de transtornos mentais* (4ª Ed.). Porto Alegre: Artes Médicas.

Andrade, A., & Bosi, M. M. (2003). Mídia e subjetividade: impacto no comportamento alimentar feminino. *Revista de Nutrição, 16*(1), 117-125.

Aruguete, M. S., DeBord, K. A., Yates, A., & Edman, J. (2005). Ethnic and gender differences in eating attitudes among black and white college students. *Eating Behaviors, 6*(4), 328-336.

Bacaltchuk, J., Hay, P., & Mari, J. J. (2000). Antidepressants versus placebo for the treatment of bulimia nervosa: a systematic review. *Cochrane Database System Review, 2*(2), 310-307.

Berkman, N. D., Bulik, C. M., Brownley, K. A., Lohr, K. N., Sedway, J. A., Rooks, A. et al. (2006). Management of Eating Disorders. Evidence Report/Technology Assessment Nº. 135. (Prepared by the RTI International-University of North Carolina

Evidence-Based Practice Center under Contract N°. 290-02-0016.) AHRQ Publication N°. 06-E010. Rockville: Agency for Healthcare Research and Quality.

Birmingham, C. L., Su, J., Hlynsky, J. A., Goldner, E. M., & Gao, M. (2005). The mortality rate from anorexia disorder. *International Journal of Eating Disorders,* 38, 143-146.

Bollen, E., & Franz, L. W. (2004). Anorexia nervosa subtypes and the big five personality factors. *European Eating Disorders Review,* 12(2), 117-121.

Boris, G. D. J. B., & Cesídio, M. H. (2007). Mulher, corpo e subjetividade: uma análise desde o patriarcado à contemporaneidade. *Revista Mal-estar e Subjetividade,* 4(2), 451-478.

Bruch, H. (1973). *Eating disorders: Obesity, anorexia nervosa, and the person with.* New York: Basic Books.

Buckroyd, J. (2000). *Anorexia e bulimia.* São Paulo: Ágora.

Bulik, C. M., Sullivan, P. F., Wade, T. D., & Kendler, K. S. (2000). Twin studies of eating disorders: A review. *International Journal of Eating Disorders,* 27(1), 1-20.

Castilho, S.M. (2001). *A imagem corporal.* Santo André: ESETec Editores Associados.

Chen, W., & Swalm, R. L. (1998). Chinese and American college students' body image: Perceived body shape and body affect. *Perceptual and Motor Skills,* 87, 395-403.

Cordás, T. A. (2000). Transtornos alimentares em discussão. *Revista Brasileira de Psiquiatria,* 23(4), 178-179.

Cordás, T. A., & Busse, S. (1995). Transtornos alimentares: Anorexia e bulimia nervosas. In: M. R. L., Neto, T., Motta, Y-P., Wang, & H. Elkis (Orgs.). *Psiquiatria Básica* (273-282). Porto Alegre: Artes Médicas.

Cordás, T. A., & Claudino, A. M. (2002). Transtornos alimentares: fundamentos históricos. *Revista Brasileira de Psiquiatria,* 24(3), 3-6.

Cordás, T. A., Guimarães, D. B., & Abreu, C. N. (2003). Great expectations, yet anorexic results. In: M., Maj, K., Halmi, J. J., López-Ibor, & N. Sartorius (Orgs.). *Eating disorders: evidence and experience in psychiatry* (372-377). New York: Wiley.

Cordás, T. A., & Hochgraf, P. O. (1993). Bulimic Investigatory Test Edinburgh. O "BITE": Instrumento para avaliação da bulimia nervosa – versão para o português. *Jornal Brasileiro de Psiquiatria,* 42, 141-144.

Crisp, A. (1980). *Anorexia nervosa: Let me be.* London: Academy Press.

De Panfilis, C., Salvatore, P., Avanzini, M., Gariboldi, S., & Maggini, C. (2001). Alexithymia in eating disorders: A personality disturbance? *Psiquiatria e Psicoterapia Analítica,* 20(4), 349-361.

Doyle, J., & Briant-Waugh, R. (2000). Epidemiology. In: B., Lask, & R., Briant-Waugh, (Orgs.). *Anorexia nervosa and related eating disorders in childhood and adolescence.* (41-61). East Sussex: Psychology Press.

Duchesne, M., Mattos, P., Fontenelle, L. F., Veiga, H., Rizo, L., & Appolinario, J. C. (2004). Neuropsicologia dos transtornos alimentares: revisão sistemática da literatura *Revista Brasileira de Psiquiatria,* 26(2), 107-117.

Dunker, K. L. L., & Philippi, S. T. (2003). Hábitos e comportamentos alimentares de adolescentes com sintomas de anorexia nervosa. *Revista de Nutrição,* 16(1), 51-60.

Eddy, K. T., Movotny, C. M., & Westen, D. (2004). Sexuality, personality, and eating disorders. *Eating Disorders,* 12, 191-208.

Espina, A. (1996). Terapia familiar sistêmica en la anorexia nervosa: el modelo sistémico. In: A. Espina, & B. Pumar (Orgs.). *Terapia Familiar Sistêmica: teoria, clínica, investigación* (153-183). Madrid: Editorial Fundamentos.

Fairburn, C. G. (1991). The heterogeneity of bulimia nervosa and its implications for treatment. *Journal of Psychossomatic Research,* 35(1), 3-9.

Fairburn, C. G., Phill, M., & Beglin, S. J. (1990). Studies of the epidemiology of bulimia nervosa. *American Journal of Psychiatry,* 147, 401-408.

Fairburn, C. G., Welch, S. L., Doll, H. A., Davies, B. A., & O'Connor, M. E. (1997). Risk factors for bulimia nervosa: A community-based case-control study. *Archives of General Psychiatry,* 54(6), 509-517.

Falceto, O. G., Rosa, J. C. S., Tetelbom, M., Sukster, E., Benetti, S. P. C., Cohen, S. C. P., & Wainstein, M. (1993). Anorexia nervosa: Querem que eu viva? *Revista ABP-APAL,* 15(1), 11-16.

Fasolo, C., & Diniz, T. C. (1998). Aspectos familiares. In: Nunes, M. C., Appolinário, J. C., Abuchaim, A. L., Coutinho, W., et al. (Orgs.). *Transtornos Alimentares e Obesidade.* Porto Alegre: Artes Médicas.

Fernandez, A. (1995, novembro). *Aprendizagem e as questões de gênero.* Trabalho apresentado no auditório da FAPA, Porto Alegre, Rio Grande do Sul.

Fernández-Aranda, F., Pinheiro, A. P., Thornton, L. M., Berrettini, W. H., Crow, S., & Fichter, M. M. et al. (2008). Impulse control disorders in women with eating disorders. *Psychiatry Research,* 15(1), 147-157.

Fiates, G. M. R., & Salles, R. K. (2001). Fatores de risco para o desenvolvimento de distúrbios alimentares: Um estudo em universitárias. *Revista de Nutrição,* 14, 1-8.

Field, E. A., Colditz, G. A., & Peterson, K. E. (1997). Racial/ethnic and gender differences in concern with weight and bulimic behaviors among adolescents. *Obesity Research,* 5, 447-454.

Fonseca, H., Ireland, M., & Resnick M. D. (2002). Familial correlates of extreme weight control behaviors among adolescents. *International Journal of Eating Disorders,* 32(4), 441-448.

Fornari, V., Wlodarczyk-Bisaga, K., Matthews, M., Sandberg, D., Mandel, F. S., & Katz, J. L. (1999). Perception of family functioning and depressive symptomatology in individuals with anorexia nervosa or bulimia nervosa. *Compreensive Psychiatry,* 40(6), 434-41.

Freitas, S., Gorenstein, C., & Appolinario, J. C. (2002). Instrumentos para a avaliação dos transtornos alimentares. *Revista Brasileira de Psiquiatria,* 24(3), 34-38.

Franco-Paredes, K., Mancilla-Díaz, J. M., Vázquez-Arévalo, R., López-Aguilar, X., & Álvarez-Rayón, G. (2005). Perfectionism and eating disorders: A review of the literature. *European Eating Disorders Review,* 13(1), 61-70.

Garfinkel, P. E., Garner, D. M., Kaplan, A. S., Rodin, G., & Kennedy, S. (1983). Differential diagnosis of emotional disorders that cause weight loss. *Canadian Medical Association Journal,* 129, 939-945.

Garfinkel, P. E., Kennedy, S. H., & Kaplan, A. S. (1995). Views on classification and diagnosis of eating disorders. *Canadian Journal of Psychiatry, 40*, 445-446.

Garner, D. M., & Garfinkel, P. E. (1979). The Eating Attitudes Test: An index of the symptoms of anorexia nervosa. *Psychological Medicine, 9*, 273-279.

Ghaderi, A., & Scott, B. (2001). Prevalence, incidence and prospective risk factors for eating disorders. *Acta Psychiatrica Scandinava, 104*(2), 122-130.

Goldenberg, M. (2005). Gênero e Corpo na Cultura Brasileira. *Psicologia Clínica, 17*(2), 65-80.

Goodman, R., Ford, T., Richards, H., Gatward, R., & Meltzer, H. (2000). The Development and Well-Being Assessment: Description and initial validation of an integrated assessment of child and adolescent psychopathology. *Journal of Child Psychology and Psychiatry, 41*(5), 645-655.

Gowers, S. G., & Shore, A. (2001). Development of weight and shape concerns in the etiology of eating disorders. *British Journal of Psychiatry, 179*, 236-242.

Grilo, C. M. (2002). Recent research of relationships among eating disorders and personality disorders. *Current Psychiatry Reports, 4*(1), 18-24.

Hay, P. J. (2002). Epidemiologia dos transtornos alimentares: Estado atual e desenvolvimentos futuros. *Revista Brasileira de Psiquiatria, 23*(1), 13-17.

Henderson, M., & Freeman, C. P. L. (1987). A self-rating scale for bulimia: The BITE. *British Journal of Psychiatry, 150*, 18-24.

Hercovici, C., & Bay, L. (1997). *Anorexia e bulimia: Ameaças à autonomia*. Porto Alegre: Artes Médicas.

Hoek, H. W. (2006). Incidence, prevalence and mortality of anorexia nervosa and other eating disorders. *Current Opinion in Psychiatry, 19*(4), 389-394.

Hoek, H. W., & van Hoeken, D. (2003). Review of the prevalence and incidence of eating disorders. *International Journal of Eating Disorders, 34*(4), 383-396.

Holmes, D. S. (1997). *Psicologia dos transtornos mentais*. Porto Alegre: Artes Médicas.

Hudson, J. I., Hiripi, E., Pope, H. G., & Kessler, R. C. (2007). The prevalence and correlates of eating disorders in the National Comorbidity Survey Replication. *Biological Psychiatry, 61*(3), 348-358.

Johnson, F., & Wardle, J. (2005). Dietary restraint, body dissatisfaction, and psychological distress: A prospective analysis. *Journal of Abnormal Psychology,* 114, 119-125.

Johnson, J. G., Cohen, P., Kasen, S., & Brook, J. S. (2002). Childhood adversities associated with risk for eating disorders or weight problems during adolescence or early adulthood. *American Journal of Psychiatry,* 159(3), 394-400.

Kaplan, L. (1992). Anorexia nervosa: Una busqueda feminina de la perfeccion. In: L. Kaplan (Org.), *Adolescence, el adios a la infancia* (217-245). Buenos Aires: Paidos.

Kellner, D. (2001). *A cultura da mídia.* Bauru: EDUSC.

Kelly, A. M., Wall, M., Eisenberg, M. E., Story, M., & Neumark-Sztainer, D. (2005). Adolescent girls with high body satisfaction: Who are they and what can they teach us? *Journal of Adolescent Health,* 37, 391-396.

Lask, B. (2000). An etiology. In: Lask, B., & Bryant-Waugh, R. (Orgs.). *Anorexia nervosa and related eating disorders in childhood and adolescence.* (63-79). New York: Psychology Press.

Lee, S., & Lee, A. M. (2000). Disordered eating in three communities of China: A comparative study of female high school students in Hong Kong, Shenzhen, and rural Hunan. *International Journal of Eating Disorders,* 27, 317-327.

Magalhães, V. C, Gulnar, A., & Mendonça, G. A. S. (2005). Transtornos alimentares em universitárias: Estudo de confiabilidade da versão brasileira de questionários autopreenchíveis. *Revista Brasileira de Epidemiologia,* 8(3), 236-245.

Mahler, M. S. (1974). Symbiosis and individuation: The psychological birth of human infant. *Psychoanalitic Study of The Child,* 29, 89-106.

Marañon, I., Echeburúa, E., & Grijalvo, J. (2004). Prevalence of personality disorders in patients with eating disorders: A pilot study using the IPDE. *European Eating Disorders Review,* 12(4), 217-222.

McGee, R., & Williams, S. (2000). Does low self-esteem predict health compromising behaviours among adolescents? *Journal of Adolescence,* 23(5), 569-582.

Mejía, H.D.C., Díaz, A. D., Sierra, C. M., & Monsalve, J. G. M. (2003). Trastornos de la alimentación: Su prevalencia y principales factores de riesgo – estudiantes universitarias de primer e segundo año. *Revista CES Medicina,* 17(1), 33-45.

Melin, P., & Araújo, A. M. (2002). Transtornos alimentares em homens: Um desafio diagnóstico. *Revista Brasileira de Psiquiatria, 24*(3), 73-76.

Minuchin, S. (1982). *Famílias: Funcionamento e tratamento.* Porto Alegre: Artes Médicas.

Minuchin, S., & Fishman, H. C. (1984). *Técnicas de terapia familiar.* Porto Alegre: Artes Médicas.

Minuchin, S., Rosman, B., & Baker, L. (1978). *Psicossomatic families: Anorexia nervosa in context.* Cambridge, Mass: Harvard University Press.

Mitchell, J. E., Crow, S., Peterson, C. B., Wonderlich, S., & Crosby, R.D. (1998). Feeding, laboratory studies in patients with eating disorders: A review. *International Journal of Eating Disorders, 24,* 115-124.

Morgan, C. M., Borges, M. B. F., & Jorge, M. (1998). Questionário sobre padrões de alimentação e peso – revisado: Um instrumento para a avaliação do transtorno da compulsão alimentar periódica. *Revista ABP-APAL, 20*(4), 130-139.

Morgan, C. M., Ramalho, M., Vecchiatti, I. R., & Negrão, A. B. (2002). Etiologia dos transtornos alimentares: Aspectos biológicos, psicológicos e socioculturais. *Revista Brasileira de Psiquiatria, 24*(3), 18-23.

Moya, T., Fleitlich-Bilyk, B., Goodman, R., Nogueira, F. C., Focchi, F. S., Nicoletti, M., Pinzon, V., Cordás, T. A., & Lotufo Neto, F. (2005). The Eating Disorders Section of the Development and Well-Being Assessment (DAWBA): Development and validation. *Revista Brasileira de Psiquiatria, 27*(1), 25-31.

Neumark-Sztaemer, D., Wall, M., & Guo, J. (2006). Obesity, disordered eating, and eating disorders in a longitudinal study of adolescents: How do dieters fare five years later? *Journal of American Dietetic Association, 106*(4), 559-568.

Nunes, M. A. A., Bagatini, L. F., Abuchaim, A. L. G., Albanese, M. T., Kunz, A., Nunes, M. L. T., Ramos, D. C., Somenzi, L., Silva, J. A. Z., & Pinheiro, A. P. (1994). O teste de atitudes alimentares (EAT-26) em adolescentes de Porto Alegre. *Arquivos de Psiquiatria, Psicoterapia e Psicanálise, 1*(1), 132-134.

Nunes, M. A., Barros, F. C., Olinto, M. T. A., Carmey, S., & Mari, J. D. (2003). Prevelence of abnormal eating behaviors and inappropiate methods of weight control in Young women from Brazil: A population-based study. *Eating and Weight Disorders, 8,* 100-106.

O'Dea, J. A., & Caputi, P. (2001). Association between socioeconomic status, weight, age and gender, and the body image and weight control practices of 6- to 19-year-old children and adolescents. *Health Education Research*, 16, 521-532.

Oliveira, E. A., & Santos, M. A. (2006). Perfil psicológico de pacientes com anorexia e bulimia nervosas: a ótica do psicodiagnóstico. *Medicina*, 39(3), 353-360.

Oliveira, L. L. (2004). *Padrões disfuncionais de interação em famílias de adolescentes com anorexia nervosa*. Dissertação de Mestrado não publicada. Programa de Pós-Graduação em Psicologia do Desenvolvimento. Universidade Federal do Rio Grande do Sul. Porto Alegre, RS.

Onnis, L. (1994). La anorexia mental desde la optica de la complejidad. *Cuadernos de Terapia Familiar*, 27, 19-24.

Organização Mundial de Saúde (1993). *Classificação de transtornos mentais e de comportamento da CID-10. Descrições clínicas e diretrizes diagnósticas.* Porto Alegre: Artes Médicas.

Pantano, M., Grave, R. D., Oliosi, M., Bartocci, C., Todisco, P., & Marchi, S. (1997). Family backgrounds and eating disorders. *Psychopatology*, 30(3), 163-169.

Parry-Jones, B., & Parry-Jones, W. L. (1991). Bulimia: An archival review of its history in psychossomatic medicine. *International Journal of Eating Disorders*, 10, 129-143.

Pinheiro, A. P., & Giugliani, E. R. J. (2006). Quem são as crianças que se sentem gordas apesar de terem peso adequado? *Jornal de Pediatria*, 82(3), 13-17.

Ricciardelli, L. A., & McCabe, M. P. (2001). Children's body image concerns and eating disturbance: A review of the literature. *Clinical Psychology Review*, 21(3), 325-344.

Romaro, R. A., & Itokazu, F. M. (2002). Bulimia nervosa: revisão da literatura. *Psicologia: Reflexão e Crítica*, (15)2, 407-412.

Russel, G. F. M. (1970). Anorexia nervosa: Its identity as an illness and its treatment. *Modern trends in psychological medicine*, 2, 131-164.

Russel, G. F. M. (1983). Anorexia nervosa e bulimia nervosa. In: G. F. M., Russel, & L. Hersov (Orgs.). *Handbook of Psychiatry: The Neuroses and Personality Disorders* (pp.203-207). Cambridge: Cambridge University Press.

Sansone, R. A., Levitt, J. L., & Sansone, L. A. (2005). The prevalence of personality disorders among those with eating disorders. *Eating Disorders,* 13, 7-21.

Selvini Palazzoli, M., Cirillo, S., Selvini, M., & Sorrentino, A. M. (1998). *Os jogos psicóticos na família.* São Paulo: Summus.

Smith, D. E., Thompson, J. K., Raczemsky, J. M., & Hilner, J. E. (1999). Body image among men and women in a biracial cohort: The CARDIA study. *International Journal of Eating Disorders,* 25, 71-82.

Smolak, L. (2004). Body image in children and adolescents: Where do we go from here? *Body Image,* 1(1), 15-28.

Spitzer, R. L., Devlem, M., Walsh, B. T., Hasem, D., Wemg, R., & Marcus, M. (1992). Binge eating disorder: A multisite field trial of the diagnostic criteria. *International Journal of Eating Disorders,* 11(3), 191-203.

Stein, K. F., & Corte, C. (2006). Identity impairment and the eating disorders: Content and organization of the self-concept in women with anorexia nervosa and bulimia nervosa. *European Eating Disorders Review,* 15(1), 58-69.

Stice, E., Agras, W. S., & Hammer, L. D (1999). Risk factors for the emergence of childhood eating disturbances: A five- year prospective study. *International Journal of Eating Disorders,* 25(4), 375-387.

Striegel-Moore, R. H., & Smolak, L. (2000). The influence of ethnicity on eating disorders in women. In: R. M., Eisler, & M. M., Hersen, (Orgs.). Handbook of Gender, Culture, and Health (pp 227-254). NJ: Lawrence Erlbaum Associates.

Strober, M., Freeman, R., Lampert, C., Diamond, J., & Kaye, W. (2000). Controlled family study of anorexia nervosa and bulimia nervosa: Evidence of shared hability and transmission of partial syndromes. *American Journal of Psychiatry,* 157(3), 393-401.

Sundgot, B. J., Torstveit, M. K., & Skarderud, F. (2004). Eating disorders among athletes. *Tidsskr Nor Laegeforen,* 124(16), 2126-2129.

Thiel, C. B., & Mello, E. D. (2005). Tratamento nutricional da anorexia nervosa no Hospital de Clínicas de Porto Alegre. *Nutrição em Pauta,* 13(4), 32-37.

Vervaet, M., van Heeringen, C., & Audenaert, K. (2004). Is drive for thinness in anorectic patients associated with personality characteristics? *European Eating Disorders Review*, (12)6, 375-379.

Wonderlich, S. A., Wilsnack, R. W., Wilsnack, S. C., & Harris, T. R. (1996). Childhood sexual abuse and bulimic behavior in a nationally representative sample. *American Journal of Public Health*, 86(8), 1082-108.

ÁLCOOL: USO, ABUSO E DEPENDÊNCIA

Lisiane Bizarro e Ana Carolina Peuker
Universidade Federal do Rio Grande do Sul (UFRGS)

Alcyr Oliveira
Universidade Federal de Ciências da Saúde de Porto Alegre (UFCSPA)

"...Quando, exatamente em que ponto é que o rosa se transforma em vermelho? Distinguir entre o rosa inicial e o vermelho final não nos causa problemas. O difícil é distinguir o momento em que o rosa não é mais rosa. Este é o problema que ocorre quando pensamos se alguém bebe normalmente ou é alcoólatra... o tempo de interface entre o beber normal e o alcoolismo leva anos. É uma lenta passagem do rosa para o vermelho..." (Masur, 1984)

Uma pergunta frequente é quanto de álcool uma pessoa que é dependente dessa substância bebe. Mas o problema não é a quantidade, e sim uma diferença mais complexa e mais sutil, como a passagem do rosa para o vermelho dito por Masur (1984). O uso, abuso e dependência do álcool fazem parte de um *continuum* que se caracteriza não somente pela quantidade de álcool ingerida ao longo do tempo, mas principalmente pelas consequências deste consumo. Ao contrário da crença difundida, a maior parte do potencial devastador do consumo de álcool, protagonista de acidentes de trânsito, crimes e agressão doméstica, ocorre com indivíduos não dependentes (Pinsky, 2007).

Ao longo da história, o álcool sempre teve funções coadjuvantes como veículo para remédios, perfumes e poções mágicas e, principalmente, sendo o componente essencial de bebidas que acompanham os ritos de alimentação dos povos. Serve de alimento e de laço de comunhão entre as pessoas e faz parte do hábito diário de famílias em todo o mundo (Gigliotti & Bessa, 2004).

A Organização Mundial da Saúde (OMS, 1993) aponta o álcool como a substância psicoativa mais consumida no mundo e também como a droga de escolha entre crianças e adolescentes. Estima-se que metade da população brasileira adulta (51,5%) não beba, mas conclui-se que a outra metade consome álcool em alguma quantidade. A dependência do álcool atinge 11,2% da população brasileira (17,1% dos homens e 5,2% das mulheres). O país está situado no 81º lugar do uso per capita de álcool entre 185 países. Apesar desta modesta colocação, o consumo per capita de álcool pelos brasileiros aumentou em 74,5% entre as décadas de 1970 e 1990, indicando que os problemas decorrentes deste consumo devem ter aumentado proporcionalmente (WHO, 2004). Os problemas relacionados ao consumo de álcool são responsáveis por mais de 10% dos problemas totais de saúde no Brasil (Meloni & Laranjeira, 2004).

No Brasil, o álcool é a droga mais usada em qualquer faixa etária e o seu consumo entre adolescentes vem aumentando, principalmente entre as meninas e entre os mais jovens (de 12 a 15 anos de idade). Em 27 capitais brasileiras, 65,2% dos estudantes relataram uso na vida de álcool; 44,3% nos últimos 30 dias;

11,7% uso frequente, ou seja, seis ou mais vezes no mês; e 6,7% uso pesado, isto é, 20 ou mais vezes no último mês (Galduróz, Noto, Fonseca, & Carlini, 2004).

A despeito dos problemas decorrentes do uso, abuso e dependência do álcool, beber é uma experiência positiva para os indivíduos e grupos sociais (Peele & Brodsky, 2000). Os benefícios psicológicos associados com o uso moderado do álcool incluem a melhora do humor e da sociabilidade, sensação subjetiva de boa saúde, redução do estresse, melhor desempenho de algumas funções cognitivas em longo prazo, maior produtividade e renda, melhoria na saúde mental (Peele & Brodsky, 2000).

Alguns estudos sugerem que o consumo moderado de álcool pode reduzir o risco de morte por doenças coronarianas (Figlie, Bordin, & Laranjeira, 2004). Entretanto, o que é uma quantidade pequena de álcool? Acima do consumo moderado, o uso do álcool está associado a inúmeras consequências negativas, tanto no âmbito social quanto individual, que podem superar aquele benefício. Os efeitos deletérios da ingestão crônica do álcool são evidentes e têm sido demonstrados em estudos experimentais, clínicos e epidemiológicos. Trata-se de um problema de saúde pública, do qual instituições internacionais como a OMS e de muitos países têm se ocupado, realizando estudos e procurando minimizar seu impacto. Compreender os efeitos do consumo de álcool, sejam eles benéficos ou prejudiciais, é determinante para prevenção dos prejuízos relacionados ao uso dessa substância.

Definições

Uso moderado

O consumo moderado de álcool é conceito de difícil definição uma vez que ele pode repercutir de forma distinta entre os indivíduos. As dificuldades relacionadas a esta definição resultam, em parte, de diferenças individuais. Isto é, a quantidade de álcool que uma pessoa pode consumir sem intoxicar-se varia conforme a experiência, tolerância, metabolismo, vulnerabilidade genética, estilo de vida e tempo em que o álcool é ingerido (três doses em uma hora produzem uma concentração de álcool no sangue muito maior do que três doses no decorrer de três horas). Geralmente, a definição de uso moderado confunde-se com o beber social, que supõe o consumo de álcool dentro de padrões socialmente tolerados. Contudo, estes padrões variam histórica, cultural e circunstancialmente. Além disso, por vezes a moderação é considerada, equivocadamente, como um tipo de consumo de álcool que não acarreta danos ao usuário (NIAAA, 1992).

Apesar destas discrepâncias, pode-se definir o beber moderado como o nível seguro de consumo de álcool, abaixo do qual o ato de beber não está fortemente associado aos seus efeitos negativos. Este nível é de sete unidades semanais para as mulheres e quatorze unidades semanais para os homens. Uma unidade contém em média 12 gramas de álcool puro, equivalente a aproximadamente 350 ml de cerveja (4,5% de álcool), 150 ml de vinho (12,9% de álcool) ou 45 ml de destilado (41,1% de álcool) (Dufour, 1999). O Departamento Americano de Agricultura por meio de seu guia em saúde e alimentação destaca que, em algumas situações, o uso do álcool não é recomendado nem mesmo em doses pequenas. Entre essas estão, mulheres grávidas ou tentando engravidar, pessoas que pretendem dirigir ou que estejam realizando tarefas que exigem alerta e atenção como operação de máquinas, pacientes sob medicação, pessoas em condições clínicas que podem piorar com a ingestão de álcool como hipertensão ou diabetes, menores de 18 anos e, principalmente, alcoolistas em recuperação (U.S. Department of Agriculture & U.S. Department of Health and Human Services, 1995).

Uso pesado

O uso pesado de álcool é definido como um padrão de uso de bebidas que extrapola o consumo moderado de álcool ou os padrões de uso socialmente estabelecidos. Este padrão, em geral, é definido em termos do consumo excessivo diário de certa quantidade de álcool (por exemplo, mais de três doses por dia) ou pelo uso de determinada quantidade de álcool por ocasião (por exemplo, mais de cinco doses por ocasião, ao menos uma vez por semana) ou até mesmo pelo uso diário de álcool (WHO, 2007).

Na medida em que a exposição ao álcool torna-se repetida o indivíduo passa a desenvolver tolerância aos efeitos, pois ocorre uma adaptação do sistema nervoso central (SNC) e do organismo à droga. Nesta fase, é comum as pessoas relatarem que "são fortes", que "é difícil a bebida pegar" ou que "a bebida não derruba facilmente". O risco de desenvolver dependência e de sofrer consequências negativas relacionadas ao álcool eleva-se à medida que a frequência da intoxicação episódica aumenta (Wechsler et al., 2002), especialmente quando há a ocorrência repetida de episódios de intoxicação, denominados binge (Shakeshaft, Bowman, & Sanson-Fisher, 1998; Townshend & Duka, 2002).

Binge

Definições sobre o conceito de *binge* baseiam-se na quantidade de álcool consumida dentro de um período definido (por exemplo, um dia, uma ocasião, número de horas) e na frequência com que este tipo de consumo acontece (semanalmente ou mensalmente). Geralmente, episódios de *binge* são definidos como o consumo consecutivo de cinco ou mais doses de álcool em uma única ocasião (Ham & Hope, 2003; Wechsler et al., 2002). Entre os jovens, observa-se a ampla ocorrência destes episódios, o que torna esta população ainda mais vulnerável aos efeitos deletérios do álcool (Sheffield, Darkes, Del Boca, & Goldman, 2005).

Entre os riscos associados ao *binge* estão a morte por overdose, a interação com outras drogas e medicamentos, a prática de sexo desprotegido, o envolvimento em episódios violentos e em acidentes de automóvel e prejuízos de memória e coordenação motora decorrentes da exposição do cérebro, ainda em desenvolvimento, a grandes quantidades de álcool (Hiller-Sturmhöfel, & Swartzwelder, 2004-2005). Além disso, também podem surgir os apagamentos (*blackouts*), episódios de perda da memória para eventos que ocorreram durante o *binge*. Os apagamentos não ocorrem exclusivamente em dependentes do álcool. Estes episódios de perda de memória relacionam-se com um aumento rápido nos níveis de álcool no sangue devido ao consumo excessivo em um curto espaço de tempo, o que ocorre com frequência em episódios de *binge* (Ryback, 1971).

Dependência

Três grupos de consequências do uso do álcool têm sido considerados importantes para a definição de dependência do álcool. O primeiro é de comportamentos que evidenciam a perda de controle; por exemplo, o indivíduo consumir mais do que planejava antes de começar a beber, ou ter pensamentos a respeito do consumo de álcool que culminam com o consumo compulsivo. O segundo grupo é de consequências desadaptativas do consumo de álcool, ou seja, a manutenção do uso do álcool apesar de consequências adversas para a saúde (por exemplo, hipertensão, obesidade), ou no âmbito familiar (por exemplo, violência familiar), social (por exemplo, deixar de participar de ocasiões sociais que não envolvam o consumo de álcool) ou ocupacional (por exemplo, acidentes de trabalho ou faltar ao trabalho após um episódio de embriaguez). O terceiro grupo é composto pelas adaptações biológicas, como a tolerância (diminuição na percepção dos efeitos da droga com a mesma dose de álcool, que implica a necessidade de ingerir doses maiores para obter os mesmos efeitos) e os sintomas de abstinência, que vão desde um desejo subjetivo intenso de consumir (*craving* ou fissura) até sintomas de abstinência do álcool, que desaparecem quando o indivíduo bebe (por exemplo, tremores, sudorese, taquicardia).

A definição de Transtornos mentais e comportamentais devidos ao uso de álcool - Síndrome de dependência na décima revisão da Classificação Internacional de Doenças e Problemas de Saúde (CID-10), por exemplo, contempla esses grupos de consequências. A Síndrome de Dependência do Álcool (SDA) é um conjunto de fenômenos fisiológicos, cognitivos e comportamentais em que o uso do álcool tem mais prioridade para o indivíduo do que outros comportamentos que anteriormente ele valorizava. Uma característica central da SDA é o desejo ou compulsão de consumir álcool, muitas vezes forte e por vezes irresistível.

A SDA e o consumo excessivo de bebidas alcoólicas estão associados a inúmeros problemas de saúde como cirrose, pancreatite, demência, polineuropatia, miocardite, desnutrição, hipertensão arterial, infarto e certos tipos de cânceres. A Síndrome Alcoólica Fetal ocorre em 30 a 50% dos bebês nascidos de mães alcoolistas e se caracteriza por anormalidades morfológicas características no rosto e cabeça, doença cardíaca congênita e retardo mental (Figlie et al., 2004).

Quando ocorre a interrupção total ou parcial da ingestão alcoólica em dependentes que apresentavam um consumo anterior significativo, surge um quadro agudo de Síndrome de Abstinência Alcoólica (SAA). A SAA pode durar até uma semana e inclui sintomas que vão desde tremores, sudorese, náuseas e vômitos até complicações como *delirium tremmens*, alucinações e convulsões. Estes sinais e sintomas não são exclusivos da SAA, pois podem estar presentes em outras síndromes de abstinência (por exemplo, cocaína). São, ainda, sinais insidiosos e inespecíficos, tornando complexa sua avaliação e reconhecimento. Eles variam em intensidade e gravidade, podendo surgir após uma redução parcial ou total da dose costumeiramente utilizada (Maciel & Kerr-Correa, 2004).

História do uso, abuso e dependência

Historicamente, a progressiva facilidade de acesso às bebidas alcoólicas favoreceu o uso, abuso e a dependência do álcool. O aperfeiçoamento das técnicas de produção, armazenagem e distribuição associado a fatores culturais e econômicos vieram a facilitar seu consumo. As bebidas alcoólicas estiveram sempre presentes na história da humanidade. Entretanto, o reconhecimento da dependência alcoólica como problema de saúde tratável é recente. O conceito de alcoolismo só surgiu no século XVIII, logo após a crescente produção e comercialização do álcool destilado na revolução industrial (Gigliotti & Bessa, 2004).

O uso do álcool na forma de sucos de frutas maduras fermentados por exposição a fermentos e ao calor solar era feito por nossos ancestrais desde a pré-história. O armazenamento e controle sobre o processo de fermentação parece ter surgido somente com o domínio da técnica da cerâmica no período neolítico (8000 a.C.), melhorando a produção de bebidas alcoólicas fermentadas, como a cerveja e o vinho (Albuquerque Fortes & Cardo, 1991).

O hábito de beber surgiu na História em diferentes regiões geográficas ao alcançarem o desenvolvimento agrícola, como no Egito e na Índia, que produziam em larga escala cervejas de trigo ou cevada e arroz, respectivamente. A cultura vinícola surgiu por volta de 3000 a.C. ao norte do Egito e por volta de 1000 a.C. na Grécia. Na América do Sul, os índios conheciam os fermentados. No Brasil, a preparação do cauim (bebida fermentada a partir da mandioca cozida ou de sucos de caju ou milho) envolvia mastigação e fervura em vasilhames de cerâmica que depois eram enterrados por alguns dias. Na América do Norte, acredita-se que os índios não conheciam as bebidas alcoólicas até a chegada dos Europeus (Albuquerque Fortes & Cardo, 1991).

Na Europa, o álcool fermentado já era uma das indústrias mais importantes da Idade Média, e os senhores feudais detinham os direitos de produção e comercialização. Fermentados como cerveja e vinho não têm concentrações de álcool superiores a 15%. A destilação do álcool para obtenção de concentrações maiores só foi eficientemente desenvolvida por volta do século IX por alquimistas árabes, que inventaram o alambique. Os destilados se tornaram acessíveis apenas na época moderna, a partir do século XVI. Antes dessa época, o álcool destilado era visto como um raro e precioso remédio. Com o sistema colonial, a começar na Ilha da Madeira e depois na América, a cana-de-açúcar fornece uma matéria-prima ideal para a aguardente de cana. A produção e o comércio do açúcar, da aguardente e do tabaco marcaram a formação do sistema colonial desde o século XVII e foi o centro de uma economia baseada no tráfico de escravos, que trabalhavam nas plantações (Albuquerque Fortes & Cardo, 1991, Carneiro, 2004).

A revolução industrial provocou as grandes concentrações urbanas, multiplicou enormemente a produção, distribuição e disponibilidade das bebidas e reduziu drasticamente seus preços. Nesta época, houve uma mudança profunda na maneira da sociedade e dos indivíduos relacionarem-se com o álcool (e com outras drogas de abuso). A substância que sempre teve muitas funções como veículo de remédios, perfumes e poções mágicas e acompanhou os ritos de alimentação dos povos passou a fazer parte do hábito diário de famílias em todo o mundo, servindo de alimento e de laço de comunhão entre as pessoas. Ao mesmo tempo, as consequências deste uso, do abuso e da dependência adquiriram proporções inéditas na história no início do século XX.

O livro de Elvin Morton Jellinek, em 1960, exerceu grande influência na evolução do conceito da dependência. Jellinek considerou o alcoolismo como uma doença, descrita como tolerância, abstinência e perda de controle do comportamento de beber. Ele diferenciou os transtornos por uso de álcool sem dependência (tipos alfa, beta e épsilon) daqueles com dependência (tipos gama e delta).

Esse enfoque estático foi substituído pela proposição de Griffith Edwards e Milton Gross, que em 1976 propuseram a Síndrome de Dependência Alcoólica (SDA) (Edwards & Gross, 1976). A SDA é entendida como um fenômeno que depende da interação de fatores biológicos e culturais que determinam como o indivíduo irá se relacionar com a substância, em um processo de aprendizado individual e social do modo de consumir bebidas alcoólicas. Para Edwards, a dependência é um relacionamento disfuncional entre a pessoa e sua forma de beber, no qual as razões pelas quais o indivíduo começou a beber se somam àquelas relacionadas ao alívio dos sintomas de abstinência (Gigliotti & Bessa, 2004).

O conceito de SDA teve grande impacto na confecção da terceira edição do Manual de Diagnóstico e Estatística dos Transtornos Mentais (DSM-III), publicado em 1980, que caracterizava a categoria de abuso de álcool e outras drogas por padrões de uso patológicos com consequente prejuízo nas funções sociais e ocupacionais, e para a dependência exigia a presença de tolerância ou de sintomas de abstinência. Na sua edição revisada, o DSM III-R estabeleceu critérios para a identificação de uso nocivo e dependência. Edwards demonstrou a distinção entre dependência e o uso problemático do álcool em diversos estudos, mas a classificação diagnóstica do uso nocivo como definida hoje no DSM-IV e na décima edição da Classificação Estatística Internacional de Doenças e Problemas Relacionados (CID-10) ainda tem baixa confiabilidade e validade e deverão ser discutidos pelo grupo de trabalho do DSM-V. Os critérios para dependência também podem ser aprimorados para melhorar a validade e confiabilidade diagnóstica. Atualmente, busca-se a identificação de subtipos de alcoolismo, que reagiriam de forma distinta a diferentes tratamentos (Gigliotti & Bessa, 2004).

A substituição do conceito de dependência como doença por uma perspectiva psicológica e neurobiológica da aprendizagem tem sido debatida nos últimos anos. Um dos argumentos é que o uso do tabaco provoca dependência física e neuroadaptação sem ser considerado uma doença como a SDA. O conceito de doença parece ter o efeito de rotular os pacientes e promover a apatia associada com o papel de doente (Mann, Hermann, & Heinz, 2000).

Teorias atuais do comportamento aditivo apoiam a hipótese de que bebedores frequentes tendem a direcionar sua atenção para estímulos do ambiente associados à droga, o que tem sido chamado de viés atencional (Tiffany, 1990; Robinson & Berridge, 1993). Estas teorias enfatizam a capacidade do estímulo relacionado à droga de chamar atenção do usuário em detrimento de outros estímulos do meio. Estas visões teóricas são apoiadas por estudos demonstrando que o viés atencional desempenha um importante papel no desenvolvimento, manutenção e determinação do risco de recaída nos comportamentos aditivos (Johnsen et al.,1994; Lubman et al., 2000; Robinson & Berridge, 1993, 2003; Tiffany, 1990; Townshed & Duka, 2001). Estas observações poderão ter implicações importantes para a compreensão das adições e para o desenvolvimento de estratégias terapêuticas. Exposição sistemática a pistas e prevenção de resposta poderão ajudar a extinguir o *craving* condicionado, por exemplo (Mann et al., 2000).

Evolução clínica das alterações relacionadas

Os efeitos da intoxicação alcoólica dependem de dois fatores: as expectativas a respeito dos efeitos do álcool e o montante de álcool consumido. Ambos apresentam grande variabilidade entre os indivíduos.

A exposição à mídia, modelos familiares, grupo de pares, experiências diretas e vicárias com bebidas de álcool fazem com que expectativas em relação aos efeitos do álcool sejam formadas antes mesmo de um indivíduo experimentar bebidas. As expectativas em relação aos efeitos do álcool exercem influências importantes no início e manutenção do uso do álcool e na emissão de comportamentos relacionados a este uso (Araujo & Gomes, 1998; Goldman, 1999). Em um estudo com universitários em que 44% apresentavam risco para desenvolver dependência, observou-se a correlação entre beber problemático e expectativas positivas altas. Entre elas, facilitação das interações sociais, diminuição e/ou fuga de emoções negativas, ativação e prazer sexual, efeitos positivos na atividade e humor e na avaliação de si mesmo (Peuker & Bizarro, 2005).

Alguns fatores podem alterar a rapidez com que a concentração de álcool no sangue aumenta. A presença de alimentos no estômago diminui a velocidade de absorção, enquanto bebidas frisantes e licorosas são absorvidas com maior rapidez. O peso corporal, proporção de gordura e água no corpo, idade e sexo também são importantes na predição dos efeitos de uma dose.

O álcool é uma droga depressora do Sistema Nervoso Central (SNC). Em doses baixas produz depressão de centros inibitórios. Isto significa que o álcool pode diminuir a inibição comportamental em baixas doses, mas também aumentar comportamentos sociais ou agressivos. As expectativas e o contexto social em que o álcool é consumido também influenciam os efeitos sobre o comportamento. Estudantes experimentaram desinibição comportamental e aumento de sociabilidade em uma situação em que acreditavam haver consumido álcool, mas na verdade ingeriram um coquetel que não continha álcool (Peele & Drodsky, 2000).

Em concentrações de álcool maiores no sangue (alcoolemia maior que 100 mg%), o álcool deprime tanto os centros inibitórios quanto excitatórios do SNC, do raciocínio à coordenação motora. Concentrações progressivamente mais altas provocam náuseas e vômitos, perda de consciência e apagamentos. Doses mais elevadas ainda (acima de 500 mg%) provocam coma e depressão respiratória, o que pode levar à morte, especialmente quando combinado com outros depressores do SNC (Exemplo: benzodiazepínicos).

A intoxicação alcoólica influencia negativamente as funções executivas (capacidade de iniciar ações, planejar e prever meios de resolver problemas, antecipar consequências e mudar as estratégias de modo flexível) e interfere em tarefas que requerem memória imediata e reconhecimento espacial (Cunha & Novaes, 2004).

A ingestão persistente de álcool é particularmente prejudicial em adolescentes e adultos jovens (Chambers, Taylor, & Potenza, 2003; Pechansky et al., 2004; Spear, 2002; Zeigler et al., 2005). Entre as tarefas de desenvolvimento desses períodos está a formação de habilidades cognitivas necessárias para o funcionamento bem-sucedido do papel adulto. Os efeitos do uso de álcool e outras drogas, nesta fase da vida, repercutem na neuroquímica cerebral, podendo prejudicar o ajustamento social e retardar o desenvolvimento das competências exigidas para o adequado desempenho do papel adulto (por exemplo, planejamento, resolução de problemas, pensamento abstrato). Além disso, o uso precoce de álcool pode acarretar prejuízos neuropsicológicos, com implicações para o desenvolvimento intelectual.

Os efeitos provocados pelo uso de álcool afetam áreas do cérebro ainda em desenvolvimento (por exemplo, hipocampo e córtex pré-frontal) e vinculadas às habilidades cognitivo-comportamentais que deveriam iniciar, ou consolidar-se, nesta etapa. Alterações no sistema dopaminérgico, assim como nas vias do córtex pré-frontal e do sistema límbico podem impactar negativamente tanto no desenvolvimento emocional quanto no repertório comportamental destes jovens a curto e longo prazo (como problemas de aprendizado, memória) (Chambers et al., 2003; Pechansky et al., 2004; Spear, 2002; Zeigler et al., 2005).

Acima do uso moderado, o álcool tem ação tóxica direta sobre diversos órgãos e é diretamente responsável por doenças como cardiomiopatia alcoólica, polineuropatia alcoólica, gastrite alcoólica e cirrose alcoólica (além da SDA, do abuso do álcool, da psicose alcoólica e da intoxicação).

As complicações mais frequentes associadas à SDA são as gastrites e úlceras estomacais, hepatites tóxicas, esteatose (acúmulo de gordura nas células do fígado), cirrose hepática, pancreatite, psicopatologias, lesões cerebrais, demência, neuropatia periférica, diminuição da força muscular nas pernas (neurites), miocardites, infartos, hipertensão e acidentes vasculares cerebrais. O álcool aumenta o risco de câncer no pâncreas, na bexiga, na próstata e outros órgãos. A ingestão alcoólica também suprime a imunidade, o que predispõe o dependente a infecções potencialmente fatais, como pneumonia e tuberculose. Dependentes do álcool do sexo masculino apresentam níveis aumentados de estrógeno e uma diminuição de testosterona, o que leva à impotência, atrofia testicular e ginecomastia. Consumo de álcool durante a gestação pode causar retardo mental, deformação facial, e outros problemas neurológicos no bebê (Síndrome Alcoólica Fetal) (OMS, 2004).

Em termos funcionais, os principais déficits cognitivos encontrados nos dependentes do álcool são problemas de memória, aprendizagem, abstração, resolução de problemas, análise e síntese visoespacial, velocidade psicomotora, velocidade do processamento de informações e eficiência cognitiva. Os indivíduos dependentes de álcool tendem a apresentar mais erros nas tarefas e levam um tempo maior para completar determinadas atividades. São ainda encontrados déficits nas funções executivas e na memória de trabalho. Todas estas alterações encontradas parecem representar danos cerebrais difusos e, embora melhorem substancialmente durante a abstinência, algumas se mantêm. Indivíduos que fazem uso crônico do álcool, porém assintomáticos do ponto de vista neurológico, podem apresentar disfunções em áreas pré-frontais, implicando déficits neuropsicológicos em fluência verbal (linguagem expressiva) e controle inibitório (dificuldade de suprimir respostas habituais e automáticas em favor de um comportamento competitivo mais elaborado). Tais problemas parecem estar relacionados a alterações nas funções executivas e também na memória de trabalho. Estas alterações no córtex pré-frontal podem prejudicar o processo de tomada de decisões, dificultando a própria iniciativa de engajar-se em um tratamento para a SDA (Cunha & Novaes, 2004).

Enquanto a ingestão de álcool deprime o SNC, a interrupção brusca da ingestão na SDA produz uma superexcitação do SNC. Muitos dependentes começam a experimentar tremores 24h após o último drinque. Se continuarem sem beber, começarão a suar e ter taquicardia, falta de apetite e dificuldade para dormir. Para alguns, os sintomas podem ser severos, levando a convulsões entre o primeiro e o terceiro dia sem beber. Entre três a cinco dias podem ocorrer desorientação, febre e alucinações visuais. É comum que o conteúdo das alucinações seja amedrontador, como, por exemplo, aranhas subindo pelas paredes, cobras embaixo da cama, incêndios ou pequenos homens que aparecem e se escondem.

Esta síndrome é chamada de *Delirium Tremmens* (DT). Durante o DT, os indivíduos podem também tornar-se paranoides, por exemplo, acreditando que foi o terapeuta quem colocou uma cobra embaixo da cama ou que seu irmão quer interná-lo para ficar com o dinheiro dele. Depois desta fase inicial, segue-se um período de uma a quatro semanas em que os indivíduos seguem ansiosos e com problemas de sono e apetite. O DT é uma emergência médica que requer suporte medicamentoso e nutricional adequado, pois fatalidades podem ocorrer (Figlie et al., 2004). Episódios repetidos de síndrome de abstinência alcoólica não tratada adequadamente podem acarretar maior severidade em episódios futuros, com danos permanentes no SNC (Ballenger & Post, 1978).

Muito embora uma recuperação natural possa ocorrer, indivíduos dependentes do álcool que se engajaram em programas de tratamento apresentam maiores taxas de abstinência ou de uso de álcool não problemático do que indivíduos com SDA não tratada. Entretanto, uma rede social formada por bebedores pesados ou usuários de drogas parece prejudicar a recuperação em qualquer caso. A ocorrência de comorbidades também constitui outra barreira para o sucesso da recuperação (Weisner, Matzger, &, Kaskutas, 2003).

A SDA é frequentemente associada com outros problemas psiquiátricos. Cerca de 25% dos casos apresentam transtornos de ansiedade, depressão (20%-40%) e, ocasionalmente, alucinações. Em torno de 25% dos casos de suicídio são cometidos por alcoolistas. Não foi possível determinar ainda se problemas psiquiátricos são resultado do uso crônico do álcool ou se o uso do álcool funciona como uma forma de automedicação para os problemas psiquiátricos (WHO, 2004).

Casos clínicos

Estreitamento do repertório

João, funcionário público aposentado, 56 anos, separado, revelou que no início do consumo alcoólico bebia em função de circunstâncias variadas (por exemplo, quando ia a festas, quando sentia-se ansioso, para ficar alegre e sociável). Seu padrão de beber era flexível e circunstancial: um dia bebia um cálice de vinho no almoço, no outro bebia uma cerveja à noite com os amigos, em outro não bebia. Na medida em que seu consumo tornou-se mais frequente e intenso as situações que desencadeavam o beber ampliaram. Assim, uma variedade de estímulos motivava João a beber: sentimentos negativos, sentimentos positivos, estar só, estar na companhia de amigos. Conforme o quadro de dependência de álcool foi se instalando, João bebia a fim de aliviar ou evitar os sintomas de abstinência alcoólica e seu repertório de beber foi ficando limitado. Passou a beber sempre a mesma bebida (cachaça) e o tipo de ocasião e também o seu estado de humor já não importavam mais.

Saliência do beber

Maria, 43 anos, do lar, mãe de três filhos relatou que adorava arrumar sua casa, receber os amigos, praticar caminhada e fazer trabalhos manuais. Agora, sua casa está sempre desorganizada, alega nunca "ter tempo" para convidar os amigos para visitá-la, caminhar ou tricotar. Com a instalação da dependência de álcool, Maria passou a se dedicar exclusivamente à manutenção do seu comportamento de beber. O álcool tornou-se prioritário, assumindo um papel central na sua vida, acima de si mesma, da família e dos amigos.

Maior tolerância ao álcool

Pedro, 47 anos, era bancário e precisava esconder seu consumo excessivo de álcool de seus clientes, colegas e chefes. Quando começou a beber, consumia uma cerveja no almoço, e mais algumas depois do trabalho. Acreditando disfarçar o hálito, mudou para o consumo de vodka. Quando procurou tratamento, consumia duas garrafas deste destilado ao longo do dia.

Sintomas de abstinência

Felipe já havia sido internado mais de 50 vezes para desintoxicação nos seus 61 anos de vida e tinha grande experiência com os sintomas da abstinência. Ao sinal da "tremedeira", sabia que precisava de uma dose. Não visitava sua mãe que morava em outro Estado há anos, pois evitava viagens longas de ônibus, durante as quais não poderia beber e os sintomas da abstinência poderiam aparecer. Nas primeiras tentativas de parar de beber, tentou fazê-lo em casa, sozinho, mas logo percebeu que não conseguiria suportar o desconforto e a intensa vontade de beber. Conta que em uma dada internação experimentou as alucinações. Enxergava o quarto em chamas e foi tomado de terror e grande agitação por cerca de três dias. Imagens da cama pegando fogo se alternavam com a visão de anões negros, que pareciam fugir dele.

Alívio ou evitação dos sintomas pela maior ingestão

Elvis, 46 anos, auxiliar de almoxarifado, revelou que todos os dias pela manhã passava no bar para beber "as três cervejinhas de sempre" antes de ir trabalhar. Segundo ele, depois de beber sentia-se "preparado", admitindo que bebia sempre pela manhã para sentir-se melhor, uma vez que tinha passado toda noite sem ingerir álcool. Elvis acrescentou ainda que o simples fato de estar no bar com o copo na mão já fazia com que se sentisse melhor.

Percepção subjetiva da compulsão para beber

Tales, 38 anos, vendedor autônomo, casado, disse que antigamente podia sair e não "precisava" beber. Ele diz que muitas vezes prometeu a si mesmo e a sua esposa não beber mais, mas relatou que "não dá, toda a vez que passo na frente do bar ou imagino a possibilidade de beber, me entrego à bebida. Quando eu vejo, o dia está amanhecendo e eu ainda não consegui parar".

Reinstalação após a abstinência

Carlos foi acometido por uma pneumonia. Este fato fez com que ele ficasse abstinente do álcool por 12 dias. Ainda no hospital, Carlos afirmou que "nunca mais voltaria a beber daquele jeito". No decorrer de aproximadamente sete dias o padrão antigo de dependência de Carlos foi reestabelecido. Ele então admitiu: "a bebida me dominou por completo".

Etiologia: Diferenças individuais

Existem evidências de que fatores genéticos têm um papel no uso de álcool, tabaco e outras drogas. Estudos com gêmeos e irmãos adotivos, famílias com história de alcoolismo, comparações de diferentes grupos raciais e pesquisa básica com animais de laboratório têm demonstrado que fatores genéticos influenciam a maneira pela quais humanos respondem aos efeitos do álcool e o metabolizam. Contudo, a influência genética não se dá pela ação de um único gene e também depende da interação de fatores genéticos e ambientais. Sendo assim, uma vulnerablidade genética não significa que o alcoolismo seja inevitável, progressivo ou irrecuperável (Ogborne, 2004).

As diferenças biológicas em geral podem ajudar a explicar as diferenças individuais em relação aos efeitos do álcool. Por exemplo, sabe-se que algumas pessoas têm dificuldade em metabolizar o acetaldeído, o primeiro metabólito do álcool devido a uma diferença genética. Quando o acetaldeído acumula no sangue, produz uma sensibilidade cutânea ao álcool (vermelhidão). Estas diferenças são mais comuns entre asiáticos e foram demonstradas em grupos étnicos brasileiros (Santos et al., 1995). Homens e mulheres diferem na proporção de água e gordura que têm no organismo e isso influencia na distribuição do álcool no corpo, que tem mais afinidade com a água. Como as mulheres têm uma proporção maior de gordura, quando ingerem a mesma quantidade de álcool que um homem, elas apresentarão concentrações de álcool mais elevadas no sangue.

As drogas de abuso, quando chegam ao cérebro, incorporam-se ao funcionamento celular do sistema de recompensa cerebral, o mesmo ativado quando saciamos a fome, temos relações sexuais ou saciamos a sede. Hoje se sabe que a dopamina é um neurotransmissor que tem um papel-chave no sistema de recompensa cerebral, pois as drogas de abuso aumentam a liberação deste neurotransmissor em estruturas específicas deste sistema. As diferenças individuais na dependência de substâncias poderiam refletir diferenças na adaptação do cérebro de cada indivíduo às ações das drogas (Ogborne, 2004). O papel do sistema dopaminérgico pode estar mais relacionado ao direcionamento da atenção para estímulos relacionados à recompensa ("querer") do que na indução de euforia ou estados de humor ("gostar") (Berridge & Robinson, 2003).

As diferenças individuais também poderiam refletir diferenças de personalidade. O papel da personalidade na etiologia do uso e abuso do álcool mudou ao longo dos anos. Inicialmente, a busca por uma "personalidade aditiva", considerada a causa primária do abuso de substâncias ocupou pesquisadores. Esta busca deu lugar à noção de que diferentes fatores biológicos, psicológicos e sociais exercem sua influência ao longo da vida dos indivíduos para influenciar a iniciação e a manutenção do uso do álcool. Estudos recentes sugerem que nenhuma variável de personalidade pode explicar inteiramente o início do uso ou a manutenção do uso entre adolescentes (Ogborne, 2004), caracterizar adequadamente pessoas com problemas com o álcool ou predizer quais irão desenvolver tais problemas (Lo Castro, Spiro III, Monnelly, & Ciraulo, 2000). Entretanto, alguns traços de personalidade têm sido apontados como importantes para a identificação daqueles com risco maior de desenvolver problemas com a bebida.

A impulsividade, a desinibição e a busca de sensações têm sido apontadas como traços importante para o consumo de álcool (Grano, Virtane, Vahtera, Elovaino, & Kivimäki, 2004, Magid, MacLean, & Colder, 2007). Ao mesmo tempo, a influência dos traços de personalidade sobre o beber podem ser mediados por processos de aprendizagem e experiências, como as expectativas em relação aos efeitos do álcool. Expectativas positivas parecem mediar os efeitos da impulsividade sobre o uso do álcool, por exemplo (Fu et al., 2007).

Indivíduos com tendências antissociais que apresentaram problemas com álcool desde cedo (final da adolescência ou início da idade adulta), configuram-se como um tipo de bebedor cujo padrão de comportamento parece ser relacionado a traços de personalidade, presentes antes do uso do álcool. Entretanto, problemas neuropsicológicos que envolvem as funções executivas de planejamento e formulação de objetivos, persistência, automonitoramento e autoavaliação podem explicar a expressão destes traços. Desordens neuropsicológicas que relacionadas à área pré-frontal do lobo frontal, como Transtorno Déficit de Atenção, hiperatividade, falta de inibição, impulsividade, instabilidade emocional e agressividade podem encontrar expressão através do beber pesado ou da preferência por companhia de indivíduos que bebem muito ou têm conduta antissocial. Usuários de álcool ou drogas que apresentam estes traços de personalidade poderiam beneficiar-se de treinamento em estratégias de *coping*, autocontrole e prevenção de recaídas (Ogborne, 2004).

Diferentes traços de personalidade podem estar associados com a evolução clínica do uso, abuso e dependência do álcool ao longo da vida. Na juventude, expectativas sociais guiam mais o comportamento de beber e aqueles que têm pais com problema com o álcool apresentam uma tendência a beber mais e ter comportamentos antissociais. Entre adultos, bebedores pesados ou com problemas devido ao uso do álcool têm níveis maiores de neuroticismo e é possível que bebam para reduzir este efeito negativo (Lo Castro et al., 2000). A complexa interação de fatores biológicos, psicológicos e sociais, combinados com as distintas características da evolução clínica ao longo da vida constituem um quadro desafiador para a pesquisa na etiologia do uso, abuso e dependência do álcool.

Instrumentos disponíveis para avaliação

Uma revisão de escalas para avaliação da dependência de drogas foi realizada por Formigoni e Castell (1999), que lista algumas das escalas mais utilizadas para avaliação do consumo de álcool: QFV (Quantity-Frequency-Variability), NIAAA QF (National Institute on Alcohol Abuse and Alcoholism Quantity-Frequency), Lifetime Drinking History, Comprehensive Drinker Profile, Computerized Lifestyle Assessment. Para avaliação das consequências associadas ao uso de álcool têm sido utilizados o SADD (Alcohol Dependent Data Questionnaire) e a ADS (Alcohol Dependence Scale).

Além destes, o CAGE (Acrônimo para Craving, Annoying, Guilty e Eye opener, temas das questões), o AUDIT (Alcohol Use Identification Test), e o ASSIST (Alcohol, Smoking and Substance Involvement Screening Test) podem ser usados como instrumentos de rastreamento do uso, abuso e dependência de álcool.

O IECPA (Inventário de Expectativas e Crenças Pessoais Acerca do Álcool) serve para mensurar as expectativas positivas em relação aos efeitos do álcool.

Considerações finais

O conhecimento do *continuum* do qual o uso, abuso e dependência de álcool fazem parte torna possível perceber que as questões que envolvem o álcool são mais amplas do que a dependência. Além da história do uso de bebidas alcoólicas, das predisposições individuais, das questões de saúde, do debate acadêmico, existe o contexto social e cultural e as políticas de saúde pública. Um contexto que vem se modificando quanto ao uso do tabaco, por exemplo, impondo restrições ao seu uso, inimagináveis há trinta anos.

O álcool é uma droga mais amplamente aceita e usada do que o tabaco. O número de pessoas que bebem constrange o abstêmio e o bebedor ocasional, que se justificam pela sua escolha de não beber. Mulheres grávidas e alcoolistas em abstinência não compreendem por que as pessoas insistem para que brindem, tomem só um golinho. O consumo de bebidas alcoólicas vem crescendo em todo o mundo e também no Brasil, em especial entre os mais jovens. Apesar disso, as pessoas ainda sabem muito pouco sobre o beber, sobre as bebidas alcoólicas e sobre os riscos à saúde.

O aumento do consumo de bebidas alcoólicas em uma população é influenciado por uma série de fatores, dentre os quais cabe destacar a facilidade de acesso e a informação. Ou seja, quanto mais barato o preço das bebidas alcoólicas e quanto mais fácil é comprá-las, e quanto mais informação apresentada pela propaganda e campanhas da mídia, mais as pessoas bebem (Pinsky, 2007, WHO, 2006). Em especial, o início precoce do consumo alcoólico está associado à ausência de políticas adequadas de controle do uso de bebidas alcoólicas. Apesar de existirem restrições legais, sabe-se que esse uso é tolerado socialmente e os jovens, inclusive adolescentes com menos de 18 anos, têm acesso fácil e barato às bebidas alcoólicas e as consomem livremente (Romano, Duailibi, Pinsky, & Laranjeira, 2007, Vieira, Ribeiro, Romano, & Laranjeira, 2007).

Os jovens integram um mercado crescente e cobiçado, para o qual a propaganda tem sido direcionada, a fim de encorajar o consumo. No Brasil, este fato se evidencia tanto na veiculação de propagandas de bebidas alcoólicas que utilizam modelos jovens para incrementar as vendas quanto no desenvolvimento de novos produtos alcoólicos voltados a este público. O consumo de marcas em geral, mas também de marcas de bebidas alcoólicas, mundialmente anunciadas, oferece uma entrada relativamente barata na cultura globalizada associada a elas. A associação de marcas de bebida alcoólica com festivais de música, festas, bandas, esportes, mulheres bonitas, atitudes e estilo de vida têm sido amplamente explorada, objetivando a conquista do público consumidor do presente e do futuro. Por outro lado, as diversas subculturas requerem um marketing específico, que não somente se associe a elas, mas que também caracterize os subgrupos de jovens (WHO, 2000). O Movimento Propaganda Sem Bebida (www.propagandasembebida.org.br) tem feito uma campanha para que o Brasil tenha uma legislação que limite a publicidade de álcool nos meios de comunicação e em eventos, semelhante à legislação que restringe as propagandas de cigarro. A propaganda contribui para que os jovens modifiquem suas percepções e expectativas em relação ao beber.

A idade de início do consumo alcoólico tem sido apontada como um fator de influência no padrão de uso de álcool ao longo da vida (Pedersen & Skrondal, 1998). Jovens que começam a beber antes dos 19 anos estão mais propensos a engajarem-se em comportamentos de risco, como: embriagar-se frequentemente, dirigir depois de beber, andar com motoristas intoxicados e fazer sexo sem proteção (Hingson, Heeren, Jamanka & Howland, 2000). Além desses comportamentos de risco, esses jovens apresentam episódios repetidos de *binge*, potencializando o risco de sofrerem consequências negativas decorrentes deste consumo e se tornar dependentes de álcool (Ham & Hope, 2003; Wechsler et al., 2002; Sheffield et al., 2005). A proteção daqueles mais vulneráveis e a disseminação de informações de saúde são essenciais para a prevenção das desastrosas consequências decorrentes do uso, abuso e dependência do álcool.

Referências

Albuquerque Fortes, J. R., & Cardo, W. N. (1991). *Alcoolismo: Diagnóstico e Tratamento.* São Paulo: Sarvier.

Araujo, L., & Gomes, W. B. (1998). Adolescência e expectativas em relação aos efeitos do álcool. *Psicologia: Reflexão e Crítica,* 11(1), 5-33.

Ballenger, J. C., & Post, R. M. (1978). Kindling as a model for alcohol withdrawal syndromes. *British Journal of Psychiatry* 133, 1-14.

Berridge, K. C, & Robinson, T. E. (2003). *Parsing reward.* Trends in Neuroscience, 26(9), 507-513.

Carneiro, H. S. (2004). *Bebidas alcoólicas e outras drogas da época moderna. Economia e embriaguez do século XVI ao XVIII.* Retrieved in June 20, 2007. Disponível em: <http://www.neip.info/textos.html> Acesso em: 22/07/2011.

Cunha, P. J., & Novaes, M. A. (2004). Avaliação neurocognitiva no abuso e dependência do álcool: implicações para o tratamento. *Revista Brasileira de Psiquiatria,* 26 (1), 23-27.

Dufour, M. (1999). What is moderate drinking? Defining "drinks" and drinking levels. *Alcohol Research & Health,* 23(1), 5-14.

Edwards G., & Gross, M. (1976). Alcohol dependence: Provisional description of a clinical syndrome. *British Medical Journal,* 1058-61.

Formigoni, M. L. O. S., & Castel, S. (1999). Escalas de avaliação de dependência de drogas: aspectos gerais. *Revista de Psiquiatria Clínica,* 26(1), 5-31.

Galduróz, J. C. F., Noto A. R., Fonseca, A. M., & Carlini, E. A. C. (2004). *V Levantamento nacional sobre o consumo de drogas psicotrópicas entre estudantes do ensino fundamental e médio da rede pública de ensino nas 27 capitais brasileiras.* São Paulo: Centro Brasileiro de Informações Sobre Drogas Psicotrópicas, Departamento de Psicobiologia da UNIFESP.

Gigliotti, A., & Bessa, M. A. (2004). Síndrome de Dependência do Álcool: critérios diagnósticos. *Revista Brasileira de Psiquiatria, 26*(I): 11-13.

Granö, N., Virtanen, M., Vahtera, J., Elovainio, M., & Kivimäki (2004). Impulsivity as a predictor of smoking and alcohol consumption. *Journal of Personality and Individual Differences, 37,* 1693-1700.

Ham, L. S., & Hope, D. A. (2003). College students and problematic drinking: A review of the literature. *Clinical Psychology Review, 23,* 719-759.

Hiller-Sturmhöfel, S., & Swartzwelder, H. S. (2004/2005). Alcohol's effects on the adolescent brain: What can be learned from animal models. *Alcohol Research & Health, 28*(4): 213-221.

Hingson, R. W., Heeren, T., Jamanka, A., & Howland, J. (2000). Age of drinking onset and unintentional injury involvement after drinking. *Journal of American Medical Association, 284,* 1527-33.

Maciel, C., & Kerr-Correa, F. (2004). Psychiatric complications of alcoholism: alcohol withdrawal syndrome and other psychiatric disorders. *Revista Brasileira de Psiquiatria, 26*(1), 47-50.

Magid, V., MacLean, M. G., & Colder, C. R. (2007). Differentiating between sensation seeking and impulsivity through their mediated relations with alcohol use and problems. *Addictive Behaviors, in press.*

Mann, K., Hermann, D., & Heinz, A. (2000). One hundred years of alcoholism: The twenty century. *Alcohol & Alcoholism, 35*(1), 10-15.

Masur, J. (1984). A questão do alcoolismo. São Paulo: Brasiliense.

Meloni, J. N., & Laranjeira, R. (2004). Custo social e de saúde do uso do álcool. *Revista Brasileira de Psiquiatria, 26* (I), 7-104.

National Institute on Alcohol Abuse, & Alcoholism – NIAAA (1992). *Alcohol Alert No 16*. Disponível em: http://pubs.niaaa.nih.gov/publications/aa16.htm. Acesso em: 27/05/2007.

Ogborne, A. C. (2004). Theories of Addiction and Implications for Counselling. In: S. Harrison & V. Carver. *Alcohol & Drug Problems: A Practical Guide for Counsellors*. CAMH: Toronto, 3-21.

Organização Mundial de Saúde (1993). *Classificação Internacional de Doenças e de Problemas Relacionados à Saúde 10ª Revisão*. Centro Colaborador da OMS para a Classificação de Doenças em Português. Disponível em: <http://www.datasus.gov.br/cid10/webhelp/cid10.htm>. Acesso em: 27/05/2007.

Pedersen, W. & Skrondal, A. (1998). Alcohol consumption debut: predictors and consequences. *Journal of Studies on Alcohol*, 59, 32-42.

Peuker, A. C., Fogaça, J., & Bizarro, L. (2006). Expectativas e beber problemático entre universitários. *Psicologia: Teoria e Pesquisa*, 22(2), 193-200.

Pinsky, I. (2007) *Jovens, consumo de álcool e propaganda*. Movimento Propaganda Sem Bebida. Disponível em: <http://www.propagandasembebida.org.br/artigos/integra.php?id=2>. Acesso em: 20/06/2007

Romano, M., Duailibi, S., Pinsky, I., & Laranjeira, R. (2007). Pesquisa de compra de bebidas alcoólicas por adolescentes em duas cidades do Estado de São Paulo. *Revista de Saúde Pública*, 41(4).

Ryback, R. S. (1971). The continuum and specificity of the effects of alcohol on memory. *Quarterly Journal of Studies on Alcohol*, 32, 995-1016.

Santos, B. R., Monteiro, M. G., Walzer, C., Turler, H., Balant, L., & Von-Wartburg, J. P. (1995). Alcohol flushing, patch test, and ADH and ALDH genotypes in Brazilian ethnic groups. *Brazilian Journal of Medical and Biological Research*, 28(5): 513-8.

Sheffield, F. D., Darkes, J., Del Boca, F. K., & Goldman, M. S. (2005). Binge drinking and alcohol-related problems among community college students: implications for prevention policy. *Journal of American College Health*, 54, 137-141.

U.S. Department of Agriculture, & U. S. Department of Health and Human Services (1995). Nutrition and your Health: Dietary Guidelines for Americans. Disponível em: <http://vm.cfsan.fda.gov/~dms/nutguide.html>. Acesso em: 18/06/2007.

Vieira, D. L., Ribeiro, M., Romano, M., & Laranjeira, R. R. (2007). Álcool e adolescentes: estudo para implementar políticas municipais. *Revista de Saúde Pública*, 41(3), 396-403.

Wechsler, H., Lee, J. E., Meichun, K., Seibring, M., Toben, N., & Lee, H. (2002). Trends in college binge drinking during a period of increased prevention efforts. Findings from 4 Harvard school of public health college alcohol study surveys: 1993-2001. *Journal of American College Health*, 50, 203-217.

Weisner, C., Matzger, H., & Kaskutas, L. A. (2003). How important is treatment? One-year outcomes of treated and untreated alcohol-dependent individuals. *Addiction*, 98(7), 901-911.

World Health Organization (2000). International guide for monitoring alcohol consumption and related harm. Geneva: WHO.

World Health Organization (2004). Global status report on alcohol. Genebra: WHO.

World Health Organization (2006). WHO Expert Committee on Problems Related to Alcohol Consumption, Geneva, 10-13 October 2006. Disponível em: <http://www.who.int/substance_abuse/activities/expert_comm_alcohol_2nd_report.pdf>. Acesso em: 5/07/2007.

World Health Organization (2007). Lexicon of alcohol and drug terms published by the World Health Organization. Disponível em: <http://www.who.int/substance_abuse/terminology/who_lexicon/en/index.html>. Acesso em: 18/06/2007.

TABAGISMO

Cláudia Galvão Mazoni
Universidade Luterana do Brasil.

Maristela Ferigolo
Universidade Federal de Ciências da Saúde de Porto Alegre (UFCSPA)

Helena M. T. Barros
Universidade Federal de Ciências da Saúde de Porto Alegre (UFCSPA)
Serviço Nacional de Informação

Várias descobertas científicas constataram que fumar ocasiona inúmeros efeitos nocivos à saúde. Em 1988, o Ministério da Saúde dos Estados Unidos publicou um relatório revisando os estudos que comprovavam a capacidade do tabaco causar dependência. Isso levou a comunidade científica mundial a reconhecer o tabagismo como uma dependência química, sendo a nicotina a substância psicoativa responsável por esse efeito (U. S. Surgeon General, 1988). Atualmente existe conhecimento suficiente para incriminar o uso do tabaco, não somente pelos prejuízos causados diretamente aos fumantes, como também aos problemas gerados ao meio ambiente e aos fumantes passivos (Achutti & Menezes, 2001). O tabagismo é um problema de saúde pública (Sawicki & Rolim, 2004).

Das 4.700 substâncias tóxicas, das quais os usuários dos produtos do tabaco são expostos continuamente, aproximadamente 60 estão relacionadas ao desenvolvimento de doenças incapacitantes e fatais (Cavalcante, 2005). O consumo de tabaco está associado a doenças cardiovasculares, doenças pulmonares obstrutivas crônicas, câncer de pulmão e outras neoplasias (Doll et al., 2004; Ezzati et al., 2002). A mortalidade geral é duas vezes maior nos fumantes, quando comparado aos não fumantes. O tabaco é uma das principais causas evitáveis de mortes prematuras, contribuindo em 2 a 6% para a carga global das doenças (Ezzati et al., 2002).

Dos fatores de risco atualmente conhecidos para doenças como o câncer, o cigarro tem merecido uma atenção especial. Evidências têm demonstrado que muitos casos de câncer estão relacionados a fatores ambientais, como o uso de tabaco (Cavalcante, 2005; Doll et al., 2004). O fumar aumenta a incidência de inúmeras localizações de câncer, destacando-se a cavidade oral, faringe, esôfago, estômago, pâncreas, fígado, vias biliares, laringe, pulmão, rim, bexiga, mama e colo de útero (Mirra et al., 2001).

Aspectos históricos

O tabaco é obtido das duas espécies vegetais, *Nicotiana Tabacum* e *Nicotiana Rustica*. Essas plantas são conhecidas há 18.000 anos, época em que populações asiáticas migraram para América, e se desenvolveram nos Andes, principalmente no Peru e no Equador (Musk & De Klerk, 2003).

Desde a pré-história, o tabaco faz parte da vida e da cultura dos povos destas regiões, das mais variadas formas: fumado em cachimbos, aspirado, mascado, ou tomado sob a forma de chá (Musk & De Klerk, 2003). As sociedades indígenas também o utilizavam em rituais religiosos e com fins medicinais, considerando-a uma planta sagrada. Pequenas quantidades eram utilizadas com fins sociais, na consolidação de amizades, danças, fortalecimento de guerreiros e cerimônias de fertilidade. Doses altas eram utilizadas para alterar o estado de consciência, pois acreditavam que seu efeito facilitava a consulta aos espíritos (Organizacion Panamericana de La Salud, 1992).

Os europeus tiveram seu primeiro contato com o tabaco nas Antilhas em 1492, onde seu cultivo já estava disseminado entre os índios. Quando Cristóvão Colombo chegou ao Novo Mundo conheceu o hábito de fumar e as propriedades medicinais da planta. Estes motivos fizeram com que os colonizadores levassem as sementes do tabaco para Europa (Routh et al., 1998). O tabaco difundiu-se rapidamente por todos os continentes. Em 1850, começaram a ser vendidos na Inglaterra os primeiros cigarros manufaturados, cujo consumo se popularizou durante a Primeira Guerra Mundial. No período pós-guerra, o ato de fumar era estimulado, proporcionando aos fumantes certo *status* social. Os fumantes da década de 1950, por exemplo, retrataram essa realidade. Fumar era um comportamento tolerado e até exaltado durante muito tempo (Guerra, 2004).

Epidemiologia

Apesar de todo conhecimento científico acumulado sobre os riscos do tabaco, as tendências do seu consumo pela população mundial ainda são alarmantes. No início da década de 1990, cerca de 1,1 bilhão de indivíduos usavam tabaco. Em 1998, esse número atingia a cifra de 1,25 bilhões (INCA, 2004). Um terço da população mundial com 15 anos ou mais é fumante, perfazendo um montante estimado em 1,2 bilhões de pessoas. Cerca de 500 milhões morrerão em consequência deste hábito, sendo que, hoje, a metade dos fumantes ainda é composta por crianças, ou jovens com menos de 20 anos de idade (Yach & Onzivu, 2000).

No Brasil, estima-se que cerca de 200.000 mortes por ano são decorrentes do tabagismo (Cavalcante, 2005). Nos últimos 30 anos, um milhão de mortes foram atribuídas a este hábito, 410 mil por doenças cardiovasculares, 300 mil casos de câncer de pulmão, traqueia e brônquios e 380 mil por outras causas associadas (Achutti & Menezes, 2001). O tabagismo é a causa de morte de maior cresci-mento no mundo, decorrente de suas consequências diretas ou indiretas à saúde; o fumo mata mais que Síndrome da Imunodeficiência Adquirida (AIDS), uso de drogas, acidentes automobilísticos, assassinatos e suicídios, todos juntos. É estimado que, de 2025 a 2030, nos países em desenvolvimento, sete milhões de pessoas morrerão devido ao uso de tabaco (WHO, 2006).

Em nosso país, a prevalência do consumo de tabaco é alta em diversas populações. Segundo o I Levantamento Domiciliar Sobre o Uso de Drogas Psi-cotrópicas, a prevalência do uso na vida de tabaco foi de 41,1%. A dependência foi constatada em 9% da população o que equivale a 4.214.000 brasileiros. Des-tes, 16,4% desejam parar ou reduzir seu consumo. Além disso, de cada quatro homens ou mulheres que fazem uso na vida de tabaco, um se tornará dependente. As maiores porcentagens de dependentes de tabaco apareceram na Região Sul (12,8%) (Carlini, Galduróz, Noto, & Nappo, 2002). O V Levantamento Nacional sobre o Consumo de Drogas Psicotrópicas entre Estudantes do Ensino Funda-mental e Médio da Rede Pública de Ensino apontou um aumento na tendência do uso na vida de tabaco em algumas capitais, apesar da proibição das propagan-das de cigarros. Embora os estudantes estejam experimentando mais o tabaco, estão fazendo menos uso frequente. Seu uso inicial é precoce, em média 12,8 anos de idade (Galduróz, Noto, Fonseca, & Carlini, 2004). Observando-se os dados da Região Sul verifica-se as mais elevadas porcentagens de uso frequente de tabaco entre os estudantes (Galduróz, Noto, Fonseca, & Carlini, 2005) e dependência na população domiciliar (Carlini et al., 2002). Entre crianças e ado-lescentes em situação de rua o tabaco foi a droga de uso mais frequente, não apenas para os parâmetros de uso na vida, no ano e no mês, mas principalmente na frequência de consumo e no número de cigarros consumidos por dia, em quase todas as capitais pesquisadas (Noto et al., 2004).

Refletindo sobre estes dados, observa-se que o tabagismo não é um problema apenas do usuário, mas sim de dimensões variadas. Em nível de saúde pública, necessita-se de uma rede de serviços que possa minimizar as consequências do abuso e dependência de cigarro bem como o custo social das pessoas que não procuram tratamento.

Aspectos neurobiológicos do ato de fumar

A queima do tabaco, no ato de fumar, produz a liberação de mais de 4.000 substâncias tóxicas ao organismo, as quais compõem duas fases, a gasosa e a particulada. O monóxido de carbono, o dióxido de carbono, o óxido de nitrogênio, a amônia, os alcoóis, as cetonas, os aldeídos, e os hidrocarbonetos temporários constituem a fase gasosa. Na fase particulada, encontra-se a nicotina, a água e o alcatrão. Os componentes do cigarro considerados mais perigosos para a saúde são o monóxido de carbono, o alcatrão e a nicotina, responsáveis pela diminuição de oxigênio nos órgãos, efeito carcinogênico e dependência, respectivamente (Frishman et al., 2006).

A nicotina é uma amina terciária volátil, componente ativo mais importante do cigarro, classificada como estimulante do sistema nervoso central (SNC) (Tutka, Mosiewicz, & Wielosz, 2005). O uso de produtos do tabaco está diretamente ligado aos efeitos da nicotina no SNC induzindo prazer, excitação, melhora de desempenho de tarefas e alívio da ansiedade (Schroeder, 2005).

Os cigarros, em geral, contem de 6mg a 11mg de nicotina, podendo o fumante absorver de 1mg a 3mg (Cinciripini et al., 1997). Esse valor pode oscilar, dependendo do volume e da intensidade da tragada (Hukkanen, Jacob, & Benowitz, 2005), fenômeno conhecido como autorregulação. Os fumantes aprendem a controlar a frequência e a intensidade da tragada para regular a concentração plasmática da nicotina, conforme suas necessidades (Sohn et al., 2003). Pelo fato da nicotina ser uma substância lipossolúvel, é facilmente absorvida pelas membranas orais, pulmão e pele (Frishman et al., 2006). A absorção pulmonar é rápida, presumivelmente em função da ampla superfície dos alvéolos. A substância atinge o cérebro aproximadamente 10 a 20 segundos após a absorção, sendo distribuída extensivamente para todos os tecidos (Tutka et al., 2005). Sua meia-vida é de duas horas. A nicotina é metabolizada principalmente pelo fígado em cotinina, através do citocromo P4502A6 e 2 a 35% da eliminação total ocorre por excreção renal, dependendo do fluxo e do pH urinário (Sohn et al., 2003).

O ato de fumar é considerado um processo intermitente de ingestão de nicotina, pois esta é rapidamente eliminada. Em fumantes regulares, a substância acumula-se no organismo por seis a oito horas, diminuindo os níveis plasmáticos durante a noite. Portanto, os níveis plasmáticos são mais baixos pela manhã, quando o fumante acorda, o que leva a desconforto decorrente dos sintomas de abstinência. Este desconforto estimula o tabagista a fumar seu primeiro cigarro logo após acordar. Quanto mais frequente a necessidade de fumar pela manhã, maior o indicador da dependência de nicotina (Sohn et al., 2003).

Os receptores nicotínicos são classificados como musculares e neuronais. Ambos são membros da superfamília de canais iônicos regulados por ligantes. Os receptores musculares localizam-se na junção muscular esquelética e os neuronais, em gânglios autonômicos e no SNC. Em humanos a estrutura é pentâmera, constituída de oito subunidades α (alfa) (α_2 até α_7, α_9 e α_{10}) e três subunidades β (beta) (β_2 até β_4) (Brunton, Lazo, & Parker 2005). Em relação à dependência de nicotina, é bem conhecido que essa substância liga-se a receptores colinérgicos nicotínicos (nAchR), amplamente distribuídos no organismo humano. Esses receptores são pentâmeros compostos por cinco subunidades, dentre as subunidades α, β e δ (gama). Diferentes combinações das subunidades dos receptores nicotínicos estão dispostas na membrana celular formando um canal iônico. A ligação da nicotina aos receptores promove alterações conformacionais e abertura dos canais, promovendo o influxo de cátions (Na^+, Ca^{2+}). Os receptores estão localizados no SNC, na medula adrenal e na junção neuromuscular. Os subtipos de nAChRs presentes no SNC são compostos por duas subunidades α_4 e três subunidades β_2. No SNC, a nicotina exerce seus efeitos interagindo com nAchRs pré-sinápticos localizados nos terminais de axônios (Planeta & Cruz

2005; Foulds, 2006). A estimulação desses receptores resulta na liberação de acetilcolina, dopamina, glutamato, serotonina e ácido gama-aminobutírico (Rose et al., 2003). Mais especificamente, a estimulação dos receptores nicotínicos α_4 e β_2 libera dopamina na área mesolímbica do cérebro, produzindo reforçamento (Foulds, 2006).

Altas concentrações da subunidade α_4 podem ser encontradas na área tegmental ventral, núcleo com uma grande quantidade de neurônios dopaminérgicos que se projetam ao centro da recompensa no núcleo accumbens. Os efeitos da ativação do receptor α_4 são importantes na indução da dependência, incluindo o reforço positivo da nicotina, a tolerância e a sensibilização (Foulds, 2006; Mitrouska, Bouloukaki, & Siafakas, 2006).

Os receptores nicotínicos passam por três estados de ativação de forma muito rápida: repouso, ativo e dessensibilização. No "repouso" o receptor não está ativado, o canal iônico está fechado, podendo ser ativado através do contato com um agonista (nicotina ou acetilcolina). No estado "ativo", a ligação com o agonista, no caso, nicotina, causa a abertura do canal iônico, induzindo o influxo de Na$^+$, desencadeando a despolarização. A despolarização dopaminérgica na área tegmental ventral leva ao aumento de dopamina no espaço extracelular do núcleo accumbens e está associado com reforço positivo e as propriedades aditivas da nicotina. A exposição repetida ao ato de fumar (abrir a carteira de cigarros, acender o cigarro) ocasiona condicionamentos, estimulando o sistema dopaminérgico mesolímbico, agindo mesmo na ausência do agonista (nicotina). Essa pode ser a razão pela qual os fumantes apreciam o ritual de fumar. Por outro lado, a abstinência à nicotina reduz a liberação de dopamina, o que está associada aos sintomas da síndrome de abstinência e *craving* pela nicotina (Foulds, 2006). No terceiro estado do receptor nicotínico, "dessensibilização", o canal iônico é fechado e não pode ser ativado pela ligação do agonista, embora este ainda possa estar ligado ao receptor (nAchR) (Foulds, 2006).

A exposição continuada ou prolongada à nicotina produz uma dessensibilização dos receptores nicotínicos nos tabagistas. Além da inativação ocasiona também várias outras alterações fisiológicas, como *up regulation,* onde há aumento do número de receptores, induzindo a neuroadaptação e consequentemente a tolerância (Sohn et al., 2003; Tapper et al., 2004). A tolerância consiste na necessidade de crescentes quantidades de nicotina para atingir o efeito desejado ou em uma diminuição acentuada do efeito com uso continuado da substância (American Psychiatric Association, 2002)

Fatores inerentes ao indivíduo como, por exemplo, os genéticos contribuem para o início e a manutenção do consumo de tabaco. Estes estão associados à modulação do humor pela nicotina (Kirchenchtejn & Chatkin, 2004; Marques et al., 2001). Indivíduos que metabolizam rapidamente a substância podem ser mais suscetíveis à dependência do que aqueles que o fazem mais lentamente (Glover & Glover, 2001). A aceitação e o uso de tabaco pela família e grupo de amigos, a influência da mídia, a facilidade de aquisição pelo baixo custo, a tendência pessoal a outras adições e a depressão contribuem para a farmacodependência (Kirchenchtejn & Chatkin, 2004). Em síntese, o processo da dependência é progressivo, crônico e recorrente, que envolve fatores individuais, condicionamentos e ações biológicas da nicotina (Kirchenchtejn & Chatkin, 2004).

A dependência de nicotina é um estado dinâmico representando um *continuum* em intensidade. Assim, torna-se necessário identificar a intensidade deste estado para cada indivíduo (Kirchenchtejn & Chatkin, 2004). Segundo o Manual Diagnóstico e Estatístico de Transtornos Mentais (DSM-IV-TR) o padrão mal-adaptativo do uso de tabaco pode caracterizar abuso ou dependência de nicotina. Os critérios para abuso não incluem tolerância, abstinência ou um padrão de uso compulsivo. O abuso consiste em um prejuízo ou sofrimento clinicamente significativo, manifestado por um ou mais dos seguintes aspectos: fracasso em cumprir tarefas importantes, como a desistência de atividades sociais, ocupacionais ou recreativas em áreas onde o fumo é restrito; uso do cigarro em situações nas quais isto representa perigo para a integridade física; uso continuado da substância, apesar de problemas sociais ou interpessoais persistentes ou recorrentes causados ou exacerbados pelo efeito desta. A dependência de nicotina caracteriza-se por um conjunto de sintomas cognitivos, comportamentais e fisiológicos, os quais indicam que o indivíduo mantém o uso apesar dos problemas relacionados. O diagnóstico da dependência de nicotina pode ser determinado mediante a manifestação de pelo menos três dos seguintes critérios, em um período de 12 meses: tolerância; abstinência; consumo em maiores quantidades ou por um período mais longo do que o pretendido; desejo persistente ou esforços malsucedidos no sentido de reduzir ou controlar o uso de cigarros, desistência de atividades sociais, ocupacionais ou recreativas porque ocorre em áreas onde o fumo é restrito; uso continuado do tabaco, apesar do conhecimento dos problemas médicos relacionados ao tabagismo (APA, 2002). Segundo a Classificação Internacional de Doenças (CID-10) (Organização Mundial da Saúde, 1997), é considerado dependente o indivíduo que preenche três ou mais dos seguintes critérios: desejo ou compulsão; dificuldade em controlar o consumo; abstinência fisiológica com a diminuição ou cessação da nicotina; tolerância e síndrome de abstinência; abandono de atividades prazerosas e persistência do uso da substância apesar da evidência de consequências nocivas.

Nas situações em que há declínio das concentrações de nicotina no sangue e nos tecidos, ocorre uma alteração comportamental mal adaptativa, com elementos fisiológicos e cognitivos, conhecida como síndrome de abstinência. Após o desenvolvimento dos sintomas desagradáveis de abstinência o indivíduo tende a consumir a substância para aliviar ou evitar estes sintomas. A síndrome caracteriza-se pela presença de humor disfórico ou deprimido, insônia, irritabilidade, ansiedade, dificuldade para concentrar-se, inquietação, frequência cardíaca diminuída e aumento do apetite ou ganho de peso (OMS, 1993). Esses sintomas iniciam horas após o uso do último cigarro e tendem a ter um pico após 48 horas da abstinência. Com o passar do tempo, há um declínio gradativo da intensidade dos sintomas, porém a fissura, o aumento de apetite e a diminuição de concentração podem persistir por meses ou anos (Jarvis, 2004). Indivíduos que desenvolvem dependência física mantêm o uso da droga para evitar o desconforto da retirada (Planeta & Cruz, 2005), considerada a principal causa nos casos de recaída.

Tratamento

Intervenções farmacológicas

Pacientes que estão tentando parar de fumar podem fazer uso de terapias farmacológicas exceto em situações especiais como o uso de menos de 10 cigarros por dia, gestantes, adolescentes e contraindicações médicas (Fiore, 2000; Focchi & Braun, 2005). O tratamento farmacológico para dependência de nicotina inclui diferentes métodos. As doses são administradas conforme a necessidade de cada fumante, considerando-se o grau de dependência, a tolerância e a preferência do indivíduo (Woerpel, Wright & Wetter, 2006). Os fármacos utilizados classificam-se conforme o mecanismo de ação e a eficácia. Destacam-se os agentes nicotínicos (terapia de reposição de nicotina-TRN) e os não nicotínicos (antidepressivos) (Viegas & Reichert, 2004). A vareniclina é um fármaco promissor que atua no mecanismo neurobiológico da dependência (Jorenby et al., 2006). A TRN e a bupropiona são de primeira linha e as demais intervenções, como a nortriptilina e a clonidina, são de segunda linha (Fiore, 2000; Focchi & Braun, 2005; Marques et al., 2001).

A terapia de reposição de nicotina (TRN) refere-se à administração de nicotina para substituir o uso do tabaco (Mitrouska, Bouloukaki, & Siafakas, 2006). A eficácia da TRN está relacionada à reposição de nicotina de modo mais lento e com menores picos que o tabaco, além de proporcionar, em alguns casos, estimulação oral e rituais de uso (Focchi & Braum, 2005).

A TRN alivia os sintomas da síndrome de abstinência, reduzindo os efeitos reforçadores negativos da falta de nicotina (Henningfield, Fant, Buchhalter, & Stitzer, 2005; Marques & Ribeiro, 2003). No Brasil, as formas disponíveis incluem a goma de mascar e os sistemas transdérmicos. A goma de mascar contém 2 mg de nicotina, a qual é liberada e absorvida rapidamente na mucosa oral. A média de consumo é de 10 gomas/dia, podendo chegar até 20 gomas (Balbani & Montovani, 2005; Marques & Ribeiro, 2003). Os adesivos transdérmicos são encontrados nas versões de 7, 14 e 21 mg por unidade. A nicotina é liberada de forma gradual dos adesivos durante todo o dia. O efeito adverso mais comum é a irritação na pele (Lancaster, Stead, Silagy, & Sowden, 2000). Nos Estados Unidos, além destes há nicotina em preparação *spray* nasal, inalador, aerossol, pastilhas sublinguais e comprimidos (Balbani & Montovani, 2005).

Os antidepressivos têm sido utilizados, com a expectativa de melhorar os sintomas da síndrome de abstinência (Hughes, 2003; Woerpel et al., 2006). Os mais utilizados são a bupropiona e a nortriptilina. A bupropiona é um antidepressivo que inibe a recaptação de noradrenalina e dopamina nas sinapses. O pico de concentração plasmática é atingido em três horas, e sua meia-vida é de 19 horas, a metabolização é hepática e a excreção, renal. Supõe-se que o mecanismo de ação da bupropiona esteja relacionado com uma redução no transporte neural de dopamina e noradrenalina ou com antagonismo nos receptores nicotínicos, desencadeando uma redução na compulsão pelo uso de cigarros (Focchi & Braun, 2005). A bupropiona diminui sintomas da síndrome de abstinência, como a depressão (Henningfield et al., 2005). É indicação para indivíduos que fumam de 10 a 15 cigarros por dia e que estão motivados a parar (Coleman, 2001). Boca seca e insônia são os efeitos mais comuns associados ao seu uso. Existe um pequeno risco de convulsão nos indivíduos com histórico de convulsões ou pré-disposição às crises (Henningfield et al., 2005).

A nortriptilina bloqueia a recaptação de noradrenalina na pré-sinapse, aumentando sua concentração na fenda sináptica. A meia-vida plasmática varia de 12h a 56h, sendo metabolizada pelo fígado e excretada pelos rins. Os principais efeitos adversos são boca seca, tremores, visão turva, sedação, retenção urinária, leves dores de cabeça, mãos trêmulas, risco de arritmia (Scharf & Shiffman, 2004), taquicardia, ganho ou perda de peso e pressão baixa (Focchi & Braun, 2005; Henningfield et al., 2005 Scharf & Shiffman, 2004). Apesar desses efeitos, a nortriptilina pode ser vantajosa como tratamento alternativo do tabagismo, pois tem menor efeito colinérgico se comparada a outros tricíclicos, e menor risco de provocar convulsões (Focchi & Braun, 2005).

A clonidina, agonista alfa-2 noradrenérgico, tem sido utilizado tanto para o tratamento de hipertensão quanto para cessação do tabagismo, sendo tratamento de 2ª linha por induzir constipação, boca seca, cansaço e irritação cutânea

(Mitrouska et al., 2006, Viegas & Reichert, 2004). Este fármaco pode auxiliar fumantes que experenciam agitação e ansiedade quando param de fumar (Gourlay, Stead, & Benowitz, 2004), porém, em decorrência de seus efeitos adversos sua prescrição é limitada.

O primeiro tratamento específico para a cessação do tabagismo que age no mecanismo neurobiológico de dependência à nicotina é a vareniclina (Foulds, 2006). Este fármaco liga-se seletivamente aos receptores nicotínicos da acetilcolina (α_4 e β_2). A vareniclina atua como um agonista parcial, que ajuda a aliviar os sintomas de abstinência. Desta forma, diminui os efeitos de reforço positivo da nicotina (Henningfield et al., 2005).

Intervenções psicossociais

Os diferentes modelos de tratamento variam de acordo com a base teórica e as técnicas utilizadas. As intervenções podem ser diferenciadas pela intensidade (frequência ou duração do tratamento), pelo *setting* que é utilizado (ambulatorial ou hospitalar), e pela forma que é oferecida (individual, grupo, ou através de outro canal de comunicação como, por exemplo, o telefone) (Baker & Lee, 2003). A maioria das intervenções psicossociais para dependência química compartilha de técnicas como a psicoeducação, reforço da autoeficácia, suporte e encorajamento da relação terapêutica (Shearer, 2007). As intervenções podem ser caracterizadas como breves ou intensivas. As breves incluem material de autoajuda e aconselhamento face a face ou telefônico. As intervenções intensivas são geralmente oferecidas por profissionais especializados e têm formato individual ou em grupo (Lancaster & Stead, 2005).

A entrevista motivacional é uma das intervenções psicossociais que vem sendo utilizada para cessação de comportamentos dependentes. Está baseada em três conceitos importantes: a motivação, a qual é definida como a probabilidade de que uma pessoa inicie, dê continuidade e permaneça num processo de mudança específico (Miller, 1985); a ambivalência, experiência de conflito psicológico para escolher entre dois caminhos; e a prontidão para mudança que está baseada no modelo transteórico (Prochaska & Diclemente, 1982) Este modelo preconiza que a mudança comportamental é um processo e que as pessoas têm diversos níveis de motivação para mudar comportamentos. Com isso, permite planejar intervenções e programas que atendam às necessidades particulares dos indivíduos (Prochaska & Diclemente, 1984).

O modelo transteórico descreve cinco estágios motivacionais pelos quais os indivíduos atravessam quando modificam um comportamento problema. O primeiro, a *Pré-Contemplação*, o indivíduo não demonstra consciência suficiente de que tem problemas. Quando a pessoa passa a considerar seu comportamento como um problema, com a possibilidade de mudanças, ela entra no estágio de *Contemplação*. Seguindo para o estágio de *Preparação*, a pessoa começa a construir tentativas para mudar seu comportamento. Quando estas tentativas são colocadas em prática, a pessoa encontra-se no estágio de *Ação*, ocorrendo uma implementação de planos para a modificação do comportamento problema. Finalmente, o sucesso da mudança ocorre no estágio de *Manutenção*, no qual a pessoa modifica seu estilo de vida, evitando a recaída, atingindo abstinência e consolidando as mudanças. A recaída pode estar presente, obrigando novamente o dependente a passar várias vezes pelos estágios de mudança, antes de atingir a manutenção em longo prazo (Diclemente, 1991).

Poucos fumantes, 10%, encontram-se prontos para modificarem seu hábito de fumar. Portanto, as intervenções devem envolver a avaliação do estágio motivacional e a aplicação de técnicas adequadas a cada estágio (Hughes, 2003). Por outro lado quando telefonam para um serviço de teleatendimento, 83% encontram-se no estágio de ação (Mazoni, 2007).

A entrevista motivacional é uma ferramenta bastante útil em várias fases do tratamento e, especialmente, importante em casos nos quais os clientes estejam ambivalentes e resistentes à mudança. Além disso, por tratar-se de uma técnica breve e diretiva, possui indicação para atender vários *settings* como o ambulatório, o hospital e mais recentemente vem sendo disponibilizada através de teleconsulta. Vários estudos relatam a utilização da entrevista motivacional por telefone para atendimento de tabagistas (Borland, Balmford, Segan, &

Livingston, 2003; Curry, Mcbride, Grothaus, Louis, & Wagner, 1995; Ludman, Curry, Meyer, & Taplin, 1999; Mazoni, 2007; Zhu et al., 2002; Zhu, Tedeschi, Anderson, & Pirce, 1996).

A terapia cognitivo-comportamental tem como finalidade informar o tabagista sobre os riscos do cigarro e os benefícios de parar de fumar. Além disso, possibilita apoiar o cliente durante o processo de cessação, oferecendo orientações para que possa lidar com a síndrome de abstinência, a dependência psicológica e os comportamentos associados ao comportamento de fumar. No tratamento cognitivo-comportamental do tabagismo utilizam-se técnicas de treinamento de habilidades, de solução de problemas, bem como o apoio social (Fiore, 2000). O aconselhamento tem formato individual ou em grupo e deve ser conduzido por profissionais especializados e treinados para esse propósito (Fiore, 2000; West, 2004). O programa envolve múltiplos contatos por um período mínimo de quatro semanas (West, 2004). Alguns programas incluem materiais de autoajuda, como folhetos, vídeos ou audiotapes (Lancaster & Stead, 2005).

Não há evidências para afirmar se uma das modalidades, em grupo ou individual, é mais eficaz (Lancaster & Stead, 2005). O tratamento em grupo oportuniza maior suporte social e maior facilitação da discussão de situações de risco, bem como das estratégias para lidar com as mesmas. Por outro lado, o tratamento individual permite atenção e adaptação às características específicas de cada paciente. A escolha deve ser baseada na preferência do paciente (Presman, Carneiro, & Gigliotti, 2005).

A intervenção breve geralmente é aplicada por profissionais especializados, quando o usuário de drogas busca auxílio para mudança de seu comportamento problema. Ainda, em nível de atenção primária à saúde, quando profissionais não especializados oferecem aconselhamento a tabagistas que, por outros motivos, procuram esse tipo de atendimento (Heather, 1996; Roche; Freeman, 2004). O objetivo principal é identificar e aconselhar tabagistas, aumentando a motivação interna (Severson & Hatsukami, 1999). Essa técnica é composta por um conjunto de estratégias ou procedimentos que variam quanto à duração, estrutura, metas, pessoal responsável, meio de comunicação, ambiente de execução e também em relação aos seus diferentes fundamentos teóricos (Marques & Furtado, 2004). Muitos dos dados de pesquisa focaram-se sobre as intervenções breves sem definir claramente os diferentes métodos e estratégias utilizadas, pois há diferença em um aconselhamento breve e intervenções breves motivacionais (Butler et al., 1999). A intervenção breve motivacional integra diferentes estratégias para aumentar a motivação para mudança de comportamentos. É uma forma simplificada da entrevista motivacional desenvolvida para ser utilizada nos cuidados de atenção primária à saúde (Rollnick, Heather, & Bell 1992). Esse método tem como vantagens: curta duração, realizada em uma única sessão, com variação entre cinco e 60 minutos de aconselhamento; pode ser utilizado por não especialistas (Miller & Rollnick, 2001; Rollnick et al., 1992).

Miller e Rollnick (2001) enumeraram seis elementos indispensáveis para trabalhar estratégias de mudança. Estes elementos podem ser sumarizados pelo acronismo inglês *FRAMES*: *Feedback* (devolução) que é o uso da informação com base nos resultados obtidos da avaliação inicial estruturada e objetiva da real situação do cliente, *Responsibility* (responsabilidade) é a ênfase na responsabilidade pessoal do cliente e na liberdade de escolha; *Advice* (recomendações) é proporcionar ao cliente conselhos claros e diretos, sobre a necessidade de mudança e como ela pode ser obtida; *Menu* (inventário) é oferecer opções de escolha para o cliente, mostrando alternativas para mudança; *Empathy* (empatia) é a aceitação do cliente, entendendo seu processo sem julgá-lo e escutando-o de forma reflexiva; e *Autoeficácia* que reforça a crença do cliente na própria capacidade de mudança.

A intervenção breve motivacional produz melhores resultados do que um simples aconselhamento, especialmente entre aqueles que não estão prontos para parar de fumar (Butler et al., 1999), dobra as taxas de cessação, gasta menos tempo no atendimento dos pacientes, previne doenças crônicas relacionadas ao cigarro e tem alto impacto custo/benefício (Roche & Freeman, 2004). Esta intervenção também tem sido oferecida através de ligações telefônicas (Ludman et al., 1999; Mazoni, 2007; Ramelson, Friedman & Ockene, 1999; Zhu et al., 1996) e materiais de autoajuda (Britt, Hudson, & Blampied, 2004).

Linhas telefônicas *"helplines"*, *"quitlines"* ou *"crisis lines"* são amplamente utilizadas na América do Norte e Europa (Bentz et al., 2006; Gilbert & Sutton, 2006; Gilbert, Sutton, & Sutherland, 2005) e mais recentemente no Brasil (Mazoni, 2007; Mazoni, Bisch, Freese, Ferigolo, & Barros, 2006) oferecendo aconselhamento breve e apoio a fumantes que desejam parar de fumar sozinhos ou com intervenção mínima (Wakefield & Borland, 2000; Gilbert, Sutton & Sutherland, 2005). É um método que apresenta vantagens, não somente pelo fato de que atende a um grande número de indivíduos, mas também porque favorece àqueles tabagistas que não têm acesso ou interesse em outros tratamentos (Gilbert & Sutton, 2006, Paul et al., 2004; Zhu et al., 1996; Wakefield & Borland, 2000).

O aconselhamento telefônico tem potencial para complementar as intervenções face a face, substituí-las ou fortalecer as intervenções de autoajuda. Esse tipo de aconselhamento pode ser útil para planejar a parada e auxiliar os fumantes na prevenção da recaída durante o período inicial de abstinência (Mazoni, Bisch, Freese, Ferigolo & Barros, 2006). Ainda que intervenções intensivas face a face demonstrem sucesso para cessação do tabagismo, existem dificuldades para disponibilizá-las em larga escala à população pelo custo, pela dificuldade de horários e deslocamento (Lancaster & Stead, 2005). De uma forma geral, pode-se dizer que o aconselhamento telefônico aumenta as taxas de cessação do tabaco e o número de fumantes fazendo tentativas de parada (Klein & Mcintosh, 2003; Miller, Wakefield, & Roberts, 2003), pois alcança a população em larga escala. Desta forma, pode diminuir a prevalência do tabagismo, conduzindo a mudanças em nível de saúde pública (Klein & Mcintosh, 2003; Miller et al., 2003).

Materiais de autoajuda também objetivam aumentar a motivação para mudança e informar sobre como deixar de fumar (Presman et al., 2005). Intervenções comportamentais também podem ser disponibilizadas através desses materiais, incluindo os folhetos e materiais escritos, audiotapes, videotapes e programas de computador (Lancaster et al., 2000). Os materiais abordam consequências sociais do hábito de fumar, problemas de saúde decorrentes do uso, estratégias específicas para auxiliar o abandono do tabaco e informações sobre a síndrome de abstinência e a recaída (Balanda, Lowe & Fleming, 1999). Os materiais de autoajuda também prestam suporte com baixo custo (Borland, Balmford, & Hunt, 2004) e atingem um número maior de pessoas quando comparados à intervenção face a face (Lancaster et al., 2000), o que poderá resultar num número maior de tabagistas abstinentes (Balanda et al., 1999). Por outro lado, em populações pouco alfabetizadas, não pode ser empregado. Os manuais personalizados são mais efetivos quando comparados aos padronizados (Lancaster & Stead, 2005).

INSTRUMENTOS PARA AVALIAÇÃO DO TABAGISTA

Teste de Fagerström para Dependência de Nicotina (FTND)

A gravidade da dependência de nicotina tem sido avaliada pelo Teste de Fagerström para Dependência de Nicotina (FTND). Com o objetivo de avaliar a intensidade da dependência de nicotina, em 1978, foi elaborado o Questionário de Tolerância de Fagerström (FTQ) (Fagerström, 1978). Entretanto, o instrumento foi criticado devido as suas deficiências psicométricas, pois apresentava uma estrutura multifatorial de baixa confiabilidade (Heatherton et al., 1991). Heatherton et al. (1991) revisou o questionário, construindo o (FTND) o qual apresentou consistência interna de 0,61 e seus escores próximos aos índices bioquímicos de fumantes pesados. A avaliação consiste em seis questões, as quais caracterizam a dependência em leve, moderada e severa (Carmo & Pueyo, 2002; Heatherton et al., 1991). Este teste é uma medida de confiança para avaliar a dependência de nicotina, bem como predizer o sucesso da cessação (Figlie et al., 2000; Kozlowski et al., 1994).

Outro aspecto importante após o diagnóstico clínico do tabagista é verificar a percepção do fumante sobre sua dependência, isto é, o quanto este reconhece que o tabagismo é um problema e o quanto o fumante está motivado a modificar esse comportamento, do contrário, é necessário motivá-lo. Para avaliar o estágio motivacional dos tabagistas podem ser utilizados os instrumentos descritos abaixo.

University of Rhode Island Change Assessment Scale (URICA)

Esta escala tem como objetivo investigar os estágios motivacionais de indivíduos e o quanto estes estão disponíveis para uma mudança em seu comportamento problema (Mcconnaugh et al.,1983). Não está associada apenas ao uso de substâncias psicoativas, mas a qualquer problema que seria importante modificar. Assim, na área da dependência química, esta escala pode ser aplicada tanto para alcoolistas quanto para dependentes de outras substâncias (Oliveira, Laranjeira, Araújo, Camilo, & Schneider, 2003). O questionário tem 32 afirmações para as quais poderá se escolher as seguintes respostas: 1 = discorda totalmente; 2 = discorda; 3 = indeciso; 4 = concorda; 5 = concorda totalmente. A partir do levantamento dos dados, poderá ser avaliada a distribuição entre os estágios motivacionais (pré-contemplação, contemplação, ação e manutenção) em cada indivíduo, na medida em que cada fase está relacionada a oito itens. Assim, o resultado final demonstrará quantos pontos se faz em cada uma das fases, bem como se há um predomínio significativo de alguma delas (Mcconnaugh et al., 1983). Estudos de padronização e análise fatorial já foram realizados no Brasil demonstrando a confiabilidade deste instrumento (Figlie, 2001). McConnaugh et al. (1983) e outros pesquisadores (Dozois et al., 2004) que têm utilizado essa escala afirmam um forte suporte para a confiança e validade da URICA, relatando que a mesma possui propriedades psicométricas.

Escala de Contemplação Ladder

Este instrumento é utilizado para identificar a prontidão do fumante para parar de fumar e é consistente com o modelo transteórico de Prochaska e DiClemente (Biener & Abrams, 1991). Contém 11 pontos contínuos representados por dez degraus de uma escada. Nestes degraus encontram-se frases afirmativas que descrevem estágios de prontidão para parar de fumar. É checado com o fumante cada degrau da escala a fim de verificar o degrau de prontidão para parar de fumar que este se encontra. Esta escala não está validada para nossa população, mas foi adaptada para ser utilizada em intervenções telefônicas para cessação do tabagismo (Mazoni, 2007).

Referências

Achutti, A., & Menezes, A. M. B. (2001). Epidemiologia do tabagismo. In: A. Achutti (Ed.). *Guia nacional de prevenção e tratamento do tabagismo*. 9-24. Rio de Janeiro: Vitrô.

American Psychiatric Association (APA) (2002). *Diagnostic and Statistical Manual of Mental Disorders*: DSM – IV TR. 4ª ed. Washington: American Psychiatric Association.

Baker, A., & Lee, N. K. (2003). A review of psychosocial interventions for amphetamine use. *Drug and Alcohol Review*, 22(3), 323-335.

Balanda, K. P., Lowe, J. B., & Fleming, M. L. O. (1999). Comparison of two self-help smoking cessation booklets. *Tobacco Control*, 8(1), 57-61.

Balbani, A. P. S., & Montovani, J. C. (2005). Métodos para abandono do tabagismo e tratamento da dependência da nicotina. *Revista Brasileira de Otorrinolaringologia*, 71(6).

Bentz, C. J. et al. (2006). The feasibility of connecting physician offices to a state-level tobacco quitline. *American Journal of Preventive Medicine*, 30(1), 3-7.

Biener, L., & Abrams, D. B. (1991). The contemplation ladder: Validation of a measure of readiness to consider smoking cessation. *Health Psychology*, 10(5), 360-365.

Borland, R., Balmford, J., & Hunt, D. (2003). The effectiveness of personalized smoking cessation strategies for callers to a quitline service. *Addiction*, 98(6), 837-846.

Borland, R., Balmford, J., & Hunt, D. (2004). The effectiveness of personally tailored computer-generated advice letters for smoking cessation. *Addiction*, 99(3), 369-377.

Britt, E., Hudson, S. M., & Blampied, N. M. (2004). Motivational interviewing in health settings: A review. *Patient Education and Counseling*, 53(2), 147-155.

Brunton, L. L., Lazo, J. S., & Parker, K. L. (2005). *Goodman e Gilman's: The pharmacological basis of therapeutics*. 11ª ed., McGraw Hill, New York.

Butler, C. et al. (1999). Motivational consulting versus brief advice for smoker in general practice: A randomized trial. *British Journal of General Practice*, 49, 611-616.

Carlini, E. A., Galduróz, J. C., Noto, A. R., & Nappo, S. A. (2002). *I Levantamento Domiciliar sobre o Uso de Drogas Psicotrópicas no Brasil: Estudo Envolvendo as 107 Maiores Cidades do País*, 2001. São Paulo: SENAD.

Carmo, J. T., & Pueyo, A. A. (2002). A adaptação do português do *Fagesrtröm Test for Nicotine Dependence* (FTND) para avaliar a dependência e tolerância à nicotina em fumantes brasileiros. *Revista Brasileira de Medicina*, 58, 73-80.

Cavalcante, T. M. (2005). O programa de controle do tabagismo no Brasil: Avanços e desafios. *Revista de Psiquiatria Clínica*, 32(5), 283-300.

Cinciripini, P. M. et al., (1997). Tobacco addiction: Implications for treatment and câncer prevention. *Journal of the National Cancer Institute*, 17, 1852-1867.

Coleman, T. (2001). Smoking cessation: Integrating recent advances into clinical practice. *Thorax*, 56(7), 579-582.

Curry, S. J. et al. (1995). A Randomized trial of self-help materials, personalized feedback, and telephone counseling with nonvolunteer smokers. *Journal of Consulting and Clinical Psychology*, 63(6), 1005-1014.

Dclemente, C. C. et al. (1991). The process of smoking cessation: An analysis of precontemplation, contemplation, and preparation stages of change. *Journal of Consulting and Clinical Psychology*, 59(2), 295-304.

Doll, R. et al. (2004). Mortality in relation to smoking: 50 years' observations on male British doctors. *British Medical Journal*, 328, 1519.

Dozois, D. J. et al. (2004). Stages of change in anxiety: Psychometric properties of the University of Rhode Island Change Assessment (URICA). *Behavior Research Therapy*, 42, 711-729.

Ezzati, M. et al. (2002). Comparative risk assessment collaborating group: Selected major risk factors and global and regional burden of disease. *Lancet*, 360, 1347-1360.

Fagerström, K. O. (1978). Measuring degree of physical dependence to tobacco smoking with reference to individualization of treatment. *Addictive Behaviours*, 3, 235-241,

Figlie, N. B. et al. (2000). The frequency of smoking and problem drinking among General hospital inpatients in Brasil: using the AUDIT and Fagerströn questionnaires. *São Paulo Medical Journal*, São Paulo, 118(5), 139-143.

Figlie, N. B. (2001). Metodologia de pesquisa em dependência química. Trabalho apresentado no XIV Congresso Brasileiro sobre alcoolismo, tabagismo e outras dependências, Gramado, RS.

Fiore, M. C. (2000). Treating tobacco use and dependence: An introduction to the US public health service clinical practice guideline. *Pespiratory Care*, 45, 1196-1199.

Focchi, G. R. A., & Braun, I. M. (2005). Tratamento farmacológico do tabagismo. *Revista de Psiquiatria Clínica*, 32, 259-266.

Foulds, J. (2006). The neurobiological basis for partial agonist treatment of nicotine dependence varenicline. *International Journal of Clinical Practice*, 60, 571-576.

Frishman, W. H. et al. (2006). Nicotine and non-nicotine smoking cessation pharmacotherapies. *Cardiology in Review*, 14, 57-73.

Galduróz, J. C. F., Noto, A. R, Fonseca, A. M., & Carlini, E. A. (2004). *V levantamento nacional sobre o consumo de drogas psicotrópicas entre estudantes do ensino fundamental e médio da rede pública de ensino nas 27 capitais brasileiras, 2004*. São Paulo: SENAD.

Galduróz, J. C. F., Noto, A. R., Nappo, S. A., & Carlini, E. A. (2005). Household survey on drug abuse in Brazil: Study involving the 107 major cities of the country – 2001. *Addictive Behaviors*, 30, 545-556.

Gilbert, H., & Sutton, S. (2006). Evaluating the effectiveness of proactive telephone counseling for smoking cessation in a randomized controlled trial. *Addiction*, 101(4), 590-598.

Gilbert, H., Sutton, S., & Sutherland, G. (2005). Who calls quit? The characteristics of smokers seeking advice via a telephone helpline compared with smokers attending a clinic and those in the general population. *Public Health*, 119, 933-939.

Glover, E. D., & Glover, P. N. (2001). Pharmacologic treatments for the nicotine dependent smoker. *American Journal of Health Behavior*, 25(3), 179-182.

Gourlay, S. G., Stead, L. F. & Benowitz, N. L. (2004). Clonidine for smoking cessation. *Cochrane Database of Systematic Reviews*, 3, CD000058. Disponível em: <http://www.cochrane.org/reviews/en/ab000058.html>. Acesso em: 02/10/2006.

Guerra, M. P. (2004). A abstenção tabágica: Reflexões sobre a recaída. *Análise Psicológica*, 22(3), 507-518.

Heather, N. (1996). The public health and brief interventions for excessive alcohol consumption: The British experience. *Addictive Behaviors*, 21, 857-868.

Heatherton, T. F. et al. (1991). The Fagerström Test for Nicotine Dependence: A revision of the Fagerström tolerance questionnaire. *British Journal of Addiction*, 86, 1119-1127.

Henningfield, J. E. et al. (2005). Pharmacotherapy for Nicotine Dependence. *A Cancer Journal for Clinicians*, 55 (5)

Hugues, J. R. (2003). Motivating and helping smokers to stop smoking. *Journal of General Internal Medicine*, 18, 1053-1057.

Hukkanen, J., Jacob, P., & Benowitz, N. L. (2005). Metabolism and disposition kinetics of nicotine. *Pharmacological Reviews*, 57(1), 79-115.

Instituto Nacional de Câncer (INCA) (2004). *Ação global para o controle do tabaco: 1 tratado internacional de saúde pública*. Rio de Janeiro: INCA.

Jorenby, D. E., Hays, J. T., Rigotti, N. A., Azoulay, S., Watsky, E. J., Williams, K. E., Billing, C. B., Gong, J., & Reeves, K. R. (2006). Efficacy of varenicline, an $\alpha_4 \beta_2$ nicotinic acetylcholine receptor partial agonist, vs placebo or sustained-release bupropion for smoking cessation: A randomized controlled trial. *Journal of the American Medical Association*, 296, 56-63.

Kirchenchtejn, C., & Chatkin, J. M. (2004). Dependência da nicotina. In: C. A. A Viegas (Orgs.). Diretrizes para a cessação do tabagismo. *Jornal Brasileiro de Pneumologia*, 30, 11-18.

Klein, D. J., & Mcintosh, S. (2003). Quitlines in North America: Evidence base and applications. *The American Journal of the Medical Sciences*, 326, 201-205.

Kozlowski, L. T. et al. (1994). Predicting Smoking cessation with self-reported measures of nicotine dependence: FTQ, FTND, and HSI. *Drug and Alcohol Dependence*, 34(3), 211-216.

Lancaster, T., & Stead, L. (2005). Self-help Interventions for smoking cessation. *Cochrane Database of Systematic Reviews* (Online), Oxford, v 3, n. CD001118, jul. 2005. Disponível em: <http://www.cochrane.org/reviews/en/ab001118.html>. Acesso em: 16/09/2006.

Lancaster, T., Stead, L., Silagy, C., & Sowden, A. (2000). Effectiveness of interventions to help people stop smoking: Findings from the Cochrane Library. *British Medical Journal*, 321, 355-358.

Ludman, E. J. et al. (1999). Implementation of outreach telephone counseling to promote mammography participation. *Health Education & Behavior*, 26(5), 689-702.

Marques, A. C. et al. (2001). Consenso sobre o tratamento da dependência de nicotina. *Revista Brasileira de Psiquiatria*, 23(4).

Marques, A. C. P. R., & Furtado, E. F. (2004). Intervenções breves para problemas relacionados ao álcool. *Revista Brasileira de Psiquiatria*, 26(I), 28-32.

Marques, A. C. P. R., & Ribeiro, M. (2003). Nicotina. In: R. Laranjeira (Ed.). *Usuários de substâncias psicoativas*: *Abordagem, diagnóstico e tratamento*. 2ª Edição. 49-58. São Paulo, CREMESP/AMP

Mazoni, C. G., Bisch, N. K., Freese, L. Ferigolo, M., & Barros, H. (2006). Aconselhamento telefônico reativo para cessação do consumo do tabaco: Relato de caso. *Aletheia*, 24, 137-148.

Mazoni, C. G. (2007). Aconselhamento telefônico reativo: avaliação da eficácia da intervenção breve motivacional na cessação do tabagismo. *Dissertação de Mestrado*. Porto Alegre: Fundação Faculdade Federal de Ciências Médicas de Porto Alegre.

Mcconnaughy, E. A., Prochaska, J. O., & Velicer, W. F. (1983). Stages of change in psychotherapy: Measurement and samples profiles. *Psychotherapy*, 20, 368-375.

Miller, C. L., Wakefield, M., & Roberts, L. (2003). Uptake and effectiveness of the Australian telephone quitline service in the context of a mass media campaign. *Tobacco Control*, 12(2), 53-58.

Miller, W. R. (1985). Motivation for treatment: A review with special emphasis on alcholism. *Psychological Bulletin*, 98, 84-107.

Miller, W. R., & Rollnick, S. (2001). *Entrevista motivacional: Preparando as pessoas para a mudança de comportamentos adictivos.* Porto Alegre: Artmed Editora.

Mirra, A. P. et al.(1998) *Cancer Incidence in the city of São Paulo, Brazil - Cancer mortality in the city of São Paulo, Brazil: trend in the period 1969-1998.* Ministério da Saúde. Brasília, 2001. Disponível em: <http://www.fsp.usp.br/rcsp/rcsp1.pdf>. Acesso em: 10/10/2006.

Mitrouska, I., Bouloukaki, I., & Siafakas, N. M. (2206). Pharmacological approaches to smoking cessation. *Pulmonary Pharmacology & Therapeutics*, Crete.

Musk, A. W., & De Klerk, N. H. (2003). History of tobacco and health. *Respirology*, 8, 286-290.

Noto, A. R., Galduróz, J. C. F., Nappo, S. A., Fonseca, A. M., Carlini, M. A., Moura, Y. G., & Carlini, E. A. (2004). *Levantamento nacional sobre o uso de drogas entre crianças e adolescentes em situação de rua nas 27 capitais brasileiras – 2003.* CEBRID – Escola Paulista de Medicina.

Oliveira, M. S., Laranjeira, R., Araujo, R. B., Camilo, R. L., & Schneider, D. D. (2003). Estudo dos estágios motivacionais em sujeitos adultos dependentes do álcool. *Psicologia Reflexão e Crítica,* 16(2), 265-270.

Organização Mundial da Saúde (OMS) (1997). *Classificação estatística internacional de doenças e problemas relacionados à saúde:* Décima revisão (CID 10). São Paulo: Editora da Universidade de São Paulo.

Organizacion Panamericana de la Salud (1992). Departamento de Salud y Servicios Sociales de los Estados Unidos de América. *Tabaquismo y salud en las Americas,* Atlanta.

Paul, C. L. et al. (2004). Direct Telemarketing of Smoking Cessation interventions: Will smokers take the call. *Addiction*, 99, 907-913.

Planeta, C. S., & Cruz, F. C. (2005). Bases Neurofisiológicas da Dependência do tabaco. *Revista de Psiquiatria Clínica*, 32, 251-258.

Presman, S., Carneiro, E., & Gigliotti, A. (2005). Tratamentos não farmacológicos para o tabagismo. *Revista de Psiquiatria Clínica*, 32, 267-275.

Prochasca, J. O., & Diclemente, C. C. (1982). Transtheoretical therapy: toward a more integrative model of change. *Psychotherapy: Theory, Research and Practice*, 20, 161-173.

Prochasca, J. O., & Diclemente, C. C. (1984). Self change processes, self-efficacy and decisional balance across five stages of smoking cessation. *Journal of Consulting and Clinical Psychology*, 156, 131-40.

Ramelson, H. Z., Friedman, R. H., & Ockene, J. K. (1999). An automated telephone-based smoking cessation education and counseling system. *Patient Education and Counseling*, 36, 131-44.

Roche, A. M., & Freeman, T. (2004). Brief interventions: Good in theory but weak in practice. *Drug and Alcohol Review*, 23, 11-18.

Rollnick, S., Heather, N., & Bell, A. (1992). Negotiating behaviour change in medical settings: The development of brief motivational interviewing. *Journal of Mental Health*, 1, 25-37.

Rose, J. E. et al., (2003). PET studies of the influences of nicotine on neural systems in cigarette smokers. *American Journal of Psychiatry*, 160, 323-333.

Routh, H. B. et al. (1998). Historical aspects of tobacco use and smoking. *Clinics in Dermatology*, 16, 5, 539-544.

Sawicki, W. C., & Rolim, M. A. (2004). Estudiantes del pre-grado de enfermería y su relación con el tabaquismo. *Revista da Escola de Enfermagem*, 38, 181-189.

Scharf, D., & Shiffman, S. (2004). Are there gender differences in smoking cessation, with and without bupropion? Pooled- and meta-analyses of clinical trials of bupropion SR. *Addiction*, 99, 1462-1469.

Schroeder, S. A. (2005). What to do with a patient who smokes. *Journal of the American Medical Association*, 294, 482-487.

Severson H. H., & Harsukami, D. (1999). Smokeless Tobacco Cessation. *Primary Care*, 26, 529-551.

Shearer, J. (2007). Psychosocial approaches to psychostimulant dependence: A systematic review. *Journal of Substance Abuse Treatment*, 32, 41-52.

Schn, M. et al. (2003). Tabacco use and dependence. *Seminars in Oncology Nursing*, 19, 250-256.

Tepper, A. R. et al. (2004). Nicotine activation of α_4 receptors: Sufficient for reward, tolerance, and sensitization. *Science*, 306(5).

Tutka, P., Mosiewicz, J., & Wielosz, M. (2005). Pharmacokinetics and metabolism of nicotine. *Pharmacological Reports*, 57, 143-153.

U.S. Surgeon General (1988). *The health consequences of smoking - nicotine addiction: A report of the surgeon general*. Disponível em: <http://www.cdc.gov/TOBACCO/SGR/sgr_1988/index.htm>. Acesso em: 15/08/2006.

Viegas, C. A. A., & Reichert, J. (2004). Tratamento medicamentoso. In: C. A. A. Viegas (Ed.). *Diretrizes para a cessação do tabagismo. Jornal Brasileiro de Pneumologia*, 30, 36-40.

Wakefield, M., & Borland, R. S. (2000). Saved by the bell: The role of telephone helpline services in the context of mass-media anti-smoking campaigns. *Tobacco Control*, 9, 117-119.

West, R. (2004). Assessment of dependence and motivation to stop smoking. *British Medical Journal*, 328, 338-339.

Woerpel, C., Wright, K. L., & Wetter, D. W. (2006). Smoking cessation: Pharmacological treatments. *Behavioral Medicine*, 32, 47-56.

World Health Organization (WHO) (2006). *Deaths from tobacco use*. Disponível em: <http://www.who.int/tobacco/en/atlas11.pdf>. Acesso em: 13/10/2006.

Yach, D., & Onzivu, W. (2000). Bulletin of the World Health Organization. *International Journal of Public Health Tobacco*, 78, 866-948.

Zhu, S. H. et al. (1996). Telephone counseling for smoking cessation: What's in a call? *Journal of Counseling e Development*, 75, 93-102.

Zhu, S. H. et al. (2002). Evidence of real-world effectiveness of a telephone quitline for smokers. *New England Journal of Medicine*, 437(14).

Maconha

Lucas Neiva-Silva
Universidade Federal de Rio Grande (FURG)

Dentre todas as drogas ilícitas, a maconha é indubitavelmente a que levanta o mais acirrado debate, com argumentos a favor e contra o seu uso tanto em nível recreativo, terapêutico ou industrial. A polarização de opiniões é encontrada nas falas de cientistas de diferentes áreas e instituições acadêmicas, do público em geral e até de crianças em situação de rua. Este capítulo tem o objetivo de apresentar uma visão histórico-epidemiológica da maconha, detalhando o que a literatura científica vem produzindo recentemente sobre os efeitos adversos relacionados ao uso e abuso da maconha, os tratamentos desenvolvidos, bem como o uso terapêutico da *Cannabis*.

Aspectos históricos e epidemiológicos

A história da maconha foi testemunha da própria história do ser humano. O início do uso da maconha por seres humanos é difícil de ser definido, uma vez que ela era cultivada e consumida antes mesmo do aparecimento da escrita (Amar, 2006). Tida como uma das mais antigas plantas domésticas na história da humanidade, a *Cannabis* vem sendo utilizada há aproximadamente 10.000 anos ou mais (Merlin, 2003). De acordo com descobertas arqueológicas, a *Cannabis* é conhecida na China pelo menos desde o período neolítico, aproximadamente no ano 4.000 a.C. (McKim, citado em Amar, 2006). Existem vários trabalhos relatando o uso da maconha com fins medicinais, em rituais religiosos, para a produção de fibras ou pelos seus efeitos psicoativos.

Karniol (2001) afirma que os romanos usavam a fibra da maconha na fabricação de cordas para a indústria naval. Já o efeito euforizante teria sido descoberto na Índia (entre 2.000 e 1.400 a.C.). O imperador da China, Shen Nung, também descobridor do chá e da efedrina, é considerado o primeiro a ter descrito as propriedades e usos terapêuticos da *Cannabis* no seu compêndio sobre ervas medicinais chinesas, escrito em 2.737 a.C. (Li, 1974, citado em Amar, 2006).

Em um artigo publicado recentemente, foi descoberta uma tumba na China, de aproximadamente 2.500 anos de idade, em que foi encontrado um esconderijo onde se guardava materiais de caça, frutas e folhas (Jian et al., 2006). Foram analisadas as características anatômicas e morfológicas destas folhas e concluiu-se que pertenciam à mesma espécie da *Cannabis*. Os autores concluíram que a planta era utilizada para fins ritualísticos e medicinais.

De acordo com Burgierman (2003), embora houvesse um grande preconceito em relação à maconha, o seu uso era liberado nas primeiras décadas do século XX, no Brasil. Segundo o autor, a imagem da maconha estava associada ao uso em terreiros de candomblé, herança dos escravos africanos, ou por agricultores no interior do país. Na Europa, a imagem foi associada principalmente aos imigrantes árabes e indianos e aos intelectuais boêmios. Já nos Estados Unidos, o uso foi associado a milhares de emigrantes que deixaram o México no início do século XX e que eram marginalizados nos Estados Unidos, uma vez que nem todos conseguiram o emprego esperado.

A planta de onde se produz a maconha também teve grande importância econômica ao longo da história (Burgierman, 2003). Foi utilizada na fabricação de xaropes para a tosse e pílulas para dormir. Além disso, o cânhamo – fibra retirada do caule – era utilizado largamente como matéria-prima para a produção de papel. A indústria têxtil também utilizava a fibra, especialmente na confecção de cordas, velas de barco e outros produtos que exigissem um tecido bastante resistente. Segundo o autor, no início do século XX, a empresa Ford chegou a desenvolver combustíveis e plásticos feitos a partir do óleo da semente da maconha, fazendo com que houvessem grandes plantações nos Estados Unidos e Europa.

Em relação aos aspectos epidemiológicos, tem-se afirmado que a maconha é a droga ilegal mais comumente utilizada nos Estados Unidos e é considerada pelos jovens como sendo a droga ilícita com o menor risco (Johnston, O'Malley, Bachman, & Schulenberg, 2004). Em 2000, nos Estados Unidos, 76% de todos os usuários de drogas ilícitas haviam usado maconha (OAS, 2001).

Nos Estados Unidos, o projeto "Monitorando o Futuro" (National Institute of Drug Abuse, 2005) é um estudo longitudinal que vem sendo realizado desde 1970 e que avalia, em todo o país, o uso de drogas em estudantes do 8º ano, 10º ano e 12º ano. Em 2005, observou-se que o uso de maconha (uso na vida) chegou a 16,5% em alunos do 8º ano, 34,1% no 10º ano e 44,8% no 12º ano. Em relação ao uso no último ano, obteve-se a prevalência de 12,2%, 26,6% e 33,6%, entre os alunos do 8º, 10º e 12º ano, respectivamente. A análise longitudinal mostra que o uso de maconha chegou a 51% entre os estudantes do 12º ano em 1979, seguindo um crescimento que havia iniciado em 1960. Depois se iniciou um declínio do uso, chegando a 22% em 1992. Na década de 1990 houve um crescimento considerável do uso.

Em uma recente pesquisa realizada com adolescentes em seis países europeus, o Reino Unido obteve o maior uso (na vida) de maconha, chegando a 40%

entre os meninos e 33% entre as meninas (Kokkevi, Richardson, Florescu, Kuzman, & Stergar, 2007). Já na Austrália, em um levantamento realizado em 1998, 45% dos adolescentes de 14 a 19 anos haviam usado maconha na vida e 35% haviam usado no último ano (Makkai & McAllister, 1997). Já entre os adultos jovens – de 20 a 24 anos –, 64% haviam experimentado maconha ao menos uma vez na vida e 37% no último ano.

No Brasil, foi realizado o I Levantamento Domiciliar sobre o Uso de Drogas Psicotrópicas (Carlini, Galduróz, Noto & Nappo, 2002; Galduróz, Noto, Nappo & Carlini, 2005) nas 107 maiores cidades do país, com pessoas de 12 a 65 anos. Neste estudo, obteve-se a prevalência de 6,9% de uso (na vida) de maconha, sendo que o percentual de pessoas do sexo masculino (10,6%) que haviam experimentado foi bem maior do que as do sexo feminino (3,4%). Ressalta-se que as porcentagens de uso na vida na faixa etária entre 12 e 17 anos é bastante semelhante em relação ao sexo (3,4% para masculino e 3,6% para feminino), ao contrário do que ocorre nas outras faixas etárias, em que o uso pelo sexo masculino é sempre maior. Este estudo mostra ainda que 1% dos entrevistados é dependente de maconha, sendo que o maior índice foi observado na faixa entre 18 e 24 anos (2,5%). Dentre todos os entrevistados, 60,9% afirmaram ser muito fácil conseguir maconha, o que sugere que o fácil acesso pode estar relacionado ao uso abusivo de maconha.

Sobre a população jovem, em 2004, foi realizado o V Levantamento Nacional sobre o Consumo de Drogas Psicotrópicas, entre mais de 48.000 estudantes do Ensino Fundamental e Médio das 27 capitais brasileiras (Galduróz, Noto, Fonseca & Carlini, 2004). A maconha ocupou o terceiro lugar no *ranking* das drogas ilícitas mais usadas, atrás do uso de solventes e de energéticos. O uso de maconha alcançou aproximadamente 5,9% de uso na vida, 4,6% de uso no último ano e 3,2% de uso no último mês. Observou-se um número significativamente maior de usuários de maconha do sexo masculino do que do sexo feminino. Comparando-se os resultados dos dados desta pesquisa com a anterior, realizada em 1997, observou-se o aumento do uso frequente de maconha em três das dez capitais pesquisadas (São Paulo, Rio de Janeiro e Recife), e uma diminuição em três capitais (Belo Horizonte, Fortaleza e Salvador). Em Belém, Brasília, Curitiba e Porto Alegre mantiveram-se o mesmo padrão da pesquisa anterior.

Como é possível observar, o uso de maconha é bastante frequente entre a população em geral, principalmente entre jovens. Mas este uso é ainda maior entre crianças e adolescentes em situação de rua. No Brasil, em 2003 foi realizado o I Levantamento Nacional sobre Uso de Drogas entre Crianças e Adolescentes em Situação de Rua nas 27 Capitais Brasileiras (Noto et al., 2004). Neste estudo, comparado com a prevalência entre os adolescentes em geral, constatou-se que o uso de maconha entre crianças e adolescentes em situação de rua é significativamente maior, chegando a 40,4% de uso na vida, 32,1% de uso no último ano e 25,4% de uso no último mês. A maconha foi a segunda droga ilícita mais usada por esta população, ficando abaixo apenas dos inalantes. Os maiores índices foram encontrados em São Paulo, Rio de Janeiro, Brasília e Recife, em que de 50 a 73% havia feito uso recente de maconha e de 20 a 50% haviam usado 20 dias ou mais no último mês.

Em um estudo longitudinal sobre uso de drogas entre crianças e adolescentes em situação de rua na cidade de Porto Alegre (Neiva-Silva, 2007), foi observado um aumento significativo no uso de maconha "no último ano", passando de 23,5% em 2003 para 38,2% em 2004. Sobre o uso de maconha "no último mês", chamado de "uso frequente", observou-se um aumento de 20,6% em 2003 para 25% em 2004. Neste estudo, foram analisadas as variáveis que estariam independentemente associadas ao uso de drogas ilícitas, tendo sido observado como preditores o fato da criança/adolescente não morar com a família, o fato de passar oito horas na rua ou mais (por dia), e frequentar a rua há cinco anos ou mais. Forster, Tannhauser e Tannhauser (1996) encontraram, também na cidade de Porto Alegre, um índice de 32% de uso "no mês" de maconha no grupo de crianças e adolescentes em situação de rua que haviam rompido os vínculos familiares.

Princípios ativos e vias de administração

Existem várias espécies de *Cannabis*, sendo que as mais relevantes são *Cannabis sativa*, *Cannabis indica* e *Cannabis ruderalis* (Amar 2006). A maconha é obtida a partir da planta *Cannabis sativa* e algumas de suas subespécies. Esta planta é um arbusto da família das *Moracea*, conhecido pelo nome de "cânhamo" da Índia, que cresce livremente nas regiões tropicais e temperadas (Ribeiro, 2005). A planta é única na produção de compostos químicos conhecidos como canabinoides, em que já foram identificados mais de 61 tipos (Ashton, 2001). A farmacologia da maioria destas substâncias é conhecida, mas o agente psicoativo mais potente é o Δ^9-tetrahydrocannabinol, conhecido popularmente como THC. Provavelmente, a substância mais importante para o uso recreativo da maconha. O conteúdo do THC é mais alto nas florescências, caindo um pouco nas folhas e sendo mais baixo no tronco e nas sementes (Hall & Solowij, 1998).

A maconha, usada de maneira recreativa, pode ser fumada de três diferentes formas (Hall & Solowij, 1998; Nahas & Latour, 1992). Ela pode ser fumada da mesma forma que em um cigarro de tabaco, em que o cigarro contém aproximadamente 1 a 5% em peso de THC, sendo feita com as flores e folhas secas da Cannabis; a maconha (*marijuana*) pode ser fumada em um cachimbo ou cano, a partir da resina seca da *Cannabis* e das flores comprimidas, conhecida como haxixe (*hashish*), com uma concentração de aproximadamente 6 a 10% em peso de THC para alguns autores ou de 2 a 20% para outros; e finalmente ela pode ser usada a partir do óleo, um extrato das flores da planta fêmea que contém de 15 a 50% em peso de THC para alguns autores e de 30 a 60% para outros. A maconha e o haxixe podem ainda ser comidos, mas a forma fumada é a maneira mais fácil de alcançar os efeitos psicoativos desejados (Hall & Solowij, 1998). A administração intravenosa da maconha é imprópria, pois ela não é solúvel em água.

Atualmente existe na Holanda um campeonato em que são premiadas as três "melhores" maconhas do ano, ou seja, aquelas que contêm os mais altos teores de THC, após serem realizadas avaliações químicas em laboratório das amostras candidatas. Estes produtos podem ser comprados e usados nos "*Coffeeshops*" de

Amsterdã. Em 2006, segundo as informações contidas nos próprios "cardápios" dos *Coffeshops*, a ganhadora da medalha de ouro do concurso tinha 23% de THC e, em função do título, era vendida por um preço bastante alto comparado com as demais. Para aqueles que preferem não fumar, são ainda feitos bolos e biscoitos com diferentes níveis de THC, podendo ser comprados legalmente, por exemplo, em diversas lojas no centro de Amsterdã.

A obtenção dos efeitos psicoativos desejados depende da quantidade de THC que o usuário absorveu. Apenas para se ter uma ideia (Adams & Martin, 1991), um cigarro típico contém entre 0,5 e 1 grama de maconha. Digamos que a concentração de THC seja de 1%, então este cigarro terá de 5 a 10 mg de THC. Em usuários ocasionais, a quantidade de 2 a 3mg de THC é suficiente para se atingir os efeitos desejados, mas usuários regulares podem fumar cinco ou mais cigarros por dia (25 a 50 mg de THC) (Hall & Solowij, 1998).

Ao se analisar as espécies de maconha utilizadas na década de 1960 e 1970, observa-se que um cigarro tinham em média 10mg de THC. Atualmente, existem algumas subespécies da *Cannabis sativa* (conhecidas como *Skunkweed* e *Netherweed*) que podem conter 150mg de THC em um único cigarro (Ashton, 2001). Assim, é provável que os usuários de maconha modernos estejam sendo expostos a doses de THC muitas vezes maior do que os usuários dos anos de 1960 e 1970. Esta é uma constatação importante, principalmente na análise dos efeitos adversos possivelmente associados ao uso crônico da maconha, uma vez que grande parte das pesquisas sobre maconha foi realizada ao final da década de 1970, com doses de 5 a 25mg de THC (WHO, 1997).

A maconha pode ainda ser ingerida por via oral, mas, neste caso, a quantidade de canabinoides absorvida é de 25 a 30% daquela obtida através do fumo, sendo o início dos efeitos um pouco mais tardio – entre 30 minutos e duas horas –, ainda que com a duração da ação mais prolongada (Ashton, 1999).

A maconha é utilizada principalmente por adolescentes e jovens adultos, o que significa que parece existir um padrão de uso, sendo intermitente e com um limite geral de tempo (Hall & Solowij, 1998). Estatisticamente, observa-se que a maioria dos usuários interrompe o uso entre os 20 e 30 anos e que poucos se engajam em um uso diário ao longo de vários anos. Nos Estados Unidos e Austrália, aproximadamente 10% daqueles que usaram maconha alguma vez na vida tornam-se usuários diários; e entre 20 e 30% passaram a fazer uso semanal (Bachman et al., citado em Hall & Solowij, 1998).

Devido a grande variação da concentração de THC na maconha, costuma-se dizer que um "uso pesado" seja o uso feito diariamente ou próximo a um uso diário. Este padrão de uso, ao longo dos anos, coloca a pessoa em uma grande situação de risco de ter consequências adversas no campo da saúde física e psicológica (Hall & Solowij, 1998).

Efeitos farmacológicos

Aproximadamente 50% do THC e de outros canabinoides presentes em um cigarro de maconha passam para a fumaça e são inalados (Ashton, 1999). A quantidade absorvida através dos pulmões depende da maneira em que é fumada. Em geral, usuários experientes tendem a inalar mais profundamente e segura a fumaça nos pulmões alguns segundos antes de exalar, aumentando a quantidade do princípio ativo da maconha que é absorvido para o sangue. Os efeitos da maconha são percebidos alguns segundos após o início do fumo, mas se tornam completamente aparente após alguns minutos.

Uma vez que o THC entra na corrente sanguínea é rapidamente distribuído pelo corpo, alcançando primeiramente aqueles órgãos que são mais ricamente vascularizados como o pulmão, cérebro e fígado (Ashton, 1999). Como os canabinoides são altamente solúveis em gordura, são acumulados em tecidos gordurosos, a partir dos quais vão sendo eliminados vagarosamente de volta para outras partes do corpo, incluindo o cérebro. O tempo médio de eliminação plasmática em usuários ocasionais é de aproximadamente 56 horas e, em usuários crônicos, de 28 horas. Entretanto, por causa da apreensão dos canabinoides no tecido gorduroso, a vida média nos tecidos é de aproximadamente sete dias e a completa eliminação de uma única dose pode levar até 30 dias (Maykut, 1985, citado em Ashton, 1999).

Em termos farmacodinâmicos, têm sido realizadas muitas descobertas recentes a respeito da forma como os canabinoides agem no organismo humano. Os canabinoides exercem o seu efeito através de receptores canabinoides endógenos específicos, descobertos apenas em 1988, conhecidos como CB_1 (Devane et al., 1988). Um segundo receptor canabinoide endógeno foi descoberto em 1993, e passou a ser conhecido como CB_2 (Munro, Thomas, & Abu-Shaar, 1993). Estas substâncias endógenas receberam o nome de *anandamidas* (palavra originária do sânscrito *ananda*, que significa felicidade, alegria, tranquilidade) (Ashton, 2001). Segundo este autor, novamente se repete a história que ocorreu com o ópio, ao se descobrir a existência de receptores opioides endógenos. Karniol (2001) exemplifica de maneira didática que, da mesma forma que existem outros sistemas de neurotransmissores, como o serotoninérgico, dopaminérgico e colinérgico, parece existir também no cérebro um sistema "canabinoide".

Efeitos adversos do uso da maconha

Discutir os efeitos adversos do uso da maconha é sempre um dilema, pois existe um grande debate dentro da própria ciência em relação aos efeitos da maconha sobre a saúde humana. Karniol (2001) afirma que, dependendo de preconceitos ou da opinião pessoal do investigador em relação à quão danosa é a maconha ou sobre a descriminalização do seu uso, a interpretação dos resultados de estudos experimentais pode ser muito influenciada.

É preciso que o público geral compreenda uma importante diferenciação entre relação (ou associação) e causalidade. Por exemplo, muitos estudos realizados com adolescentes em conflito com a lei e privados de liberdade identificaram um alto índice de uso de maconha nesta população. Isto significa que comportamentos delinquentes estão associados ao uso da maconha, ou seja, em adolescentes com alto índice de comportamentos delinquentes encontra-se também um alto índice de uso de maconha, e vice-versa. Contudo, é preciso compreender que não existe relação de causalidade entre estas duas variáveis, ou seja, que o uso da maconha não causa o comportamento delinquente. Estudos mostram que a maioria dos usuários de maconha não apresenta comportamento delinquente e que existem adolescentes com comportamento delinquente que não são usuários de maconha.

Muitos estudos sobre os efeitos da maconha foram realizados ainda nas décadas de 1970 e 1980, gerando resultados que atualmente são questionáveis do ponto de vista metodológico, mas que geraram certos mitos em torno da droga. Ao mesmo tempo, faz-se necessário reconhecer que recentemente centenas de estudos vêm sendo publicados, com métodos mais rigorosos e com amostras maiores, mais representativas e menos enviesadas, atualizando os conhecimentos sobre o assunto de maneira menos parcial. Dentro desta perspectiva, a seguir é apresentada uma breve revisão dos efeitos agudos e crônicos do uso da maconha.[1]

Efeitos adversos agudos do uso da maconha

Os efeitos da Cannabis têm repercussões sobre quase todos os sistemas do corpo (Ashton, 2001). Ela combina muita das propriedades do álcool, tranquilizantes, opiáceos e alucinógenos, tendo efeitos ansiolíticos, sedativos, analgésicos e psicodélicos, além de estimular o apetite. Em geral, após um período inicial de excitação, a maconha exerce um efeito depressor generalizado do sistema nervoso central, levando a pessoa a um estado de sonolência (Ashton, 1999).

Efeitos sobre o humor

A principal característica do uso recreativo da maconha é produzir a sensação de euforia ou de "dar um barato" (conhecido como "*high*"). Esta sensação pode ser induzida com doses pequenas de THC (como 2,5mg, obtidas facilmente em um cigarro de maconha) tendo efeitos como diminuição da ansiedade, da

---

[1] Para mais informações sobre os efeitos adversos do uso de maconha, ver o artigo de Kalant (2004).

vigilância, da depressão e da tensão, acompanhado de um aumento da sociabilidade, ou seja, maior abertura a novas amizades (Ashton, 2001). Destaca-se que o efeito de euforia pode variar amplamente dependendo da dose, modo de administração, expectativa, contexto e personalidade do usuário (Ashton, 1999). Quando pequenas doses são tomadas em grupo, os efeitos tendem a uma euforia prazerosa, eloquência e às vezes gargalhadas – características bastante semelhantes ao uso social do álcool. Em um estudo realizado com estudantes universitários (Webb, Ashton, Kelly, & Kamali, 1996), 75% dos participantes afirmaram que a principal razão para o uso de maconha era "prazer", sendo que o principal efeito relatado foi a sensação de "relaxamento".

Apesar da grande frequência de relatos de prazer, são bastante comuns os relatos de disforia, principalmente em usuários iniciantes. Estas reações podem incluir sensações severas de ansiedade e pânico, além de sentimentos paranoicos (Ashton, 1999). O sentimento de ansiedade e pânico são os efeitos psicológicos adversos mais comuns do uso de maconha, incluindo inquietação, despersonalização, sensação de perda de controle e medo da morte (Thomas, 1993). Podem ocorrer situações em que euforia e disforia, ou risos e choro podem se alternar em um mesmo indivíduo.

Percepção

O uso da maconha pode alterar diversas modalidades sensoriais. A percepção do som e da cor pode ser aumentada, da mesma forma que a apreciação musical (Ashton, 1999). A percepção de tempo e espaço é distorcida, de forma que o julgamento da distância e do tempo pode ser prejudicado. Podem ocorrer mudanças visuais subjetivas, ou, em alguns casos, alucinações (Ashton, 2001).

Cognição

Análises das consequências do uso de maconha sobre a cognição indicaram alguns efeitos agudos, ou seja, efeitos obtidos durante a intoxicação pela substância. Dentre os principais efeitos induzidos pela maconha são observados prejuízos cognitivos e de controle, especialmente relacionados à atenção e à memória (Hall, 1999, citado em Lundqvist, 2005). Dois estudos de avaliação neuropsicológica, baseados em técnicas de imagem cerebral, indicaram a existência de alguns efeitos agudos (obtidos entre 12 e 24 horas após o uso de maconha) como déficits de atenção, de memória de curto prazo e de funções executivas (O'Leary et al., 2002; Pope, Gruber, & Yurgelun-Todd, 1995). Em termos neuroquímicos, a intoxicação aguda por canabinoides produz déficits no funcionamento cognitivo com mudanças concomitantes nos sistemas neuroquímicos glutamatérgicos, gabaérgicos e colinérgicos, no hipocampo, cada um destes tendo importantes implicações para a memória (Lichtman, Varvel, & Martin, 2002).

Sistema cardiovascular

Um dos mais bem conhecidos efeitos agudos do uso de maconha é o aumento da frequência cardíaca, além de usualmente ocorrer também um aumento na pressão arterial (Kalant, 2004). Segundo este autor, o principal resultado é o aumento na carga de trabalho do músculo cardíaco, exigindo também uma maior oxigenação do mesmo. Quando, porventura, existe alguma doença preexistente que prejudica o funcionamento do músculo cardíaco ou a adequada oxigenação do mesmo, a adição da maconha pode trazer sérios riscos à saúde ou até mesmo à vida do usuário.

Foi realizado um estudo com mais de 3.800 pessoas que haviam tido enfarte do miocárdio nos últimos quatro dias anteriores à pesquisa (Mittleman, Lewis, Maclure, Sherwood, & Muller, 2001). Dentre todos os pacientes, apenas 3,5% haviam usado maconha no último um ano. Observou-se que o risco de enfarte do miocárdio durante a primeira hora após o uso de maconha aumentava em quase cinco vezes comparado com o risco em pessoas não usuárias de maconha. O risco diminuía rapidamente após a primeira hora, como era esperado a partir dos já conhecidos efeitos do THC e do monóxido de carbono sobre o funcionamento cardíaco. Estes autores estimaram que um adulto de 44 anos de idade e que fuma maconha diariamente aumentaria o risco anual de um evento cardiovascular agudo de 1,5 a 3%. Os resultados deste estudo são de especial interesse para os usuários adultos e que possuem uma doença cardiovascular pregressa.

Pode haver situações em que ocorre a combinação dos princípios ativos da maconha com algum medicamento. Este foi o caso de quatro pacientes, com idades entre 15 e 18 anos, que estavam recebendo antidepressivos tricíclicos para o tratamento de Transtorno por Déficit de Atenção e que desenvolveram taquicardia (de moderada a severa), confusão, delírio e curta perda de memória após ter fumado maconha (Wilens, Biederman, & Spencer, 1997). Kalant (2004) afirma que estas drogas teriam a habilidade de predispor a uma arritmia cardíaca como, por exemplo, fibrilação.

Funções motoras

A administração de canabinoides gera um estágio inicial de excitação com um crescimento da atividade motora. Contudo, isto é seguido de um estado de inércia física com ataxia (irregularidade da coordenação muscular), disritmia e, às vezes, incoordenação, podendo durar por algumas horas, dependendo da dosagem absorvida (Ashton, 1999). Este autor afirma que o uso social de maconha tem efeitos mínimos na performance em tarefas motoras simples ou em tempos de reação simples. Contudo, pequenas doses de THC (5 a 15 mg) podem levar a uma diminuição no desempenho de tarefas complexas ou mais exigentes como aquelas envolvendo coordenação motora fina, rastreamento, tarefas de atenção dividida, processamento da informação visual, tarefas alternadas de adição e subtração.

Mortes e overdose associadas ao uso de maconha

Frequentemente tem sido afirmado, e de maneira correta, que a maconha tem baixa toxicidade, no sentido de que não existe nenhum relato de morte causada exclusivamente por overdose de maconha (Kalant, 2004). Segundo este autor, na literatura científica recente, existem apenas dois relatos de morte, teoricamente atribuíveis à maconha, mas que também envolvem fatores de risco individuais, sem os quais a maconha, por si mesma, não teria condições de causar a morte.

Até 2006, a literatura científica apontava apenas nove casos de overdose por ingestão acidental de maconha por crianças, geralmente, fruto de curiosidade (Appelboam & Oades, 2006). Em um dos estudos, duas crianças ingeriram biscoitos de maconha e chegaram ao estado de coma, mas não chegaram a morrer (Boros, Parsons, Zoanetti, Ketteridge, & Kennedy, 1996). Os autores afirmam que a possibilidade de ingestão de *Cannabis* deve ser considerada nos casos de coma não explicada em crianças, se surgirem os sinais de hiperemia da conjuntiva, dilatação pupilar e taquicardia. Outra overdose por ingestão acidental em criança (López-Segura et al., 2002) resultou em estupor e ataxia (perda ou irregularidade da coordenação muscular), sendo observada a remissão completa do quadro após algumas horas de internação hospitalar. A intoxicação aguda por ingestão de maconha levou uma criança de dois anos de idade a apresentar sintomas semelhantes – ataxia e agitação (Bonkowsky, Sarco, & Pomeroy, 2005).

Habilidade para dirigir

Sobre os efeitos da maconha em relação à habilidade de dirigir, Smiley (citado em Kalant, 2004), concluiu que estudos experimentais demonstraram, de maneira clara, um reduzido prejuízo nas habilidades de dirigir em pessoas que fumaram pequenas ou moderadas doses de maconha. Observou-se ainda que os motoristas pareciam ser menos agressivos, mais cautelosos e mais conscientes desta diminuição da capacidade de direção do que pessoas sob efeito de álcool. Neste estudo, foi observado que a maconha produz uma redução significativa na atenção e na habilidade de reação a situações de emergência súbita. Em outro estudo (Kurzthaler et al., 1999), constatou-se que a velocidade de percepção, a velocidade motora e a acurácia de motoristas foram significativamente diminuídas após fumarem um cigarro com THC.

Vários estudos recentes têm relatado a presença de THC no sangue ou urina de motoristas presos ou levados para o hospital após acidentes de carro (Kalant, 2004). Nos Estados Unidos, dentre as amostras positivas para drogas diferentes do álcool, 67% continham metabólitos da maconha (McDonald, Duncan, & Mitchell, 1999). Na Europa, entre 13 países que participaram de um levantamento sobre motoristas suspeitos de dirigir sob influência de drogas (além do álcool), observou-se uma variação entre 9 e 57% de resultados positivos para a maconha (Carmen del Rio et al., 2002). Contudo, faz-se necessário reconhecer que os metabólitos da maconha persistem na urina por vários dias após a pessoa ter fumado, o que leva à conclusão de que um teste positivo na urina não prova que o motorista havia usado a substância pouco tempo antes de ocorrer o acidente (Kalant, 2004). Um melhor método seria a obtenção de amostras de sangue para verificar a existência de uso recente da maconha, mas este configura um procedimento invasivo e, portanto, necessita de autorização da pessoa, algo pouco frequente nas situações de acidentes de carro. Este é um dos motivos pelos quais atualmente estão sendo desenvolvidos novos métodos de avaliação do uso de maconha, por exemplo, através do suor e da saliva.

Existem ainda vários estudos em diferentes países que coletaram amostras de sangue com a presença de THC em motoristas parados por direção perigosa, ou que tiveram acidentes fatais e não fatais. Os percentuais variam de país para país, mas o problema é que, em grande parte destes estudos, também foram identificados altos índices de álcool no sangue dos motoristas (Kalant, 2004). Em razão destas constatações, não se pode tecer conclusões especificamente sobre o efeito de uso da maconha sobre ter ou não acidentes automobilísticos.

Efeitos adversos crônicos do abuso de maconha

Sobre os efeitos adversos do uso crônico da maconha, a literatura científica tem apontado conclusões distintas em relação a vários problemas possivelmente relacionados. Karniol (2001) afirma que não foram comprovadas ações negativas associadas ao uso crônico de maconha, como gerar esquizofrenia, ser a "porta de entrada" para o uso de outras drogas, levar a atos violentos e criminosos, acidentes, síndrome amotivacional, causar persistentes alterações hormonais, ou mesmo de comportamento sexual, e influenciar o sistema imunológico. A seguir serão apresentados alguns aspectos discutidos na literatura científica como sendo possíveis efeitos adversos do uso crônico da maconha.

Cognição e memória

Vários estudos neuropsicológicos sugeriram que usuários crônicos de maconha podem apresentar prejuízo na memória de trabalho e disfunções relacionadas à atenção (Lundqvist, 2005). Em um estudo cuidadosamente controlado, foram observados prejuízos persistentes da memória (Schwartz, Gruenewald, Klitzner, & Fedio, 1989), no qual os próprios adolescentes relataram déficits de memória persistindo de três a quatro semanas após o último uso de maconha. Neste estudo foram utilizados o teste de Retenção Visual de Benton e a Escala de Memória Wechsler (Wechsler Memory Scale Prose Passages). Em outro estudo (Block & Ghoneim, 1993), observou-se que, comparado com um grupo de controle composto por não usuários de drogas, os usuários "pesados" de maconha apresentaram um pequeno, mas significativo prejuízo na "memória de recuperação" (*retrieval memory*), expressão verbal e raciocínio matemático, associado ainda a uma melhoria na formação de conceitos.

Através de testes neuropsicológicos, foram detectados prejuízos específicos de atenção, memória e funções do lóbulo frontal em estudantes que eram usuários "pesados" de maconha (Pope & Yurgelun-Todd, 1996). Este padrão de uso esteve associado a um reduzido funcionamento do sistema executivo e da atenção, através da diminuição da flexibilidade e da aprendizagem. Os autores sugerem que os efeitos mais pronunciados estavam relacionados às habilidades de selecionar e sustentar a atenção, funções estas associadas ao córtex pré-frontal. Outro estudo (Ilan, Smith, & Gervins, 2004) investigou os efeitos da maconha sobre os sinais neurofisiológicos da memória de trabalho e da memória episódica. Os resultados sugerem a ocorrência de um rompimento dos processos de atenção transitória e de atenção "sustentadora" (*sustained attention*), resultando em prejuízo durante as tarefas de memória.

Lundqvist (2005) afirma que todos estes são campos de investigação que estão ainda em desenvolvimento e, na medida em que a avaliação dos processos melhora, novos resultados devem surgir sobre o funcionamento neurocognitivo e os efeitos da maconha. Este autor ainda destaca a existência de achados interessantes para o planejamento de pesquisas futuras, observando os resultados de Eldreth, Matochik, Cadet e Bolla (2004) e Kanayama, Rogowska, Pope, Gruber e Yugelynn-Todd (2004), que apresentaram a hipótese de que o usuário de maconha usa uma rede neural alternativa como um mecanismo de compensação durante a realização de tarefas de atenção.

Sistema respiratório

Alguns estudos demonstraram claramente que o uso regular e frequente da maconha aumenta significativamente as chances de produzir problemas inflamatórios crônicos nas vias respiratórias (Van Hoozen & Cross, 1997). Isto foi observado em um alto percentual de usuários de maconha que apresentavam sintomas como tosse crônica, respiração ofegante e catarro. Estes sintomas foram também observados em um estudo com 1.000 adultos jovens da Nova Zelândia (Taylor, Poulton, Moffitt, Ramankutty, & Sears, 2000; Taylor et al., 2002). Observou-se que a presença destes sintomas aumentava entre 61% e 144% entre usuários de maconha, comparados com os não usuários, mesmo após "isolar" a influência da variável "uso de cigarro".

Kalant (2004) afirma que apenas dois grupos têm se dedicado a estudar a Doença Pulmonar Obstrutiva Crônica (DPOC). Um destes grupos apresenta resultados sugerindo que o uso de maconha pode causar a DPOC (Sherril, Krzyzanowski, Bloom, & Lebowitz, 1991) enquanto os achados do outro grupo sugerem que isto não é possível (Tashkin, Simmons, Sherril, & Coulson, 1997). Tal diferença de resultados pode ser fruto de métodos diferentes de seleção dos participantes. Neste último caso, os participantes eram voluntários recrutados através de propagandas, enquanto que, no primeiro grupo, a pesquisa foi realizada com uma amostra representativa da comunidade, o que provavelmente incluiu maior número de pessoas com a referida doença (Kalant, 2004).

Em um estudo de coorte, os participantes foram avaliados em suas funções pulmonares com as idades de 18, 21 e 26 anos (Taylor et al., 2002). Observou-se uma correlação positiva entre a quantidade de maconha fumada ao longo deste período e a diminuição da taxa de fluxo expiratório, um dos sintomas da DPOC.

Algumas pesquisas mais antigas afirmam que fumar maconha pode ser mais tóxico para o sistema respiratório do que fumar cigarro (Wu, Taskin, Djahed, & Rose, 1988; Tashkin, 1988), sendo que algumas das razões apresentadas estão mais relacionadas à forma como se usa as substâncias do que às características das substâncias *per si*. Estudos de laboratório mostraram que usuários de maconha inalam um volume maior de fumaça do que os usuários de tabaco (40 a 54% mais). Paralelamente, são inalados três vezes mais alcatrão quando se fuma a maconha do que quando se fuma o tabaco. Os usuários de maconha inalam mais profundamente e seguram a respiração por aproximadamente quatro a cinco vezes mais tempo do que os usuários de tabaco. A principal consequência é que eles retêm mais partículas e absorvem três vezes mais monóxido de carbono do que os usuários de tabaco.

Em pesquisas mais recentes, observou-se que o uso crônico de maconha está associado com bronquite, enfisema pulmonar e metaplasia escamosa (um tipo de mudança celular pré-câncer) do epitélio das traqueias e brônquios (Hall, 1998). Estas alterações são mais frequentes naqueles que fumam apenas maconha do que entre aqueles que fumam apenas tabaco. Estima-se que fumar diariamente de três a quatro cigarros de maconha é equivalente a fumar diariamente 20 ou mais cigarros de tabaco, no que diz respeito à incidência de bronquite aguda e crônica e danos ao epitélio brônquico. (Fligiel et al., 1997; Wu et al., 1988).

Sistema reprodutivo

Em pesquisas realizadas com animais, a administração crônica de altas doses de THC diminuiu a secreção de testosterona, prejudicou a produção, motilidade e viabilidade de esperma, além de interromper o ciclo ovulatório (Block, 1983, citado por Hall & Solowij, 1998; Park, McPartland, & Glass, 2003). Em outras pesquisas, realizadas também com animais do sexo masculino, foram administradas altas doses de maconha, extrato de maconha, THC e outros canabinoides (Murphy, 1999, citado em Hall, Degenhardt & Lynskey, 2001). Os resultados apresentaram uma redução nos níveis de testosterona, retardo na maturação do espermatozoide, redução na contagem e na mobilidade do espermatozoide e um crescimento na taxa de espermatozoides anormais. Segundo estes autores, ainda que os mecanismos para estes efeitos sejam incertos, é provável que eles estejam diretamente relacionados ao efeito do THC sobre os testículos.

Há que reconhecer que estes resultados não podem ser extrapolados plenamente para seres humanos, pois as pesquisas publicadas são poucas e necessitam de maior rigor metodológico para que se possa estabelecer tal afirmação. Um dos antigos e mais famosos estudos sobre o efeito do uso de maconha sobre a reprodução humana foi publicado em 1974 (Kolodny, Masters, Kolodner & Toro, citado em Hall, Degenhardt, & Lynskey, 2001), e encontrou resultados semelhantes aos dos estudos com animais. Entretanto, esta pesquisa não foi ainda replicada em uma amostra maior de usuários crônicos de maconha, sendo necessário também um estudo metodologicamente mais bem controlado. Entretanto, um estudo mais consistente confirmou a redução na contagem de espermatozoides em seres humanos associado ao uso crônico de maconha (Hembree et al., 1978 citado em Park et al., 2003).

Gravidez e teratogenia

Como em qualquer outra pesquisa com drogas de abuso, estudos relacionando a influência do uso de maconha durante a gestação humana estão repletos de contradições e controvérsias (Park et al., 2003). Em virtude dos códigos de ética proibirem experimentos humanos controlados nesta área, as pesquisas clínicas têm sido limitadas a estudos epidemiológicos e retrospectivos, estudos de caso e pequenos estudos com voluntários. Os regulamentos claramente proíbem a administração de drogas a mulheres que podem ficar grávidas, então os estudos são prejudicados por questões relacionadas ao informar e confirmar o uso da droga.

A maconha é a droga ilícita mais comumente usada pelas mulheres durante a idade reprodutiva, havendo um autorrelato de uso de maconha de 2,9% durante a gravidez (Ebrahim & Gfroerer, 2003). Estudos estimam que o uso de maconha por mulheres durante a gravidez varia entre 10 a 20% (Kenney et al., 1999; Sherwood, Keating, Kavvadia, Greenought, & Peters, 1999). Entretanto, poucas são as pesquisas que apresentam resultados conclusivos sobre o uso da maconha e gravidez. Nestes estudos, o uso de maconha durante a gravidez tem sido correlacionado com baixo peso durante o nascimento (Sherwood et al., 1999), aumento das chances de parto prematuro (Fried, Watkinson, & Willan, 1984), retardo no crescimento intrauterino, presença de anormalidades congênitas, maior probabilidade de ocorrer a morte do bebê durante o parto, e atraso no tempo para o início da respiração do bebê imediatamente após o nascimento (Gibson et al., citado em Park et al., 2003).

Um estudo prospectivo identificou a ocorrência de um leve, mas significativo distúrbio cognitivo nos filhos de mães que fumaram maconha durante a gravidez (Hutchings & Fried, 1999, citado em Kalant, 2004). Este estudo foi replicado encontrando resultados ainda mais preocupantes. Testes realizados aos seis anos de idade em filhos de mães que fumaram maconha durante a gravidez mostraram um leve prejuízo na atenção, hiperatividade e grande impulsividade, quando comparados com os filhos de mães que não fumaram maconha durante a gravidez. Prejuízos semelhantes foram observados quando os testes foram reaplicados aos 10 anos de idade (Fried et al., 1999). Avaliações subsequentes, nas idades de 14 e 16 anos mostraram que adolescentes expostos à maconha quando ainda no útero apresentaram uma performance pior em tarefas envolvendo memória visual, análise e integração (Fried et al.).

Em outro estudo que também avaliou, aos seis anos de idade, crianças que haviam sido expostas à maconha antes do nascimento, observou-se que tais crianças apresentavam mais comportamentos impulsivos durante a realização de uma tarefa de performance contínua, além de terem sido descritas pelos professores como apresentando mais comportamentos delinquentes (Leech, Richardson, & Goldschmidt, 1999). Aos 10 anos de idade, estas crianças apresentavam hiperatividade, redução na atenção, impulsividade e sintomas delinquentes (descritos pelas mães e pelos professores) (Goldschmidt, Day, & Richardson, 2000).

É indiscutível a contribuição destes dois estudos longitudinais para compreender os efeitos da exposição pré-natal à maconha sobre o desenvolvimento de crianças e adolescentes. Contudo, Huizink e Mulder (2006) destacam que nenhum destes dois estudos enfocou possíveis abusos de drogas realizados pós-natal pelas crianças e adolescentes que haviam sido expostas à maconha ainda no útero. Esta é uma variável que pode influenciar os resultados dos testes aplicados ao longo da adolescência. Fried e Smith (2001), após longa revisão sobre o tema, concluem que as consequências da exposição pré-natal à maconha são sutis e que ainda são necessárias mais pesquisas, com melhor controle e rigor metodológico, para que se possa afirmar categoricamente sobre tais consequências.

Câncer

É bastante difícil avaliar se o uso da maconha pode contribuir para a causa do câncer no ser humano, pois muitos indivíduos percebem a maconha como uma droga inofensiva (Hashibe et al., 2005). Em virtude do seu uso para propósitos médicos, a noção de que a maconha é uma droga segura é amplamente propagada.

O grande desafio ao se investigar a relação entre o uso crônico de maconha (uso de maconha refere-se neste capítulo à substância fumada) e o desenvolvimento de câncer, principalmente nas vias aéreas superiores, é a necessidade de se encontrar pessoas que usaram apenas maconha por um longo período de tempo, sem o uso paralelo de tabaco ou álcool. Isto faz com que sejam encontrados poucos estudos científicos sobre este tema e, em geral, estes são relatos de casos, pois em termos estatísticos grande parte das pessoas que fumam maconha também fuma cigarro comum (tabaco).

Existem na literatura científica vários relatos de caso sugerindo fortemente a ligação entre o uso crônico da maconha e o câncer do trato aerodigestivo (principalmente no epitélio da orofaringe, laringe, língua, nasal e na região do *sinus*) (Firth, 1997; Hall & Solowij, 1998). Este tipo de câncer é raro em pessoas com menos de 40 anos de idade, inclusive naquelas que fazem uso de tabaco e álcool. Alguns desses estudos de caso envolvem pacientes jovens que fizeram uso pesado de maconha, mas que não tinham usado tabaco ou álcool. Um destes relatos clínicos (Fung, Gallagher, & Machtay, 1999) descreve casos adicionais de jovens usuários de maconha com nenhuma história de uso de tabaco que desenvolveram câncer de pulmão de vias aéreas superiores. Este dado aponta a probabilidade de que a maconha possa ser geradora de câncer, da mesma forma que o uso de tabaco.

Sobre estudos abrangendo um número maior de pessoas, foi realizada uma pesquisa retrospectiva do tipo "caso-controle", em que foram identificados nos presentes 173 casos de câncer nas vias aéreas superiores (nas regiões da cabeça e pescoço) e comparados com um grupo-controle em relação à quantidade e duração do uso de maconha (Zhang et al., 1999). De uma maneira geral, observou-se que o risco de câncer nos usuários de maconha era significativamente maior do que em não usuários. Foi constatado ainda que havia um aumento no risco de câncer com o crescimento da frequência e da duração do uso de maconha. Um dos resultados que mais chamou a atenção foi o fato de que o risco de câncer aumentava em 10 vezes quando a pessoa era apenas usuária de maconha, para 36 vezes quando esta usava maconha e tabaco. Este achado reforça a afirmação encontrada em vários estudos de que a integração entre a maconha e o tabaco aumenta significativamente as chances de se desenvolver câncer.

Contrastando com os resultados de Zhang et al. (1999), Llewellyn et al. (2004a, 2004b) não encontraram elevação do risco de câncer na cavidade oral e orofaringe em adultos jovens do Reino Unido que haviam usado maconha. É possível que estes resultados paradoxais se devam às diferentes formas de seleção da amostra em ambos os estudos. Ao analisar, de maneira geral, os estudos aqui descritos, pode-se afirmar que é grande a probabilidade de que exista relação entre o uso crônico de maconha e câncer nas vias aéreas superiores. Contudo, como a maioria dos estudos concluiu, ainda são necessários mais estudos com metodologia especificamente adequada para se possa afirmar categoricamente a relação de causalidade[2].

Problemas psiquiátricos

A psicopatologia associada ao uso crônico de maconha tem sido sistematicamente estudada. Tem sido observado que uma alta proporção das pessoas que fazem uso de maconha por longo tempo desenvolve sintomas paranoides, desilusões e alucinações (Solowij, 1998, citado em Ashton, 1999). Estes sintomas

---

[2] Para maiores informações sobre uso de maconha e câncer, ver Hashibe et al. (2005).

parecem aumentar com a continuidade do uso e tendem a continuar mesmo após a interrupção do uso da maconha.

Em um estudo com 1000 jovens adultos da Nova Zelândia (Thomas, 1996), foi observada ansiedade aguda ou pânico como os problemas psiquiátricos mais frequentemente associados ao uso de maconha. Em um estudo prospectivo de 15 anos, foram avaliados aproximadamente 50.000 recrutas militares suecos. Neste estudo, constatou-se que o risco relativo para o desenvolvimento de esquizofrenia entre aqueles que tinham um uso pesado de maconha (ou seja, que haviam usado mais de 50 vezes) era significativamente maior do que entre os não usuários (Andreasson et al., 1987, citado em Firth, 1997).

Em um estudo longitudinal realizado ao longo de 10 anos em Munique, Alemanha, com 1.395 adolescentes entre 14 e 17 anos (Wittchen et al., 2007), observou-se um índice de 2,9% de transtorno relacionado ao uso de maconha (*Cannabis use disorders*). Associações consistentes foram encontradas para os distúrbios de humor, incluindo transtorno bipolar, que foram identificados como preditores para o aumento do uso de maconha e de transtorno relacionados ao uso de maconha. Constatou-se ainda que os transtornos de ansiedade e pânico foram também associados aos transtornos relacionados ao uso de maconha. Este estudo é interessante, pois analisa a ocorrência de psicopatologias pregressas associadas ao posterior desenvolvimento de uso e abuso de maconha.

Em uma pesquisa realizada na Austrália com adolescentes (Rey, Sawyer, Raphael, Patton & Lynskey, 2002), observou-se que o crescimento do uso de maconha estava associado ao crescimento dos níveis de depressão, problemas de conduta, ingestão excessiva de bebidas e uso de outras drogas. Um estudo longitudinal, também desenvolvido na Austrália, avaliou inicialmente 1.601 estudantes entre 14 e 15 anos (Patton et al., 2002). Quando estes chegaram aos 20 anos, 60% haviam experimentado a maconha, sendo que 7% haviam se tornado usuários diários. Aqueles que usavam a droga no mínimo semanalmente apresentaram um risco duas vezes maior de posteriormente desenvolver depressão. Especificamente em relação às estudantes do sexo feminino que tinham um padrão de uso diário de maconha, o risco de desenvolvimento de depressão posterior foi cinco vezes maior. Porém, contrariando estes resultados, o estudo de Wittchen et al. (2007) apontou que o surgimento de ansiedade ou depressão anterior não foi um preditor do uso de maconha em anos subsequentes.

Em um amplo estudo longitudinal, realizado com 8.759 adultos entre 29 e 37 anos nos Estados Unidos, o uso de maconha no último ano não demonstrou ser um preditor significativo para o posterior desenvolvimento de depressão (Harder, Morral, & Arkes, 2006). Este resultado parece ser pertinente, uma vez que não seria o fato da pessoa ter usado maconha pelo menos uma vez no último ano que a levaria a desenvolver depressão posteriormente. Após uma ampla revisão sobre os estudos envolvendo depressão e o uso de maconha, Degenhardt, Hall e Lynskey (2003) afirmam que existe uma modesta associação entre o uso, pesado ou uso problemático, de maconha e o desenvolvimento de depressão, tanto em estudos de coorte quanto em estudos transversais com métodos adequados. Estes autores complementam que poucas evidências foram encontradas entre depressão e uso infrequente de maconha. Discute-se se fatores sociais, familiares e contextuais podem ser responsáveis pela associação entre o uso pesado de maconha e a depressão.

Após a análise de diferentes pesquisas, Kalant (2004) afirma que este conjunto de estudos não pode *provar* definitivamente que a maconha *causa* problemas de saúde mental, ainda que existam fortes evidências sugerindo associação entre estas variáveis. Há que reconhecer a influência de inúmeras outras variáveis no processo. Por exemplo, McGee, Williams, Poulton e Moffit (2000) encontraram que o uso de maconha e o desenvolvimento de problemas de saúde mental estavam também associados a nível socioeconômico baixo, problemas de comportamento na infância e separação dos pais durante a adolescência dos filhos. Uma interessante constatação deste estudo foi que problemas de saúde mental aos 15 anos foi um preditor de uso de maconha aos 18, enquanto que o uso de maconha aos 18 foi um preditor do desenvolvimento de problemas de saúde mental aos 21 anos. Como é possível constatar, ainda são necessários outros estudos longitudinais com adolescentes para que se possam encontrar respostas "definitivas" para esta questão (Kalant, 2004).

Dependência, tolerância e abstinência associadas à maconha

Existe um debate entre os especialistas sobre a existência ou não de dependência causada pela maconha. Muitos especialistas, baseados no DSM-IV-TR (APA, 2000) e no CID-10 (OMS, 1997) afirmam que a maconha causa dependência. Entre os que discordam desta afirmação, a maioria se baseia nos pressupostos do DSM-III-R (APA, 1988), ou seja, que configura dependência apenas se for identificada a chamada "dependência física", caracterizada principalmente pela ocorrência de abstinência.

Atualmente, segundo os critérios diagnósticos do DSM-IV-TR (APA, 2000), *tolerância* refere-se à necessidade de quantidades progressivamente maiores da substância, para obter a intoxicação ou o efeito desejado. Entende-se ainda como a acentuada redução do efeito com o uso continuado da mesma quantidade de substância. Um exemplo extremo de tolerância é o caso dos usuários de opioides e estimulantes, que podem desenvolver níveis de tolerância que os levem a consumir uma dosagem da droga até dez vezes acima do que seria letal para um não usuário. Já a *abstinência* é definida como a síndrome devida à cessação (ou redução) do uso pesado e prolongado de uma droga, surgindo grande desejo de readministrar a droga (ou substância relacionada) para aliviar ou evitar os sintomas de abstinência. Em geral, os sinais e sintomas da abstinência são o oposto daqueles observados na intoxicação com a mesma substância. O diagnóstico de abstinência é reconhecido para substâncias como álcool, cocaína, nicotina, opioides, anfetaminas e sedativos, hipnóticos ou ansiolíticos.

O DSM-IV-TR (APA, 2000) descreve a dependência como sendo um padrão mal adaptativo de uso de uma substância, levando a comprometimento ou sofrimento clinicamente significativo, podendo estar presente ou não a tolerância e a abstinência. Ou seja, a dependência pode instalar se for observada a ocorrência de três (ou mais) dos seguintes critérios, no período de 12 meses: 1) A substância é frequentemente consumida em maiores quantidades ou por um período mais longo do que o pretendido; 2) Existe um desejo persistente ou esforços malsucedidos no sentido de reduzir ou controlar o uso da substância; 3) Muito tempo é gasto em atividades necessárias para a obtenção da substância, na utilização da mesma ou na recuperação de seus efeitos; 4) Importantes atividades sociais, ocupacionais ou recreativas são abandonadas ou reduzidas em virtude do uso da substância; e 5) O uso da substância continua, apesar da consciência de se ter um problema físico ou psicológico persistente ou recorrente, que tende a ser causado ou exacerbado pela substância.

Faz-se necessário esclarecer que existe uma progressão no padrão de uso de substâncias psicoativas. O uso pode ser considerado como qualquer consumo de substâncias, seja para experimentar, seja esporádico ou episódico (Bordin, Figlie, & Laranjeira, 2004). Esse padrão de consumo refere-se àquele que, em geral, não resulta em maiores problemas aos indivíduos. O segundo nível corresponderia ao *Abuso,* caracterizado pelo DSM-IV-TR (APA, 2000) como o consumo que gera danos, incluindo-se aí os danos sociais ou psicológicos, geralmente fruto de um uso recorrente da substância. A partir destes pressupostos, afirma-se que a dependência de maconha é rara na ausência de um diagnóstico anterior de abuso, o que sugere haver uma progressão no envolvimento com a substância ao invés de haver a instalação abrupta da dependência (Ridenour, Cottler, Compton, Spitznagel, & Cunningham-Williams, 2003).

De uma maneira geral, estima-se que aproximadamente 9% das pessoas que experimentam maconha na vida tornam-se dependentes da substância (Anthony, Warner, & Kessler, 1994). Um estudo longitudinal realizado entre 1981 e 1996 com 3.481 jovens adultos nos Estados Unidos (Rosenberg & Anthony, 2001) investigou a "história natural" da dependência de maconha. Entre os 599 usuários de maconha, 37 se tornaram dependentes. Os dados mostraram que os primeiros sintomas da dependência de maconha que apareceram foi a perda de controle subjetivo sobre o uso da droga e a incapacidade de parar o uso apesar do conhecimento dos danos. Os sintomas de abstinência ocorreram posteriormente em uma pequena percentagem do grupo.

Já na Austrália, 1.601 jovens adultos com idade média de 20 anos foram avaliados com relação ao uso de drogas e sobre os critérios de dependência segundo o DSM-IV (Coffey et al., 2002). Constatou-se que 59% haviam usado maconha ao longo da vida, 17% haviam usado na última semana e 7% atingiram os critérios para dependência de maconha. Os sintomas mais frequentes foram o desejo persistente de uso da droga (91%), o uso não intencional (84%), abstinência (74%), tempo excessivo para obtenção e uso (74%), uso continuado apesar de problemas de saúde (63%), tolerância (21%) e consequências sociais (18%). A combinação de abstinência, desejo persistente de uso e uso não intencional foi reportado por 57% dos participantes. Os jovens relataram uso compulsivo e fora de controle com mais frequência do que os dependentes de álcool. Já a abstinência foi relatada com a mesma frequência que os dependentes de álcool, e a tolerância foi consideravelmente menos frequente. Os autores concluíram que aqueles que fazem uso semanal de maconha apresentam um risco significativo de progredirem para a dependência.

Existe um debate na literatura científica sobre qual seria o principal preditor da dependência de maconha. Um estudo mostrou que a frequência de uso é um preditor mais forte que a quantidade de uso em relação à dependência de maconha (Chen, Kandel, Davies, 1997). Outro grande estudo mostrou que 13,5% das pessoas que não faziam uso diário de maconha eram dependentes, comparado com 39,2% dos usuários diários que eram dependentes (OAS, 2004).

Um resultado de grande importância publicado em um estudo (Lobby & Earleywine, 2007) afirma que nem todas as pessoas que fazem uso diário de maconha apresentam critérios de dependência. Participaram da pesquisa 2.500 adultos, usuários diários de maconha, que responderam um questionário pela internet. Constatou-se que 44% dos usuários diários de maconha atingiram o critério para dependência segundo o DSV-IV-TR. Os dados mostraram que o grupo de dependentes é significativamente mais jovem e tem menos anos de estudo. O grupo de dependentes de maconha relatou consumir uma quantidade significativamente maior de maconha, álcool e outras drogas, como inalantes, meta-anfetaminas, *speed*, cocaína, crack, ecstasy e LSD no último ano. Este grupo também apresentou níveis mais baixos de motivação, felicidade e satisfação com a vida, além de níveis mais altos de depressão e problemas respiratórios.

Alguns estudos têm apresentado descrições clínicas da síndrome de abstinência da maconha em usuários que fazem uso diário da substância por longos períodos. Em geral, a síndrome é caracterizada por irritabilidade, inquietação, ansiedade, depressão, dificuldade de manter o controle, distúrbios do sono, distúrbios do apetite e dor no estômago (Ashton, 1999; Haney, Ward, Comer, Foltin, & Fischman, 1996). Kalant (2004) afirma que alguns estudos com animais têm apresentado sintomas de abstinência como tremores, alta irritabilidade, interrupção da ingestão de alimentos e cessação das respostas aprendidas para se ganhar alimentos, sendo que tais distúrbios são abolidos quando a droga volta a ser readministrada. Especificamente, a abstinência começaria de um a três dias após a interrupção do uso da droga, atingiria o auge entre dois e seis dias e terminaria de quatro a 14 dias após a interrupção do uso (Budney, Moore, Vandrey, & Hughes, 2003).

Intervenções e tratamento

A partir da constatação de que o "uso pesado" de maconha pode progredir para a dependência química, podendo inclusive apresentar abstinência e/ou tolerância, passa a ser de grande relevância o desenvolvimento de intervenções que respondam a esta demanda. O desenvolvimento de tratamentos voltados para a dependência de maconha, bem como a realização de estudos sobre a eficácia dos mesmos começou a aparecer na literatura científica na década de 1990 (McRae, Budney, & Brady, 2003).

Apesar do grande número de publicações sobre os efeitos adversos da maconha, poucos são os estudos metodologicamente adequados sobre tratamento. A partir de uma revisão da literatura publicada entre 1996 e 2002 sobre o tratamento de transtornos relacionados ao abuso de maconha, McRae et al. (2003) encontraram cinco estudos controlados, utilizando distribuição randômica dos participantes em dois grupos e com avaliação pré e pós-tratamento. Estes estudos avaliaram psicoterapias, a maioria adaptada a partir daquelas já usadas para o tratamento de dependência de outras substâncias. Estes autores afirmam que a análise conjunta dos resultados destes estudos sugere que muitos pacientes não apresentam uma resposta positiva ao tratamento, indicando que a dependência de maconha não é facilmente tratada. Por outro lado, algumas intervenções psicoterápicas apresentaram resultados de significativa melhoria.

O primeiro estudo controlado foi publicado em 1994 (Stephens, Roffman, & Simpson, 1994) e compara um grupo de tratamento de suporte social e um grupo cognitivo-comportamental de prevenção à recaída, ambos com 10 semanas de duração. Os componentes do tratamento incluíam a criação de contratos formalizados, reavaliados pelos terapeutas após situações de alto risco, exercícios planejados com foco em estratégias de *coping* e distribuição de tarefas reforçando as habilidades discutidas durante as sessões. A intervenção de suporte social enfatizava a utilidade do suporte grupal para a mudança, enfocando o gerenciamento de alterações de humor e negação, além da interação com parceiros que continuavam a usar a maconha. Os resultados mostraram que ambas as intervenções estiveram associadas à redução do uso de maconha, não havendo diferença entre os dois grupos durante o tratamento. Após um ano, 17% dos participantes relataram abstinência de maconha e 19% referiram ter diminuído 50% ou mais de uso. Este estudo sugere que abordagens baseadas em aconselhamento podem trazer benefícios para o tratamento da dependência de maconha. A partir deste trabalho, outras intervenções foram redesenhadas, incluindo grupo-controle (que recebeu intervenção posterior), variando as técnicas utilizadas e o número de sessões de intervenção (Budney, Higgins, Radonovich, & Novy, 2000; Stephens, Roffman, & Curtin, 2000).

Outro estudo, desenvolvido na Austrália, comparou uma intervenção de seis sessões baseada na Terapia Motivacional e prevenção à recaída, a outra intervenção de uma única sessão junto com um livro de autoajuda e um terceiro grupo-controle que recebeu tratamento posterior (Copeland, Swift, & Stephens, 2001). Houve uma distribuição randômica de 229 adultos dependentes de maconha, com idade média de 32 anos. Os resultados foram avaliados através de uma entrevista de retorno depois de 24 semanas, incluindo o relato de abstinência (avaliado a partir do teste de urina), o número de problemas relacionados ao uso de maconha e medidas de estresse psicológico. Os participantes de ambos os grupos reportaram resultados melhores que os do grupo-controle, como o relato de poucos problemas relacionados ao uso da maconha e menos preocupação em relação ao controle do uso. Este estudo demonstrou que tanto a terapia cognitivo-comportamental breve ou extendida foi efetiva na redução do uso de maconha, comparado com o grupo-controle.

Ao analisar o conjunto destes estudos, McRae et al. (2003) afirmaram que tanto as terapias de base cognitivo-comportamental, como a focada na melhoria motivacional e também no manejo de contingências, demonstraram ser eficazes na redução do uso de maconha, considerando o reduzido número de pesquisas publicadas até o momento. Alguns estudos não obtiveram êxito em demonstrar diferenças significativas nos resultados de intervenções breves ou intensivas. Entretanto, o Projeto de Tratamento de Maconha (Stephens, Babor, Kadden, Miller, & The Marijuana Treatment Research Group, 2002) demonstrou ser a terapia cognitivo-comportamental intensiva mais efetiva do que a terapia motivacional breve.

Além da psicoterapia, vários estudos têm sido publicados enfocando as novas descobertas no campo da farmacologia. Alguns destes estudos têm focalizado principalmente as descobertas relacionadas ao sistema endocanabinoide como uma das principais possibilidades de intervenção farmacológica (Porter & Felder, 2001). Atualmente se trabalha com o pressuposto de que os receptores endocanabinoides participam na regulação de diversas funções cerebrais como a dor, humor, apetite e memória (Piomelli, 2004).

A maioria dos estudos publicados avaliando a farmacoterapia associada à maconha tem focalizado a diminuição da síndrome de abstinência. Contudo, grande parte destes medicamentos ainda não foi testada em humanos, apesar dos resultados positivos obtidos em animais (Hart, 2005). Estas intervenções farmacológicas focadas na abstinência partem do pressuposto de que os respectivos sintomas podem dificultar a manutenção da abstinência, e por esta razão, minimizar os sintomas da abstinência poderia ser útil no tratamento da dependência de maconha.

Existem poucas tentativas documentadas de aliviar a síndrome de abstinência da maconha através da farmacologia (McRae et al., 2003). Em um estudo, os participantes que receberam bupropiona relataram maior irritabilidade e sintomas depressivos do que os participantes do grupo placebo (Haney et al., 2001). Em outro estudo, a nefazodona diminuiu os relatos de ansiedade e dor muscular, resultantes da abstinência, mas não reduziu os sentimentos de irritabilidade nem melhorou a qualidade de sono (Haney, Hart, Hard, & Foltin, 2003). Recentemente uma abordagem usando o delta-9-THC por via oral mostrou uma significativa possibilidade de progresso nesta área (Haney et al., 2004). Piomelli afirma que um possível caminho seria desenvolver agentes farmacológicos para proteger a anandamida da desativação e prolongar o tempo de vida destas substâncias endocanabinoides.

Como é possível observar, ainda estão sendo realizados os primeiros estudos de intervenção psicoterápica e farmacológica em relação à dependência de maconha. Com o reconhecimento dos graves sintomas presentes na dependência e a consequente preocupação em minimizá-los, associado a um melhor conhecimento do sistema endocanabinoide, certamente ocorrerão grandes avanços nos próximos anos em relação ao tratamento da dependência de maconha.[3]

Usos clínicos da maconha e potenciais terapêuticos

O uso da maconha como princípio terapêutico tem sido um dos temas mais debatidos no campo da saúde e, talvez, seja justamente um dos pontos que esteja mais distante de se chegar a um consenso. Existem inúmeras instituições acadêmicas e de saúde que têm apresentados pareceres "oficiais" a favor e contra o uso do THC como recurso medicamentoso. E o mais interessante é que todos apresentam argumentos "cientificamente embasados" para justificar ambas as posturas.

---

[3] Para mais informações sobre tratamento da dependência de maconha, ver McRae et al. (2003).

Em termos históricos, como citado anteriormente, a *Cannabis* vem sendo utilizada para fins medicinais na China desde 2.700 a.C., sendo posteriormente espalhada para a Índia (Amar, 2006). Em 1839, o médico e cirurgião William O'Shaughnessy, após ter trabalhado na Índia, publicou um tratado sobre os efeitos terapêuticos da Cannabis, destacando as propriedades medicinais como analgésico, estimulante de apetite, antiemético, relaxante muscular e anticonvulsivante (Adams & Martin, 1996; Amar, 2006). A *Cannabis* chegou inclusive a ser prescrita à Rainha Victoria para alívio da dismenorreia (Baker, Price, Giovannoni, & Thompson, 2003).

Em 1854, a *Cannabis* chega a fazer parte do dispensatório dos Estados Unidos, um tratado sobre medicamentos que orienta sobre composição e preparação dos mesmos. Já em 1971, o Reino Unido e a maioria dos países Europeus proíbem o uso da maconha, pela adoção da Convenção de Substâncias Psicotrópicas, instituída pelas Nações Unidas (Amar, 2006). Em pesquisa realizada na década de 1990, muitos médicos da Associação Médica Britânica opinaram no sentido de que a *Cannabis* deveria novamente estar disponível para prescrição terapêutica (Meek, 1994). Este breve histórico mostra como a maconha foi historicamente reconhecida pelas suas potencialidades terapêuticas e simultaneamente pelos riscos à saúde, se administrada como droga de abuso.

Em termos terapêuticos, um primeiro uso potencial da *Cannabis* é com fins antieméticos (contra a sensação de enjoo ou vômito) (Carlini, 2004). Sabe-se que um dos efeitos mais frequentes da quimioterapia é a forte sensação de náusea e vômitos. Durante as décadas de 1970 e 1980, vários estudos controlados avaliaram os efeitos antieméticos de dois canabinoides (nabilona e dronabinol) administrados por via oral em clínicas (Amar, 2006). O dronabinol corresponde à substância sintetizada do Δ^9-tetrahydrocannabinol, ou THC, e a nabilona é análoga sintética ao THC. Em 15 estudos controlados com pacientes que sofriam de diferentes tipos de câncer, a nabilona apresentou resultados superiores à proclorperazina, domperidona e alizaprida (Amar, 2006). Já os efeitos do dronabinol foram equivalentes à metoclopramida, tietilperazina e haloperidol. Os efeitos benéficos do THC foram parcialmente contrabalanceados por algumas reações adversas reportadas pelos pacientes como sonolência, apreensão, ansiedade e boca seca (Carlini, 2004).

A severa perda de apetite e a anorexia, seguida de progressiva perda de peso são frequentemente observadas em pacientes em estágios avançados de câncer e Aids. Estudos controlados demonstraram que a administração oral de THC estimulou o apetite e ajudou no retardo da perda de peso crônica em adultos que sofriam de vários tipos avançados de câncer (Amar, 2006). Em um estudo realizado com adultos infectados pelo HIV, foram formados três grupos, um que fumava três cigarros por dia (3,95% de THC), outro com administração oral de THC e outro grupo com placebo (Abrams et al., 2003). Após 21 dias de tratamento, os pacientes que fumaram e receberam THC por via oral tiveram um ganho significativo de peso. Ressaltam-se os bons resultados dos pacientes que receberam THC por via oral ou intrapulmonar que não afetaram o nível de carga viral ou a taxa de CD4$^+$ e CD8$^+$.

Outro potencial terapêutico para os canabinoides referem-se aos efeitos analgésicos. A revisão da literatura apontou 14 estudos controlados avaliando os efeitos dos canabinoides em seres humanos que sofriam de dor aguda (pós-operatório) ou crônica (câncer, neuropatias e outras) (Amar, 2006). Em dois recentes estudos, o THC foi utilizado como *spray* sublingual (2,5 e 2,7 mg) exibindo alívio da dor e melhorando a qualidade de sono (Berman, Symonds, & Birch, 2004; Notcutt et al., 2004). Entretanto, foram observados efeitos colaterais como sedação, tontura, ataxia, visão turva, taquicardia e distúrbios psicológicos como ansiedade e medo – próximo a um estado de pânico (Carlini, 2004). Carlini afirma que estes efeitos não são tão ameaçadores à vida como aqueles relacionados aos opiáceos.

Os efeitos dos canabinoides sobre espasmos e rigidez muscular, tremores, ataxia, formigamento e "pontadas" nos dedos das mãos e pés, sintomas relacionados inclusive à esclerose múltipla, vêm sendo observados há anos (Amar, 2006; Carlini, 2004). Amar afirma que os resultados mais confiáveis, eficazes e inócuos no tratamento da esclerose múltipla referem-se a dois estudos britânicos (Wade, Makela, Robson, Houre, & Bateman, 2004; Zijicek et al., 2003). Com a administração oral de THC, os autores observaram uma melhoria na mobilidade e da qualidade de sono, bem como redução dos espasmos e dor.

A Síndrome de Gilles de la Tourette é uma disfunção neurocomportamental, caracterizada principalmente por *tics* motores e verbais, com várias perdas cognitivas e comportamentais. Estudos alemães (Müller-Vahl et al., 2002, 2003) mostraram que a administração oral de THC reduzem significativamente os *tics*, comparados com o placebo, com a vantagem de não apresentar nenhum efeito colateral indesejável.

Estudos utilizando o canabidiol para o tratamento da epilepsia sugerem que a maconha tem propriedades anticonvulsivas e que seria efetiva no tratamento parcial da epilepsia. Contudo, ainda são necessários estudos clinicamente controlados e mais amplos, para se estabelecer esta afirmação (Amar, 2006).

Outro uso terapêutico da *Cannabis* é sobre o glaucoma, um problema de saúde que gera muito incômodo, caracterizado pelo aumento da pressão intraocular. O uso da maconha fumada (cigarros com 2% de THC) reduziram significativamente a pressão intraocular de pacientes, mas exibiram alguns efeitos adversos, como alterações sensoriais, taquicardia e hipotensão postural (Merrit et al., citado em Amar, 2006).

A literatura científica ainda descreve alguns estudos utilizando canabinoides para o tratamento da Doença de Parkinson e de distonia. Até o presente momento, não foram identificados resultados eficazes em relação a estas duas patologias[4].

Considerações finais

Como é possível observar a partir do exposto ao longo deste capítulo, a maconha esteve presente em toda a história da humanidade, tendo sido usada amplamente em virtude dos seus efeitos medicinais, mas também em virtude

---

[4] Para maiores informações sobre o uso terapêutico da maconha, ver Amar (2006) e Carlini (2004).

dos seus efeitos psicoativos. Poucas substâncias atraem para si um debate tão ativo, com posições tão antagônicas, a favor e contra.

Como foi apresentado, nem todas as pessoas que experimentam maconha na vida, ou que chegam a ter um uso relativamente frequente, tornar-se-ão dependentes da mesma. Ao mesmo tempo, foram observados os efeitos adversos que podem surgir com o uso crônico da substância, bem como as dificuldades encontradas no tratamento da dependência.

Estudos recentes mostram inegáveis aplicações terapêuticas para a *Cannabis*, mas, ao mesmo tempo, existe a apreensão por parte de muitas autoridades de saúde de que o uso medicamentoso venha a estimular o uso abusivo da droga.

Talvez a principal conclusão aceita por todas as partes envolvidas neste debate é que a discussão sobre a maconha precisa ser estabelecida e estimulada, tanto entre o público leigo como pelos cientistas de distintas áreas, atualizando conhecimentos e desconstruindo mitos.

Referências

Abrams, D. I., Hilton, J. F., Leiser, R. J., Shade, S. B., Elbeik, T. A., Aweeka, F. T. et al. (2003). Short-term effects of cannabinoids in patients with HIV-1 infection: A randomized, placebo-controlled clinical trial. *Annals of Internal Medicine*, 139, 258-266.

Adams, I. B., & Martin, B. R., (1996). Cannabis: Pharmacology and toxicology in animals and humans. *Addiction*, 91, 1585-1614.

Amar, M. B. (2006). Cannabinoids in medicine: A review of their therapeutic potential. *Journal of Ethnopharmacology*, 105, 1-25.

Anthony, J. C., Warner, L. A., & Kessler, R. C. (1994). Comparative epidemiology of dependence on tobacco, alcohol, controlled substances and inhalants: Basics findings from the National Comorbidity Survey. *Experimental and Clinical Psychopharmacology*, 2, 244-268.

APA - American Psychiatric Association. (1988). *DSM-III-R. Diagnostic and statistical manual of mental disorders*. 3ª. Ed, text revision. Washington DC.

APA - American Psychiatric Association. (2000). *DSM-IV-TR. Diagnostic and statistical manual of mental disorders*. 4ª. Ed, text revision. Washington DC.

Appelboam, A. A., & Oades, P. J. (2006). Coma due to Cannabis toxicity in an infant. *European Journal of Emergency Medicine*, 13(3), 177-179.

Ashton, C. H. (1999). Adverse effects of Cannabis and cannabinoids. *British Journal of Anaesthesia*, 83, 637-649.

Ashton, C. H. (2001). Pharmacology and effects of Cannabis: A brief review. *British Journal of Psychiatry*, 178, 101-106.

Baker, D., Pryce, G., Giovannoni, G., & Thompson, A. J. (2003). The therapeutic potential of Cannabis. *Lancet Neurology*, 2, 291-298.

Be-man, J. S., Symonds, C., & Birch, R. (2004). Efficacy of two Cannabis based medicinal extracts for relief on central neuropathic pain from brachial plexus avulsion: Results of a randomized controlled trial. *Pain,* 112, 199-306.

Block, R. I., & Ghoneim, M. M. (1993). Effects of chronic marijuana use on human cognition. *Psychopharmacology,* 110, 219-228.

Bonkowsky, J. L., Sarco, D., & Pomeroy, S. L. (2005). Ataxia and shaking in a 2-years--old girl: Acute marijuana intoxication presenting as seizure. *Pediatric Emergency Care,* 21(8), 527-528.

Bordin, S. Figlie, N. B., & Laranjeira, R. (2004). Entrevista motivacional. In: N. B. Figlie, S. Bordin, & R. Laranjeira (Orgs.), *Aconselhamento em dependência química* (223-248). São Paulo: Roca.

Boros, C. A., Parsons, D. W., Zoanetti, G. D., Ketteridge, D., & Kennedy, D., (1996). Cannabis cookies: A cause of coma. *Journal of Paediatrics and Child Health,* 32, 194-195.

Budney, A. J., Higgins, S. T., Radonovich, P. L., & Novy, P. L. (2000). Adding voucher-based incentives to coping skills and motivational enhancement improves outcomes during treatment for marijuana dependence. *Journal of Consulting & Clinical Psychology,* 68, 1051-1061.

Budney, A. J., Moore, B. A., Vandrey, R. G., & Hughes, J. R. (2003). The time course and significance of Cannabis withdrawal. *Journal of Abnormal Psychology,* 112, 393-402.

Burgierman, D. R. (2003). *Maconha.* São Paulo, Ed. Abril.

Carlini, E. A. (2004). The good and the bad effects of (–) *trans*-delta-9-tetrahydrocannabinol (Δ^9-THC) on humans. *Toxicon,* 44, 461-467.

Carlini, E. A., Galduróz, J. C., Noto, A. R., & Nappo, S. A. (2002). *I Levantamento Domiciliar sobre o Uso de Drogas Psicotrópicas no Brasil: Estudo Envolvendo as 107 Maiores Cidades do País*, 2001. São Paulo: SENAD.

Carmen del Río, M., Gomes, J., Sancho, M., & Alvarez, F. J., (2002). Alcohol, illicit drugs and medicinal drugs in fatally injured drivers in Spain between 1991 and 2000. *Forensic Science International*, 127, 63-70.

Chen, K., Kandel, D. B., & Davies, M. (1997). Relationships between frequency and quantity of marijuana use and last year proxy dependence among adolescents and adults in the United States. *Drug and Alcohol Dependence*, 40, 9-15.

Coffey, C., Carlin, J. B., Degenhardt, L. Lynskey, M., Sanci, L., & Patton, G. (2002). Cannabis dependence in young adults: An Australian population study. *Addition*, 97, 187-194.

Copeland, J., Swift, W., & Rees, V. (2001). Clinical profile of participants in a brief intervention program for Cannabis use disorder. *Journal of Substance Abuse Treatment*, 21, 55-64.

Degenhardt, L., Hall, W., & Lynskey, M. (2003). Exploring the association between Cannabis use and depression. *Addiction*, 98, 1493-1504.

Devane, W. A., Dysarz, F. A., Johnson, M. R., et al. (1988). Determination and characterisation of a cannabinoide recptor in rat brain. *Molecular Pharmacology*, 34, 605.

Ebrahim, S. H., & Gfroerer, J. (2003). Pregnancy-related substance use in the United States during 1996-1998. *Obstetrics and Gynecology Clinics of North America*, 101, 374-379.

Eldreth, D. A., Matochik, J. A., Cadet, J. L., & Bolla, K. I. (2004). Abnormal brain activity in prefrontal brain regions in abstinent marijuana users. *Neuroimage*, 23, 914-920.

Firth, N. A. (1997). Marijuana use and oral cancer: A review. *Oral Oncology*, 33(6), 398-401.

Fligiel, S. E., Roth, M. D., Kleerup, E. C., Barsky, S. H., Simmons, M. S., & Tashkin, D. P., (1997). Tracheobronchial histopathology in habitual smokes of cocaine, mariuana, andor tobacco. *Chest*, 112, 319-326.

Forster, L. M. K., Tannhauser, M., & Barros, H. M. T. (1996). Drug use among street children in southern Brazil. *Drug and Alcohol Dependence*, 57-62.

Fried, P. A., & Smith A. M. (2001). A literature review of the consequences of prenatal marihuana exposure: An emerging theme of a deficiency in aspects of executive function. *Neurotoxicology and Teratology*, 23, 1-11.

Fried, P. A., Watkinson, B., & Gray, R. (1999). Growth from birth to early adolescence in offspring prenatally exposed to cigarettes and marijuana. *Neurotoxicology and Teratology*, 21, 513-525.

Fried, P. A., Watkinson, B., & Gray, R. (2003). Differential effects on cognitive functioning in 13- to 16-years-olds prenatally exposed to cigarettes and marihuana. *Neurotoxicology and Teratology*, 25, 427-436.

Fried, P. A., Watkinson, B., & Willan, A. (1984). Marijuana use during pregnancy and decreased length of gestation. *American Journal of Obstetrics and Ginecology*, 150, 23-27.

Fung, M., Gallagher, C., & Machtay, M., (1999). Lung and aero-digestive cancers in young marijuana smokers. *Tumori*, 85, 140-142.

Galduróz, J. C. F., Noto, A. R, Fonseca, A. M., & Carlini, E. A. (2004). *V levantamento nacional sobre o consumo de drogas psicotrópicas entre estudantes do ensino fundamental e médio da rede pública de ensino nas 27 capitais brasileiras, 2004*. São Paulo: SENAD.

Galduróz, J. C. F., Noto, A. R., Nappo, S. A., & Carlini, E. A. (2005). Household survey on drug abuse in Brazil: Study involving the 107 major cities of the country – 2001. *Addictive Behaviors*, 30, 545-556.

Goldschmidt, L., Day, N. L., & Richardson, G. A. (2000). Effects of prenatal marijuana exposure on child begavior problems at age 10. *Neurotoxicology and Teratology*, 22, 325-336.

Hall, W. (1998). The respiratory risks of Cannabis smoking. *Addiction*, 93, 1461-1463.

Hall, W., Degenhardt, L., & Lynskey, M., (2001). *The health and psychological effects of Cannabis use. Monograph Series, n. 25*. National Drug and Alcohol Research Centre, Australia.

Hall, W., & Solowij, N. (1998). Adverse effects of Cannabis. *The Lancet*, 352, 1611-1616.

Haney, M., Hart, C. L., Vosburg, S., Nasser, J., Bennett, A., Zubaran, C., & Foltin, R. (2004). Marijuana withdrawal in humans: Effects of oral THC or divalproex. *Neuropsychopharmacology*, 29, 158-170.

Haney, M., Hart, C. L., Ward, A. S., & Foltin, R. W. (2003). Nefazodone decreases anxiety during marijuana withdrawal in humans. *Psychopharmacology*, 165, 157-165.

Haney, M., Ward, A. S., Comer, S. D., Foltin, R. W., & Fischman, M. W. (1996). Abstinence symptoms following smoked marijuana in humans. *Psychopharmacology*, 141, 395-404.

Haney, M., Ward, A. S., Comer, S. D., Hart, C. L., Foltin, R. W., & Fischman, M. W. (2001). Bupropion SR worsens mood during marijuana withdrawal in humans. *Psychopharmacology*, 155, 171-179.

Harder, V. S., Morral, A. R., & Arkes, J. (2006). Marijuana use and depression among adults: Testing for causal associations. *Addiction*, 101, 1463-1472.

Hart, C. L. (2005). Increasing treatment options for Cannabis dependence: A review of potential pharmacotherapies. *Drug and Alcohol Dependence*, 80, 147-159.

Hashibe, M., Straif, K., Tashkin, D. P., Morgenstern, H., Greenland, S., & Zhang, Z.-F. (2005). Epidemiologic review of marijuana use and cancer risk. *Alcohol*, 35, 265-275.

Huizink A. C., & Mulder, E. J. H. (2006). Maternal smoking, drinking or Cannabis use during pregnancy and neurobehavioral and cognitive functioning in human offspring. *Neuroscience and Biobehavioral Reviews*, 30, 24-41.

Ilan, A. B., Smith, M. E., & Gevin, A. (2004). Effects of marijuana on neurophysiological signals of working and episodic memory. *Psychopharmacology*, 176, 214-222.

Jian, H-.E., Li, X., Zhao, Y-.X., Ferguson, D. K., Hueber, F., Bera, S., et al. (2006). A new insight into *Cannabis sativa* (Cannabaceae) utilization from 2500-year-old Yanghai Tombs, Xinjiang, China. *Journal of Ethnopharmacology*, 108, 414-422.

Johnston, L. d., O'Malley, P. M., Bachman, J. G., & Schulenberg, J. E. (2004). *Monitoring the Future national survey results on drug abuse, 1975-2003: Volume I Secondary school students*. National Institute on Drug Abuse – NIDA. Disponível em: <http://monitoringthefuture.org/pubs/monographs/vol11_2003.pdf>. Acesso em: 22/07/2011

Kalant, H. (2004). Adverse effects of Cannabis on health: An update of the literature since 1996. *Progress in Neuro-Psychopharmacology & Biological Psychiatry*, 28, 849-863.

Kanayama, G., Rogowska, J. Pope, H. G., Gruber, S. A., & Yurgelynn-Todd, D. A. (2004). Spatial working memory in heavy Cannabis users: A functional magnetic resonance imaging study. *Psychopharmacology*, 176, 239-247.

Karniol, I. G. (2001). *Cannabis sativa* e derivados. In: S. D. Seibel (Ed.) *Dependência de drogas* (pp. 131-142). São Paulo, Atheneu.

Kenney, S. P., Kekuda, R., Prasad, P. D., Leibach, F. H., Devoe, L. D., & Ganapathy, V. (1999). Cannabinoid receptors and their role in the regulation of the serotonin transporter in human placenta. *American Journal of Obstetrics and Gynecology*, 181, 491-497.

Kokkevi, A., Richardson, C., Florescu, S., Kuzman, M., & Stergar, E. (2007). Psychossocial correlates of substance use in adolescence: A cross-national study in six European countries. *Drug and Alcohol Dependence*, 86, 67-74.

Kurzthaler, L., Hummer, M., Miller, C., Sperner-Unterweger, B., Gunther, V., Wechdorn, H., Batista, H. J., & Fleischhacker, W. W., (1999). Effect of Cannabis use on cognitive functions and driving ability. *Journal of Clinical Psychiatry*, 60, 395-399.

Leech, S. L., Richardson, G. A., Goldschmidt, L., & Day, N. L. (1999). Prenatal substance exposure: Effects on attention and impulsivity of 6-years-olds. *Neurotoxicology and Teratology*, 21, 109-118.

Lichtman, A. H., Varvel, S. A., & Martin, B. R. (2002). Endocannabinoids in cognition and dependence. Prostaglandins, *Leukotrienes and Essential Fatty Acids*, 66(2&3), 269-285.

Llewellyn, C. D., Johnson, N. W., & Warnakulasuriya, K. A. A. S. (2004a). Risk factors for oral cancer in newly diagnosed patients aged 45 years and younger: a case-control study in Southern England. *Journal of Oral Pathology and Medicine*, 33, 525-532.

Llewellyn, C. D., Linklater, K., Bell, J., Johnson, N. W., & Warnakulasuriya, K. A. A. S. (2004b). An analysis of risk factors for oral cancer in young people: a case-control study. *Oral Oncology*, 40, 304-313.

López Segura, N., Herrero Pérez, S., Esteban Torné, E., Seidel Padilla, V., García Algar, O., & Mur Sierra, A., (2002). Intoxicación por ingesta accidental de Cannabis. *Anales Españoles de Pediatría, 57,* 76-77.

Lundqvist, T. (2005). Cognitive consequences of Cannabis use: Comparison with abuse of stimulants and heroin with regard to attention, memory and executive functions. *Pharmacology, Biochemistry and Behavior, 81,* 319-330.

Makkai, T., & McAllister, I. (1997). *Marijuana use in Australia: Patterns and attitudes.* Canberra, Australian Government Publishing Service.

McDonald, A., Duncan, N. D., & Mitchell, D. (1999). Alcohol, Cannabis and cocaine usage in patients with trauma injuries. *West Indian Medical Journal, 48,* 200-202.

McGee, R., Williams, S., Poulton, R., & Moffit, T. (2000). A longitudinal study of Cannabis use and mental health from adolescence to early adulthood. *Addiction, 95,* 491-503.

McRae, A. L., Budney, A. J., & Brady, K. T. (2003). Treatment of marijuana dependence: A review of the literature. *Journal of Substance Abuse Treatment, 24,* 369-376.

Meek, C. (1994). Doctors want Cannabis prescriptions allowed. *British Medical Association News Review, 15,* 1-19.

Merlin, M. D. (2003). Archaeological evidence for the tradition of psychoactive plant use in the old world. *Economic Botany, 57,* 295-323.

Mittleman, M. A., Lewis, R. A., Maclure, M., Sherwood, J. B., & Muller, J. E., (2001). Triggering myocardial infarction by marijuana. *Circulation, 103,* 1805-1809.

Müller-Vahl, K. R., Schneider, U., Koblenz, A., Jobges, M., Kolbe, H., Daldrup, T., & Emrich, H. M. (2002). Treatment of Tourette's syndrome with Δ^9-tetrahydrocannabinol (THC): A randomized crossover trial. *Pharmacopsychiatry, 35,* 57-61.

Müller-Vahl, K. R., Schneider, U., Prevedel, H., Theloe, K., Kolbe, H., Kolbe, H., Daldrup, T., & Emrich, H. M. (2003). Δ^9-tetrahydrocannabinol (THC) is effective in the treatment of tics in Tourette syndrome: A 6-week randomized trial. *Journal of Clinical Psychiatry, 64,* 459-465.

Munro, S., Thomas, K. L., & Abu-Shaar (1993). *Molecular characterization of peripheral receptor for cannabinoids. Nature, 365,* 61-65.

Nahas, G., & Latour, C., (1992). The human toxicity of marijuana. *Medical Journal of Australia,* 156, 495-497.

National Institute on Drug Abuse (2005). *Monitoring the Future Study,* Disponível em: <http://monitoringthefuture.org>. Acessado em: 15/03/07.

Neiva-Silva, L. (2007). *Uso de drogas entre crianças e adolescentes em situação de rua: Um estudo longitudinal.* Tese de Doutorado não publicada. Universidade Federal do Rio Grande do Sul, Porto Alegre.

Notcutt, W., Price, M., Miller, R., Newport, S., Phillips, C., Simmons, S., & Sansom, C. (2004). Initial experiences with medicinal extracts of Cannabis for chronic pain: results from 34 'N of 1' studies. *Anaesthesia,* 59, 440-452.

Noto, A. R., Galduróz, J. C. F., Nappo, S. A., Fonseca, A. M., Carlini, M. A., Moura, Y. G., & Carlini, E. A. (2004). *Levantamento nacional sobre o uso de drogas entre crianças e adolescentes em situação de rua nas 27 capitais brasileiras – 2003.* CEBRID – Escola Paulista de Medicina.

OAS - Office of Applied Studies (2001). *Summary of findings from the 2000 National Household Survey on Drug Abuse.* Rockville, Substance Abuse and Mental health Services Administration.

OAS - Office of Applied Studies (2004). *Results from the 2003 National Survey on Drug Use and Health: National findings.* Rockville, Substance Abuse and Mental health Services Administration.

O'Leary, D. S., Block, R. I. Koeppel, J. A., Flaum, M. Schultz, S. K. Andreasen, N. C. et al. (2002). Effects of smoking marijuana on brain perfusion and cognition. *Neuropsychopharmacology,* 26(6), 802-816.

OMS - Organização Mundial da Saúde (1997). *CID-10 – Critérios diagnósticos para pesquisas.* Porto Alegre: Artes Médicas Sul.

Park, B., McPartland, J. M., & Glass, M. (2004). Cannabis, cannabinoids and reproduction. *Prostaglandins, Leukotrienes and Essential Fatty Acids,* 70, 189-197.

Patton, G. C., Coffey, C., Carlin, J. B., Degenhardt, L., Lynskey, M., & Hall, W. (2002). Cannabis use and mental health in young people: Cohort study. *British Medical Journal,* 325, 1195-1198.

Piomelli, D. (2004). The endogenous cannabinoid system and the treatment of marijuana dependence. *Neuropharmacology, 47,* 359-367.

Pope, Jr. H. G., Gruber, A. J., & Yurgelun-Todd, D. (1995). The residual neuropsychological effects of Cannabis: The current status of research. *Drug and Alcohol Dependence, 38,* 25-34.

Pope, Jr. H. G., & Yurgelun-Todd, D. (1996). The residual cognitive effects of heavy marijuana use in college students. *Journal of the American Medical Association, 275*(7), 521-527.

Porter, A. C., & Felder, C. C. (2001). The endocannabinoid nervous system: Unique opportunities for therapeutic intervention. *Pharmacology & Therapeutics, 90,* 45-60.

Rey, J. M., Sawyer, M. G., Raphael, B., Patton, G. C., & Lynskey, M. (2002). Mental health of teenagers who use Cannabis. Results of an Australian survey. *The British Journal of Psychiatry, 180,* 109-119.

Ribeiro, M. et al. (2005). Abuso e dependência – Maconha. *Revista da Associação Médica Brasileira, 51*(5), 247-249.

Ridenour, T. A., Cottler, L. B., Compton, W. M., Spitznagel, E., & Cunningham-Williams, R. M. (2003). Is there a progression from abuse disorders to dependence disorders? *Addiction, 98,* 635-644.

Rosenberg, M. F., & Anthony, J. C. (2001). Early clinical manifestations of Cannabis dependence in a community sample. *Drug and Alcohol Dependence, 64,* 123-131.

Schwartz, R. H., Gruenewald, P. J., Klitzner, M., & Fedio, P. (1989). Short-term memory impairment in Cannabis-dependent adolescents. *American Journal of Diseases of Children, 143*(10), 1214-1219.

Sherrill, D. L., Kryzanowski, M., Bloom, J. W., & Lebowitz, M. D., (1991). Respiratory effects of non-tobacco cigarettes? A longitudinal study in general population. *International Journal of Epidemiology, 20,* 132-37.

Sherwood, R. A., Keating, J., Kavvadia, V., Greenought, A., & Peters, T. J. (1999). Substance misuse in early pregnancy and relationship to fetal outcome. *European Journal of Pediatrics, 158,* 488-492.

Stephens, R. S., Babor, T. F., Kadden, R., Miller, M., & The Marijuana Treatment Research Group (2002). The Marijuana Treatment Project: Rationale, design, and participating characteristics. *Addiction*, 97, 109-124.

Stephens, R. S., Roffman, R. A., & Curtin, L. (2000). Comparison of extended versus brief treatments for marijuana use. *Journal of Consulting & Clinical Pschology*, 68, 898-908.

Stephens, R. S., Roffman, R. A., & Simpson, E. E. (1994). Treating adult marijuana dependence: A test of the relapse prevention model. *Journal of Consulting & Clinical Psychology*, 62, 92-99.

Tashkin, D. (1988). Summary of the session on pulmonary effects. In: G. Chesher, P. Consroe & R. Musty (Eds.) *Marijuana: An International Research Report. NCADA Monograph n.7* (49-54). Australian Government Publishing Service. Australia.

Tashkin, D. P. Simmons, M. S., Sherrill, D. L., & Coulson, A. H. (1997). Heavy habitual marijuana smoking does not cause an accelerated decline in FEV1 with age: A longitudinal study. *American Journal of Respiratory and Critical Care Medicine*, 155, 141-148.

Taylor, D. R., Fergusson, D. M., Milne, B. J., Horwood, L. J., Moffitt, T. E., Sears, M. R., & Poulton, R. (2002). A longitudinal study of the effects of tobacco and Cannabis exposure in young adults. *Addiction*, 97, 1055-1061.

Taylor, D. R., Poulton, R., Moffitt, T. E., Ramankutty, P., & Sears, M. R., (2000). The respiratory effects of Cannabis dependence in young adults. *Addiction*, 95, 1669-1677.

Thomas, H. (1993). Psychiatric symptoms in Cannabis users. *British Journal of Psychiatry*, 163, 1967-1970.

Thomas, H. (1996). A community survey of adverse effects of Cannabis use. *Drug and alcohol Dependence*, 42, 201-207.

Van Hoozen, B. E., & Cross, C. E. (1997). Marijuana: Respiratory tract effects. *Clinical Reviews in Allergy and Immunology*, 15, 243-269.

Wace, D. T., Makela, P., Robson, P., Houre, H., & Bateman, C. (2004). Do Cannabis-based medicinal extracts have general of specific effects on symptoms in multiple sclerosis? A double-blind, randomized, placebo-controled study on 160 patients. *Multiple Sclerosis,* 10, 434-441.

Webb, E., Ashton, C. H., Kelly, P., & Kamali, F. (1996). Alcohol and drug use in UK university students. *Lancet,* 348, 922-925.

WHO World Health Organization (1997). Programme on Substance Abuse. *Cannabis: A health Perspective and Research Agenda.* Geneva, WHO.

Wilens, T. E., Biederman, J., & Spencer, T. J., (1997). Case study: Adverse effects of smoking marijuana while receiving tricyclic antidepressants. *Journal of the American Academy of Child & Adolescent Psychiatry,* 36, 45-48.

Wittchen, H.-U., Fröhlich, C., Behrendt, S., Günther, A., Rehm, J., Zimmermann, P., et al. (2007). Cannabis use and Cannabis use disorders and their relationship to mental disorders: A 10-year prospective-longitudinal community study in adolescents. *Drug and Alcohol Dependence,* 88, 60-70.

Wu, T., Tashkin, D., Djahed, B., & Rose, E. (1988). Pulmonary hazards of smoking marijuana as compared with tobacco. *New England Journal of Medicine,* 318, 347-351.

Zijicek, J., Fox, P., Sanders, H., Wright, D., Vickery, J., Nunn, A., & Thompson, A. (2003). Cannabinoids for treatment of spasticity and other symptoms related to multiple sclerosis (CAMS study): Multicenter randomized placebo-controlled trial. *The Lancet,* 362, 1517-1526.

Zhang, Z.-F., Morgenstern, H., Spitz, M. R., Tashkin, D. P., Yu, G.-P., Marshall, J. R., Hsu, T. C., & Schantz, S. P. (1999). Marijuana use and increased risk of squamous cell carcinoma of the head and neck. *Cancer Epidemiology Biomarkers & Prevention,* 8, 1071-1078.

Inalantes e solventes

Lucas Neiva-Silva
Universidade Federal de Rio Grande (FURG)

Apesar do surgimento de novas drogas e da grande preocupação direcionada a estas, o abuso de solventes e inalantes permanece sendo um dos importantes problemas nas grandes cidades, associado principalmente à juventude. Observa-se que o risco do uso deliberado de substâncias voláteis não tem sido adequadamente reconhecido em relação à morbidade e à mortalidade, principalmente em populações adolescentes (Kurtzman, Kimberly, Otsuka, & Wahl, 2001). Entende-se como "abuso de inalantes" a inalação deliberada de vapores com a intenção de alteração do estado de consciência ou de ficar intoxicado pela substância.

Comumente, os termos "inalantes" e "solventes" são usados sem distinção na literatura científica (Galduróz & Noto, 2001). Contudo, é preciso fazer uma diferenciação entre eles. Segundo estes autores, os *solventes* (solventes orgânicos) são substâncias capazes de dissolver as outras, e que, sendo substâncias altamente voláteis – muitas são inflamáveis –, são capazes de ser inaladas. Os *inalantes* são todas as substâncias que podem ser inaladas, ou seja, administradas no organismo humano através do nariz ou da boca. Faz-se necessário esclarecer que nem todas as substâncias inaladas com o objetivo de alterar o estado psíquico são solventes. Os solventes e inalantes são também identificados na literatura científica como "substâncias voláteis". Neste capítulo, para o conjunto destas substâncias, será utilizado o termo "inalantes".

Os inalantes englobam um grande conjunto de substâncias, geralmente de fácil acesso ao grande público. As substâncias voláteis mais usadas com fins de abuso são: vernizes; cola de sapateiro; cola de madeira; tintas; solventes de resinas, como, por exemplo, aguarrás; fluido de isqueiro; gás de cozinha; *thinner* e demais solventes de tintas como os removedores de manchas e removedores de esmalte à base de acetona; esmaltes para unha; fluidos corretores de escrita em papel, excetuando-se aqueles à base de água, extintores de incêndio (gás carbônico); aerossois; laquê para cabelo; anestésicos de uso tópico à base de éter; lança-perfume e combustíveis como gasolina e querosene (Ferigolo, Arbo, Malysz, Bernardi, & Barros, 2000; Galduróz & Noto, 2001). Parte do problema consiste na facilidade de acesso a todas estas substâncias.

Quando o uso dos solventes destina-se à obtenção de alterações psíquicas, a principal forma de administração é a através das vias respiratórias, realizando a inalação pela boca ou pelo nariz, pois este processo produz uma rápida absorção da substância. Esta rápida absorção deve-se à grande área de superfície pulmonar que permite a produção de efeitos quase imediatos (Galduróz, 1996). Entre cinco a dez segundos, as substâncias inaladas passam para a corrente sanguínea, atingindo órgãos ricamente vascularizados como cérebro e fígado, e os efeitos desejados ocorrem logo em seguida com a presença da substância no sistema nervoso central (Galduróz & Noto, 2001). Em virtude da alta lipossolubilidade, os inalantes são distribuídos pelo tecido adiposo e são armazenados também nos lipídios do sistema nervoso central, resultando em inibição dos sistemas respiratório e cardíaco (Ferigolo et al., 2000).

Aspectos históricos e epidemiológicos

Tem-se afirmado que o uso abusivo de solventes é universal (Ferigolo et al., 2000; Galduróz, 1996). O abuso de solventes tem sido descrito em diferentes culturas, desde meados do século XX e, atualmente, vem sendo observado principalmente entre jovens, com destaque entre aqueles com nível socioeconômico mais baixo e entre crianças e adolescentes em situação de rua.

No Brasil, foi realizado o I Levantamento Domiciliar sobre o Uso de Drogas Psicotrópicas (Carlini, Galduróz, Noto, & Nappo, 2002, Galduróz, Noto, Nappo & Carlini, 2005) nas 107 maiores cidades do país, com pessoas de 12 a 65 anos. Neste estudo, obteve-se a prevalência de 5,8% de uso (na vida) de solventes, sendo que o número de usuários do sexo masculino (8,1%) foi bem maior do que as do sexo feminino (3,6%). Dentre todos os entrevistados, 68% afirmaram ser muito fácil conseguir solventes, o que sugere que o fácil acesso pode estar relacionado ao uso abusivo de solventes. A prevalência de uso de solventes no Brasil é maior que em países como Colômbia (1,4%) (Ospina, 1997), Bélgica (5%) e Espanha (4%) e quatro vezes menor do que as observadas no Reino Unido (20%) (E.M.C.D.D.A., 2001).

Especificamente sobre a população jovem, em 2004, foi realizado o V Levantamento Nacional sobre o Consumo de Drogas Psicotrópicas, entre mais de 48.000 estudantes do Ensino Fundamental e Médio das 27 capitais brasileiras (Galduróz, Noto, Fonseca, & Carlini, 2004). Os inalantes ocuparam o primeiro lugar no *ranking* das drogas ilícitas mais usadas, alcançando aproximadamente 15% de uso na vida, 14% de uso no último ano e 10% de uso no último mês. Observou-se um número significativamente maior de usuários de inalantes do sexo masculino do que do sexo feminino. Comparando-se os resultados dos dados desta pesquisa com a anterior, realizada em 1997, observou-se o aumento do uso frequente de inalantes em cinco das dez capitais pesquisadas.

Nos Estados Unidos, diversos estudos longitudinais sobre abuso de substâncias em adolescentes têm incluídos a avaliação do uso de solventes. Um destes estudos é o projeto "Monitorando o Futuro" (National Institute of Drug Abuse, 2005) que avalia, em todo o país, o uso de drogas em estudantes do 8º ano, 10º ano e 12º ano. Em 2005, observou-se que o uso de inalantes (uso na vida) chegou a 17,1% em alunos do 8º ano, 13.1% no 10º ano e 11.4% no 12º ano. Em relação ao uso no último ano, obteve-se a prevalência de 9,5%, 6% e 5%, entre os alunos do 8º, 10º e 12º ano, respectivamente. Um fato interessante observado nesse levantamento, é que, ao contrário da tendência de todas as outras drogas, o uso de solventes tende a diminuir com o aumento da escolaridade dos participantes (e consequentemente, com o aumento da idade). Segundo os autores, esta tendência de redução do uso com a idade está relacionada ao fato dos inalantes serem vistos, no contexto escolar, como "drogas de criança", pois qualquer um pode ter acesso aos inalantes com grande facilidade. Somado a isso, quanto mais velhos os adolescentes, maior a disponibilidade e o acesso a outras drogas. Este estudo avaliou ainda a percepção dos adolescentes sobre o risco de uso de solventes. Observou-se que pequena parcela dos entrevistados percebe o uso de inalantes como sendo de grande risco. Longitudinalmente, em 1995, foram constatados os mais elevados índices de uso de solventes desde o início do estudo em 1991. Em 1995, observou-se que o uso de inalantes (uso na vida) chegou a 21,6% em alunos do 8º ano, 19% no 10º ano e 17,4% no 12º ano. Neste ano foi implementada uma campanha publicitária contra o uso de inalantes, o que levou a um aumento sobre a percepção do risco em 1996 e marcou o início do declínio do uso de inalantes nos Estados Unidos nos anos subsequentes. Apenas em 2003, observou-se uma redução da percepção sobre o risco do uso de inalantes e a retomada do crescimento do uso até o presente momento. Segundo os autores, os riscos sobre o uso de inalantes foram amplamente divulgados durante a década de 1990, não atingindo adequadamente aqueles que atualmente são adolescentes.

Neumark, Delva e Anthony (1998), ao revisar os dados obtidos nos Estados Unidos sobre abuso de inalantes entre 1990 e 1995, concluíram que este não é um uso eminentemente transitório, como se pensava até então. Estes autores observaram que 77% dos adolescentes entrevistados usaram inalantes por mais de um ano, 47% usaram por mais de dois anos e 10% usaram substâncias voláteis por mais de seis anos. Estes autores mostraram ainda que o início do uso de inalantes ocorre não apenas no início da adolescência, como também em anos posteriores e atingindo de maneira semelhante tanto o sexo masculino quanto o feminino.

Em outros países, como no Zimbábue, também não foram observadas diferenças significativas no uso de inalantes entre estudantes secundários do sexo masculino e feminino (Eide & Acuda, 1997). Neste estudo, as variáveis com maior poder de predição em relação ao uso de inalantes foram: o fato dos melhores amigos usarem e o fato dos irmãos ou irmãs também usarem. No Panamá, no primeiro levantamento nacional sobre uso de drogas em adolescentes (Delva, Bobashef, Gonnzález, Cedeño, & Anthony, 2000), também não foram observadas diferenças significativas no uso de inalantes em relação ao gênero (masculino e feminino). Contudo, diferentemente dos Estados Unidos, adolescentes com mais de 14 anos tinham maior tendência ao uso de inalantes do que aqueles com menos de 14 anos. No Panamá não houve diferenças significativas sobre o fato de o adolescente estudar em escola pública ou privada ou de morar em regiões urbanas ou rurais em relação ao uso de inalantes.

Em algumas culturas, o uso de inalantes parece se diferenciar significativamente em relação a outros tipos de drogas. Em Israel, o uso recente de solventes foi relativamente reduzido (4%) quando comparado a outras drogas (8% de maconha) (Isralowitz & Rawson, 2006). Neste estudo não foi observada diferença no uso de inalantes em relação a adolescentes do sexo masculino e feminino. Já na Turquia, de forma semelhante ao Brasil, dentre as drogas ilícitas, os inalantes foram as mais usadas (uso na vida) entre estudantes, chegando a 5,4% entre aqueles do sétimo ano (Tot et al., 2004).

Como é possível observar em diferentes países, o uso de inalantes é bastante frequente entre a população jovem. Entretanto, este uso aumenta significativamente entre crianças e adolescentes em situação de rua. No Brasil, em 2003 foi realizado o I Levantamento Nacional sobre Uso de Drogas entre Crianças e Adolescentes em Situação de Rua nas 27 Capitais Brasileiras (Noto et al., 2004). Neste estudo, comparado com a prevalência entre os adolescentes em geral, constatou-se que o uso de inalantes entre crianças e adolescentes em situação de rua é significativamente maior, chegando a 44% de uso na vida, 37% de uso no último ano e 29% de uso no último mês. Os inalantes foram as drogas ilícitas mais usadas por esta população. Nas cidades de São Paulo e Recife, o uso diário de solventes foi observado em aproximadamente 60% dos entrevistados. Além dos inalantes serem identificados como a droga ilícita mais usada, também vêm sendo apontados como a primeira droga a ser usada na trajetória destes jovens. Noto et al. (2004) observaram que 27,1% dos 2.807 participantes usaram solventes como primeira droga ilícita.

Em um estudo longitudinal sobre uso de drogas entre crianças e adolescentes em situação de rua na cidade de Porto Alegre (Neiva-Silva, 2007), foi observado um aumento significativo no uso de solventes "no último ano", passando de 28% em 2003 para 38% em 2004. Sobre o uso de solventes "no último mês", chamado de "uso frequente", observou-se um aumento de 22% em 2003 para 35% em 2004.

Este alto índice de uso de inalantes por crianças e adolescentes em situação de rua vem sendo confirmado por outras pesquisas brasileiras. Forster, Tannhauser e Barros (1996) encontraram, na cidade de Porto Alegre, um índice de 58% de uso "no mês" de inalantes no grupo de crianças e adolescentes em situação de rua que haviam rompido os vínculos familiares. Na mesma cidade, através de análise laboratorial, Thiesen e Barros (2004) encontraram alta concentração de ácido hipúrico (substância resultante do metabolismo do tolueno, presente nos solventes) na urina de adolescentes em situação de rua. Em outros países, o problema do uso de inalantes junto a esta população é ainda maior. No Paquistão constatou-se que 90% das crianças e adolescentes em situação de rua haviam usado cola, seguido de gasolina (25%) e de *Thinner* (11%) (UNODC, 2004). A partir da análise dos problemas de saúde ocorridos, foi verificado que 30% sofrem infecções das vias respiratórias frequentemente.

Todos esses dados mostram que o uso de inalantes continua sendo um importante problema de saúde pública, atingindo principalmente adolescentes, e dentre estes, aqueles em nível socioeconômico mais baixo. Isto ressalta a preocupação de que o surgimento de novas drogas e o crescimento do uso em relação a elas não venham a reduzir a atenção específica dada à redução do uso de solventes.

Alterações clínicas e evolução clínica decorrentes do uso de inalantes

O abuso de inalantes pode ser detectado por sinais e sintomas clínicos ou por mudanças comportamentais que variam amplamente entre os indivíduos (Kurtzman et al., 2001). O odor característico da substância utilizada pode sugerir a ingestão recente, uma vez que estes odores podem persistir na respiração por várias horas após o uso. É comum, principalmente em populações em situação de rua, utilizar a própria roupa umedecida com o solvente para fazer a inalação. O uso de inalantes de maneira prolongada e repetida pode levar a um ressecamento severo da pele na região da face e também das membranas das mucosas (Lorenc, 2003; Miller & Miller, 2006), levando, em alguns casos, ao surgimento de ulcerações (Kurbat & Pollack, 1998). O maior problema é que uma pessoa que tenha abusado de inalantes pode passar despercebida, por exemplo, ao ser levada a um pronto-socorro, pois os sinais e sintomas-chave como euforia, excitação ou tosse e espirros (causados pela irritação das membranas das mucosas) podem passar dentro de duas horas (Anderson & Loomis, 2003). Nestes casos, a identificação de que houve abuso de solventes pode se limitar apenas a manchas de tintas ou de substâncias oleosas na roupa ou na pele, além do odor característico na respiração.

Analisando a evolução clínica do uso de solventes, observa-se que a inalação intencional pode ser dividida em quatro fases (Carlini, Cotrim, & Monteiro, 1988; Flanagan e Ives, 1994; Kurtzman et al., 2001).

Primeira fase: A primeira fase da intoxicação pelos solventes é conhecida por excitação ou fase de indução. Ocorre dentro de alguns minutos após o uso e corresponde aos sintomas mais procurados pelos usuários. Os efeitos podem se manifestar como euforia, excitação, tonturas e perturbações auditivas e visuais. Contudo, efeitos sistêmicos agudos e indesejados frequentemente ocorrem, como sintomas respiratórios e gastrointestinais. A irritação das membranas das mucosas pode causar espirros, tosses ou salivação, além de sinais semelhantes à rinite. Pode ainda ocorrer vermelhidão na face, fotofobia (hipersensibilidade visual à luz) e epistaxe (sangramento nasal). Sinais mais severos podem ser dispneia (dificuldade de respirar, com respiração rápida e curta) e palpitações cardíacas. Os usuários podem ainda apresentar náuseas, vômitos, diarreias e dores abdominais. Em geral, a maioria destes sintomas é reduzida ou extinta dentro de duas horas.

Segunda fase: A intoxicação progride com a intoxicação inicial do sistema nervoso central, gerando desorientação, confusão, obnubilação (perturbação da consciência) tremores, alterações visuais (visão turva ou dupla), fala mais lenta, fraqueza e alucinações visuais. Podem ainda surgir cefaleia e palidez.

Terceira fase: É marcada pela depressão média do sistema nervoso central, gerando redução acentuada do estado de alerta, incoordenação ocular e motora, nistagmo (movimento oscilatório ou rotatório do globo ocular), ataxia (perda ou irregularidade da coordenação muscular), fala pastosa e reflexões lentas.

Quarta fase: O usuário de inalante pode progredir para a fase mais perigosa, na qual ocorre a depressão profunda ou tardia do sistema nervoso central. A pessoa pode chegar à inconsciência, sendo que em alguns casos é possível ocorrer convulsões epileptiformes e alterações no eletroencefalograma, com ondas lentas e difusas.

Nesta última fase, tipicamente ocorre um estupor (estado de inconsciência profunda, com desaparecimento da sensibilidade ao meio ambiente e da faculdade de exibir reações motoras), podendo progredir para o estado de coma, parada cardiorrespiratória e a morte (Linden, 1990).

Além dos efeitos agudos citados anteriormente, pode ainda ocorrer o uso crônico de inalantes, seja pela inalação intencional ou pela inalação ocupacional (Galduróz & Noto, 2001). Em geral, o uso intencional tende a ocorrer por curtos períodos de tempo, ainda que com frequência regular. Já a inalação ocupacional é geralmente identificada em trabalhadores expostos a níveis baixos, mas por longos períodos de tempo.

De maneira geral, o uso crônico e intencional de inalantes pode levar a epistaxes recorrentes (hemorragias nasais), rinite crônica, ulcerações nasais e bucais, além de conjuntivite e um aumento da expectoração brônquica (Flanagan & Ives, 1994; Galduróz & Noto, 2001). Em termos comportamentais, pode ocorrer ainda depressão, perda de concentração, irritabilidade, hostilidade, paranoia, fadiga, perda de peso e, em alguns casos, anorexia. Segundo estes autores, o abuso crônico de inalantes pode levar à dependência, sendo os sintomas psíquicos os mais comumente relatados como intenso desejo de usar e perda de outros interesses que não o de usar a droga. A síndrome de abstinência geralmente se apresenta com pouca gravidade e é caracterizada por ansiedade, agitação, tremores e câimbras nas pernas. Em um estudo com 20 abusadores crônicos de inalantes (basicamente tolueno), a abstinência foi documentada com um mínimo de um mês anterior à avaliação (Hormes, Filley, & Rosenberg, 1986). Neste estudo, observou-se que 65% dos usuários crônicos de inalantes apresentaram prejuízos cerebrais. Quando submetidos a testes de avaliação neuropsicológica, usuários crônicos apresentaram baixos resultados nos itens concentração, atenção, percepção visual, aprendizagem e memória (Pandina & Hendren, citado em Bordin, Figlie, & Laranjeira, 2004).

A partir dos sinais e sintomas decorrentes tanto da intoxicação aguda quanto pelo abuso crônico dos inalantes, é possível concluir que o sistema nervoso central é o sistema mais vulnerável aos efeitos tóxicos dos inalantes (Kurtzman et al., 2001). Assim como o álcool, os inalantes são rapidamente absorvidos do sangue para os tecidos ricos em lipídios e podem causar danos significativos nos

INALANTES E SOLVENTES

mesmos. Os neurônios são particularmente susceptíveis às propriedades dos inalantes. A depressão do sistema nervoso central parece estar associada a uma alteração generalizada do funcionamento da membrana neuronal. Entre os inalantes mais comumente utilizados, o tolueno (presente em vernizes, cola de sapateiro, solventes de resinas e *thinners*) é a substância que causa maiores danos ao sistema nervoso central. Uma preocupação especial decorre da possibilidade do tolueno induzir encefalopatias, caracterizadas por euforia, alucinações, nistagmo e indução ao estado de coma (Kurtzman et al.). Segundo estes autores, disfunções e demências são ainda consequências possíveis do uso crônico do tolueno, podendo ainda ser encontradas atrofias corticais e danos no cerebelo. Sobre danos ao sistema nervoso central, é preciso destacar que o uso crônico de inalantes pode levar a prejuízos neurológicos permanentes (Rosenberg, Spitz, & Filley, 1988). Até mesmo a inalação crônica de gasolina pode levar a cefalopatias e prejuízos cognitivos (Cairney, Maruff, Burns, & Currie, 2002).

Sobre o sistema cardiovascular, os efeitos do abuso de inalantes são agudos e potencialmente fatais (Kurtzman et al., 2001). A Síndrome de Morte Súbita por Inalação (Sudden Sniffing Death Syndrome – SSDS) é causada principalmente por arritmias cardíacas. Os hidrocarbonetos presentes nos inalantes parecem sensibilizar o miocárdio à epinefrina. Assim, quando o uso é iniciado, uma onda súbita de catecolaminas endógenas é desencadeada, podendo causar a fibrilação ventricular (Shepherd, 1989). Alguns aerossois, benzeno, tolueno (presentes em vernizes, colas e solventes) têm sido associados ao desenvolvimento da referida síndrome.

Uma variedade de desordens renais tem sido associada com o abuso de substâncias voláteis (Kurtzman et al., 2001). Dentre elas estão a formação de cálculos renais e a acidose tubular renal (ATR). Especialmente os compostos que contêm tolueno são tóxicos para os rins. A ATR é caracterizada por uma acidose por hipercloremia e uma profunda perda de potássio e fosfato.

Os principais problemas pulmonares relacionados ao abuso de inalantes são aqueles frutos da asfixia e dos danos causados diretamente ao tecido pulmonar (Kurtzman et al., 2001). Algumas das substâncias voláteis utilizadas (especialmente os hidrocarbonetos) podem causar pneumonia química e a exacerbação dos efeitos da hipóxia (diminuição dos níveis de oxigênio no sangue arterial ou nos tecidos).

O clorofórmio e alguns outros inalantes (hidrocarbonetos) são conhecidos como causadores de hepatite tóxica (Kurtzman et al., 2001). Há registros de indivíduos com uso de colas (à base de tolueno) que chegaram a ter fracasso total das funções hepáticas e renais. Já o uso crônico de benzeno vem sendo relacionado a desordens nas funções medulares, surgindo problemas como leucemia, linfomas e mielomas.

Existem ainda outras possíveis consequências do abuso de inalantes sobre a saúde. Estudos epidemilógicos têm indicado que o abuso de inalantes (especificamente de nitritos) é um cofator para a infecção de HIV e para o desenvolvimento de Sarcoma de Kaposi (Soderberg, 1998). A exposição a estes inalantes produz uma citotoxina que prejudica inúmeras células do sistema imunológico. Além disso, a exposição a este tipo de inalante pode estimular a replicação do vírus HIV, além de estimular o crescimento do sarcoma de Kaposi, promovendo assim enfraquecimento do sistema imunológico a replicação viral.

Mortes por abuso de solventes e teratogenia

Tem-se observado que mais da metade das mortes relacionadas aos efeitos tóxicos diretos dos inalantes decorre de arritmias cardíacas, devido ao aumento da sensibilização do miocárdio à adrenalina (Galduróz & Noto, 2001). As pessoas que chegam a este nível de intoxicação podem ainda morrer por causas indiretas como asfixia, sufocação com sacos plásticos usados para inalar, aspiração do conteúdo gástrico (pode ocorrer vômitos provocados pelo solvente e, em virtude do reduzido nível de consciência, ocorre a aspiração), traumas ocorridos em virtude do abuso e fogo, resultado da combustão de inalantes durante o uso (Galduróz & Noto, 2001; Kurtzman et al., 2001). Existem registros no Brasil de crianças e adolescentes em situação de rua que chegaram a falecer enquanto usavam inalantes. Nestes casos, ao fazerem a inalação em sacos plásticos, terminam deitando e "dormindo" com os sacos junto ao nariz ou boca, podendo haver asfixia mecânica ou parada cardiorrespiratória. Existem ainda registros de adolescentes em situação de rua que usavam solventes (utilizando a roupa molhada com o produto) enquanto fumavam maconha, culminando com fogo nas roupas e graves queimaduras. Existem vários estudos relatando mortes por uso abusivo de inalantes nos Estados Unidos, Escandinávia, Japão e no Reino Unido (Galduróz & Noto, 2001). Em um estudo sobre as mortes relacionadas ao abuso de solventes no estado da Virginia, nos Estados Unidos (Bowen, Daniel, & Balster, 1999), observou-se que 70% dos casos ocorreram com pessoas de até 22 anos de idade. Em outro estudo, no Texas, constatou-se que 87% dos óbitos ocorreram em pessoas do sexo masculino e que 54% das mortes ocorreram em pessoas com até 19 anos de idade (Garriot, 1992). Em um estudo mais antigo (Anderson, Macnair, & Ramsey, 1985), no Reino Unido, constatou-se que a maioria das mortes causadas por abuso de solventes ocorreu em jovens abaixo dos 20 anos de idade. No Brasil, em um estudo pioneiro realizado na cidade de São Paulo, entre 1987 e 1993, foram analisados laudos forenses cuja causa da morte estava relacionada ao abuso de inalantes, constatando-se um total de 86 óbitos no período (Galduróz & Noto, 2001). Considerando estas estatísticas, acredita-se que os dados publicados estejam sub-representando o número real de mortes (Siegel & Wason, 1992). Algumas das razões para esta subidentificação das mortes por abuso de inalantes nos Estados Unidos são: em geral, as circunstâncias relacionadas às mortes tendem a não ser adequadamente representadas aos investigadores e juízes; as substâncias voláteis não são facilmente e rotineiramente analisadas nos casos de mortes repentinas por inalação; e não existe registro formal desta forma de abuso de drogas.

Sobre o uso de solventes durante a gravidez, não existe consenso entre os pesquisadores em relação às consequências sobre o nascimento e o desenvolvimento do bebê. Os efeitos dos inalantes sobre o bebê, antes do seu nascimento, são ainda desconhecidos e necessitam de maiores investigações científicas (Tenenbein, 1992). Estudos sobre a teratogenia do tolueno em seres humanos não tem apresentado modificações estruturais nos fetos (Galduróz & Noto, 2001). Em uma pesquisa realizada com trabalhadoras da indústria, expostas a concentrações altas de tolueno, não apresentaram alterações na prole nem maiores disfunções hemorrágicas uterinas, quando comparadas com outras trabalhadoras não expostas ao tolueno ou com exposição a baixos níveis (Tzepin, Foo, & Yoong, 1992). Por outro lado, reconhece-se que a exposição a solventes orgânicos tem algum efeito embriotóxico (Forster, Tannhauser, & Tannhauser, 1994). Segundo Tenenbein (1992), alguns poucos estudos científicos, ainda da década de 1980, reportaram à dismorfia facial em alguns bebês após o nascimento, bem como prejuízos físicos e neurológicos. Estudos mais recentes afirmam que o uso de inalantes na gravidez pode propiciar um aumento do risco de aborto espontâneo e de malformações fetais (Ferigolo et al., 2000). Alguns estudos relatam que o abuso de tolueno está associado à má-formação da criança, incluindo fendas orais, redução nas mandíbulas, microcefalia, crescimento deficiente e retardo no desenvolvimento (Arnold, Kirby, Langendoerfer, & Wilkins-Haug, 1994; Hersh, 1989). Além disso, características craniofaciais similares àquelas encontradas na Síndrome Alcoólica Fetal foram associadas à exposição do bebê ao tolueno, ainda no útero (Pearson, Hoyme, Seaver, & Rimsza, 1994). Neste estudo, 39% dos bebês expostos ao tolueno durante a gestação nasceram prematuros e 9% morreram durante o período perinatal. Observou-se ainda que 54% eram pequenos para a respectiva idade gestacional e 52% continuaram exibindo deficiência no crescimento pós-natal. Constatou-se que um terço dos bebês apresentaram microcefalia pré-natal e dois terços apresentaram microcefalia pós-natal. Ainda que estudos como este não sejam plenamente conclusivos, uma vez que são realizados com número reduzido de indivíduos, os resultados mostram grande associação entre teratogenia e o abuso de inalantes.

Diante da impossibilidade de se realizar experimentos com mulheres gestantes expostas a altas doses de inalantes, muitos estudos são realizados com animais, no intuito de simular o que ocorreria em humanos. Em um estudo, ratas grávidas foram expostas a altas doses de tolueno (2000 ppm) durante o período gestacional (Jones & Balster, 1997). Após o nascimento, os filhotes foram avaliados durante os vinte primeiros dias de vida e observou-se que estes haviam ganhado menos peso e haviam se desempenhado de maneira inferior em testes de habilidades comportamentais, em comparação com filhotes nascidos de mães não expostas ao tolueno. Estes dados sugerem que a exposição intermitente de gestantes a altos níveis de tolueno pode trazer consequências significativas após o nascimento. Assim, é necessário um número maior de pesquisas para caracterizar as consequências do abuso de solventes durante a gestação em humanos, no sentido de delinear estratégias mais efetivas para lidar com este problema.

Variáveis psicossociais relacionadas ao abuso de inalantes

Além dos riscos à saúde descritos anteriormente, o abuso de inalantes está geralmente associado a variáveis psicossociais e a outros comportamentos de risco. Em um estudo com crianças e adolescentes em situação de rua, na cidade de Porto Alegre (Neiva-Silva, 2007), observou-se que o uso de drogas ilícitas, de uma maneira geral, é significativamente maior entre os adolescentes do sexo masculino, com 16 anos ou mais, que não moram com a família, que não estão estudando, que passam seis horas ou mais nas ruas e que frequentam as ruas há cinco anos ou mais. Em outro estudo, o uso regular de inalantes foi observado muito mais frequente entre crianças que passavam todo o dia nas ruas, sem contato com a escola ou com a família do que entre aquelas que iam às ruas, mas que mantinham contato com a família e a escola (Forster et al., 1996).

Em um estudo com adolescentes em conflito com a lei (privados de liberdade) nos Estados Unidos, observou-se um número significativamente maior de problemas familiares e de comportamentos delinquentes entre aqueles adolescentes com história de abuso de inalantes, em comparação com outros adolescentes sem histórico de abuso de inalantes (McGarvey, Canterbury, & Waite, 1996). Dentre os problemas familiares estavam relatos de fuga de casa, briga com os pais e familiares e ter parentes que tinham tentado suicídio. Neste estudo, os comportamentos delinquentes incluíam uso de drogas desde muito cedo, a venda de drogas ilegais, a compra de drogas de traficantes, o cometimento de crimes sob influência de inalantes, roubar para obter dinheiro para comprar drogas e a ameaça de agressão a pessoas.

Em um estudo que buscava identificar padrões de uso de inalantes em adultos (Wu & Ringwalt, 2006), constatou-se que os adultos que atingiram os critérios para problemas de uso de inalantes (*inhalant use disorders*) eram predominantemente pessoas entre 35 e 49 anos, tinham menos escolarização, haviam recebido tratamento profissional para problemas psicológicos e emocionais, usavam inalantes semanalmente e tinham também problemas com abuso de álcool.

Investigando adolescentes e jovens com comportamento antissocial e em conflito com a lei, observou-se que usuários de inalantes reportaram ter menos coesão e apoio familiar, além de baixa autoestima e maior probabilidade de desenvolver depressão (Howard & Jenson, 1999). Apresentaram ainda participações em *gangs* nas vizinhanças, uso de drogas entre amigos e entre familiares, intenções de participar de atividades ilegais, participação em atividades ilegais associadas às drogas, como o tráfico de drogas e abuso de outras substâncias. Estes jovens relataram ter mais pensamentos sobre suicídio ao longo da vida e relataram, de fato, mais tentativas de suicídio. É sempre difícil determinar se a depressão ou tentativa/ideação suicida surgem em virtude de causas orgânicas, fatores psicossociais de estresse ou a combinação de ambos (Kurtzman et al., 2001). Sobre este tema, Kirmayer, Malus e Boothroyd (1996) encontraram que jovens que fizeram uso de solventes em algum momento de suas vidas têm maior probabilidade de tentativa de suicídio. Evidências sugerem que adolescentes que usam e abusam de álcool e outras drogas aumentam o risco de ideação suicida, tentativa de suicídio e êxito na tentativa de suicídio (Wilcox, 2004). Faz-se necessário destacar que nestes estudos, o uso de inalantes não é um fator causal, mas sim correlacionado com a tentativa de suicídio. Isto significa que provavelmente o uso de inalantes está associado a outros fatores que levam, em algum momento, à tentativa de suicídio.

A violência tem sido outro fator social frequentemente associado ao abuso de drogas. Alguns estudos apontam que adolescentes que usam drogas ilícitas relatam uma frequência maior de envolvimento em brigas (violência física) e mais frequentemente levam armas de fogo consigo (Kullig, Valentine, Griffith, & Ruthazer, 1998).

Em muitos casos, a associação de inalantes com outras drogas pode levar a fatores de risco ainda mais significativos. A partir dos dados obtidos pelo Levantamento Nacional Domiciliar sobre Abuso de Drogas (National Household Survey on Drug Abuse) dos anos de 2000 e 2001, realizado com adolescentes entre 12 e 17 anos dos Estados Unidos (Wu, Pilowsky, & Schlenger, 2005), constatou-se que o grupo que havia usado tanto inalantes quanto maconha foi o que relatou maior índice de uso de outras drogas como álcool (97%), cocaína/crack (27%), heroína (5%), alucinógenos (49%), sedativos (8%), estimulantes (33%) e tranquilizantes (25%).

Ao se discutir os aspectos psicossociais relacionados ao uso de inalantes, uma pergunta comum se refere aos motivos pelos quais as pessoas adotam este uso. Cohen (1977, citado em Galduróz & Noto, 2001), enumera algumas razões comumente citadas pelos usuários para o uso de inalantes. 1) o início do efeito é bastante rápido, como descrito anteriormente; 2) qualidade e padrão dos efeitos, ou seja, os usuários geralmente relatam desinibição e suave euforia, com certa tontura e sensação de cabeça leve, havendo em alguns casos o surgimento de processos alucinatórios; 3) baixo custo, quando comparado com os valores gastos na aquisição de outras drogas; 4) facilidade de aquisição, podendo ser facilmente comprados em estabelecimentos comerciais; e 5) o aspecto legal, ou seja, tais substâncias, em geral, podem ser transportadas sem que isto configure um problema legal.

Avaliação, manejo e intervenções

Muitas pessoas que abusam de inalantes tendem a não receber cuidados médicos, a menos que a intoxicação chegue ao ponto de ameaçar a vida ou que possa resultar em sérios danos à saúde (Kurtzman et al., 2001). Assim, nos casos agudos, deve-se imediatamente monitorar, acessar e estabilizar vias aéreas, respiração e circulação, uma vez que a parada cardiorrespiratória pode ser iminente.

Como relatado anteriormente, a avaliação imediata do abuso de solventes muitas vezes não é adequadamente realizada. A intoxicação aguda de solventes produz os sinais e sintomas clínicos e neurológicos descritos anteriormente, devendo o profissional buscar analisar estes aspectos e tentar identificar em qual fase da intoxicação a pessoa se encontra (Ferigolo et al., 2000). Deve-se realizar a avaliação do desenvolvimento de sintomatologia sensorial, cognitiva, afetiva e motora através do exame neurológico, investigando a visão e audição, além do uso de alguns instrumentos como a Escala de memória de Weschler e o inventário de personalidade de Eysenck (Andrews & Snider, citado por Ferigolo et al., 2000).

Para a avaliação de crianças e adolescentes, é necessário o uso de técnicas de investigação adaptadas à faixa etária, considerando as especificidades desta população, incluindo desde os aspectos clássicos até características evolutivas. Bacchiega (1979, citado por Ferigolo et al., 2000) descreve um exame neurológico evolutivo baseado em seis itens específicos: 1) Estado mental: são avaliados aspectos como coerência, orientação, atenção, a existência de alucinações, características da fala e aspectos faciais; 2) Exame dos nervos cranianos: inclui avaliação das pupilas, mímica facial, função vestibular e motora da língua; 3) Exame da força muscular: avaliação do tônus muscular e testes de equilíbrio estático e dinâmico; 4) Reflexos tendinosos: bíceps, patela e reflexo cutâneo plantar; 5) Movimentos voluntários anormais: tremores, contrações musculares involuntárias nas mãos e pés, convulsões, tiques e maneirismos; e 5) Exame neurológico evolutivo abreviado: avaliação do equilíbrio estático e dinâmico, coordenação tronco-membros, persistência motora e sensibilidade.

Ainda não existe uma abordagem de tratamento plenamente aceito para o abuso de inalantes (Rosenberg & Sharp, 1992). Muitos centros de tratamento "rejeitam" as pessoas que fazem uso abusivo de inalantes com a justificativa de que estes tendem a ser mais resistentes ao tratamento. Em geral, é percebido que são necessários longos períodos de tratamento para lidar com as complexas questões psicossociais, econômicas e biofísicas das pessoas que abusam dos inalantes. Segundo esses autores, nos casos em que são identificados danos cerebrais, principalmente quando há disfunções cognitivas, a taxa de progressão do tratamento tende a ser ainda mais lenta. Entretanto, estudos mais antigos (Boor & Hurtig, 1977; Von Oettingen et al., 1942, Wiedmann et al., 1987, citados em Rosenberg & Sharp, 1992) relatam casos de abuso crônico de inalantes em que houve a remissão completa dos sinais e sintomas após abstinência prolongada e nenhum tratamento significativo.

Rosenberg e Sharp (1992) afirmam que as pessoas com abuso de inalantes tipicamente não respondem às modalidades de tratamento medicamentoso de reabilitação com drogas. O tratamento torna-se mais difícil principalmente quando o padrão de uso progride do uso social (geralmente em grupos) para o uso crônico em isolamento. Tem-se observado que neurolépticos e outras formas de farmacoterapia não têm apresentado bons resultados no tratamento do abuso de inalantes. Contudo, como o álcool tende a ser uma droga de abuso secundária entre as pessoas que fazem abuso de inalantes, é sugerida a participação em programas de monitoramento do abuso do álcool.

Considerações finais

Como foi possível observar ao longo do capítulo, o uso e abuso de inalantes é um problema complexo e multifatorial. É necessário reconhecer que as substâncias voláteis estão disponíveis em todos os lugares e, infelizmente, a todas as pessoas, ainda que pelas leis de alguns estados brasileiros, apenas maiores de 18 anos poderiam comprar solventes e a maior parte dos inalantes. Galduróz e Noto (2001) apontam algumas alternativas que deveriam ser discutidas e implementadas em relação aos inalantes. A primeira diz respeito à restrição do acesso aos inalantes. Como foi apresentado, a grande disponibilidade é fator que facilita o uso, mas essa medida isoladamente não soluciona o problema. Os autores citam que até 1989, a cola de sapateiro era a substância mais utilizada por crianças e adolescentes em situação de rua em São Paulo. Com a aplicação da lei, restringindo a venda destes produtos a menores de 18 anos, constatou-se na pesquisa posterior, em 1993, uma redução do uso de cola, mas um aumento proporcional do uso de esmalte. Isto mostra claramente que ações isoladas têm efeitos pouco eficazes. Outro ponto levantado pelos autores é a implementação de programas preventivos no Brasil, especificamente voltado para o uso de inalantes. Um exemplo positivo citado no início deste capítulo foi a campanha de conscientização sobre o risco de uso de inalantes, implementada nos Estados Unidos em 1995 gerando uma redução do uso destas substâncias nos anos subsequentes (NIDA, 2005). Por fim, os autores ressaltam a necessidade de desenvolver tratamentos para o abuso de inalantes, incluindo desde já a avaliação destes aspectos na anamnese realizada por profissionais de saúde.

Kurtzman et al. (2001) também destacam a necessidade de se desenvolver métodos apropriados de prevenção e intervenção voltados especificamente para o abuso de inalantes em populações de adolescentes e jovens. Segundo estes autores, considerando que a experimentação de solventes inicia-se na pré-adolescência, é pertinente que os programas de prevenção também se iniciem ainda nos primeiros anos da escola.

A partir do exposto, é possível compreender a severidade dos danos causados pelo abuso de inalantes, não só ao cérebro, como a vários outros órgãos de vital importância. Estes danos, gerados pelo abuso de inalantes, podem ser inclusive mais significativos do que aqueles causados por outras drogas, podendo em muitos casos levar à morte. Observou-se ainda que apesar de ser menos destacado na imprensa, o uso de inalantes continua sendo um problema bastante presente entre os adolescentes, principalmente entre aqueles de nível socioeconômico mais baixo e entre crianças e adolescentes em situação de rua. Por fim, destaca-se a necessidade de implementação de programas de prevenção primária, e também de tratamento em relação ao abuso de inalantes.

REFERÊNCIAS

Anderson, C. E., & Loomis, G. A. (2003), Recognition and prevention of inhalant abuse. *American Family Physician,* 68, 869-874.

Anderson, H. R., Macnair, R. S., & Ramsey, J. D., (1985). Deaths from abuse of volatile substances: A national epidemiological study. *British Medical Journal,* 290, 304-307.

Arnold, G. L., Kirby, R. S., Langendoerfer, S., & Wilkins-Haugt, L., (1994). Toluene embryopathy: Clinical delineation and developmental follow-up. *Pediatrics,* 93, 216-220.

Bordin, S. Figlie, N. B., & Laranjeira, R. (2004). Solventes e inalantes. In: N. B. Figlie, S. Bordin, & R. Laranjeira (Eds.). *Aconselhamento em dependência química* (pp. 125-129). São Paulo, Roca.

Bowen, E., Daniel, J., & Balster, R. L. (1999). Deaths associated with inhalant abuse in Virginia from 1987 to 1996. *Drug and Alcohol Dependence,* 53, 239-245.

Cairney, S., Maruff, P. L., Burns, C., & Currie, B. (2002). The neurobehavioral consequences of petrol (gasoline) sniffing. *Neuroscience and Biobehavioral Reviews,* 26, 81-89.

Carlini, E. A., Cotrim, B. C., & Monteiro, M. G. (1988). Abuso de solventes voláteis: Aspectos epidemiológicos, médico-psicológicos e experimentais. *Revista da Associação Médica Brasileira,* 34, 61-68.

Carlini, E. A., Galduróz, J. C., Noto, A. R., & Nappo, S. A. (2002). *I Levantamento Domiciliar sobre o Uso de Drogas Psicotrópicas no Brasil: Estudo Envolvendo as 107 Maiores Cidades do País,* 2001. São Paulo: SENAD.

Delva, J., Bobashef, G., Gonnzález, G., Cedeño, M., & Anthony, J. C. (2000). Clusters of drug involvement in Panama: Results from Panama's 1996 National Youth Survey. *Drug and Alcohol Dependence,* 60, 251-257.

Eide, A., & Acuda, S. W. (1997). Cultural orientation and use of Cannabis and inhalants among secondary school children in Zimbabwe. *Social Science and Medicine, 45*(8), 1241-1249.

E.M.C.D.D.A., European Monitoring Centre for Drugs and Drug Addiction (2001). *Extended annual report on the state of drugs problems in the European Union.* Bélgica. Disponível em: <http://www.emcdda.org>. Acesso em: 12/01/2007.

Fergolo, M., Arbo, E., Malysz, S. A., Bernardi, R., & Barros, H. M. T. (2000). Aspectos clínicos e farmacológicos do uso dos solventes. *Jornal Brasileiro de Psiquiatria, 9*, 331-341.

Flanagan, R. J., & Ives, R. J. (1994). Volatile substance abuse. *Bulletin on Narcotics, 46*(2), 49-78.

Forster, L. M. K., Tannhauser, M., & Barros, H. M. T. (1994). Toxicologia do tolueno: Aspectos relacionados ao abuso. *Revista de Saúde Pública, 28*(2), 167-172.

Forster, L. M. K., Tannhauser, M., & Barros, H. M. T. (1996). Drug use among street children in southern Brazil. *Drug and Alcohol Dependence*, 57-62.

Ga duróz, J. C. F. (1996). *O uso de inalantes (solventes) entre estudantes de 1º e 2º graus em 10 capitais brasileiras.* Tese de doutorado não publicada. Universidade Federal de São Paulo, São Paulo.

Galduróz, J. C. F., & Noto, A. R. (2001). Inalantes (solventes orgânicos voláteis). In: S. D. Seibel (Ed.). *Dependência de drogas* (153-160). São Paulo, Atheneu.

Galduróz, J. C. F., Noto, A. R., Fonseca, A. M., & Carlini, E. A. (2004). *V levantamento nacional sobre o consumo de drogas psicotrópicas entre estudantes do ensino fundamental e médio da rede pública de ensino nas 27 capitais brasileiras, 2004.* São Paulo: SENAD.

Galduróz, J. C. F., Noto, A. R., Nappo, S. A., & Carlini, E. A. (2005). Household survey on drug abuse in Brazil: Study involving the 107 major cities of the country – 2001. *Addictive Behaviors, 30,* 545-556.

Garriot, J. C. (1992). Death among inhalant abusers. In: National Institute on Drug Abuse – NIDA (Eds.), *Inhalant abuse: A volatile research agenda* (pp. 181-191). United States: NIDA.

Hersh, J. H. (1989). Toluene embryopathy: Two new cases. *Journal of Medical Genetics, 26,* 333-337.

Hormes, J. T., Filley, C. M., & Rosenberg, N. L. (1986). Neurologic sequelae of chronic solvent vapor abuse. *Neurology, 36*(5), 698-702.

Howard, M. O., & Jenson, J. M., (1999). Inhalant use among antisocial youth: Prevalence and correlates. *Addictive Behaviors, 24*(1), 59-74.

Isralowitz, R., & Rawson, R. (2006). Gender differences in prevalence of drug use among high risk adolescents in Israel. *Addictive behaviors, 31,* 355-358.

Jones, H. E., & Balster, R. L. (1997). Neurobehavioral consequences of intermittent prenatal exposure to high concentrations of toluene. *Neurotoxicology and Teratology, 19*(4), 305-313.

Kirmayer, L. J., Malus, M., & Boothroyd, L. J. (1996). Suicide attempts among Inuit youth: a community survey of prevalence and risk factors. *Acta Psychiatrica Scandinavica, 94*(1), 8-17.

Kulig, J., Valentine, J. Griffith, J., & Ruthazer, R. (1998). Predictive models of weapon carrying among urban high school students: Results and validation. *Journal of Adolescent Health, 22,* 312-319.

Kurbat, R. S., & Pollack, C. V. (1998). Facial injury and airway threat from inhalant abuse: A case report. *The Journal of Emergency Medicine, 16*(2), 167-169.

Kurtzman, T. L., Kimberly, N., Otsuka, M. D., & Wahl, R. A. (2001). Inhalant abuse by adolescents. *Journal of Adolescent Health, 28,* 170-180.

Linden, C. H. (1990). Volatile substances of abuse. *Emergency Medicine Clinics of North America, 8*(3), 559-578.

Lorenc, J. D. (2003). Inhalant abuse in the pediatric population: A persistent challenge. *Current Opinion in Pediatrics, 15*(2), 204-209.

McGarvey, E. L., Canterbury, R. J., & Waite, D. (1996). Incarcerated adolescents with and without a history of inhalant use. *Addictive behaviors, 21*(4), 537-542.

Miller, A. A., & Miller, G. F. (2006). Inhalant abuse. *Journal of Emergency Nursing, 32*(5), 447-448.

National Institute on Drug Abuse (2005). *Monitoring the Future Study.* Disponível em: <http://monitoringthefuture.org>. Acessado em: 15/03/07.

Neiva-Silva, L. (2007). *Uso de drogas entre crianças e adolescentes em situação de rua: Um estudo longitudinal.* Tese de Doutorado não publicada. Universidade Federal do Rio Grande do Sul, Porto Alegre.

Neumark, Y. D., Delva, J., & Anthony, J. C. (1998). The epidemiology of adolescent inhalant drug involvement. *Archives of Pediatrics and Adolescent Medicine, 152*(8), 781-786.

Noto. A. R., Galduróz, J. C. F., Nappo, S. A., Fonseca, A. M., Carlini, M. A., Moura, Y. G., & Carlini, E. A. (2004). *Levantamento nacional sobre o uso de drogas entre crianças e adolescentes em situação de rua nas 27 capitais brasileiras – 2003.* CEBRID – Escola Paulista de Medicina.

Ospina, E. R. (1997). *Estúdio Nacional sobre Consumo de Substancias Psicoactivas, Colômbia, 1996.* Fundación Santa Fé de Bogotá.

Pearson, M. A., Hoyme, H. E., Seaver, L. H., & Rimsza, M. E. (1994). Toluene embryopathy: Delineation of the phenotype and comparison with fetal alcohol syndrome. *Pediatrics, 93,* 211-215.

Rosenberg, N. L., & Sharp, C. W. (1992). Solvent toxicity: A neurological focus. In: National Institute on Drug Abuse – NIDA (Eds.). *Inhalant abuse: A volatile research agenda* (117-171). United States: NIDA.

Rosenberg, N. L., Spitz, M. C., Filley, C. M., et al. (1988). Central nervous system effects of chronic toluene abuse: Clinical, brainstem evoked response and magnetic resonance imaging studies. *Neurotoxicology and Teratology, 10,* 489-495.

Shepherd, R. T. (1989). Mechanism of sudden death associated with volatile substance abuse. *Human Toxicology, 8,* 287-291.

Siegel E., & Wason, S. (1992). Sudden sniffing death following inhalation of butane and propane: Changing trends. In: National Institute on Drug Abuse – NIDA (Eds.). *Inhalant abuse: A volatile research agenda* (pp. 193-201). United States: NIDA.

Soderberg, L. S. F. (1996). Immunomodulation by nitrite inhalants may predispose abusers to AIDS and Karposi's sarcoma. *Journal of Neuroimmunology,* 83, 157-161.

Tenenbein, M. (1992). Clinical/biophysiologic aspects of inhalant abuse. In: National Institute on Drug Abuse – NIDA (Eds.). *Inhalant abuse: A volatile research agenda* (173-180). United States: NIDA.

Thiesen, F. V., & Barros, H. M. T. (2004). Measuring inhalant abuse among homeless youth in southern Brazil. *Journal of Psychoactive Drugs,* 36(2), 201-205.

Tot, S., Yazici, K., Yazici, A., Metin, O., Bal, N., & Erdem, P. (2004). Psychosocial correlates of substance use among adolescents in Mersin, Turkey. *Public Health,* 118, 588-593.

Tzepin, N. G., Foo, S. C., & Yoong, T. (1992). Menstrual function in workers exposed to toluene. *British Journal of Industrial Medicine,* 49(11), 799-803.

UNODC – United Nations Office on Drugs and Crime (2004). *Solvente abuse among street children in Pakistan.* Islamabad, United Nations.

Wilcox, H. C. (2004). Epidemiological evidence on the link between drug use and suicidal behaviors among adolscents. *The Canadian Child and Adolescent Psychiatry Review,* 13(2), 27-30.

Wu, L. T., Pilowsky, D. J., & Schlenger, W. E. (2005). High prevalence of substance use disorders among adolescents who use marijuana and inhalants. *Drug and Alcohol Dependence,* 78, 23-32.

Wu, L. T., & Ringwalt, C. L., (2006). Inhalant use and disorders among adults in the United States. *Drug and Alcohol Dependence,* 85, 1-11.

Uso e dependência de cocaína e crack

Luciana Signor
Serviço Nacional de Informação e Orientação Sobre a Prevenção do Uso Indevido de Drogas

Maristela Ferigolo
Universidade Federal de Ciências da Saúde de Porto Alegre (UFCSPA)

Helena M. T. Barros
Universidade Federal de Ciências da Saúde de Porto Alegre (UFCSPA)
Serviço Nacional de Informação e Orientação Sobre a Prevenção do Uso Indevido de Drogas

Introdução

Segundo relatório das Nações Unidas, estimou-se que, em 2007, a prevalência anual do consumo de cocaína no mundo foi de 15,6 a 20,8 milhões de pessoas, equivalente a 0,4% a 0,5% da população com idade entre 15-64 anos, e quando comparado a anos anteriores demonstrou um aumento crescente (UNODC, 2009), o que preocupa demasiadamente as autoridades, já que ainda não existe um tratamento específico para o uso de cocaína e crack (Kampman, 2008; Karila et al., 2007).

Dackis e O'Brien (2001) consideram a dependência de cocaína uma desordem crônica caracterizada pela busca compulsiva da droga e pelo uso, apesar das consequências negativas. A dependência de cocaína está associada a sérios problemas sociais e econômicos, morbidades médicas e psiquiátricas, e mortalidade (Castells et al., 2007).

Dentro deste contexto, existe o usuário de crack. Observa-se um aumento constante da procura de tratamento, dentro das diversas modalidades, inclusive internação para desintoxicação dessa substância (Guimarães et al., 2008). Outro fator importante ligado ao uso do crack é o aumento da criminalidade; a fissura pela droga é tão intensa que faz o usuário cometer delitos a fim de conseguir recursos para o consumo e diminuição dos sintomas de abstinência (Oliveira & Nappo, 2008; Siegal, 2002). A falta de internação para desintoxicação faz com que esses sujeitos fiquem expostos a situações de risco e vulnerabilidade sociais, o que indica grave problema de saúde pública e aumento da violência (Guimarães et al., 2008).

Em linhas gerais, esses fatores conspiram para criar e perpetuar um significativo e social problema de saúde pública que não tenderá a diminuir em um futuro próximo (Falck, Wang, & Carlson, 2007). Entretanto, dados epidemiológicos recentes tem demonstrado estabilidade ou declínio no mercado global de cocaína (UNODC, 2009), provando que estratégias de prevenção e tratamento mais eficazes devem continuar a ser desenvolvidas e implementadas (Falck et al., 2007).

Aspectos históricos

A cocaína (benzoilmetilecgonina) é o principal alcaloide do arbusto *Erythroxylon*. Existem cerca de 200 espécies diferentes do gênero *Erythoxylon*, porém apenas 17 delas podem ser utilizadas para a produção de cocaína (Leite & Andrade, 1999). A espécie mais cultivada da planta é a *E. Coca* (Leite & Andrade, 1999).

Apesar de ter uma origem histórica importante, o alcaloide só começou a ser extraído a partir da metade do século XIX (Bahls & Bahls, 2002). Em 1855, o químico alemão Friedrich Gaedecke extraiu o ingrediente ativo da folha de coca, denominando-o de *erythroxylene*. Em 1859, Albert Niemann conseguiu isolar, o extrato de cocaína representando o principal deles (80% do total) e criou o termo cocaína (Goldstein, Deslauriers, & Burda, 2009; Ruetsch, Boni, & Borgeat, 2001).

Em 1863, uma mistura de vinho e folhas de coca, *Vin Tonique Mariani – Coca du Perou*, era produzido em Paris por um químico chamado Ângelo Mariani; a interação com o álcool reforçou a potência da droga, sendo conhecida hoje como cocaetileno (Bahls & Bahls, 2002; Goldstein, Deslauriers, & Burda, 2009). Já em 1886, Jonh Styth Pemberton criou uma bebida isenta de álcool, mas com cocaína e extrato de noz de cola, usado como tônico para o cérebro e os nervos; assim nasceu a Coca-Cola. Atualmente, a cocaína foi substituída por cafeína, sendo o alcaloide retirado da fórmula em 1906 (Ferreira & Martini, 2001; Goldstein, Deslauriers & Burda, 2009).

Freud contribuiu de maneira decisiva para a divulgação da cocaína. Em 1884, publicou o livro intitulado "*Uber coca*" (sobre cocaína), no qual defendeu seu uso terapêutico como "estimulante, afrodisíaco, anestésico local, assim como para tratamento da asma, desordens digestivas, exaustão nervosa, histeria, sífilis e o mal-estar das altitudes". O próprio Freud utilizava cocaína em doses de 200mg por dia. Ele recomendava doses orais entre 50-100mg como estimulante e euforizante em estados depressivos. Freud tratou o amigo Karl Koller que recebeu o nome de Coca-Koller devido à dependência desenvolvida com esse fármaco. Após quatro anos da sua publicação original, Freud voltou atrás e em 1892 publicou a continuação de "Uber coca" modificando seu ponto de vista favorável, para desfavorável (Ferreira & Martini, 2001; Karch, 1999). No final de 1884, Karl Koller descobriu que o olho humano tornava-se insensível à dor com o uso da cocaína, representando o primeiro passo para anestesia local (Ruetsch, Boni, & Borgeat, 2001).

No início da Primeira Guerra Mundial, já era evidente que a cocaína trazia malefícios. Em 1914, nos Estados Unidos é assinado o chamado *Harrison Act*, que restringiu a disponibilidade de cocaína para a população (Bahls & Bahls, 2002; Goldstein, Deslauriers & Burda, 2009). No Brasil, o Decreto-Lei Federal n° 4.292, de 6 de julho de 1921, tornou a droga menos disponível para a população. Além disso, as pessoas começaram a descobrir os malefícios do consumo da cocaína e em 1930; as anfetaminas começam a surgir como estimulantes de efeito mais duradouro (Ferreira & Martini, 2001).

A cocaína ressurgiu na década de 70, como uma droga de uso "recreacional", e com a crença de ser segura e não causar dependência. A partir de 1980, o consumo começou a ser feito em *"binges"*, demonstrando uma tendência ao uso compulsivo. Com o advento do *crack* (cocaína fumada) em 1985, o mundo testemunha uma nova fase na história da cocaína, em relação ao potencial de toxicidade, uma vez que os efeitos da adição ocorrem mais rapidamente, incluindo-se alterações que antes eram vistas apenas com o uso crônico prolongado (Carlini et al., 1996; Ferreira & Martini, 2001).

Epidemiologia

Pesquisa nas 108 maiores cidades do país, realizada pelo CEBRID em 2005, demonstrou que o uso na vida de cocaína foi de 2,9% e o de crack 0,7%, sendo a segunda droga ilícita mais utilizada, superada apenas pela maconha. A região sul apresentou a maior prevalência de uso na vida de cocaína e *crack* e a capital do Rio Grande do Sul, Porto Alegre, tem o maior índice do uso de *crack*, segundo esse levantamento (Carlini et al., 2007). Em comparação ao I Levantamento

Domiciliar (Carlini et al., 2002), este último Levantamento (Carlini et al., 2007) mostra um aumento na prevalência anual do uso de cocaína de 0,4% da população entre 12 e 65 anos, em 2001, para 0,7% em 2005. Em crianças e adolescentes em situação de rua entrevistados, 24,5% já fez uso na vida, 18,5% no ano e 12,6% usou no mês; sendo a cocaína cheirada (5,2%) e o *crack* (5,5%) o derivado mais utilizado. O maior uso do *crack* pode ser devido ao fato de a forma ser mais barata que a cocaína em pó (Noto et al., 2003).

Nos Estados Unidos, estudos sobre drogas de abuso têm demonstrado que campanhas de prevenção têm alguma eficácia. O uso de *crack* diminuiu de 2,3% em 2002 para 1,6% em 2003, porém o número de internações em salas de emergência relacionadas à cocaína no período de 1995 a 2002 foi aumentado para 35% (NIDA, 2004). O mesmo pode ser demonstrado no Brasil, segundo o V Levantamento Nacional sobre o Consumo de Drogas Psicotrópicas entre Estudantes do Ensino Fundamental e Médio da Rede pública de Ensino nas 27 Capitais Brasileiras em 2004. O uso na vida de cocaína diminuiu quando comparado aos demais estudos realizados em 1993 (2,4%) e 1997 (1,8%), porém pouco significante entre 1997 e 2004 (1,75%) (Galduróz et al., 2005). Quanto às internações, a cocaína e seus derivados foram os psicotrópicos cujas internações mais cresceram, passando de 0,8% em 1988, para 4,6% em 1999; isso demonstra um aumento de 77% e a necessidade de mais leitos hospitalares para desintoxicação (Duailibi, Ribeiro, & Laranjeira, 2008; Noto et al., 2002). Derivados como o *crack* merecem atenção especial, devido ao alto potencial para causar dependência em curto prazo e principalmente por agravar ainda mais a reinserção social e aumentar o número de internações devido a doenças decorrentes do uso, bem como intoxicação e overdose (Noto et al., 2003).

Aspectos farmacológicos do uso da cocaína/crack

A cocaína é absorvida por todas as vias: inalada/fumada (sob a forma de pasta ou crack), injetada por via endovenosa, injeções subcutâneas e por meio de mucosas, incluindo a nasal e genital (Leite & Andrade, 1999). As folhas de coca podem ser mascadas ou ingeridas como chá. Esta forma de uso oral é muito comum nos altiplanos do Peru, Bolívia, Colômbia e Equador, para amenizar os efeitos da altitude (Ferreira & Martini, 2001). Embora atualmente uma grande parcela dos usuários esteja consumindo o *crack*, o uso inalado permanece como uma forma comum de administração da droga (Goldstein, Deslauriers, & Burda, 2009). Dunn e Laranjeira (1999) observaram que mais de 70% dos usuários migraram a sua maneira de administração da cocaína. Dentre os dados analisados, a transição mais comum foi da cocaína cheirada para a fumada (*crack*).

A cocaína ingerida por via oral é absorvida lentamente e de maneira incompleta, requer em torno de 1 hora e somente 25% da droga ingerida alcançam o cérebro. Nessa forma de administração não existe a sensação intensa de bem-estar, comum às outras formas. Quando a cocaína é aspirada, cerca de 20% a 30% da droga são absorvidas, isso porque apenas uma pequena quantidade atravessa a mucosa nasal devido à vasoconstrição gerada pela droga. A cocaína injetada cruza todas as barreiras de absorção e alcança a corrente sanguínea imediatamente, produzindo um rápido e poderoso efeito; essas características são semelhantes na via pulmonar, por essa razão são preferidas por usuários compulsivos. Dessa maneira, o início, o pico e a duração dos efeitos variam de acordo com a via de administração, conforme descrito abaixo.

Via de administração	Início da ação	Pico do efeito	Duração da ação
Inalada/fumada	3-5 segundos	1-3 minutos	5-15 minutos
Intravenosa	10-60 segundos	3-5 minutos	20-60 minutos
Intranasal ou mucosa	1-5 minutos	15-20 minutos	60-90 minutos
Gastrointestinal (oral)	> 20 minutos	> 90 minutos	> 180 minutos

Fonte: Egred e Davis, 2005.

A cocaína atua como um poderoso agente simpaticomimético e é um potente estimulador do Sistema Nervoso Central (SNC) (Egred & Davis, 2005).

Ela bloqueia a recaptação pré-sináptica das catecolaminas (dopamina, norepinefrina, noradrenalina) e serotononia e ao mesmo tempo aumenta os níveis desses receptores tanto central como perifericamente (Dackis & O'Brien, 2001; Goldstein, Deslauriers & Burda, 2009; Schimidt et al., 2005).

O principal mecanismo de ação da cocaína se dá por meio do bloqueio da recaptação de dopamina (DA) na via mesocorticolímbica (Goldstein & Volkow, 2002; Koob, 2006). Esta via se origina na área tegmentar ventral (ATV) onde os corpos celulares dopaminérgicos projetam-se para várias áreas do sistema límbico, incluindo o córtex pré-frontal (CPF), hipocampo, amígdala e núcleo accumbens (Nac) (Anderson & Pierce, 2005). Quando a cocaína se liga aos transportadores de DA situados na membrana pré-sináptica dos neurônios dopaminérgicos, ela inibe a remoção de DA na fenda sináptica e consequentemente a sua degradação pela monoamina oxidase no nervo terminal, aumentado a concentração desse neurotransmissor no Nac em até 15 vezes (Grimm, 2007). A DA que permanece na fenda sináptica liga-se livremente aos receptores de membrana pós-sinápticos, produzindo mais impulsos nervosos. Essa ativação na via mesocorticolímbica é responsável pelos efeitos reforçadores e pelo sentimento de extrema euforia induzidos pela cocaína (Goldstein & Volkow, 2002; Koob, 2006).

A cocaína mimetiza os sentimentos e a busca de prazer inerentes do organismo, pela estimulação dopaminérgica. Neste sentido a DA tem um papel fundamental na mediação dos efeitos reforçadores da cocaína (Cannon & Bseikri, 2004), pois está intimamente ligada ao sistema de recompensa na busca de estímulos naturais causadores de prazer, tais como alimentos, sexo e o relaxamento. O reforço positivo de recompensa, obtido durante as experiências e uso da cocaína, faz com que o indivíduo busque repetidas vezes o uso da droga. Portanto, o reforço e a motivação pelo uso pode ser considerado componente natural do comportamento (Stefano et al., 2007).

Os efeitos da cocaína podem variar de acordo com a dose e as características individuais do usuário da substância. Os efeitos agudos produzem quadros de euforia, com sintomas físicos de natureza autonômica (Laranjeira et al., 2003).

Os principais sintomas decorrentes do consumo de cocaína estão descritos na tabela abaixo.

Tabela 1 - Principais sintomas decorrentes do consumo de cocaína

Sintomas psíquicos	Sintomas físicos
Euforia	Aumento da frequência cardíaca
Aumento do estado de vigília	Aumento da temperatura corpórea
Sensação de bem-estar	Aumento da frequência respiratória
Autoconfiança elevada	Sudorese
Aceleração do pensamento	Tremor leve de extremidades
	Espasmos musculares (especialmente língua e mandíbula)
	Tiques
	Midríase

Fonte: Gold, 1993.

As complicações relacionadas ao consumo de cocaína capazes de levar o indivíduo a procurar auxílio médico são geralmente agudas. A via de administração escolhida pode ocasionar complicações específicas. Conforme exemplos descritos na sequência:

Aparelho Cardiovascular

Qualquer via: hipertensão, arritmias cardíacas, isquemia do miocárdio, infarto agudo do miocárdio (IAM), cardiomiopatias, dissecção ou ruptura de aorta.

Via endovenosa: endocardite bacteriana.

Aparelho Respiratório

Via intranasal: broncopneumonias.

Via inalatória: broncopneumonias, hemorragia pulmonar, edema pulmonar, pneumomediastino, pneumotórax, asma, bronquite, bronquiolite obliterante, depósito de resíduos, corpo estranho, lesões térmicas.

Via endovenosa: embolia pulmonar.

Sistema Nervoso Central

Qualquer via: cefaleias, convulsões, acidente vascular cerebral, hemorragia intracraniana, hemorragia subaracnoidea.

Via endovenosa: aneurismas micóticos.

Aparelho Digestivo

Qualquer via de administração: isquemia mesentérica.

Via inalatória: esofagite.

Aparelho Excretor e Distúrbios Metabólicos

Qualquer via de administração: insuficiência renal aguda secundária à rabdomiólise, hipertermia, hipoglicemia, acidose láctica, hipocalemia, hipercalemia.

Olhos, Ouvidos, Nariz e Garganta

Via intranasal: necrose de septo nasal, rinite, sinusite, laringite.

Via inalatória: lesões térmicas.

Fonte: Laranjeira et al., 2003.

Entretanto, as complicações psiquiátricas agudas como disforia, irritação, ansiedade, agitação, heteroagressividade, sintomas paranoides, alucinações, são o principal motivo de busca por atenção médica entre os usuários de cocaína e essas podem ser decorrentes de intoxicação ou pela síndrome de abstinência (Laranjeira et al., 2003).

O uso contínuo da cocaína leva à tolerância; uma vez dada à falta da substância ou mesmo devido à neuroadaptação do SNC e depleção de DA, o usuário procura doses maiores e mais "gratificantes" da droga para obter os efeitos que sentia anteriormente, bem como evitar efeitos indesejados da abstinência, que geralmente são opostos aos que os usuários sentem quando estão utilizando a droga (Dackis & O'Brien, 2001).

A dependência da cocaína é a principal complicação crônica e caracteriza-se por um conjunto de sintomas cognitivos, comportamentais e fisiológicos, o qual indica que o indivíduo mantém o uso apesar dos problemas relacionados. O usuário de droga é considerado dependente quando preenche, pelo menos, três dos seguintes critérios num período de 12 meses: 1) sinais de tolerância (necessidade de quantidades aumentadas da substância para atingir a intoxicação ou efeito desejado); 2) sintomas de abstinência (a substância é usada para aliviar os sintomas); 3) uso em grande quantidade ou por períodos maiores do que o intencionado; 4) desejo persistente ou dificuldade de controlar o consumo; 5) grandes períodos de tempo usados em atividade para obter, usar ou recuperar-se da droga; 6) diminuição das atividades sociais e ocupacionais; e 7) uso continuado, apesar do conhecimento de ter um problema físico ou psicológico (DSM-IV, 1995).

Por muitos anos se acreditou que a cocaína não ocasionava síndrome de abstinência. Gawin e Kleber em 1986 publicaram um modelo trifásico para a síndrome da abstinência da cocaína:

- *Crash*: Primeira fase com duração de horas até cinco dias, caracterizada por intensa fissura (*craving*) no início, irritabilidade e agitação à hipersonolência, depressão, anedonia e exaustão, de 1 a 5 dias normalização;

- Abstinência: Segunda fase, iniciada com a reemergência da fissura e caracterizada por sintomas depressivos e ansiosos e podem durar até 10 dias;

- Extinção: Terceira e última fase, caracterizada por redução gradativa dos sintomas.

Coffey não observou linearidade nas fases de parada, porém o modelo faz uma estimativa da duração dos efeitos (Coffey et al., 2000), pois as substâncias que estimulam o SNC, assim como a cocaína, não produzem um quadro específico de abstinência. (Grimm et al., 2001) Segundo a Organização Psiquiátrica Americana os critérios diagnósticos para a síndrome de abstinência da cocaína podem ser observados horas a partir do último episódio de consumo. Sintomas agudos incluem intensa motivação ou disforia, depressão extrema, insônia ou hiperinsônia, fadiga, fissura (*craving*), ideação suicida, aumento do apetite e retardo psicomotor (DSM-IV, 1995; Lu et al., 2004; Sofuoglu et al., 2005).

Tratamento

Intervenções Farmacológicas

Ainda não existem substâncias de eficácia comprovada para o tratamento específico da dependência de cocaína dentro dos critérios estabelecidos pela medicina baseada em evidências. Entretanto, a intervenção farmacológica tem lugar importante no tratamento do dependente, complementando as intervenções psicológicas.

A tabela 2, a seguir, adaptada de Kampman, 2008, mostra algumas alternativas farmacológicas baseadas em seus mecanismos de ação, seguidas dos *odds ratio* de meta-análises ou ensaios clínicos:

Tabela 2 – Alternativas farmacológicas para o tratamento da dependência da cocaína

MEDICAÇÃO	EFEITOS TERAPÊUTICOS/ MECANISMO DE AÇÃO	Eficácia Odds ratio (95% CI)*	Dropouts Odds ratio (95% CI)*
Início da abstinência	**Melhora dos sintomas de abstinência e redução do reforço do uso de cocaína**		
Modafinil	Tem ação estimulante leve, em oposição à diminuição de energia durante a abstinência; bloqueia a ação euforizante da cocaína/aumenta a transmissão glutamatérgica	Desfecho: abstinência 2,41 (1,09 – 5.31) (Dackis et al., 2005)	1.07 (0.55 – 2.09) (Castells et al., 2007)
Propranolol	Reduz a ansiedade durante a abstinência, pode abrandar os efeitos euforizantes da cocaína	N.E.	N.E.
Bupropiona	Alivia os efeitos depressivos (desânimo) da abstinência/inibe a recaptação de dopamina	Desfecho: urina positiva 0,98 (0,86 – 1,12) (Castells et al., 2007)	0,86 (0,41 – 1,79) (Castells et al., 2007; Lima et al., 2002)
Prevenção da recaída	**Redução do reforço do uso da cocaína ou aumento dos sintomas desagradáveis**		
Medicamentos que aumentam o GABA	Inibe o reforço da cocaína pelo aumento do GABA, o neurotransmissor tem ação oposta à cocaína que induz a liberação de dopamina responsável pelos efeitos de recompensa		
GVG	Inibe a degradação do GABA pela ação da enzima GABA-transaminase	Desfecho: abstinência 2,89 (1,02 – 8,40) (Brodie et al., 2009)	N.E.

Tiagabina	Bloqueia a recaptação do GABA na via pré-sináptica pela ação no receptor GABA1	N.E.	N.E.
Topiramato	Facilita a ação do GABA, inibe o receptor glutamato, com ação oposta do GABA, reduz os efeitos da dopamina	N.E.	N.E.
Dissulfiram	Aumenta a ansiedade induzida pela cocaína/bloqueia a degradação enzimática de dopamina e cocaína	Desfecho: urina positiva 0,92 (0.79 – 1.08) (Lima et al., 2002)	1,93 (0,82 – 4,59) (Lima et al., 2002)
Vacina anticocaína	Inibe todos os efeitos psicoativos induzidos pela cocaína, estimula a produção de anticorpos cocaína específicos prevenindo a passagem da cocaína pela barreira sangue-cérebro	N.E.	N.E.

Abreviatura: GABA (ácido gama amino-butírico); GVG (gama vinil GABA)

* Medicamento X Placebo. N.E. - Não encontrado.

Embora não tenhamos evidências, existe uma ampla lista de alternativas farmacológicas estudas para tratamento da dependência de cocaína, compreendendo antidepressivos, antipsicóticos, agonistas, dopaminérgicos ou estabilizadores de humor (Castelles et al., 2007). A medida de técnicas diagnósticas permite individualização dos pacientes em relação a sua dependência, fazendo que o tratamento seja mais bem-sucedido (Silva, 2007).

Intervenções Psicossociais

As intervenções psicossociais podem ser caracterizadas de duas maneiras: intervenções breves ou intensivas. Nas breves, são oferecidos material de autoajuda, aconselhamento face a face ou telefônico e pode ser feita por profissionais treinados. As intensivas são geralmente oferecidas por profissionais especializados e têm formato individual ou em grupo (Lancaster & Stead, 2005; Marsden et al., 2006). Na sequência, descrevem-se algumas características das intervenções breves.

As intervenções breves (IB), intervenções motivacionais (IM) e as intervenções breves motivacionais (IBM) são técnicas utilizadas para aumentar a motivação para a mudança de determinado comportamento, incluindo redução ou cessação do consumo de cocaína e outras drogas (Andretta & Oliveira, 2008; Dunn et al., 2001; Hettema, Steele, & Miller, 2005; Miller & Rollnick, 2002; Rollnick et al., 1997).

IBs têm despertado grande interesse na abordagem do abuso de drogas, tanto por apresentarem resultados semelhantes aos obtidos em tratamentos mais intensivos, quanto pelas vantagens custo/benefício. As IBs podem não envolver especialistas, principalmente em serviços com grande demanda de clientes, e serem aplicadas por profissionais treinados de forma adequada (Marsden et al., 2006). Intervenção breve é um modelo de tratamento replicável em qualquer nível de atenção a saúde, com formato simples e de fácil treinamento (Severson & Hatsukami, 1999). A técnica caracteriza-se por sua pequena duração, variando de 1 a 4 sessões de aconselhamento (Tvyau & Monti, 2004) com duração de 10 ou 15 minutos a cada sessão. Materiais de autoajuda referente ao problema relatado pelo usuário podem ser fornecidos a fim de otimizar o aconselhamento realizado pelo profissional (Emmons & Rollnick, 2001).

A IMs também conhecida como Entrevista Motivacional (EM), Terapia Motivacional e MET (Motivacional Enhancement Therapy), engloba técnicas de várias abordagens, como psicoterapias breves, terapia centrada no cliente, terapia cognitiva e terapia sistêmica. A técnica é breve e pode ser realizada em uma única entrevista ou como um processo terapêutico desenvolvido em 4 ou 5 sessões. É uma abordagem criada para auxiliar o indivíduo a reconhecer seus problemas quando há ambivalência quanto à mudança comportamental e estimular o comprometimento para a realização dessa mudança por meio de uma abordagem persuasiva e encorajadora (Castro & Passos, 2005).

Na abordagem da IM, dois conceitos são importantes. O primeiro é a ambivalência, experiência de um conflito psicológico para decidir entre dois caminhos diferentes (Miller & Rollnick, 2001). O segundo é a prontidão para mudança, baseado no modelo Transteórico de Prochaska e DiClemente (Prochaska et al., 1992). Esta técnica propõe intervenções individualizadas, adequadas a cada estágio com vistas a aumentar a adesão ao tratamento e prevenir possíveis recaídas em pacientes com comportamentos considerados dependentes, incluindo substâncias psicoativas (Castro & Passos, 2005).

O modelo transteórico atual, de Prochaska e Di Clemente, demonstra que a maioria dos indivíduos se movimenta por intermédio dos estágios, permitindo ao indivíduo voltar à pré-contemplação mais de uma vez até chegar ao término de seu problema. Sendo assim, o indivíduo não caminha nos estágios de forma linear-causal em que há uma causa, um efeito e consequentemente alteração no comportamento dependente. As mudanças de estágios são melhores representadas por uma espiral, em que as pessoas podem progredir ou regredir sem ordenação lógica (Prochaska et al., 1992).

O modelo dos estágios de mudança inicia com a *Pré-Contemplação*, na qual o indivíduo não considera a necessidade de ajuda e não demonstra consciência de que tem problemas. Quando o indivíduo passa a considerar seu comportamento como um problema com a possibilidade de mudanças, ele entra no estágio de *Contemplação*. Na sequência vem o estágio de *Preparação*, no qual começa a construir tentativas para mudar seu comportamento. Geralmente os indivíduos são descritos como prontos para a ação, no momento em que estas tentativas são colocadas em prática. No estágio de *Ação*, ocorre uma implementação de planos para modificar comportamentos, experiências e/ou o meio ambiente. Para os dependentes, estes estágios estendem-se de 3 a 6 meses, incluindo o processo de desintoxicação. O sucesso da mudança ocorre no estágio de *Manutenção*, no qual o indivíduo modifica seu estilo de vida, evitando a recaída, atingindo abstinência e consolidando as mudanças. Esses estágios seguem uma ordem sequencial, em que a recaída pode estar presente, obrigando novamente o dependente a passar várias vezes pelos estágios de mudança (variação na frequência de acordo com cada caso), antes de atingir a manutenção em longo prazo. A recaída não é considerada como um estágio de mudança, mas como um evento que marca o final do estágio de ação ou manutenção (DiClemente, 1993).

A IBM tem importante funcionalidade por ser uma forma de atendimento concisa, baseada na IM, que objetiva alcançar a mudança comportamental do paciente e desencadear uma tomada de decisão e o comprometimento com a mudança. É uma técnica de curta duração que pode ser utilizada por profissionais treinados e capacitados para a mesma (Gerbert et al., 2003; Marsden et al., 2006). Um inventário de estratégias é oferecido ao paciente para modificar seu comportamento-problema de modo responsável. Consiste de uma a três sessões, com impacto motivacional, sendo comparável aos tratamentos mais extensos para dependência de drogas (Castro & Passos, 2005; Miller & Rollnick, 2001).

A IBM contém seis elementos: devolução; responsabilidade pessoal do paciente; conselhos claros para a mudança de hábito; seleção de uma abordagem específica de tratamento, mas ofertando estratégias alternativas; empatia do terapeuta; e reforço da autoeficácia da esperança do paciente. Pauta-se em cinco princípios estruturantes: promoção da autoeficácia, expressão de empatia, desenvolvimento de discrepância, evitação, de argumentação e acompanhamento da resistência (Castro & Passos, 2005; Miller & Rollnick, 2001).

A utilização de intervenções comportamentais é um prelúdio para o tratamento, entretanto, efeitos da IM aparecem e permanecem ao longo do tempo, sugerindo um sinergismo entre a IM e outros tratamentos (Hettema, Steele, & Miller, 2005).

As intervenções telefônicas por meio de "linhas de ajuda" ou *"helplines"* podem ser efetivas como cuidado continuado no abuso de substâncias, apresentando respostas favoráveis durante a fase inicial do tratamento (McKay et al., 2004; Mensinger et al., 2007). Estudos têm consistentemente revelado que dependentes químicos permanecem várias semanas consecutivas em abstinência quando recebem intervenção por meio de linhas telefônicas de ajuda, tendo melhores resultados que outros tipos de tratamentos (Carrol et al., 1994; Higgins et al., 2000; McKay et al., 1999). Ainda, sugerem que os pacientes podem requerer cuidados menos intensivos quando comparados com intervenções do tipo face a face, uma vez que uma simples conversa ou apenas a prestação de informações podem conduzir o paciente a uma mudança no comportamento aditivo (Mardsen et al., 2006; Rounsaville, Petry, & Carrol, 2003).

Instrumento para avaliação da prontidão para a mudança

University of Rhode Island Change Assessment Scale - URICA

Esta escala tem como objetivo investigar os estágios motivacionais de indivíduos e o quanto estes estão disponíveis para uma mudança em seu comportamento-problema (McConnaughy et al., 1983). Não está associada apenas ao uso de substâncias psicoativas, mas a qualquer problema que seria importante modificar. Assim, na área da dependência química, esta escala pode ser aplicada tanto para alcoolistas quanto para dependentes de outras substâncias (Oliveira et al., 2003). O questionário tem 32 afirmações para as quais poderá se escolher as seguintes respostas: 1 = discorda totalmente; 2 = discorda; 3 = indeciso; 4 = concorda; 5 = concorda totalmente. A partir do levantamento dos dados, poderá ser avaliada a distribuição entre os estágios motivacionais (pré-contemplação, contemplação, ação e manutenção) em cada indivíduo, na medida em que cada fase está relacionada a 8 itens. Assim, o resultado final demonstrará quantos pontos se faz em cada uma das fases, bem como se há um predomínio significativo de alguma delas (McConnaughy et al., 1983). Estudos de padronização e análise fatorial já foram realizados no Brasil demonstrando a confiabilidade deste instrumento (Figlie, 2001). McConnaughy et al., 1983 e outros pesquisadores (Dozois et al., 2004) que têm utilizado essa escala afirmam um forte suporte para a confiança e validade da URICA, relatando que a mesma possui propriedades psicométricas aceitáveis. Esta escala foi traduzida e adaptada culturalmente para o idioma português (Figlie & Laranjeira, 2004).

Referências

American Psychiatric Association (APA). *Diagnostic and Statistical Manual of Mental Disorders, (DSM-IV)*. 4ed. APA. Washington DC, 1995.

Anderson, S. M., & Pierce, R. C. (2005). Cocaine-induced alterations in dopamine receptor signaling: Implications for reinforcement and reinstatement. *Pharmacology and Therapeutics*, 106, 389-403.

Andretta, I., & Oliveira, M. S (2008). Um estudo sobre os efeitos da Entrevista Motivacional em adolescentes infratores. *Estudos de Psicologia*, 25, 45-54.

Bahls, F. C., & Bahls, S. C. (2002). Cocaína: origem, passado e presente. *Interação em Psicologia*, 6, 177-181.

Brodie, J. D., Case, B. G., Figueroa, E., Dewey, S. L., Robison, J. A., Wanderling, J. A., & Laska, E. M. (2009). Randomized, double-blind, placebo-controlled trial of vigabatrin for the treatment of cocaine dependence in Mexican parolees. *Am J Psychiatry*, 166(11), 1269-77.

Cannon, C. M., & Bseikri, M. R. (2004). Is dopamine for natural reward? *Physiology & Behavior*, 81, 741-748.

Carlini, E. A., Noto, A. R., Galduróz, J. C. F., & Nappo, A. S. (1996). Visão histórica sobre o uso de drogas: passado e presente; RJ e SP. *Jornal Brasileiro de Psiquiatria*, 45, 227-236.

Carlini, E. A., Noto, A. R., Galduróz, J. C. F., & Nappo, A. S. (2002). Levantamento domiciliar sobre o uso de drogas psicotrópicas no Brasil: estudo envolvendo as 107 maiores cidade do país – 2001. São Paulo: CEBRID, Universidade Federal de São Paulo.

Carlini, E. A., Noto, A. R., Galduróz, J. C. F., & Nappo, A. S. (2007). II Levantamento domiciliar sobre o uso de drogas psicotrópicas no Brasil: estudo envolvendo as 108 maiores cidade do país – 2005. Brasília: SENAD.

Carrol, K. M., Rounsaville, B. J., Nich, C., Gordon, L. T., Kirtz, P. W., & Grawin, F. (1994). One-year follow-up of psychoteraphy and pharmacotheraphy for cocaine dependence: Delayed emergence of psychotherapy effects. *Archives of General Psychiatry*, 51, 989-997.

Castells, X., Casas, M., Vidal, X., Bosch, R., Roncero, C., Ramos-Quiroga, J. A., & Capellá, D. (2007), Efficay of central nervous system stimulant treatment for cocaine dependence: a systematic review and meta-analysis of randomized controlled clinica trials. *Addiction*, 102, 1871-1887.

Castro, M. M. L. D.; Passos, S. R. L. (2005). Entrevista motivacional e escalas de motivação para tratamento em dependência de drogas. *Rev. Psiq. Clin.*, 32(6), 330-335.

Coffey, S. F., Dansky, B. S., Carrigan, M. H., Brady, & K. T. (2000). Acute and protracted cocaine abstinence in an outpatient population: a prospective study of mood, sleep and withdrawal symptoms. *Drug Alcohol Depend*, 59(3), 277-86.

Dackis, C. A.; Kampman, K. M., Lynch, K. G., Pettinati, H. M., & O'Brien, C. P. (2005). A double-blind, placebo-controlled trial of modafinil for cocaine dependence. *Neuropsychopharmacology*, 30(1), 205-211.

Dackis, C. A., O'Brien, C. P. (2001). Cocaine dependence: a disease of the brain's reward centers. *Journal of Substance Abuse Treatment*, 21, 111-117.

Diclemente, C. C. (1993). Changing Addictive Behaviors: A Process Perspective. *Current Directions in Psychological Science*, 2(4), 101-106.

Dozois, D. J., Westra, H. A., Collins, K. A., Fung, T. S., & Garry, J. K. F. (2004). Stages of change in anxiety: psychometric properties of the University of Rhode Island Change Assessment (URICA). *Behav Res Ther*, 42, 711-729.

Dualibi, L. B.; Ribeiro, M., & Laranjeira, R. (2008). Profile of cocaine and crack users in Brazil. *Cad. Saúde Pública*, 24 (4), S545-S557.

Dunn, C., Derro, L., & Rirava, F. P. (2001). The use of brief interventions adapted from motivational interviewing across behavioral domains: a systematic review. *Addiction*, 96(12), 1725-1742.

Dunn, J., & Laranjeira, R. R. (1999). Transitions in the route of cocaine administration – characteristics, direction and associated variables. *Addiction*, 94(6), 813-824.

Egred, M., & Davis, G. K. (2005). Cocaine and the heart. *Postgrad Med J.*, 81, 568-571.

Emmons, K. M., & Rollnick, S. (2001). Motivational interviewing in health care settings. Opportunities and limitations. *Am J Prev Med*, 20(1), 68-74.

Falck, R. S., Wang, J., & Carlson, R. G. (2007). Crack cocaine trajectories among users in a midwestern American city. *Addiction*, 102, 1421–1431.

Ferreira, P. E. M., & Martini, R. K. (2001). Cocaína: lendas, história e abuso. *Rev Bras Psiquiatr*, 23(2), 96-99.

Figlie, N., & Laranjeira, R. (2004). Gerenciamento de caso aplicado ao tratamento da dependência do álcool. *Rev. Bras. Psiquiatr*, 26(1), 63-67.

Galduróz, J. C. F., Noto, A. R., Fonseca, A. M., & Carlini, E. A. (2004). V Levantamento Nacional Sobre o Consumo de Drogas Psicotrópicas entre estudantes do ensino fundamental e médio da rede pública de ensino nas 27 capitais brasileiras – 2004. São Paulo: CEBRID.

Gawin, F. H., & Kleber, H. D. (1986). Abstinence symptomalogy and psychiatric diagnosis in cocaine abusers. *Arch. Gen. Psych*, 43, 107-113.

Gerbert, B., Berg-Smith, S., Mancuso, M., Caspers, N., Mcphee, S., Null, D., & Wofsy, J. (2003). Using innovative video doctor technology in primary care to deliver brief smoking and alcohol intervention. *Health Promot Pract*, 4(3), 249-261.

Gold, M. S. (1993) *Cocaine*. New York: Plenum Medical Book Company.

Goldstein, R. A., Deslauriers, C., & Burda, A. M. (2009). Cocaine: history, social implications, and toxicity: a review. *Dis Mon*, 55(1), 6-38.

Grimm, J. W., Hope, B. T.; Wise, R. Y., & Shaham, Y. (2001). Incubation of cocaine craving after withdrawal. *Nature*, 412, 141-142.

Grimm, O. (2007) Armadilhas da Obesidade. *Mente & Cérebro*, 169: 66-71.

Guimarães, C. F., Dos Santos, D. V. V; De Freitas, R. C., Araújo, R. B. Perfil do usuário de *crack* e fatores relacionados à criminalidade em unidade de internação para desintoxicação no Hospital Psiquiátrico São Pedro de Porto Alegre (RS). *Rev Psiquiatr*, 30(2), 101-108.

Hettema, J., Steele, J., & Miller, W. R. (2005). Motivational interviewing. *Annu Rev Clin Psychol*,1, 91-111.

Higgins, S. T., Wong, C. J., Haug-ogden, D. E., & Dantona, R. L. (2000). Contingent reinforcement increases cocaine abstinence during outpatient treatment and 1 year of follow-up. *Journal of Consulting and Clinical Psychology*, 68, 64-72.

Kampman, K. M. (2008). The Search to Medications to treat Stimulant Dependence. *Addict Sci Clin Pract.*, 4(2),28-35.

Karch, S. B. (1999). Cocaine: history, use, abuse. *Journal of the Royal Society of Medicine*, 92, 393-397.

Lancaster, T., & Stead, L. F. (2005). Self-help interventions for smoking cessation. *Cochrane Database Syst Rev*, 20(3).

Laranjeira, R., Oliveira, R. A., Nobre, M. R. C., Bernardo, W. M. (2003). *Usuários de substâncias psicoativas: abordagem, diagnóstico e tratamento.* 2ª Ed. São Paulo. Conselho Regional de Medicina do Estado de São Paulo/ Associação Médica Brasileira.

Leite, M. C.; Andrade, A.C. et al. (1999). *Cocaína e crack: dos fundamentos ao tratamento.* Porto Alegre: Artes Médicas.

Lima, M. S.; de Oliveira Soares, B. G.; Reisser, A. A., & Farrel, M. (2002). Pharmacological treatment of cocaine dependence: a systematic review. *Addiction,* 97(8), 931-949.

Lu, L., Grimm, J. W., Hope, B. T., & Shaham, Y. (2004). Incubation of cocaine craving after withdrawal: a review of preclinical data. *Neuropharmacology,* 47, 214-226.

Marsden, J., Stillwell, G., Barlow, H., Boys, A., Taylor, C., Hunt, N., & Farrel, M. (2006). The evaluation of a brief motivational intervention among young ecstasy and cocaine users: No effect on substance and alcohol use outcomes. *Addiction,* 101, 1014-1026

Mcconnaughy, E. A., Prochaska, J. O., & Velicer, W. F. (1983). Stages of change in psychotherapy: measurement and samples profiles. *Psychotherapy,* 20, 368-375.

Mckay, J. R., Alterman, A. L., Cacciola, J. S., O'brien, C. P., Koppenhaver, J. M., & Shepard, D. S. (1999). Continuing care for cocaine dependence: Comprehensive 2-year outcomes. *Journal of Consulting and Clinical Psychology,* 67, 420-427.

Mckay, J. R., Kevin, G. L., Donald, S. S., Ratichek, S., Morrison, R., Janelle, K., & Pettinati, H. (2004). The effectiveness of telephone-based continuing care in the clinical management of alcohol and cocaine use disorders: 12 month outcomes. *Journal of Consulting and Clinical Psychology*, 72, 967-979.

Mensinger J. L, Lynch, K. G., Tenhave, T. R., & Mckay, J. R. (2007). Mediators of telephone-based continuing care for alcohol and cocaine dependence. *J Consult Clin Psychol*, 75(5), 775-84.

Miller, W., Griboskov, C., & Mortel, R. (1981). The effectiveness of a selfcontrol manual for problem drinkers with and without therapist contact. *Intern J Addict*, 16, 829-839.

Miller, W. R., & Rollnick, S. (2001). *Entrevista motivacional: preparando as pessoas para a mudança de comportamentos aditivos*. Porto Alegre: Artmed Editora.

Miller, W. R.; Rollnick, S. (2002). *Motivacional interviewing: Preparing people for change*, 2°ed. New York: Guilford Press.

National Institute on Drug Abuse (NIDA). Cocaine: Abuse and Addiction. Research Report. Number 99-4342, 2004.

Noto, A. R., Galduróz, J. C., Nappo, S. A., Fonseca, A. M., Carlini, C. M. A., Moura, Y. G., & Carlini, E. A. (2003). Levantamento nacional sobre o Uso de Drogas entre Crianças e Adolescentes em Situação de Rua nas 27 Capitais Brasileiras – 2003. São Paulo: Centro Brasileiro de Informações sobre Drogas Psicotrópicas, Departamento de Psicobiologia, Escola Paulista de Medicina, Universidade Federal de São Paulo.

Noto, A. R., Moura, Y. G., Nappo, S. A., Galduróz, J. C. F., & Carlini, E. A. (2002). Internações por transtornos mentais e de comportamento decorrentes de substâncias psicoativas: um estudo epidemiológico nacional do período de 1988 a 1999. *J Bras Psiquiatr*, 51(2), 113-121.

Oliveira, L. C., & Nappo, S. A. (2008). Caracterização da cultura de crack na cidade de São Paulo: padrão de uso controlado. *Rev Saúde Pública*, 42(4), 664-671.

Oliveira, M. S., Laranjeira, R., Araujo, R. B., Camilo, R. L., & Schneider, D. D. (2003). Estudo dos estágios motivacionais em sujeitos adultos dependentes do álcool. *Psicologia Reflexão e Crítica*, 16(2), 265-270.

Prochaska, J. O., Diclemente, C. C., & Norcross, J. C. (1992). In search of how people change. Applications to addictive behaviors. *Am Psychol*, 47(9), 1102-14.

Rollnick, S., Butler, C. C., & Stott, N. (1997). Helping smokers make decisions: the enhancement of brief intervention for general medical practice. *Patient Educ Couns*, 31(3), 191-203.

Rounsaville, B. J., Petry, N. M., & Carrol, K. M. (2003). Single versus multiple drug focus in substance abuse clinical trials research. *Drug and Alcohol Dependence*, 70, 117-126.

Ruetsch, Y. A., Böni, T., & Borgeat, A. (2001). From Cocaine to Ropivacaine: The History of Local Anesthetic Drugs. *Current Topics in Medicinal Chemistry*, 1, 175-182.

Schmidt, H. D., Anderson, S. M., Famous, K. R., Kumaresan, V., & Pierce, R. C. (2005). Anatomy and pharmacology of cocaine priming-induced reinstatement of drug seeking. *European Journal of Pharmacology*, 526, 65-76.

Severson, H. H., & Hatsukami, D. (1999). Smokeless tobacco cessation. *Prim Care*, 26(3), 529-51.

Stefano, G. B., Bianchi, E., Guarna, M., Fricchione, G. L.; Zhu, W., Cadet, P., Mantione, K. L. et al. (2007). Nicotine, alcohol and cocaine coupling to reward processes via endogenous morphine signaling: the dopamine-morphine hypothesis. *Med sci Monit.*, 13(6), 91-102.

Siegal, H. A., Falck, R. S., Wang, J., & Carlson, R. G.(2002). *Predictors of drug abuse treatment entry among crack-cocaine smokers. Drug Alcohol Depend,* 68, 159-66.

Silva, V. A. da. (2007). Tratamento Farmacológico de Usuários e Dependentes de Cocaína e Crack. In: D. C., Cordeiro, N. B., Figlie, & R., Laranjeira, (2007). *Boas Práticas no Tratamento do Uso e Dependência de Substâncias.* (88-97). São Paulo: Roca.

Sofuoglu, M., Dudish-Poulsen, S., Poling, J.; Mooney, M., Hatsukami, D. K., (2005). The effect of individual cocaine withdrawal symptoms on outcomes in cocaine users. *Addictive Behaviors,* 30, 1125-1134.

Tevyaw, T. O., & Monti, P. M. (2004). Motivacional enhancement and other brief interventions for adolescent substance abuse: foundations, applications and evaluations. *Addiction*, 99(2), 63-75.

United Nations Office On Drugs And Crime (UNODC). World Drug Report 2009. Disponível em:<http://www.unodc.org/documents/wdr/WDR_2009/WDR2009_eng_web.pdf> Acesso em: 04/01/2010.

Transtorno de Tourette

Igor Marcanti dos Santos
Universidade Federal de Ciências da Saúde de Porto Alegre

Leandro Ciulla
Pontifícia Universidade Católica do Rio Grande do Sul (PUC-RS)

Ygor Arzeno Ferrão
Universidade Federal de Ciências da Saúde de Porto Alegre (UFCSPA)

Introdução

Diferentemente de muitos transtornos neuropsiquiátricos, que podem ser omitidos da sociedade e das pessoas que vivem com os pacientes, os transtornos de tiques (entre os quais o Transtorno de Tourette – TT), pela fenomenologia específica, pode ser detectado por qualquer leigo. Obviamente que muitos casos são leves e outros ainda são apenas transitórios, tornando o diagnóstico ainda mais difícil, mas boa parte dos pacientes sofre as consequências de tiques moderados a graves, o que influencia negativamente em suas vidas de relação, em seus desempenhos acadêmicos e profissionais e em seu convívio social.

Desde que a relação genética entre o TT e o transtorno obsessivo-compulsivo (TOC) foi relatada (Leckman et al., 2003), o Transtorno de Tourette tem sido incluído no espectro obsessivo-compulsivo, pois compartilha com o TOC características clínicas, tais como comportamentos repetitivos motivados por sensações predeterminantes. Um exemplo é a sensação relatada por alguns pacientes de que precisam executar um movimento até que "tudo fique perfeito". Essas sensações precedem não apenas tiques, mas compulsões. Cerca de 40% dos pacientes com TT possuem TOC e a ocorrência de TOC em familiares de pacientes com TT é mais comum do que a população em geral. Outras características compartilhadas costumam ser alguns achados de neuroimagem e as respostas a tratamentos (Marsh, Maia, & Peterson, 2009; Prado, Rosário, Lee, Hounie, Shavitt, & Miguel, 2008).

Desta forma, este capítulo revisa aspectos relativos aos transtornos de tiques crônicos, mas especialmente do TT, incluindo um pequeno histórico, aspectos fenomenológicos e psicopatológicos, procedimentos para o diagnóstico e diagnóstico diferencial, e inclui um resumo dos principais tratamentos convencionais para o transtorno.

A história do Transtorno de Tourette

O Transtorno de Tourette (TT) foi primeiramente apresentado no relato de caso do médico francês Jean Marie Itard, em 1825. Ele descreveu o caso de uma nobre francesa, a Marquesa de Dampièrre, que desde a infância era portadora de tiques corporais persistentes, emitia sons parecidos com latidos e falava obscenidades. Seu quadro era tão intenso que a forçava a viver isolada. À doença conhecida *"maladie des tics"* em 1873, Trousseau acrescentou a descrição de tiques motores, vocalizações bizarras e palilalia. Em 1881, George Beard relatou os casos dos "Franceses saltitantes de Maine", portadores de ecolalia e reações de sobressalto exageradas.

O neurologista francês George Gilles de La Tourette (Fig. 1), então membro da equipe de Charcot no Hospital de la Salpêtrière, relatou em 1884 mais oito casos de pacientes com tiques, ecolalia e coprolalia e, somando-se aos casos descritos anteriormente, considerou-os compondo uma mesma síndrome. À Charcot coube a ideia de dar o nome de seu aluno à síndrome descrita.

Figura 1 – Gilles de La Tourette

No mesmo período, Freud frequentava as mesmas enfermarias e escreveu posteriormente que a síndrome estava sendo estudada naquele local. Descreveu as ideias de Charcot que dividiam os tiques em dois tipos. Um de origem neurológica e outro histérico. Com o desenvolvimento da Psicanálise, surgiram explicações psicogênicas para o TT que permaneceram até o surgimento dos psicofármacos nos anos 50.

Na possível lista de pacientes com TT estão personalidades como o compositor austríaco Wolfgang Amadeus Mozart, o escritor norte-americano Henry Miller e a psicanalista austríaca Anna Freud (Hounie & Petribú, 1999).

Fenomenologia

Tiques são movimentos súbitos, repetitivos, estereotipados ou sons que envolvem determinados grupos musculares. São fragmentos de uma ativação motora ou produção sonora normal, porém fora de contexto (Leckman, 2003).

Os tiques podem ser classificados como simples ou complexos. Os tiques simples são movimentos ou sons breves, abruptos, repetidos e sem propósito, que envolvem musculaturas individuais ou pequenos grupos musculares funcionalmente relacionados. Já os tiques complexos envolvem movimentos mais complexos, são mais lentos e coordenados muitas vezes simulando movimentos voluntários, envolvendo grupos musculares não relacionados funcionalmente (Albin & Mink, 2006; Bohlhalter et al., 2006; Leckman, 2003).

Nos tiques complexos estão incluídos a ecopraxia (imitação dos gestos de outra pessoa) e a copropraxia (gestos obscenos). A ecolalia e a coprolalia são os análogos na linguagem, além da palilalia (repetição de sons, sílabas ou palavras da própria pessoa). Os tiques podem ser tônicos, lentos ou clônicos, súbitos. Os tiques vocais são produzidos pelo trânsito do ar pelo nariz ou boca.

Os transtornos de tique são classificados de acordo com a idade de início, duração, severidade de sintomas e presença de tiques vocais e/ou motores (Rampello, Alvano, Battaglia, Bruno, Raffaele, & Nicoletti, 2006). Podem ser divididos em Transtorno de Tourette, Transtorno de tique motor ou vocal crônico, Transtorno de tique transitório (ver Quadros 1 e 2) (APA, 1994; OMS, 2007).

Quadro 1. Critérios diagnósticos da CID 10 para transtornos de tiques

Tiques

Grupo de síndromes, caracterizadas pela presença evidente de um tique. Um tique é um movimento motor (ou uma vocalização) involuntário, rápido, recorrente e não rítmico (implicando habitualmente grupos musculares determinados), ocorrendo bruscamente e sem finalidade aparente. Os tiques são habitualmente sentidos como irreprimíveis, mas podem em geral ser suprimidos durante um período de tempo variável. São frequentemente exacerbados pelo "estresse" e desaparecem durante o sono. Os tiques motores simples mais comuns incluem o piscar dos olhos, movimentos bruscos do pescoço, levantar os ombros e fazer caretas. Os tiques vocais simples mais comuns comportam a limpeza da garganta, latidos, fungar e assobiar. Os tiques motores complexos mais comuns incluem se bater, saltar e saltitar. Os tiques vocais complexos mais comuns se relacionam à repetição de palavras determinadas, às vezes com o emprego de palavras socialmente reprovadas, frequentemente obscenas (coprolalia) e a repetição de seus próprios sons ou palavras (palilalia).

Tique transitório

Transtorno que responde aos critérios gerais de um tique, mas que não persiste além de doze meses. Trata-se habitualmente do piscamento dos olhos, mímicas faciais ou de movimentos bruscos da cabeça.

Tique motor ou vocal crônico

Transtorno que responde aos critérios de um tique, caracterizado pela presença quer de tiques motores, quer de tiques vocais, mas não os dois ao mesmo tempo. Pode-se tratar de um tique isolado, ou, mais frequentemente, de tiques múltiplos, persistindo durante mais de um ano.

Tiques vocais e motores múltiplos combinados (Transtorno de Tourette)

Transtorno caracterizado em um momento qualquer durante o curso da doença por tiques motores múltiplos e um ou mais tiques vocais, não necessariamente simultâneos. O transtorno se agrava habitualmente durante a adolescência e persiste frequentemente na idade adulta. Os tiques vocais são frequentemente múltiplos, com vocalizações, limpeza da garganta e grunhidos repetidos e explosivos, e, por vezes, emissão de palavras ou frases obscenas, associadas em certos casos a uma ecopraxia gestual que pode ser igualmente obscena (copropraxia).

Outros tiques

- Tique não especificado

Tique SOE

Quadro 2. Critérios diagnósticos do DSM IV para Transtornos de Tiques

307.23 Transtorno de Tourette

A. Múltiplos tiques motores e um ou mais tiques vocais estiveram presentes em algum momento durante a doença, embora não necessariamente ao mesmo tempo. (Um tique é um movimento ou vocalização súbita, rápida, recorrente, não rítmica e estereotipada.)

B. Os tiques ocorrem muitas vezes ao dia (geralmente em ataques) quase todos os dias ou intermitentemente durante um período de mais de 1 ano, sendo que durante este período jamais houve uma fase livre de tiques superior a 3 meses consecutivos.

C. A perturbação causa acentuado sofrimento ou prejuízo significativo no funcionamento social, ocupacional ou outras áreas importantes da vida do indivíduo.

D. O início dá-se antes dos 18 anos de idade.

E. A perturbação não se deve aos efeitos fisiológicos diretos de uma substância (por exemplo, estimulantes) ou a uma condição médica geral (por exemplo, doença de Huntington ou encefalite pós-viral).

307.22 Transtorno de tique motor ou vocal crônico

A. Tiques motores ou vocais, mas não ambos, isolados ou múltiplos (isto é, movimentos ou vocalizações súbitas, rápidas, recorrentes, não rítmicas e estereotipadas), estiveram presentes em algum momento durante a doença.

B. Os tiques ocorrem muitas vezes ao dia, quase todos os dias ou intermitentemente, durante um período de mais de um ano, sendo que durante este período jamais houve uma fase livre de tiques superior a três meses consecutivos.

C. A perturbação causa acentuado sofrimento ou prejuízo significativo no funcionamento social, ocupacional ou outras áreas importantes da vida do indivíduo.

D. O início dá-se antes dos 18 anos de idade.

E. A perturbação não se deve aos efeitos fisiológicos diretos de uma substância (por exemplo, estimulantes) ou a uma condição médica geral (por exemplo, doença de Huntington ou encefalite pós-viral).

F. Jamais foram satisfeitos os critérios para Transtorno de Tourette.

307.21 Transtorno de tique Transitório

A. Tiques motores e/ou tiques vocais, isolados ou múltiplos (isto é, movimentos ou vocalizações súbitas, rápidas, recorrentes, não rítmicas e estereotipadas).

B. Os tiques ocorrem muitas vezes ao dia, quase todos os dias, por pelo menos quatro semanas, mas por não mais de 12 meses consecutivos.

C. A perturbação causa acentuado sofrimento ou prejuízo significativo no funcionamento social, ocupacional ou outras áreas da vida do indivíduo.

D. O início dá-se antes dos 18 anos de idade.

E. A perturbação não se deve aos efeitos fisiológicos diretos de uma substância (por exemplo, estimulantes) ou a uma condição médica geral (por exemplo, doença de Huntington ou encefalite pós-viral).

F. Jamais foram satisfeitos os critérios para Transtorno de Tourette ou Transtorno de Tique Motor ou Vocal Crônico.

Especificar se:

Episódio Único ou Recorrente

Precedendo o tique, pode ocorrer uma sensação de desconforto e urgência. Estes fenômenos sensoriais são caracterizados por uma tensão psíquica ou por sintomas sensoriais que levam à realização do tique. Esta urgência pode ser tão desconfortável quanto o próprio tique (Bohlhalter et al., 2006).

A variedade de tiques motores é ampla. Praticamente qualquer movimento pode se transformar em um tique. O grau de disfunção relaciona-se às características específicas como número, frequência, intensidade, complexidade, além de autoestima, desempenho, ocupacional, familiar e social. Os tiques vocais também contam com uma grande possibilidade de manifestação. Variam desde sons simples, rápidos como fungar, pigarrear, ronco, tossir até sons mais complexos como sílabas, palavras, frases (Leckman, 2003). A ocorrência do tique pode ser influenciada pela sugestão. Pacientes que não estejam realizando no momento, se induzidos, podem iniciar os sintomas. Da mesma forma, os sintomas podem ser suprimidos através de um esforço mental, muitas vezes desenvolvendo um estresse psíquico intenso e retornando através de uma descarga intensa quando param a supressão (Leckman, 2003; Rampello et al., 2006).

Os tiques normalmente se iniciam por volta dos sete anos, geralmente entre dois e 15 anos. Alguns trabalhos relatam uma progressão rostro-caudal, porém o curso é imprevisível. Surgem como tiques motores simples, mais frequentemente, piscadelas dos olhos. Os tiques vocais ocorrem após os tiques motores, em torno dos 11 anos, como pigarro, "fungadelas", tosse. Em alguns casos os tiques vocais são os primeiros sintomas a surgir. Em menos de um terço dos pacientes é observada a coprolalia, de 1 a 21% a copropraxia, de 11 a 44% a ecolalia e a ecopraxia, de 6 a 15% a palilalia (Hounie & Petribú, 1999).

Os tiques da face, da cabeça e dos olhos são os mais resistentes ao tratamento. Podem ser disfarçados voluntariamente em atitudes coloquiais como afastar o cabelo do rosto, arrumar a roupa, mas podem ser reconhecidos por se tornarem repetitivos. A intensidade dos tiques pode ser variável. Movimentos leves e sutis, como levantar uma sobrancelha, até tiques grosseiros como saltos ou gritos (Hounie & Petribú, 1999).

O TT ocorre principalmente pela presença de tiques crônicos tanto motores quanto vocais, perduram por mais de um ano e variam em tipo, frequência e distribuição anatômica. (Albin & Mink, 2006, Diaz-Anzaldúa et al., 2004). De acordo com o DSM IV, o TT é definido pela ocorrência de múltiplos tiques motores e ao menos um vocal pelo período de mais de um ano e sem haver período livre de tique maior que três meses consecutivos. Um tique específico pode se manifestar por semanas, meses ou anos e desaparecer, outros podem se manifestar sem curso ou frequência identificável. Muitas vezes o TT se manifesta, tanto com tiques simples como complexos. Tiques simples podem incluir desvio do olhar, abertura de boca, pigarrear, piscar, torção de nariz, careta facial. Tiques complexos incluem sacudir a cabeça, lamber mãos e objetos, tocar, bater, gestos obscenos (Albin & Mink, 2006).

Os tiques podem aumentar de intensidade em momentos de estresse e diminuir quando o paciente mantém sua concentração em alguma atividade. Um acesso de tique pode se manifestar em ondas que vão e vem ao longo de horas, dias, semanas ou meses (Albin & Mink, 2006).

O TT normalmente tem início na infância, podendo, em alguns casos, aparecer durante a adolescência, mas sempre antes dos 21 anos. A ocorrência da doença é mais frequente no sexo masculino (3-4:1) e sua prevalência é de 1/2.000 pessoas, embora possa ser maior, pois os dados dependem dos critérios utilizados nos estudos (Diaz-Anzaldúa et al., 2004; Hounie & Petribú, 1999). Em geral a doença se manifesta com severidade máxima durante a pré-adolescência, diminuindo ou até mesmo desaparecendo no início da idade adulta (Albin & Mink, 2006; Bloch, Leckman, Zhu, & Peterson, 2005). A remissão espontânea pode ocorrer em torno de 3 a 5% dos casos. Um terço dos pacientes consegue remissão total no fim da adolescência, um terço consegue melhora parcial e mais um terço seguirá com a doença. Se os sintomas permanecem no adulto, a sintomatologia pode ser severa e incluir manifestações de autoinjúria e tiques que podem levar à estigmatização do paciente. Ainda não existem preditores para identificar quais crianças podem ser mais susceptíveis à permanência da doença quando adultos. Um estudo apontou o volume reduzido do caudado na infância como possível preditor de severidade da doença no adulto (Bloch et al., 2005; Hounie & Petribú, 1999).

Comportamentos obsessivo-compulsivos estão associados ao TT e há semelhanças entre tiques e sintomas obsessivo-compulsivos que podem dificultar a identificação de uma doença ou outra. Ambos os sintomas incluem experiências premonitórias como sensações, no tique, e pensamentos, no TOC, que precedem os movimentos involuntários. Outra característica comum é a incapacidade de inibir os atos involuntários (Albin & Mink, 2006).

Diagnóstico

O diagnóstico dos transtornos de tique é feito através da história e observação clínica do paciente. A avaliação diagnóstica de um paciente com possível transtorno de tique deve incluir uma abordagem completa do paciente. Uma história completa tanto do paciente como de sua família são importantes, além de um exame do estado mental e neurológico acurados. Inicialmente deve-se estar atento para descartar causas secundárias de tiques. Algumas doenças genéticas podem apresentar tiques e mimetizar o TT: Coreia de Huntington, Neuroacantose, Doença de Duchenne, Síndrome de Down, Síndrome de Klinefelter. Outras doenças associadas a tiques são: trauma crânio-encefálico, encefalite, derrame, esquizofrenia, autismo, Coreia de Sydenham, doença de Creutzfeld-Jakob, envenenamento por monóxido de carbono e hipoglicemia. Medicamentos também podem desencadear tiques, como estimulantes, antidepressivos, anti-histamínicos, antocolinérgicos, levodopa, fenitoína, carbamazepina, lamotrigina.

Apesar de não haver nenhum diagnóstico laboratorial específico, a dosagem de TSH pode ser útil em função da associação de tiques com hipertireoidismo. Em casos de início súbito dos sintomas ou piora associada à faringite ou otite média, uma cultura para streptococcus Beta-hemolítico do grupo A, dosagem de antiestreptolisina-O (ASLO) e anti-DNA se B devem ser obtidos. Em algumas crianças portadoras de TT os níveis de ASLO no sangue parecem estar aumentados. Nesses casos os níveis de anticorpos antigânglios da base podem estar aumentados, sugerindo componente imunológico no desenvolvimento da doença (Lopes, Seixas, Pinto, & Oliveira, 2006). Dosagens de neurotransmissores no sangue, líquor, cefalorraquidiano e urina não encontraram nenhuma alteração significativa nos portadores de TT (Santos, 1998). Não existe nenhum valor diagnóstico ou terapêutico na mensuração destas substâncias. Em estudos científicos, algumas alterações foram relatadas. No TT a dopamina parece estar com sua atividade aumentada nos gânglios da base. A serotonina, que apresenta papel importante por inibir a ação da dopamina nos gânglios da base, apresenta-se com níveis reduzidos em paciente portadores da doença. A acetilcolina parece apresentar deficiência na sua atividade no TT, porém faltam mais estudos para corroborar esta teoria (Ferrão & Fontenelle, 2006). O EEG pode ser útil para diferenciação de TT e epilepsia, uma vez que seus achados não são específicos. Uma inibição do estímulo transmagnético evocado foi observado em pacientes com TT e TDAH (Gilbert, Sallee, Zhang, Lipps, & Wassermann, 2005).

Pesquisas mostram que as crianças com TT apresentam os mesmos níveis de problemas cognitivos e de aprendizagem que indivíduos saudáveis. Contudo, quando há uma comorbidade associada há um aumento na probabilidade de ocorrer uma disfunção nessas áreas. Por isso, uma avaliação neuropsicológica é de grande valia para auxiliar na detecção de possíveis déficits cognitivos e de comorbidades (Lopes et al., 2006).

Para uma avaliação mais detalhada do paciente ou para fins de pesquisa, pode-se lançar mão de instrumentos de avaliação clínica, como: Escala de avaliação global de tiques de YALE (YGTSS) (ver anexo), Índice de confiança diagnóstica, Escala MOVES, Escala Hopkins e Escala de Vídeo para Transtorno de Tourette (Stern, Burza, & Robertson, 2005). Por outro lado, uma maneira mais fácil de avaliar a intensidade dos sintomas é contar o número de tiques em um minuto, categorizando os tiques em motores ou vocais.

Neuroimagem

Os circuitos envolvidos na patofisiologia do TT são cortico-estriado-tálamo-cortical (Fig. 2). Estudos de neuroimagem através de ressonância magnética (RM) têm demonstrado redução ou volume normal dos gânglios da base. O volume dessa região pode sofrer influência da idade, dos sintomas e severidade, sexo, comorbidades, infecção estreptocócica e uso de medicação. O volume do córtex frontal também se mostrou alterado com diferenças entre adultos e crianças: maiores volumes nestes e menores naqueles (Müller-Vahl et al., 2009) outros estudos sobre o córtex pré-frontal têm demonstrado resultados mais variados. Foram encontrados, também, maiores volumes no putâmen ventral mesencéfalo incluindo núcleos dopaminérgicos e tálamo. Volumes diminuídos foram encontrados no hipocampo. Um estudo mostrou que pacientes que, durante a infância, aprendem a suprimir seus tiques apresentam crescimento do córtex pré-frontal, o que pode resultar em melhora da sintomatologia na idade adulta (Baym, Corbett, Wright, & Bunge, 2008).

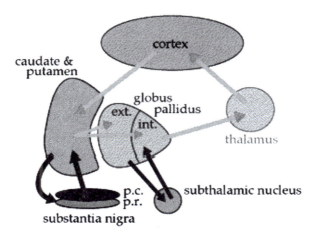

Figura 2 – Circuito cortico-estriado-tálamo-cortical

Estudos de neuroimagem funcional (ressonância magnética funcional) têm apontado para alterações na região frontoestriatal (Baym et al., 2008; Müller-Vahl et al., 2009). Comparados a indivíduos saudáveis, os pacientes com TT apresentam um padrão aumentado de ativação neural particularmente nos gânglios da base (Baym et al., 2008).

Os estudos que avaliam volume e atividade cerebral em pacientes com TT têm demonstrado que, na média, pacientes com a doença apresentam diferenças em determinadas estruturas cerebrais quando comparados a indivíduos normais. Entretanto, devemos lembrar que estes exames não são úteis na prática clínica diária. Ficam mais restritos a situações de pesquisa científica e também em casos bem específicos nos quais há a necessidade de se afastar causas de tiques secundárias a quadros orgânicos como traumas, derrames ou tumores (Ferrão & Fontenelle, 2006).

Diagnóstico diferencial

Algumas doenças podem se apresentar com sintomas semelhantes, mimetizando o TT. Esses casos são chamados de "Tourettismo" e são secundários a uma disfunção orgânica identificável (ver Tabela 1).

Tabela 1. Causas comuns de Touretismo

Causas comuns de Touretismo
Pós-encefalite
Após o uso de L-dopa
Acidente vascular cerebral
Trauma crânio-encefálico
Doença de Wilson
Coreia de Huntington
Síndrome de Lesch-Nyhan
Intoxicação com cocaína, anfetaminas, monóxido de carbono
Inalação de gasolina

Os tiques precisam ser diferenciados também de outras alterações da motilidade que acontecem em outras patologias ou situações clínicas (Hounie & Petribú, 1999, Kenney, Kuo, & Jimenez-Shahed, 2008) (ver Tabela 2).

Tabela 2. Diagnóstico diferencial de quadros de alterações do movimento

Alterações do movimento	Quadro clínico
Movimentos coreicos	Decorrentes de doenças infecciosas como a Coreia de Sydenham ou processos degenerativos. São movimentos semelhantes à dança, súbitos, não repetitivos, anárquicos.
Distonias	Movimentos de torção, repetitivos, que progridem para posturas anormais. Ocorrem no torcicolo espasmódico, no blefaroespasmo idiopático.
Mioclonias	Contrações musculares súbitas, breves, limitadas a grupos musculares ou partes destes, provocando ou não deslocamento de um segmento.
Síndrome das Pernas Doloridas e ce Movimento dos Artelhos	Ocorre quando os dedos ou o pé estão em constante flexão e extensão, acompanhados de dor profunda na perna ipsilateral. Movimentos parecidos com tiques acontecem, também, na Síndrome das Pernas Inquietas.
Balismos	Movimentos amplos, intermitentes projetados para fora e para a frente, tendendo à flexão e enrolamento sobre o próprio eixo. Geralmente são unilaterais e secundários a lesões subtalâmicas contralaterais ou de múltiplos microinfartos no estriado contralateral.
Acatisia	Sensação de inquietação intensa que acontece como efeito colateral dos antipsicóticos.

Estereotipias	Movimentos voluntários, repetitivos e sem objetivo. São observadas em pacientes com retardo mental, psicóticos ou hiperativos.
Compulsões	Atos ou rituais mentais realizados geralmente em resposta a uma obsessão e servem para diminuir a ansiedade gerada pelas mesmas. Acontecem no transtorno obsessivo-compulsivo.

Comorbidade

Pacientes com TT na maioria dos casos apresentam alguma comorbidade. Um estudo mundial detectou que 88% dos pacientes tinham algum outro diagnóstico (Robertson, 2006), contribuindo sobremaneira para o grau de morbidade desses pacientes (Leckman, 2003). A doença mais comum nos pacientes com TT é o TDAH seguido de TOC e SOC (Kenney, 2008; Leckman, 2003; Rampello et al., 2006; Robertson, 2006). Pacientes com TT chegam a ter 20 vezes mais sintomas OC que a população em geral e apresentam história positiva de sintomas OC na família (Rampello). Metade até 90% de crianças e adolescentes com TT têm também um diagnóstico de TDAH, transtorno opositor desafiante ou transtorno de conduta (Leckman). Altos níveis de comportamento disruptivo, raiva, dificuldade para dormir, coprolalia e má aderência tem sido relatados em pacientes com comorbidade (Leckamn, 2003; Robertson, 2006). Outros estudos mostram também que pacientes com TT apresentam aumento na ansiedade, hostilidade e transtornos de personalidade (Robertson). A comorbidade com transtornos de personalidade (TP) observada em um estudo com em 39 adultos portadores de ST foi de 64 % apresentando um ou mais TP (Hounie et al., 1999).

Genética

Os estudos com gêmeos e famílias têm fornecido evidências de que há uma transmissão genética vertical da vulnerabilidade ao TT. A análise de segregação de famílias indica que a ST é herdada de acordo com o padrão autossômico dominante com penetrância variável dependendo do sexo. A taxa de concordância para o TT entre gêmeos monozigóticos (MZ) é maior que 50%, enquanto para os dizigóticos é de cerca de 10%. Quando são incluídos os casos de tiques simples a concordância aumenta para 77% nos MZ. Estes dados falam a favor de que os fatores genéticos têm papel importante na etiologia do TT. Por outro lado, apontam para a influência dos fatores não genéticos. Foi sugerido que o transtorno obsessivo-compulsivo e o TT estariam relacionados geneticamente, e que o TOC representaria um fenótipo alternativo do hipotético gene do TT, ainda não localizado (Hounie et al., 1999).

Apesar de a maioria dos pacientes com TT ter um cariótipo normal, uma série de anormalidades cromossômicas já foram publicadas nestes indivíduos. As regiões cromossômicas 16 p13.3, 18q 22.1 e 9p 23-pter, implicadas em rearranjos cromossômicos estruturais em pacientes com TT, falharam em gerar evidências definitivas de que estivessem ligadas com o gene do TT.

Devido à tamanha dificuldade de se encontrar o gene, foi formado um Consórcio Internacional de Laboratórios de Genética interessados em mapear o gene. Estes laboratórios realizaram uma busca sistemática em grande parte do genoma humano, buscando saber se o gene está ligado a um dos seiscentos marcadores genéticos gerados pelo Projeto Genoma Humano, e o resultado foi negativo. Este resultado, apesar de bastante frustrante, teve como ponto positivo o fato de ter conseguido excluir cerca de 80% do material genético humano como possível região para o gene do TT.

O principal ensinamento que este estudo colaborativo trouxe à tona foi que o mapeamento dos genes ligados a doenças psiquiátricas será mais difícil, pois obstáculos como a indefinição de critérios diagnósticos rígidos, a penetrância incompleta, a variabilidade de expressão e o aparecimento e o desaparecimento dos sintomas em diferentes fases da vida do indivíduo tornam complexo o delineamento dessas síndromes e, como consequência, reduzem a eficiência dos métodos tradicionais de mapeamento genético. Além desses obstáculos, os atuais modelos de mapeamento genético assumem *a priori* que o gene seja passado de geração para geração através dos mecanismos tradicionais de herança mendeliana, ou seja, dominância ou recessividade.

Na tentativa de encontrar um gene principal que cause a doença, porém sem seguir os esquemas tradicionais de herança mendeliana, algumas hipóteses foram recentemente lançadas. Uma delas é que a frequência de heterozigotos na população seria maior do que a imaginada, e que haveria casamentos um ao outro baseados em alguma característica, como, por exemplo, a presença de tiques, por não considerarem esse sintoma não atrativo. Esses fatos levariam a uma tendência maior para o casamento entre dois indivíduos heterozigotos. Essa hipótese foi baseada no achado de que a frequência de TT era muito maior nestes indivíduos do que a frequência de TT na população em geral.

A grande variabilidade de expressão do TT, que foi observada primeiramente no próprio artigo inicial escrito por Gilles de La Tourette em 1885, associada ao fato de que pode haver diferenças de expressividade do TT em sexos diferentes, sendo os homens possivelmente mais afetados do que as mulheres, além de que certos sintomas como tiques serem mais frequentes em homens, e outros, como as obsessões e compulsões serem mais frequentes em mulheres, chamou a atenção para uma nova possibilidade: a de que o recém-desvendado fenômeno de impressão genética (*genetic imprinting*) esteja implicado como uma importante causa na gênese do TT.

Um dos fundamentos das leis de herança mendeliana é que a expressão de um determinado gene é independente do sexo do progenitor que transmitiu o gene. O fenômeno de impressão genética, já comprovado para outras doenças genéticas como Fibrose Cística, Síndrome de Prader-Willy e Síndrome de Angelmans, refere-se ao fato de que a expressão de um traço ou doença hereditária pode depender do sexo do progenitor que transmitiu a doença.

O estudo mais recente sobre genética do TT demonstra claramente que o sexo progenitor afetado influencia o fenótipo da criança com TT.

A confirmação de que o fenômeno de impressão genética está presente no TT pode ajudar a explicar algumas das dificuldades que têm sido encontradas, postulando-se uma hipótese simples de transmissão desta doença. Os heredogramas avaliados em todas as publicações anteriores serão agora revistos tendo em mente a possibilidade de impressão genética.

O reconhecimento da participação do fenômeno de impressão genética na etiologia do TT não terá implicações apenas no prognóstico para pacientes individuais, mas também servirá para reconciliar algumas das teorias conflitantes relacionadas à genética dessa desordem. Além disso, se os resultados forem confirmados, haverá também implicações para o desenvolvimento de futuras terapias para a doença. Quando o gene causador da doença for identificado, e suas bases bioquímicas desvendadas, talvez seja necessário desenhar tratamentos diferenciados para casos de transmissão paterna ou materna, já que a expressão clinica da doença será diferente.

A localização do gene ou genes responsáveis pela expressão do TT será um passo enorme para que possamos compreender os fatores genéticos e biológicos importantes para a expressão desta síndrome. Além disso, poderemos compreender melhor os fatores não genéticos associados com a manifestação ou com a melhora dos sintomas desta desordem. Quando o gene ou genes estiverem mapeados ou clonados, será possível testar crianças assintomáticas em famílias com risco para determinar quem carrega e quem não carrega genes que conferem suscetibilidade a esta doença. Será possível também determinar quais os fatores que protegem alguns de desenvolverem todos os sinais e sintomas do TT. Com o avanço da terapia gênica, pode-se vislumbrar um futuro no qual esta doença possa ser combatida com a introdução de genes normais nas células que possuem genes alterados, o que eventualmente poderia levar à cura do TT (Raskin & Santos, 1998).

Família

Os diversos tipos de tique encontrados nos transtornos de tiques e na Síndrome de Tourette (ST) são, muitas vezes estranhos, bizarros e se constituem em uma surpresa para os familiares, que, geralmente, não sabem como reagir.

Os pais tentam seus métodos regulares para educar o filho, mas estes, em geral, não funcionam.

Tem-se verificado que o simples interesse dos pais em aprender mais sobre os tiques e a ST já tem efeito benéfico sobre os filhos/pacientes, pois mostra a intenção da família de colaborar para um objetivo comum. De forma geral, quanto maior o tempo gasto em atividades prazerosas ou produtivas, menor será a gravidade dos sintomas. Assim, os pais devem se empenhar em propiciar ao seu filho com tiques um desenvolvimento normal.

Algumas pessoas com tiques crônicos não percebem ou reconhecem a presença dos tiques ou a sua intensidade. Os pais e a família, orientados pelo terapeuta, têm papel muito importante no sentido de ajudar o paciente a observar e descrever a presença dos tiques. Descrever o sintoma é uma parte do tratamento que o portador de Tourette precisa fazer. Nesse caso, a família deve mostrar o que está acontecendo e dar-lhe o nome, como quem está ensinando uma criança a falar. Por outro lado, algumas pessoas com Tourette percebem ainda crianças que são diferentes das outras. Percebem que têm alguma coisa que as outras pessoas não têm e precisam de uma explicação para isso. Com essa explicação, a pessoa pode se sentir melhor compreendida e reagir com maior naturalidade a perguntas que são feitas fora de casa. A presença dos sintomas precisa ser tratada como algo natural, sem valor anormal, como em qualquer outra doença. Essa naturalidade tornará mais simples enfrentar as questões que surgirão. A postura da família deve ser norteada pelo binômio: participação e naturalidade.

Comportamentos explosivos: os pais devem estar preparados para encarar com naturalidade o fato de que os comportamentos explosivos da pessoa podem aparecer apenas em casa. Isso pode ser consequência do esforço para evitar sintomas em locais públicos, como a escola. É comum na sociedade que se dê muita atenção aos sintomas das doenças, e não aos doentes, ou que toda a atenção dada a estes seja em função dos sintomas. Dessa forma, a pessoa que sofre com a doença acaba se tornando o problema de toda a família. É importante, e ajuda muito no tratamento, que outras características do portador de Tourette sejam observadas pelos amigos e familiares. O investimento da família não pode ser dirigido apenas para o aspecto doente da pessoa. As características mais saudáveis devem ser observadas com atenção e apoiadas.

Expressão dos tiques: os pais tendem a educar os filhos em relação aos sintomas da mesma forma que o fazem em relação a outros comportamentos que consideram perigosos ou indesejáveis. Uma dessas formas é a punição, que não funciona, porque a dificuldade do paciente tem a ver com o desequilíbrio químico no cérebro, ou seja, seu comportamento não é proposital, ainda que algumas vezes possa parecer. Não se pode punir uma pessoa doente pelos seus sintomas.

Escola: muitas vezes os pais têm medo de que seu filho fique rotulado se deixarem que a escola saiba que ele tem Tourette. Entretanto, se os sintomas são bastante significativos, a ponto de um diagnóstico ser feito, então são também visíveis o bastante para interferir na vida familiar, na escola, no trabalho e nas relações com os amigos. Assim, o contato e orientação da escola podem ser cruciais.

Situações difíceis: tanto na escola quanto na vida social, a pessoa com ST precisa de apoio para lidar com situações difíceis. Entretanto, se toda situação difícil for eliminada (pelos pais ou escola) o paciente perderá a oportunidade de aprender a lidar com situações similares. É importante que a pessoa possa, ao enfrentar situações difíceis, conversar com pais, professores e orientadores para criar estratégias que ajudem a superar estas dificuldades.

Adesão ao tratamento: é muito comum que o indivíduo com Tourette se sinta incomodado com o fato de fazer o tratamento. Nesse momento, o apoio da família é de extrema importância. Dar apoio e estar perto, observando se o tratamento vem sendo seguido em casa, é algo valioso, uma vez que, com o tratamento iniciado e mantido por algum tempo é possível que o indivíduo passe a se sentir melhor e a controlar sozinho o tratamento.

Terapia de reversão de hábito

Costuma-se pedir para os familiares que ajudem no:

1. Treino de atenção: ajudar a identificar quando e em quais situações um tique pode ocorrer. Identificar os sentimentos antecipatórios;

2. Treino de resposta concorrente: identificar algum comportamento físico do indivíduo que, ao ser feito, evite a emissão do tique. Costuma ser combinado entre paciente e terapeuta; por isso mesmo, é bom informar qual é, e, toda vez que o indivíduo conseguir "substituir o tique por outro comportamento", elogiá-lo, falar sobre o quanto ele tem se esforçado ou qualquer outra coisa que seja importante para ele; e

3. Apoio social: dar dicas de quando talvez seja necessário usar respostas concorrentes e reforçar socialmente, falar ou dispor de algo importante para a pessoa, principalmente quando ela conseguir fazer as tarefas.

Deve-se prestar atenção nos tiques ou ignorá-los? O melhor a ser feito é evitar tratá-lo como alguém diferente, com problemas. Mais especificamente, não lhe dar mais atenção logo após os tiques. Evitar reclamar, punir ou até mesmo perguntar se está tudo bem, se ele precisa de algo para que não se estabeleça uma relação entre o tique e a atenção. Com isso estaremos evitando que haja uma manutenção social do problema. Em nossa sociedade, é muito comum estarmos atentos para o que não está correto. No caso dos tiques, isso não ajuda no tratamento. Assim, se o filho consegue ficar meia hora sem fazer tiques, mesmo que passe a fazer em outros momentos, os pais devem prestar atenção e valorizar o momento em que ele consegue ficar sem fazê-los.

Quando cultivamos algo, por menor que seja, ele costuma crescer. Se os pais fizerem o mesmo em relação ao seu filho ou pessoa próxima quando ele conseguir realizar algo que lhe faça bem, seja controlar um tique ou qualquer outra atitude positiva, esses comportamentos tenderão a se tornar mais frequentes, em consequência, os tiques serão menos frequentes. Isso vale também para o comportamento social. É comum que o indivíduo com Tourette se sinta distante dos outros, visto pelos colegas como diferente por adotar comportamentos não tão usuais. Como reação, talvez possa até evitar o contato social, tornando-se tímido ou agressivo. Diante disso, a mesma regra funciona. Ele deve ser estimulado quando se comportar de maneira mais aberta com os colegas e sem agressão. Ficar em casa só com os pais pode protegê-lo de situações difíceis, mas irá dificultar sua vida em longo prazo. E quanto mais ele se expuser a situações sociais, menos ansioso ficará em relação a elas com o tempo, garantindo também a diminuição dos tiques de forma geral (Silva, Mathias, Borcato, & Motta, 2006).

Tratamento

Frente ao diagnóstico de um transtorno de tique, o próximo passo a ser dado diz respeito ao tratamento adequado. Os tiques podem apresentar-se em vários graus de doença além de apresentarem-se com comorbidades, pontos que devem ser levados em conta na decisão de qual a melhor forma para abordagem do transtorno. Há casos leves que muitas vezes nem são diagnosticados e acabam não recebendo tratamento.

Educação

Uma boa psicoeducação é ponto fundamental em qualquer tratamento para qualquer patologia. Por isso, uma abordagem adequada do paciente, de sua família e da escola não deve ser esquecida. Hoje em dia conta-se muito com o apoio de entidades e associações de auxílio ao doente e familiar, que podem ser oferecidas como parte importante do tratamento. Inicialmente, é importante esclarecer que toda a sintomatologia apresentada pelo paciente não ocorre de maneira proposital. É fundamental explicar que mesmo os tiques que se assemelham a movimentos voluntários não são atos intencionais. A orientação de que os sintomas podem ser flutuantes e variar de intensidade ao longo do tempo facilita a compreensão de que o paciente não faz isso por opção. Muitos pacientes tentam suprimir seus sintomas quando estão em um ambiente pouco familiar, contudo é comum haver uma descarga mais tarde provavelmente no retorno a suas casas. Por isso é importante que os familiares estejam atentos a esta característica e consigam compreender o que está se passando com o paciente (Hounie, Alvarenga, Diniz, Castillo, & Castillo, 2006; Sprecher & Kurlan, 2009). A indicação de livros com linguagem acessível e que esclareça aos pacientes e familiares é recomendável (Hounie & Miguel, 2006; Santos, 1998).

A abordagem do ambiente escolar também é importante para o paciente que sofre de transtornos de tiques. Medidas simples podem facilitar a adaptação do paciente. Permitir que o mesmo possa sair da sala por alguns instantes para realizar os tiques, realizar provas em ambiente separado dos demais quando ocorrerem tiques vocálicos que atrapalhem os demais, trocar uma avaliação escrita por uma oral quando o paciente for portador de tiques motores que impossibilitem a realização por escrito. A orientação da equipe pedagógica da escola, assim como dos próprios colegas podem favorecer a melhor adaptação do paciente na escola e propiciar um desenvolvimento normal, sem a ocorrência de estigmatização do paciente (Hounie et al., 2006; Sprecher & Kurlan, 2009).

Medicações

Os transtornos de tiques podem causar extrema disfunção na qualidade de vida dos pacientes devido ao comprometimento social e das atividades diárias a que ficam expostos (Awaad, Michon, & Minarik, 2005). Nos casos em que os sintomas são mais graves, intensos, frequentes e causam sofrimento emocional e físico, pode ser necessário o uso de medicamentos. Na maioria dos pacientes, o uso de medicação não se faz necessária e seu uso deve ser criterioso porque os fármacos utilizados são relacionados a efeitos colaterais importantes, além disso, a doença possui curso flutuante e muitas vezes a melhora ocorre sem a intervenção medicamentosa. Até mesmo uma piora pode ocorrer no início do tratamento, porém sem relação causal com o medicamento, apenas devido à característica flutuante da doença (Hounie et al., 2006; Sprecher & Kurlan, 2009).

Alguns tiques podem estar associados a complicações importantes como lesões oculares, um tique de movimento de pescoço pode levar a uma lesão na coluna cervical, determinados movimentos podem induzir dor (Hounie et al., 2006). Nessas ocasiões, o benefício do uso de medicações deve ser pesado.

O resultado do uso do medicamento pode levar certo tempo, por isso o médico deve ser cauteloso e lançar mão da observação por um período razoável de tempo antes de concluir se o tratamento foi efetivo ou não. Em alguns pacientes o uso do fármaco se faz necessário de forma crônica, porém em outros é possível um uso flutuante acompanhando os períodos de piora e melhora do quadro (Hounie et al., 2006).

A base teórica do tratamento farmacológico dos transtornos de tiques está em utilizar medicamentos que alterem a ativação da dopamina e outros neurotransmissores relacionados nos gânglios basais (Olson, 2004). Os medicamentos utilizados podem ser divididos basicamente em três classes: alfa-adrenérgicos, neurolépticos típicos e neurolépticos atípicos. Os alfa-adrenérgicos não são tão eficazes quando comparados aos neurolépticos, porém possuem perfil mais seguro e tolerável, especialmente a clonidina e a guanfacina (Awaad et al., 2004; Hounie et al., 2006). Os neurolépticos típicos, cujo principal expoente no tratamento de tiques é o haloperidol, são os agentes mais eficazes no tratamento. O haloperidol possui taxas de melhora em torno de 70 a 80%, mas está associado a efeitos colaterais mais graves (Awaad et al.; Hounie et al.). Os neurolépticos atípicos são fármacos de nova geração que possuem perfil de efeitos colaterais mais toleráveis que os típicos. A primeira escolha deve ser pelos agentes mais seguros, como os alfa-adrenérgicos. Caso não se obtenha sucesso, pode-se utilizar os neurolépticos atípicos e em último caso os típicos (Hounie et al.; Kenney et al., 2008). As medicações podem ser iniciadas em baixas doses com aumentos graduais para se identificar a menor dose que alcance uma melhora da disfunção. Comparadas ao placebo, as medicações antitiques possuem boa resposta (Sprecher & Kurlan, 2009).

Alfa-adrenérgicos

Clonidina: comparada aos neurolépticos típicos, a clonidina não demonstra melhor eficácia, porém parte dos pacientes que não tolerarem os efeitos adversos dos neurolépticos se beneficia com seu uso. Os principais efeitos colaterais são sedação, fadiga, boca seca, tontura e irritabilidade (Hounie et al., 2006; Sprecher & Kurlan, 2009). Os alfa-adrenérgicos são úteis na comorbidade com TDAH (Sprecher & Kurlan).

Guanfancina: posologia mais fácil por possuir meia-vida mais longa, menos efeitos de sedação e perfil de ligação mais seletivo. Pode ocasionar tontura, irritabilidade, boca seca e cefaleia. Não está disponível no Brasil (Hounie et al., 2006; Sprecher & Kurlan, 2009).

Neurolépticos típicos

Agem diminuindo o nível de dopamina nos gânglios da base, além de interferirem em receptores colinérgicos, alfa-adrenérgicos, histamínicos e serotoninérgicos.

Haloperidol: é derivado da butirofenona e bloqueia o receptor subtipo D2 da dopamina. É um medicamento muito eficaz para o tratamento de tiques, porém a ocorrência de efeitos colaterais pode chegar a 84% dos casos (Awaad et al., 2005; Hounie et al., 2006; Sprecher & Kurlan, 2009). Deve-se iniciar em baixas doses, 0,25 - 0,5 mg/dia com aumentos graduais de 0,5 mg por semana até doses de 2-3 mg/dia. A dose deve ser individualizada e em alguns casos podem ser necessária doses maiores que as usuais (Hounie & Petribú, 1999).

Pimozida: age bloqueando os receptores de dopamina no neurônio pós--sináptico. Deve-se solicitar um eletrocardiograma prévio ao início do tratamento, na fase de ajuste de dose e anualmente devido ao risco de ocorrer prolongamento do intervalo QT. Apresenta boa resposta no TT e menor ocorrência de efeitos colaterais que o haloperidol (Hounie et al., 2006; Sprecher & Kurlan, 2009). As doses variam de 1 a 20 mg ao dia (Hounie & Petribú, 1999).

Neurolépticos atípicos

São fármacos que possuem perfil de efeitos colaterais mais toleráveis que os típicos. São bloqueadores D2 e também atuam nos receptores 5HT2 como agonistas serotoninérgicos.

Risperidona: é o antipisicótico atípico mais estudado, vários estudos demonstraram eficácia no manejo dos transtornos de tiques. Efeitos adversos mais comuns são sedação, ganho de peso, distonias agudas e hiperprolactinemia (Hounie et al., 2006; Sprecher & Kurlan, 2009). Doses podendo chegar até a 6 mg divididas em duas ou três vezes ao dia (Rampello et al., 2006).

Olanzapina: apresenta mais afinidade aos receptores 5HT2 quando comparados aos dopaminérgicos D2 (Hounie et al., 2006). Um estudo mostrou eficácia na redução da severidade dos sintomas em doses de 1,25 a 2,5 mg/dia. Possui perfil de efeitos colaterais mais tolerável, podendo ocorrer: sedação, ganho de peso, acatisia, hipoglicemia e dislipidemia (Hounie et al., 2006; Sprecher & Kurlan, 2009).

Sulpirida: causa menos sedação, disfunção cognitiva e sedação que o haloperidol e pimozida. As doses utilizadas variam de 200 a 400 mg/dia Foram relatados casos de ginecomastia, galactorreia, irregularidades na menstruação e depressão (Hounie & Petribú, 1999).

Ziprasidona: possui ação antagonista em receptores D2 e 5HT2, além de ação agonista dos receptores 5HT1A. Tem como características menor ganho de peso e a dislipidemia. Também está associada à maior propensão de prolongamento do intervalo QT. Pode ocorrer sedação, insônia e acatisia (Hounie et al., 2006).

Aripiprazol: agonista parcial dos receptores D2 e dos receptores de serotonina 5HT1A (Cordinoli, 2005). Atua diminuindo a excitação nas vias piramidais glutamatérgicas, reduzindo os fenômenos motores (Hounie et al., 2006). Age também como antagonista dos receptores 5HT2A e tem baixa afinidade pelos receptores adrenérgicos, histamínicos e muscarínicos (Cordinoli).

Quetiapina: baixa afinidade para receptores D2 e alta afinidade para receptores 5HT2A. Há estudos sobre seu uso, e alguns relatos de caso mostram resposta, porém outros trabalhos mostram que a eficácia não é tão grande para transtornos de tiques. Efeitos colaterais: aumento de peso, boca seca, hipotensão e sonolência (Cordioli, 2005; Hounie et al., 2006; Sprecher & Kurlan, 2009).

Outros fármacos têm sido usados com graus variados de sucesso. Benzodiazepínicos como o clonazepam, possuem perfis de efeitos colaterais mais toleráveis, porém podem causar dependência e não são tão eficazes. Inibidores da recaptação da serotonina não são eficazes nos transtornos de tiques, porém podem ser úteis quando comorbidades como depressão e TOC estão presentes. Nicotina e antagonistas da nicotina foram estudados, mas sem evidências de benefício até o momento. Alguns estudos sugerem que o de'ta9-tetrahidrocannabinol, o principal componente psicoativo da *Cannabis*, pode reduzir a sintomatologia no TT (Rampello et al., 2006). Toxina botulínica injetável e baclofeno obtiveram bons resultados em pacientes menores de 18 anos (Awaad et al., 2004). A toxina botulínica pode ser útil em casos de tiques distônicos, melhora na sensação de urgência também foi relatada (Shprecher et al., 2009). Ondansetron apresentou efeitos antitiques em pacientes com TT tendo como efeito colateral apenas dor abdominal transitória e leve (Rampello et al.). Ainda são necessários mais estudos que comprovem a eficácia dos fármacos não tão tradicionais e experimentados para o tratamento de transtornos de tiques e seu uso deve ser restrito a ambientes de pesquisa.

Psicoterapia

Um ponto fundamental no tratamento do paciente é o desenvolvimento de um bom vínculo com o terapeuta. A possibilidade de o paciente ter um espaço para narrar seus sintomas, sentimentos e conflitos envolvidos é importante. Uma abordagem psicoterápica é necessária para melhorar a autoestima e desempenho social. Alguns fatores são protetores para a doença: higiene do sono, exercícios físicos regulares e psicoeducação (Hounie & Petribú, 1999; Rampello et al.,

2003). A psicoterapia dirigida ao *insight* pode ser útil ao estabelecer as relações entre sintomas e conflitos psíquicos subjacentes (Hounie & Petribú). A abordagem comportamental é a mais utilizada no tratamento de transtornos de tiques, mesmo tendo valor limitado (Hounie & Petribú; Sprecher et al., 2009). A técnica mais eficaz é a de reversão de hábito (Sprecher et al.). O objetivo principal é diminuir a complexidade dos tiques, dessa forma, passando a chamar menos atenção. O paciente passa a estar mais atento aos sintomas sem ter a necessidade de eliminá-los por inteiro (Silva, De Mathis, & Chacon, 2006).

Neurocirurgia

Em um número limitado de pacientes não se obtém melhora com o uso de psicoterapias ou medicamentos e várias tentativas têm sido feitas para tratar esses pacientes com neurocirurgia. As principais regiões envolvidas nessa técnica são lobo frontal, sistema límbico, tálamo e cerebelo.

O tratamento cirúrgico do TT surgiu pela primeira vez em 1955 para pacientes com doença refratária (Mukhida, Bishop, Hong, & Mendez, 2008; Porta, Sassi, Ali, Cavanna, & Servello, 2009). Resultados insatisfatórios e ocorrência de complicações como hemiplegia fizeram com que a técnica fosse deixada de lado. Modernamente, um procedimento chamado estimulação profunda cerebral (do inglês DBS - *deep brain stimulation*) tem dado novos rumos na abordagem cirúrgica do TT. A DBS é um procedimento minimamente invasivo e não ablativo e, apesar de não ser completamente desprovido de efeitos colaterais, tem sido estudado como uma opção viável de tratamento (Porta et al.). Um estudo prospectivo acompanhou uma coorte de 15 pacientes submetidos à DBS durante 24 meses mostrando melhora na severidade dos tiques em pacientes com TT intratável, além de melhora na sintomatologia neuropsiquiátrica sem comprometimento da performance cognitiva (Porta et al., 2009). A DBS consiste na implantação de eletrodos no cérebro que são responsáveis por mandar estímulos elétricos para uma região específica cerebral. Estudos sugerem que o mecanismo de ação da DBS seja por meio de inibição da atividade das estruturas-alvo através do bloqueio da despolarização, inibição sináptica e/ou liberação de neurotransmissores inibitórios. Os resultados são contraditórios porque outros estudos sugerem que a DBS tem um efeito excitatório nas vias neuronais ou de modulação no disparo neuronal. Mesmo sem a compreensão total do mecanismo de ação do procedimento, ele tem algumas vantagens, como ser reversível (remoção dos eletrodos) e ajustável (regulagem do estímulo elétrico).

Com o desenvolvimento da DBS como possível estratégia terapêutica para TT, diretrizes têm sido determinadas para a sua utilização. Como os sintomas da doença podem desaparecer no fim da adolescência, tem sido sugerido que os candidatos ao procedimento tenham no mínimo 25 anos de idade. A seleção do paciente deve ser feita de modo padronizado. O diagnóstico deve ter sido feito por dois médicos independentes e ser refratário aos tratamentos não cirúrgicos: falta ou ao menos resposta parcial a três classes de medicamentos diferentes e à terapia comportamental. A severidade dos tiques deve ser suficiente para causar disfunção na qualidade de vida e/ou causar riscos para o paciente, o que pode ser avaliado pela YGTSS com escore total de 35/50 por pelo menos um ano. Pacientes que devem ser excluídos incluem os que possuam comorbidade psiquiátrica severa, anormalidade estrutural cerebral ou contraindicações ao procedimento cirúrgico. Avaliação pré-operatória com ressonância magnética deve ser feita para facilitar o planejamento estereotáxico. Uma nova avaliação com ressonância magnética é fundamental no pós-operatório para avaliar o posicionamento do eletrodo. Durante a cirurgia podem ocorrer microlesões e por isso a avaliação na melhora dos sintomas deve ser feita após a regressão dessas lesões e da estabilização dos parâmetros de estimulação. A DBS ainda é um procedimento experimental para TT e por isso deve ser reservada para centros neurocirúrgicos com experiência no procedimento (Mukhida et al., 2008).

Depoimentos de pacientes
Douglas

Ter Tourrette é viver sob vigilância. Vigiar a si mesmo a todo o momento, na esperança de tentar controlar, ou ao menos disfarçar, os impulsos que recebo, que me compelem a mexer os braços, ombros, olhos, boca, entre outros, ou pior, nos forçam a gemer, uivar, cacarejar, latir, berrar e falar palavras fora do contexto. Além disso, vigia-se aos que estão próximo, para ver se estão percebendo os tiques e como estão reagindo a eles (olhares, risadas, etc.).

Talvez seja difícil para as pessoas que não são portadoras da síndrome entender no que consistem referidos "impulsos", assim como por que não conseguimos controlá-los. A melhor explicação que li a esse respeito comparava os tiques com a ação de piscar os olhos. Ou seja, não sabemos por que piscamos, simplesmente o fazemos.

Do mesmo modo, conseguimos ficar um breve período sem piscar os olhos, porém, pouco tempo depois os piscamos, involuntariamente e de forma mais intensa da que aconteceria caso não tivéssemos tentado conter as piscadelas.

Com os cacoetes acontece o mesmo. Por exemplo, basta sentir que estamos em um "local seguro", a saber, longe de outras pessoas, para que citados impulsos transbordem, transformando-se em uma onda de tiques.

Quanto à repercussão social que isto causa, acredito que meu caso é um pouco atípico, pois os piores sintomas apareceram apenas aos vinte e quatro anos.

Isso não quer dizer que a patologia em questão surgiu apenas em minha idade adulta. Pelo contrário, desde criança sempre tive diversos cacoetes, que foram modificando-se ao longo tempo. Contudo, apenas na idade adulta é que eles começaram a interferir em minha vida social.

Felizmente, em função da exacerbação tardia, pude construir uma vida, digamos, usual.

Formei-me em Direito, passei no exame da OAB, trabalho e tenho uma namorada que me ama e me aceita plenamente do jeito que sou. Meus amigos, do mesmo modo, não outorgam qualquer relevância para meus cacoetes, assim como minha família.

Hoje em dia, infelizmente, a patologia batizada com parte do sobrenome de um médico francês está bem mais presente em minha vida.

O que antes não passava de alguns pigarros e movimentos não muito triviais, como, por exemplo, tremer, olhar o relógio a todo o momento sem perceber o horário, alongar os braços, estalar o punho, fazer o sinal da cruz, tocar o nariz, arrumar o cabelo, entre tantos outros, transformou-se em gemidos, gritos, latidos, cacarejos, além dos tradicionais movimentos realizados sem qualquer objetivo.

Nesse cenário, os cacoetes começaram a me atrapalhar em meu trabalho.

Os movimentos repentinos e a concentração necessária para controlar os tiques vocálicos passaram a desviar minha atenção. E as vocalizações, agora mais intensas, atrapalhavam meus colegas.

Ademais, os tiques articulados com a garganta e com contrações abdominais atrapalhavam minha respiração. As sensações de cansaço e de falta de ar, aliadas à queda de rendimento laboral e ao sentimento de que eu estava ficando louco, fizeram com que eu procurasse ajuda médica. Foi então que descobri ser portador da Síndrome de Tourette.

De lá para cá, as tarefas mais simples do meu dia a dia tornaram-se desafios.

Como permanecer na fila do banco ser sem alvo de olhares curiosos? Como utilizar um elevador sem ser notado? Como ir ao supermercado sem chamar a atenção dos que estão por perto? Até mesmo atender ou fazer um simples telefonema passou a ser algo quase impraticável.

Na verdade, sinto que a vida dos portadores da Síndrome de Tourette torna-se conturbada socialmente tão somente em função da desinformação. Sempre penso que bastaria a Globo fazer uma novela com um personagem portador da síndrome para fazer cair por terra grande parte das reações que despertamos quando estamos próximo a estranhos, que desconhecem a patologia. Talvez os portadores desta passassem a ser apenas olhados com interesse e/ou compaixão, não só por terem o mesmo problema do "fulano da novela", mas especialmente pelo fato de as pessoas passarem a compreender que não temos domínio de nossos tiques e que sofremos muito por não conseguir controlá-los.

Enfim, se existe algum lado bom em ter tiques incontroláveis, ainda não o descobri, mas as desvantagens são inúmeras. Todavia, continuo com a esperança de encontrar um medicamento que me auxilie a continuar tendo uma vida normal, ou de que a síndrome regrida por si só, para, assim, não sofrer com os preconceitos existentes na sociedade e em meu próprio pensamento.

Rodrigo

Tenho ST desde aproximadamente uns 13 anos de idade. Hoje com 30 posso dizer que já passei por várias etapas. Primeiro foi descobrir o que era, e me adaptar. Felizmente sempre tive o apoio de toda a minha família, que sempre buscou informações e sempre compreendeu muito bem o que acontecia. Fui a vários médicos, de várias especialidades. Até que descobri o que era exatamente. Então, comecei a me especializar, comecei a ler tudo a respeito e decidi que queria me tratar. Afinal, sempre disseram que não tem cura, mas eu sempre penso... «por enquanto» não tem cura.. e enquanto não se descobre a cura, vou viver da melhor maneira possível... Afinal, isso é só uma característica minha, que, como todas as outras características pessoais, podem trazer dificuldades e podem trazer até benefícios. O que aconteceu comigo é que acabei «compensando» esta dificuldade com outras características. Quem me conhece sabe que sou um cara muito bem-humorado, o que ajuda bastante na convivência com a ST. Brincadeiras sobre meus trejeitos sempre existirão, mas a melhor forma é levar na brincadeira também. Os seus amigos de verdade irão brincar com isso com você e não vão te discriminar se você também levar na brincadeira. Faça um «mea-culpa» e veja quantas brincadeiras você acaba fazendo sem perceber com as características dos seus amigos. E quando tudo isso é levado numa boa, na amizade, isso se torna irrelevante. Posso dizer que tenho inúmeros amigos, amigos de verdade, que brincam com isso, mas em nenhum momento se envergonham de sair comigo, de demonstrarem amizade. Então este é o primeiro ponto para conviver com a ST; é considerar que é apenas mais uma característica sua e que você não é pior que ninguém por isso, a autoestima é fundamental. Lembro também de uma frase que li em um livro que dizia: «Se não há ofendido não há ofensa». Ou seja, uma brincadeira só vai ser uma ofensa se você encará-la assim. Conquistar

*a autoestima é muito importante. Posso dizer que um dos processos que me aju-
dou foi algum tempo de terapia, que na minha opinião é importante que ao menos
alguma vez na vida a gente faça, nem que seja pra ver como é, e se for o caso descobrir que não gosta. Eu tinha um preconceito com relação a isso, mas resolvi fazer
e descobri que era bom, muito bom... depois de um tempo parei, mas pretendo um
dia voltar a fazer. Tomar remédio é outro ponto que coloquei na minha mente que
ia me acompanhar por muito tempo. Como eu disse antes, cura pode não ter, mas
medicação existe para nos ajudar a viver melhor. Se você tem problema de visão vai
usar óculos ou lente o resto da vida, se você tem pele branca, vai ter que usar protetor solar alto sempre, se você tem problema no coração vai tomar remédio sempre,
então por que não tomar remédio para viver melhor com a ST? Uma vez eu pergun-
tei para o meu médico: «eu tomando remédio, eu tenho medo de não ser eu mesmo,
de perder minha personalidade» e ele disse o seguinte: «você tomando o remédio é
que você vai ser você mesmo, o remédio arruma aquilo que tá com problema... você
não é você mesmo, quando você está sem remédio». Minha vida, seguindo estas
ideias, posso dizer é ótima e normal, mesmo com ST durante quase toda a vida. Eu
estudei sempre, me formei em uma faculdade concorrida, tenho muitos amigos verdadeiros, tive diversos empregos mantendo amizades, sendo lembrado até hoje, em
todos eles. Estou casado com uma mulher maravilhosa que me ajuda, e que não
faz nenhuma diferença por eu ter ST, muito pelo contrário, geralmente tem reações normais que qualquer pessoa teria ao conviver direto com um ST, ela se irrita,
fica nervosa, brinca, pede pra eu parar.... E eu gosto disso, pois se ela fingisse que
não via nada, que isso não incomodava, eu ia pensar que ela estava sendo falsa,
sendo cínica. Afinal, eu penso sempre: como eu reagiria se ela tivesse ST e fizesse
o que eu faço às vezes? Será que eu ia ficar quieto, fingindo que nada acontece???
Então é importante para o portador se colocar no lugar também de quem convive
com ele. Essa é uma forma de tomar consciência de como você deve encarar isso.
Falando um pouco da minha família. Minha mulher (não tenho filhos ainda) e
toda minha família próxima, sabe sobre ST, conhece, entende, e me dá força. Mas,
o mais importante, é a forma como eles contribuem, me incentivam a buscar soluções, de todos os tipos, não me deixam me acomodar e, o principal, me tratam como
todos os outros da família. E meus amigos, que também considero como a família da*

vida, alguns não sabem exatamente o que é, por que eu faço certas coisas, mas aceitar numa boa como uma característica minha. E também me tratam como todos os outros, inclusive fazendo brincadeiras e piadas, como fazemos entre todos.

Referências

Albin, R. L., & Mink, J. W. (2006). Recent advances in Tourette syndrome research. *Trends Neurosci.*, 29(3), 175-82.

American Psychiatric Association - APA. *Diagnostic and Statistical Manual of Mental Disorders (DSM IV)*. *4th ed.* Washington (DC): American Psychiatric Press; 1994.

Awaad, Y., Michon, A. M., & Minarik, S. (2005). Use of levetiracetam to treat tics in children and adolescents with Tourette syndrome. *Mov Disord.*, 20(6), 714-8.

Baym, C. L., Corbett, B. A., Wright, S. B., & Bunge, S. A. (2008). Neural correlates of tic severity and cognitive control in children with Tourette syndrome. *Brain*, 131(1), 165-179.

Bloch, M. H., Leckman, J. F., Zhu, H., & Peterson. B. S. (2005). Caudate volumes in childhood predict symptom severity in adults with Tourette syndrome. *Neurology*, 65(8), 1253-1258.

Bohlhalter, S., Goldfine, A., Matteson, S., Garraux, G., Hanakawa, T., Kansaku K et al. (2006). Neural correlates of tic generation in Tourette syndrome: an event-related functional MRI study. *Brain*, 129(8), 2029-2037.

Cordioli, A. V. (2005). *Psicofármacos - Consulta Rápida*. 3 ed. Porto Alegre (RS): Artmed.

Díaz-Anzaldúa, A., Joober, R., Rivière, J. B., Dion, Y., Lespérance, P., Richer, F. et al. (2004). Montreal Tourette Syndrome Study Group. Tourette syndrome and dopaminergic genes: a family-based association study in the French Canadian founder population. *Mol Psychiatry*, 9(3), 272-277.

Ferrão, Y. A., & Fontenelle, L. In: A. G., Hounie, E., Miguel, (2006). *Tiques, cacoetes, Síndrome de Tourette: um manual para pacientes, seus familiares, educadores e profissionais de saúde*. 1 ed. Porto Alegre (RS): Artmed; 55-62.

Gilbert, D. L., Sallee, F. R., Zhang, J., Lipps, T. D., & Wassermann, E. M. (2005). Transcranial Magnetic Stimulation-Evoked Cortical Inhibition: A Consistent Marker of Attention-Deficit/Hyperactivity Disorder Scores in Tourette Syndrome. *Biol Psychiatry,* 57, 1597-1600.

Hounie, A. G., Alvarenga, P. G., Diniz, J. B., Castillo, A. R. G. L., Castillo, J. C. R.(2006). In: A. G., Hounie, E., Miguel. *Tiques, cacoetes, Síndrome de Tourette: um manual para pacientes, seus familiares, educadores e profissionais de saúde.* 1a. ed. Porto Alegre (RS): Artmed, 93-107.

Hounie, A. G., & Miguel, E. (2006). *Tiques, cacoetes, Síndrome de Tourette: um manual para pacientes, seus familiares, educadores e profissionais de saúde.* 1 ed. Porto Alegre (RS): Artmed.

Hounie, A., & Petribú, K. (1999). Síndrome de Tourette - revisão bibliográfica e relato de casos. *Revista Brasileira de Psiquiatria,* 21(1), 50-63.

Kenney, C., Kuo, S. H., & Jimenez-Shahed, J.(2008) Tourette's syndrome. *Am Fam Physician.,* 77(5), 651-658.

Leckman, J. F.(2003). Phenomenology of tics and natural history of tic disorders. *Brain Development.* 25(1), S24-8.

Leckman, J. F., Pauls, D. L., Zhang, H., Rosario-Campos, M. C., Katsovich, L., Kidd, K. K. et al. (2003). Tourette Syndrome Assocation International Consortium for Genetics. Obsessive-compulsive symptom dimensions in affected sibling pairs diagnosed with Gilles de la Tourette syndrome. *Am J Med Genet B Neuropsychiatr Genet,* 116B(1), 60-8.

Lopes, A. C., Seixas, A. A. A., Pinto, A. S., & Oliveira, G. F. M. (2006). In: A. G., Hounie, E., Miguel *Tiques, cacoetes, Síndrome de Tourette: um manual para pacientes, seus familiares, educadores e profissionais de saúde.* 1 ed. Porto Alegre (RS): Artmed, 83-91.

Marsh, R., Maia, T. V., & Peterson, B. S. (2009). Functional disturbances within frontostriatal circuits across multiple childhood psychopathologies. *Am J Psychiatry,* 166(6), 664-74.

Mukhida, K., Bishop, M., Hong, M., & Mendez, I. (2008). Neurosurgical strategies for Gilles de la Tourette's syndrome. *Neuropsychiatr Dis Treat.*, 4(6), 1111-1128.

Müller-Vahl, K. R., Kaufmann, J., Grosskreutz, J., Dengler, R., Emrich, H. M., & Peschel, T. (2009). Prefrontal and anterior cingulate cortex abnormalities in Tourette Syndrome: evidence from voxel-based morphometry and magnetization transfer imaging. *BMC Neurosci.*, 10, 1-13.

Olson, S. (2004). Making sense of Tourette's. *Science*, 305(5689), 1390-1392.

Organização Mundial Da Saúde - OMS. *CID-10: Classificação Estatística Internacional de Doenças e Problemas Relacionados à Saúde.* 10ª ed. vol 3. São Paulo: Universidade de São Paulo; 2007.

Porta, M., Brambilla, A., Cavanna, A. E., Servello, D., Sassi, M., Rickards, H., Robertson, M. M. (2009). Thalamic deep brain stimulation for treatment-refractory Tourette syndrome: two-year outcome. *Neurology,* 73(17), 1375-80.

Porta, M., Sassi, M., Ali, F., Cavanna, A. E., & Servello, D. (2009). Neurosurgical treatment for Gilles de la Tourette syndrome: the Italian perspective. *J Psychosom Res.*, 67(6), 585-590.

Prado, H. S, Rosário, M. C., Lee, J., Hounie, A. G., Shavitt, R. G., & Miguel, E. C. (2008). Sensory phenomena in obsessive-compulsive disorder and tic disorders: a review of the literature. *CNS Spectr,* 13(5), 425-432.

Rampello, L., Alvano, A., Battaglia, G., Bruno, V., Raffaele, R., & Nicoletti, F. (2006). Tic disorders: from pathophysiology to treatment. *J Neurol,* 253(1), 1-15.

Raskin, S. (1998). In: M. G., Santos. (1998). *Gilles de La Tourette, tiques nervosos e transtornos de comportamento associados na infância e adolescência.* 1ª ed. São Paulo (SP): Lemos Editorial, 159-161.

Robertson, M. M. (2006). I Mood disorders and Gilles de la Tourette's syndrome: an update on prevalence, etiology, comorbidity, clinical associations, and implications. *J Psychosom Res.*, 61, 349-58.

Santos, M. G. P. In: Santos, M. G. P. (1998). *Síndrome de Gilles de la Tourette: tiques nervosos e transtornos de comportamento associados na infância e adolescência.* 1ª ed. São Paulo (SP): Lemos Editorial, 191-2.

Shprecher, D., & Kurlan, R. (2009). The management of tics. *Mov Disord.*, 24 (1), 15-24.

Silva, C. B., De Mathis, M. A., & Chacon, P. (2006). In: A. G., Hounie, E., Miguel. *Tiques, cacoetes, Síndrome de Tourette: um manual para pacientes, seus familiares, educadores e profissionais de saúde*. 1ª ed. Porto Alegre (RS): Artmed, 109-11.

Silva, C. B., Mathias, M. E., Borcato, S., Motta, M. M. (2006). In: A. G., Hounie, E., Miguel. *Tiques, Cacoetes e Síndrome de Tourette: um manual para pacientes, seus familiares, educadores e profissionais de saúde*. 1ª ed. Porto Alegre (RS): Artmed, 115-119.

Stern, J. S., Burza, S., & Robertson, M. M. (2005). Gilles de la Tourette's syndrome and its impact in the UK. *Postgrad. Med. J.*, 81, 12-19.

Questionário TS-OC (YGTSS e Y-BOCS)

2ª VERSÃO DA TRADUÇÃO BRASILEIRA

PARTE I

Nota: Este questionário consta de duas partes. Elas investigam a presença de tiques, obsessões e compulsões frequentemente encontradas em pacientes com Síndrome de Tourette e transtorno Obsessivo-Compulsivo. Você pode apresentar, ou não, os sintomas a seguir. Por favor, leia com atenção todas as questões. Caso você precise de ajuda, peça a algum familiar.

Questionário Autoaplicável desenvolvido através dos seguintes instrumentos:

A. YALE GLOBAL TIC SEVERITY SCALE - YGTSS

Desenvolvido por: LECKMAN JF; RIDDLE MA; HARDIN MT; ORT SI; SWARTZ KL; STEVENSON J; COHEN DJ. DEPARTMENT OF PSYCHIATRY, YALE UNIVERSITY SCHOOL OF MEDICINE

Tradução Brasileira: Projeto dos Transtornos do Espectro Obsessivo-Compulsivo (PROTOC) - Maria Conceição do Rosário-Campos, Marcos Tomanik Mercadante, Ana Hounie e Eurípedes Constantino Miguel Filho.

A.1. – LISTA DE SINTOMAS (TIQUES)

Quando estiver preenchendo esta primeira parte você pode querer consultar estas definições sobre tiques:

Descrição de tique motor:

Tique motor tem início geralmente na infância e é caracterizado por solavancos, abalos rápidos ou movimentos, tais como piscar de olhos ou abalos rápidos da cabeça de um lado para o outro. Ocorrem em episódios durante o dia, apresentando piora durante os períodos de cansaço e/ou estresse. Vários tiques ocorrem sem alarme e podem não ser percebidos pela pessoa que os tem. Outros são precedidos por uma súbita sensação ou vivência de desconforto, de difícil descrição (alguns se assemelham a uma necessidade de coçar). Em vários casos é possível suprimir os tiques, voluntariamente, por breves períodos de tempo. Embora qualquer parte do corpo possa estar afetada, as áreas mais comuns são face, pescoço e ombros. Durante semanas ou meses os tiques motores aumentam ou diminuem e os tiques antigos podem ser substituídos por outros totalmente novos. Alguns tiques podem ser complexos, tais como fazer uma expressão facial ou um movimento de encolher os ombros (como se expressasse dúvida), que poderia ser mal-entendido pelos outros (isto é: como se a pessoa estivesse dizendo "eu não sei", ao invés de apresentar um tique de encolher os ombros). Tiques complexos podem ser difíceis de serem diferenciados das compulsões, embora não seja frequente a presença de tiques complexos sem a presença de tiques simples.

Definições

1. **Tique motor simples**: qualquer movimento rápido, breve, sem sentido, que ocorra repetidamente (como um excessivo piscar de olhos ou olhar de soslaio).

2. **Tique motor complexo**: qualquer movimento rápido, estereotipado (isto é: sempre feito da mesma maneira), semi-intencional (isto é: o movimento pode parecer um ato expressivo, porém às vezes pode não estar relacionado com o que está ocorrendo no momento, por exemplo: dar de ombros sem contexto para isto), que envolve mais do que um agrupamento muscular. Existe a possibilidade de haver múltiplos movimentos, como caretas juntamente com movimentos corporais.

3. **Ambos**

Por favor, assinale os tiques que você tem apresentado na última semana ou apresentou no passado.

Nunca	Passado	Presente	Movimento: Eu tenho experimentado ou os outros têm percebido ataques involuntários de:	Idade de Início

Movimentos de olhos

Nunca	Passado	Presente		
Nunca	Passado	Presente	1.simples: piscar de olhos, ficar estrábico, uma rápida virada de olhos, rodar os olhos ou arregalar os olhos por breves períodos.	
Nunca	Passado	Presente	2.complexo: expressão do olhar como de surpresa, zombeteiro ou esquisito ou olhar para um lado por curto período de tempo, como se escutasse um barulho.	

Movimentos de nariz, boca, língua ou faciais (caretas)

Nunca	Passado	Presente	3. simples: movimento brusco de torcer o nariz, morder a língua, mastigar os lábios ou lambê-los, fazer beiço, mostrar ou ranger os dentes.
Nunca	Passado	Presente	4. complexo: dilatar as narinas como se cheirasse algo, sorrir, ou outros gestos que envolvam a boca, realizar expressões engraçadas (caretas) ou colocar a língua para fora (protrusão).

Movimentos ou abalos (sacudidelas) de cabeça

Nunca	Passado	Presente	5. tocar os ombros com o queixo ou levantar o queixo.
Nunca	Passado	Presente	6. arremessar a cabeça para trás, como se fosse tirar os cabelos da frente dos olhos.

Movimentos dos ombros

Nunca	Passado	Presente	7. sacudir um ombro.
Nunca	Passado	Presente	8. encolher os ombros como se dissesse "eu não sei".

Movimentos de braços e mãos

Nunca	Passado	Presente	9. flexão ou extensão rápida dos braços, roer as unhas, cutucar com os dedos, estalar as juntas dos dedos.
Nunca	Passado	Presente	10. passar a mão no cabelo como se fosse penteá-lo, tocar objetos ou outras pessoas, beliscar, contar com os dedos sem propósito ou "tiques de escrita", como escrever várias vezes a mesma letra ou palavra, retroceder com o lápis enquanto escreve.

Movimentos de pés, pernas e dedos dos pés

Nunca	Passado	Presente	11. chutar, saltitar, dobrar os joelhos, flexionar ou estender os tornozelos, chacoalhar, andar batendo os pés, leve ou pesadamente.	
Nunca	Passado	Presente	12. dar um passo para frente e dois para trás, dobrar o joelho profundamente, ficar de cócoras.	

Movimentos abdominais, de tronco e pelve.

Nunca	Passado	Presente	13. tencionar o abdome ou as nádegas.	

Outros tiques simples

Nunca	Passado	Presente	Eu tenho experimentado ou os outros têm percebido ataques involuntários de:	Idade de Início
			14. Por favor, descreva-os:	

Outros tiques complexos

Nunca	Passado	Presente	15. tiques relacionados com comportamentos compulsivos (tocar, bater, arrumar, escolher, emparelhar ou balancear). Descreva:	
Nunca	Passado	Presente	16. tiques estímulo-dependentes, ex:	
Nunca	Passado	Presente	17. gestos obscenos ou rudes, como estender o dedo médio.	
Nunca	Passado	Presente	18. posturas incomuns.	
Nunca	Passado	Presente	19. dobrar ou girar, tal como dobrar-se sobre si mesmo.	
Nunca	Passado	Presente	20. rodar ou girar (piruetas).	

			21. comportamentos súbitos, impulsivos. Descrever:_____ _____	
Nunca	Passado	Presente		
Nunca	Passado	Presente	22. comportamentos que podem ferir ou machucar outras pessoas:	
Nunca	Passado	Presente	23. comportamentos de auto-agressão.	
Nunca	Passado	Presente	24. qualquer outro tipo de tique motor. Descrever:	

Tique fônico simples (emissão vocal rápida, sons sem sentido)

Nunca	Passado	Presente	25. tossir.	
Nunca	Passado	Presente	26. pigarrear.	
Nunca	Passado	Presente	27. fungar.	
Nunca	Passado	Presente	28. assobiar.	
Nunca	Passado	Presente	29. sons de pássaros ou de animais.	

Tique fônico complexo

Nunca	Passado	Presente	30. outros tiques fônicos simples. (favor listar)	
Nunca	Passado	Presente	31. sílabas (listar).	
Nunca	Passado	Presente	32. palavras ou frases obscenas ou rudes (favor listar).	
Nunca	Passado	Presente	33. palavras.	
Nunca	Passado	Presente	34. ecolalia (repetir o que uma pessoa disse, por ex., na televisão, sejam sons, palavras ou frases).	
Nunca	Passado	Presente	35. palilalia (repetir alguma coisa que você disse, mais de uma vez).	

Nunca	Passado	Presente	36. outros problemas de fala (favor descrever).	
Nunca	Passado	Presente	37. descreva qualquer padrão ou sequência de comportamento de tique fônico.	

Descrição de tiques múltiplos:

Diferentes tiques podem ocorrer ao mesmo tempo, seja como discretos tiques múltiplos, ou em padrões orquestrados de múltiplos tiques sequenciais ou simultâneos (por exemplo, um padrão de agitar as mãos, junto com piscar de olhos, acompanhado por um correr de mãos pelo cabelo, ocorrendo sempre na mesma sequência). Se você tem observado na última semana ou alguma vez na vida tiques múltiplos discretos ou em padrão de orquestração, ou ambos, por favor descreva-os.

Você tem tido, na última semana, tiques múltiplos discretos ocorrendo ao mesmo tempo ou tiques múltiplos sequenciais ocorrendo ao mesmo tempo?

☐ Sim   ☐ Não

Se "sim", por favor descreva:

_____

_____

_____

_____

_____

Você tem mais de um agrupamento de tiques que ocorrem ao mesmo tempo?

☐ Sim   ☐ Não

A.2. – ESCALA DE AVALIAÇÃO DE TIQUES

Número de tiques

Número (0 a 5)

☐ **motor**

☐ **fônico ou vocal**

☐ **0 = Nenhum**

☐ **1 = Tique único**

☐ **2 = Tiques múltiplos e discretos** (2 a 5)

☐ **3 = Tiques múltiplos e discretos** (> 5)

☐ **4 = Tiques múltiplos e discretos com ao menos um padrão de orquestração* de tiques múltiplos simultâneos ou sequenciais, difíceis de distinguir dos tiques discretos**

☐ **5 = Tiques múltiplos e discretos com vários (mais do que 2) paroxismos orquestrados de tiques simultâneos ou sequenciais difíceis de distinguir**

*orquestração: um tique segue o outro, em uma sequência detectável.

Frequência dos tiques

Marque uma escolha para cada questão. Anote a frequência apenas para a última semana.

Durante a última semana, qual foi o maior período que você ficou sem tiques **motores**?

☐ **0 = Sempre sem tiques**. Sem evidência de tique motor.

☐ **1 = Raramente**. Tiques motores ocorrem esporadicamente, raramente todos os dias; os períodos livres de tiques duram vários dias.

☐ **2 = Ocasionalmente**. Tiques motores estão presentes quase que diariamente. "Ataques" de tiques podem ocorrer, mas não duram mais que alguns minutos. Intervalo sem tiques dura a maior parte do dia.

☐ **3 = Frequentemente**. Tiques motores estão presentes diariamente. Intervalos de até 3 horas sem tiques não são raros.

☐ **4 = Quase sempre.** Tiques motores estão presentes em quase todas as horas do dia e os "ataques" de tiques ocorrem regularmente. Os intervalos sem tiques não são frequentes e podem durar meia hora cada vez.

☐ **5 = Sempre**. Tiques motores estão presentes todo o tempo. Os intervalos são difíceis de serem identificados e na maioria das vezes não duram mais do que 5 a 10 minutos.

1. Durante a última semana, qual foi o maior período que você ficou sem tiques **Fônicos?**

☐ **0 = Sempre sem**. Sem evidência de tiques fônicos.

☐ **1 = Raramente**. Tiques fônicos ocorrem esporadicamente, raramente todos os dias. Os intervalos duram vários dias.

☐ **2 = Ocasionalmente**. Tiques fônicos podem ocorrer quase que diariamente. "Ataques" de tiques podem ocorrer, mas não duram mais que alguns poucos minutos. Os intervalos livres de tiques duram a maior parte do dia.

☐ **3 = Frequentemente**. Tiques fônicos estão presentes diariamente. Intervalos de até 3 horas não são raros.

4 = Quase sempre. Tiques fônicos estão presentes em quase todas as horas do dia, todos os dias e os "ataques" de tiques ocorrem regularmente. Os intervalos não são frequentes e podem durar meia hora.

5 = Sempre. Tiques fônicos estão presentes durante todo o tempo. Os intervalos são difíceis de serem identificados e na maioria das vezes não duram mais do que 5 a 10 minutos.

Intensidade dos tiques

1. Durante a última semana, qual foi a intensidade (força) dos seus tiques **motores**?

Marque a descrição mais relevante para a intensidade de seus tiques motores durante a última semana. Por exemplo, tiques suaves (leves) podem não ser visíveis e tipicamente não são percebidos pelos outros, por sua intensidade mínima. No outro extremo, tiques graves são extremamente fortes (intensos) e exagerados na sua expressão, chamando a atenção para o indivíduo e podendo resultar em risco de lesão física por sua força na expressão. Entre os extremos existem os tiques moderados e os mistos.

0 = Ausente. Sem evidência de tiques motores.

1 = Mínima. Tiques podem não ser percebidos por outros porque eles têm intensidade mínima.

2 = Suave. Tiques não são mais fortes do que as ações voluntárias comparadas e não são observados por outros por sua intensidade suave.

3 = Moderada. Tiques são mais fortes do que as ações voluntárias comparáveis, mas não além do padrão normal de expressão quando comparados com ações voluntárias. Podem chamar a atenção por apresentarem certa força.

☐ **4 = Marcada**. Tiques são mais fortes que as ações voluntárias comparáveis e têm tipicamente um caráter exagerado. Tais tiques chamam a atenção porque são fortes e exagerados no seu caráter.

☐ **5 = Grave**. Tiques são extremamente fortes e exagerados em sua expressão. Esses tiques chamam a atenção e podem resultar em risco de lesão física (acidental, provocada ou autoinfligida) devido à sua força na expressão.

1. Durante a última semana, qual a intensidade de seus tiques **<u>fônicos</u>?**

Marque a descrição relevante para o quão intensos foram os tiques. Por exemplo, tiques leves podem não ser audíveis e não são percebidos pelos outros pela sua mínima intensidade. No outro extremo, tiques graves são extremamente barulhentos e exagerados na sua expressão, chamando a atenção para o indivíduo. Entre os extremos existem os tiques moderados e marcados.

☐ **0 = Ausentes**. Sem evidência de tiques fônicos.

☐ **1 = Mínima**. Tiques não são audíveis pelos outros, pois sua intensidade é mínima.

☐ **2 = Suave.** Tiques não são mais barulhentos do que as emissões voluntárias, não sendo observadas pela sua intensidade leve.

☐ **3 = Moderada**. Tiques são mais barulhentos do que as emissões voluntárias, mas não estão além do esperado na expressão normal de vozes. Eles podem chamar a atenção pelo seu caráter barulhento.

☐ **4 = Marcada**. Tiques são mais barulhentos do que as emissões voluntárias e tipicamente têm um caráter exagerado, chamando a atenção pelo exagero e pelo barulho.

☐ **5 = Grave.** Tiques são extremamente barulhentos e exagerados na expressão, estes tiques chamam a atenção para o indivíduo.

Complexidade (0 A 5)

Motor

☐ **0 = Nenhuma**. Se presentes, todos os tiques são simples (abruptos, breves, sem significado).

☐ **1 = Limítrofe**. Alguns tiques não são claramente simples.

☐ **2 = Leve**. Alguns tiques são complexos (com significado aparente) e parecem comportamentos automáticos breves, tais como arrumar, que podem ser prontamente camuflados.

☐ **3 = Moderada**. Alguns tiques são mais complexos (com significado e mais prolongados) e podem ocorrer crises de orquestração que seriam difíceis de camuflar, mas podem ser racionalizadas ou explicadas como comportamento normais (pegar, bater)

☐ **4 = Marcada**. Alguns tiques são muito complexos e tendem a ocorrer em crises prolongadas de orquestração que seriam difíceis de camuflar e não poderiam ser facilmente racionalizadas como comportamentos normais, pela sua duração ou pela sua impropriedade, bizarria e caráter obsceno (uma prolongada contorção facial, toques em genitália).

☐ **5 = Grave**. Alguns tiques envolvem crises lentas de comportamento orquestrado que seriam impossíveis de serem camufladas ou racionalizadas como normais pela sua duração ou extrema impropriedade, raridade, bizarria ou caráter obsceno (prolongadas exibições envolvendo copropraxia ou autoinjúria).

Complexidade (0 A 5)

Vocal

☐ **0 = Nenhuma**. Se presentes, todos os tiques são simples (abruptos, breves, sem significado).

☐ **1 = Limítrofe**. Alguns tiques não são claramente simples.

☐ **2 = Leve**. Alguns tiques são complexos (com significado aparente) e parecem comportamentos automáticos breves, tais como emitir sílabas ou sons breves e sem sentido tais como "ah, ah", que podem ser prontamente camufladas.

☐ **3 = Moderada**. Alguns tiques são mais complexos (com significado e mais prolongados) e podem ocorrer crises de orquestração que seriam difíceis de camuflar mas podem ser racionalizadas ou explicadas como fala normais (dizer "você aposta" ou "querida" e breve ecolalia).

☐ **4 = Marcada**. Alguns tiques são muito complexos e tendem a ocorrer em crises prolongadas de orquestração que seriam difíceis de camuflar e não poderiam ser facilmente racionalizadas como falas normais, pela sua duração ou pela sua impropriedade, bizarria e caráter obsceno (uma prolongada palilalia, ecolalia, falas atípicas, longos períodos dizendo "o que você pretende" repetidamente ou dizer "foda-se" ou "merda").

☐ **5 = Grave**. Alguns tiques envolvem crises lentas de fala que seriam impossíveis de serem camufladas ou racionalizadas como normais pela sua duração ou extrema impropriedade, raridade, bizarria ou caráter obsceno (prolongadas exibições ou emissões vocais frequentemente envolvendo copropraxia, autoinjúria ou coprolalia).

Interferência

Motor

Durante a última semana, os tiques motores interromperam ou atrapalharam o que você estava fazendo? Marque uma opção para cada coluna

- [ ] **0 = Nenhuma**.

- [ ] **1 = Mínima**. Quando os tiques estão presentes, eles não interrompem o fluxo do comportamento ou da fala.

- [ ] **2 = Leve**. Quando os tiques estão presentes, eles ocasionalmente interrompem o fluxo do comportamento ou da fala.

- [ ] **3 = Moderada**. Quando os tiques estão presentes, eles frequentemente interrompem o fluxo do comportamento ou da fala.

- [ ] **4 = Marcada**. Quando os tiques estão presentes, eles frequentemente interrompem o fluxo do comportamento ou da fala e ocasionalmente interrompem a intenção de agir ou se comunicar.

- [ ] **5 = Grave**. Quando os tiques estão presentes, eles frequentemente chegam a interromper a intenção de agir ou se comunicar.

Interferência

Vocal

Durante a última semana, os tiques vocais interromperam ou atrapalharam o que você estava fazendo? Marque uma opção para cada coluna

- [ ] **0 = Nenhuma**.

- [ ] **1 = Mínima**. Quando os tiques estão presentes, eles não interrompem o fluxo do comportamento ou da fala.

☐ **2 = Leve**. Quando os tiques estão presentes, eles ocasionalmente interrompem o fluxo do comportamento ou da fala.

☐ **3 = Moderada**. Quando os tiques estão presentes, eles frequentemente interrompem o fluxo do comportamento ou da fala.

☐ **4 = Marcada**. Quando os tiques estão presentes, eles frequentemente interrompem o fluxo do comportamento ou da fala e ocasionalmente interrompem a intenção de agir ou se comunicar.

☐ **5 = Grave**. Quando os tiques estão presentes, eles frequentemente chegam a interromper a intenção de agir ou se comunicar.

Comprometimento geral (considerar todos os tiques presentes)

☐ **0 = Nenhum**.

☐ **10 = Mínimo**. Tiques estão associados a discretas dificuldades na autoestima, vida familiar, aceitação social, ou funcionamento no trabalho ou escola (infrequente tristeza ou preocupação sobre a evolução futura dos tiques, leve aumento na tensão familiar por causa dos tiques, ocasionalmente amigos ou conhecidos observam e comentam sobre os tiques com consternação).

☐ **20 = Leve**. Tiques estão associados com dificuldades menores na autoestima, vida familiar, aceitação social, ou funcionamento no trabalho ou escola.

☐ **30 = Moderado**. Tiques estão associados claramente com problemas na autoestima, vida familiar, aceitação social, ou funcionamento no trabalho ou escola (episódios de disforia, períodos de estresse e revolta na família, frequente gozação por companheiros ou episódios de afastamento social, interferência periódica no desempenho escolar ou do trabalho por causa dos tiques).

☐ **40 = Marcado**. Tiques estão associados com dificuldades graves na autoestima, vida familiar, aceitação social, ou funcionamento no trabalho ou escola.

☐ **50 = Grave**. Tiques estão associados com extrema dificuldade com a autoestima, vida familiar, aceitação social, ou funcionamento escolar ou trabalho (grave depressão com ideação suicida, desmantelamento familiar (separação /divórcio, mudança residencial), rompimento social, grave restrição da vida pelo estigma e afastamento social, troca escolar ou perda de emprego).

Resultado da Yale Global Tic Severty Scale (Ygtss)

	Número	Frequência	Intensidade	Complexidade	Interferência
A. Tiques motores					
B. Tiques fônicos					
C. Total para todos os tiques					
Total					

Total dos tiques: (Número + frequência + intensidade + complexidade + interferência) = _____

Índice de comprometimento geral pela ST = _____

Gravidade geral (Número total de tiques + comprometimento da ST) = _____

_____

Quantos anos tinha quando surgiu o primeiro tique? _____

Quantos anos tinha quando os tiques começaram a incomodar? _____

Com que idade procurou tratamento? _____

Ciúme no relacionamento amoroso

Andrea Lorena da Costa
Instituto de Psiquiatria do Hospital das Clínicas da Faculdade de Medicina da
Universidade de São Paulo (HC-FMUSP)

Marcelo Campos Castro Nogueira
Hospital das Clínicas da Faculdade de Medicina da
Universidade de São Paulo (HC-FMUSP)

Monica L. Zilberman
Universidade de São Paulo (USP)

Introdução

O ciúme é um sentimento universal que, em maior ou menor grau, é vivenciado em algum momento de nossas vidas. Por ser um aspecto essencial da vida social, pode ocorrer em diversos tipos de relacionamentos: entre irmãos, pais, familiares e colegas de trabalho (Tarrier et al., 1990; Silva, 1997). Neste capítulo abordaremos o ciúme no relacionamento amoroso. Inicialmente, enfocaremos aspectos psicológicos e definições, além da delimitação do ciúme normal ao patológico. A seguir, daremos ênfase aos aspectos agressivos do ciúme por serem esses o de maior impacto em nossa sociedade. Por fim, abordaremos os principais instrumentos e escalas utilizados nas pesquisas sobre ciúme e agressividade.

O ciúme é uma emoção tão antiga quanto o homem. Na mitologia grega, a deusa Hera matou as amantes do deus Zeus por ciúme e pelo medo de perder o poder, assim como perseguia Hércules por ver nele a prova da traição de Zeus. No século IV a.C., Aristóteles definia o ciúme de forma muito parecida com a inveja. Dizia que o ciúme era o desejo de ter o que a outra pessoa possuía. Santo Agostinho, no século IV, afirmou que quem não é ciumento não ama, concebendo o ciúme como mais ligado ao entusiasmo do amor do que à suspeita. No século XIV, o ciúme estava relacionado à paixão, devoção e zelo junto à necessidade de conservar algo importante (Torres et al., 1999; Pasini, 2006; Marazziti, 2009).

Em 1604, o escritor inglês William Shakespeare publicou uma peça que narra a história de Otelo, que acredita nas intrigas de Iago e, coberto de ciúme, mata sua esposa Desdêmona. Ainda no século XVII, o ciúme era visto como um sentimento censurável, pois não fazia parte da razão. No século seguinte, já tinha a conotação de sofrimento pela perda da pessoa amada, porém era contrário aos valores morais da época (Torres et al., 1999; Marazziti, 2009).

No século XIX, o ciúme passou a se tornar um problema principalmente entre as mulheres que deveriam aceitar a traição do marido; o ciúme era visto como fraqueza e sinal de falta de controle, podendo destruir a relação amorosa. Na literatura brasileira, o ciúme está presente na obra Dom Casmurro, de Machado de Assis, de 1899. O personagem Bentinho sente ciúme da esposa Capitu por achar que ela o trai com seu amigo Escobar. No século XX, passou a ser visto como sinal de imaturidade, devendo ser ocultado como algo vergonhoso. Atualmente, é visto como contrário aos conceitos de liberdade individual, sendo encarado cada vez mais como patológico (Torres et al., 1999; Pasini, 2006; Marazziti, 2009).

Dedicar-se a um relacionamento interpessoal influencia a saúde física e psicológica humana aparentemente pelo sentimento de pertencer a um grupo social e ser membro de uma relação. Quando esse relacionamento se encontra em risco, surge o sentimento de ciúme (DeSteno et al., 2006).

É mais fácil identificar o ciúme do que defini-lo. Nas diversas definições acerca do ciúme, comumente três características principais são incluídas: "1. ser uma reação frente a uma ameaça percebida; 2. haver um rival real ou imaginário e 3. a reação visa a eliminar os riscos da perda do amor" (Torres et al., 1999). White e Mullen (1989) definem o ciúme romântico, aquele que acontece entre os casais, como um complexo de pensamentos, emoções e ações diante da ameaça ou da perda do relacionamento amoroso valorizado por um rival real ou imaginário.

Rydell e Bringle (2007) dividem o ciúme em duas categorias: o ciúme reativo e o ciúme "por suspeita" (do inglês *suspicious*). O ciúme reativo é circunstancial, é temporário, ocorre quando existem acontecimentos concretos, como casos extraconjugais, quando o parceiro viola características inerentes ao relacionamento, como a exclusividade do casal. Este tipo de ciúme se relaciona com fatores exógenos, como a dependência, a situação social e a confiança no relacionamento. Caracteriza-se por raiva, medo e tristeza. O ciúme "por suspeita" ocorre a partir de ameaças vagas ao relacionamento, está ligado mais a fatores endógenos, em que situações pequenas e não relacionadas são interpretadas como ameaças sérias ao relacionamento. Caracteriza-se por ser crônico, pela existência de altos níveis de ansiedade, dúvida, suspeita, insegurança em si e no relacionamento. Geralmente é anterior à ocorrência de eventos provocadores de ciúme. Existe uma grande desconfiança sobre o comportamento do parceiro, o que faz com que o sujeito ciumento verifique constantemente o comportamento do parceiro e tente controlá-lo. A resposta emocional é exarcebada diante da situação real.

A psicologia evolucionária classifica o ciúme em sexual e emocional. O ciúme sexual é definido como resultante da suspeita da traição sexual do parceiro com uma terceira pessoa. O ciúme emocional surge diante da suspeita do envolvimento emocional do parceiro com outra pessoa. Nesta perspectiva, o ciúme é considerado uma emoção inata, como defesa ao abandono e à traição. Propõe ainda que existam diferenças de gênero diante da infidelidade: os homens seriam mais impactados pela infidelidade sexual da parceira, que implicaria o desperdício de recursos emocionais e financeiros na criação de um filho que não é dele e que, portanto, não propagaria seus genes. As mulheres reagem mais fortemente diante da infidelidade emocional, pois seu maior investimento seria na gestação e nos cuidados com o filho, sendo por isso também mais seletivas na escolha do parceiro, já que precisariam de um relacionamento duradouro para ajudá-las na criação dos filhos (Harris, 2004; Dermitas, 2008).

Para outros autores, o ciúme é provocado por uma ameaça percebida diante de uma relação ou posição de extrema valia, constituído de cognições, comportamentos e alterações fisiológicas que se originam do medo de perder o parceiro amado. Frequentemente está ligado ao medo da perda, ou de ter que dividir algo que se tem. Liga-se, portanto, ao conceito de exclusividade, contrato implícito entre os casais, e tem como objetivo proteger o relacionamento de um suposto "roubo". Para algumas pessoas, pode funcionar como um sinal de devoção ao parceiro, porém a função do ciúme é proteger o relacionamento afetivo (Keenan & Farrel, 2000; Muzinic et al., 2003; Puente & Cohen, 2003; Fleischmann et al., 2005; DeSteno et al., 2006, Marazziti, 2009).

Caracteriza-se por uma mistura de sentimentos de raiva, ódio, humilhação, medo, tristeza, depressão, ansiedade, insegurança, rejeição, angústia, traição e dor; está associado com baixa autoestima, sentimentos de insatisfação e dúvidas crônicas. Ter sido abandonado em relacionamentos anteriores aumenta a vulnerabilidade. A preocupação central do ciumento é de que o relacionamento seja roubado por um rival (Muzinic et al., 2003; DeSteno et al., 2006; Fleischmann et al., 2005).

Este sentimento está ligado tanto a situações reais quanto imaginárias do parceiro com um rival. O interesse do parceiro – ou suposto interesse – alerta que o rival é superior de alguma forma e, consequentemente, a integridade do relacionamento pode estar ameaçada. O ciumento com frequência confere valor superestimado ao rival e acredita que o parceiro atual seja insubstituível (Puente & Cohen, 2003; DeSteno et al., 2006).

Com diferentes níveis de intensidade, persistência e "insight", o ciúme diverge de uma condição normal à patológica (Marazziti et al., 2003). Em seu conceito de normalidade, é um estado transitório que se baseia em ameaças e fatos reais, que tem como objetivo a preservação do relacionamento, apoiando-se na antecipação de um adversário, específico a um parceiro, evento ou rival. Não limita a vida e não interfere nas atividades comuns, tanto do parceiro quanto do sujeito ciumento; e desaparece diante das evidências e da segurança em relação ao parceiro (White & Mullen, 1989; Tarrier et al., 1990; Torres et al., 1999, Kingham & Gordon, 2004; Marazziti, 2009).

Já o ciúme patológico, ou mórbido, surge como uma preocupação infundada, irracional e irreal, podendo estar relacionado com alterações no sistema serotoninérgico (Marazziti et al., 2003). É um sentimento acompanhado do medo de perder o relacionamento e o parceiro, composto de diversas emoções e pensamentos irracionais e comportamentos inaceitáveis ou extravagantes que provocam prejuízos significativos no funcionamento pessoal e relacional; seu maior desejo seria controlar completamente os sentimentos e os comportamentos do parceiro; existe um grande controle e verificação dos deslocamentos e intenções do parceiro, assim como a limitação destes deslocamentos na tentativa de precaver o encontro com eventuais rivais (Tarrier et al., 1990; Torres et al., 1999; Marazziti et al., 2003; Marazziti, 2009). O ciúme torna-se patológico quando passa a causar angústia e prejuízo à pessoa amada ou ao indivíduo ciumento e ao relacionamento amoroso, ultrapassando o nível de possessividade aceito pela sociedade ou cultura (Marazziti, 2009).

Quando associado a algum quadro psiquiátrico, pode aparecer relacionado à condição orgânica ou tóxica, como nos casos de alcoolismo (ciúme delirante), ou associado ao uso de outras substâncias psicoativas; pode ainda estar associado a psicoses funcionais e aos transtornos ansiosos (particularmente o transtorno obsessivo-compulsivo) e do humor (ciúme obsessivo) (Tarrier et al., 1990; Torres et al., 1999; Marazziti et al., 2003; Muzinic et al., 2003; Sukru et al., 2004; Maggini et al., 2006).

Assim, subdivide-se o ciúme patológico em neurótico ou obsessivo (não psicótico) e delirante (psicótico) (Tarrier et al., 1990). O ciúme delirante é a forma mais extrema do ciúme patológico. Sua principal característica é a falta de realidade, uma crença irremovível não compartilhada com outras pessoas do mesmo contexto sociocultural, não é passível de argumentação ou de convencimento da pessoa que sofre com o problema, aliás, ela não acredita que o problema esteja nela, mas no parceiro; pode acontecer isoladamente ou com outras experiências persecutórias, sendo a causa do ciúme desconhecida para o paciente (Freeman, 1990). A pessoa é bombardeada por convicções de infidelidade irremovíveis pela argumentação lógica. A partir daí começa a acusar o parceiro e procurar por provas dessa infidelidade constantemente (Muzinic et al., 2003; Sukru et al., 2004).

Contrariamente, o ciúme obsessivo mantém a realidade, porém o indivíduo reage mais facilmente e de forma exagerada a situações nas quais a fidelidade e o amor do parceiro não têm por que serem questionados. Estas reações são acompanhadas de sentimentos de culpa e pela própria percepção do indivíduo de que estas reações são extravagantes (White & Mullen, 1989).

Neste tipo de ciúme existe uma dúvida da traição constante, os pensamentos são vivenciados como intrusivos e excessivos, os quais são uma característica da ideação obsessiva, juntamente com comportamentos compulsivos, tais como checar os pertences do parceiro atrás de alguma prova de traição. Alguns autores acreditam que tal quadro se relacionaria com o transtorno obsessivo-compulsivo (TOC) (Torres et al., 1999; Kingham & Gordon, 2004; Harris, 2004; Marazziti, 2009).

Cobb & Marks (1979) sugeriram essa relação entre ciúme patológico e a neurose obsessivo-compulsiva. Assim, as ruminações de ciúme seriam os pensamentos obsessivos, e as buscas constantes por provas da infidelidade corresponderiam aos rituais compulsivos como os de verificação. O ciúme, nestes casos, estaria ligado à baixa autoestima, à falta de habilidade sociais, a problemas sexuais e maritais.

Para Tarrier et al., (1990), os pensamentos ou imagens de ciúme têm várias características em comum com as obsessões, pois são frequentemente intrusivos e desagradáveis. Na maioria dos casos, são acompanhados por comportamentos ritualísticos de verificação ou busca de provas da infidelidade, tais como visitas surpresas ao trabalho, procura de vestígios de relação sexual nas roupas íntimas acompanhados de interrogatórios e acusações de infidelidade. Os pacientes relatam sentimentos de depressão, ansiedade, irritabilidade, agitação, fobia e algumas vezes tentativas de suicídio por avaliarem suas atitudes como inadequadas.

Stein e colaboradores (1994) estudaram seis casos de ciúme obsessivo para verificar a eficácia dos antidepressivos inibidores da recaptação de serotonina. Consideraram os pensamentos de ciúme como intrusivos e excessivos, que levam a comportamentos compulsivos, como a verificação. Os autores descrevem a eficácia da fluoxetina no tratamento do ciúme obsessivo assim como acontece no transtorno obsessivo compulsivo, concluindo então que o ciúme obsessivo poderia ser visto como um *continuum* do TOC.

Outros autores também enfatizam a aproximação do ciúme obsessivo com o TOC a partir da resposta ao tratamento com pimozide, clomipramina e inibidores seletivos da recaptação da serotonina (Lane, 1990; Opler & Feinberg, 1991; Wright, 1994; Lawrie & Phil, 1998; Val et al., 2009).

Nesses casos, as ruminações obsessivas de ciúme são egodistônicas e irracionais; o indivíduo luta contra esses pensamentos e por isso são associadas a sentimentos de culpa. Geralmente, os pacientes têm maior preservação da crítica, associação com sintomas depressivos e menor agressividade; já nas preocupações mórbidas, não existe resistência às ruminações e por isso são egossintônicas (Tarrier et al., 1990; Stein et al., 1994; Silva, 1997).

Os pensamentos obsessivos sobre ciúme levam a uma busca por evidências que confirmem ou não a infidelidade. Quando o parceiro confessa a traição (por não aguentar mais tantos questionamentos ou por realmente ter traído), essa confissão não traz alívio e sim mais interrogatórios aos indivíduos ciumentos. Assim como em outros comportamentos compulsivos, o alívio da ansiedade não é suficientemente eficaz para aplacar o sofrimento; a necessidade de controlar os comportamentos e os pensamentos do parceiro equivale à necessidade de controle típica dos obsessivos. O medo de perder o parceiro é o maior temor e o que mais gera sofrimento, assim como o medo da perda de controle no TOC é um tema central (Torres et al., 1999).

Em estudo realizado na Itália com 400 universitários, que responderam a um questionário sobre ciúme e sobre sintomas obsessivos e compulsivos, constatou-se que 10% desses estudantes estão excessivamente envolvidos com pensamentos ciumentos sobre o parceiro. Os sujeitos com TOC obtiveram escores maiores do que os indivíduos com ciúme não patológico e os controles saudáveis em relação à frequência das preocupações, suspeitas e à interferência nas atividades diárias (Marazziti et al., 2003).

Ciúme e agressividade no relacionamento amoroso

A violência contra o parceiro amoroso é um problema de saúde pública no Brasil e no mundo. No Brasil, 2,1 milhões de mulheres já foram agredidas pelo parceiro, de acordo com dados de uma pesquisa realizada em 2001 (Rosa et al., 2008).

Alguns indivíduos violentos agridem seus parceiros emocionalmente, outros vão além e seguem para a agressão física (Spitzberg & Cupach, 1998). A violência marital ocorre por diversas razões, e uma das principais causas é o ciúme, em geral, relacionado ao parceiro (Dobash et al., 1992; Mullen, 1995; Rosa et al., 2008).

O ciúme, o dinheiro e o álcool são os três antecedentes mais comuns para a violência nos Estados Unidos e na Grã-Bretanha (Spitzberg & Cupach, 1998; Kingham & Gordon, 2004). Um estudo realizado no estado de São Paulo mostrou que 21,5% das mulheres sofreram agressões por causa de ciúme por parte do marido ou namorado (Dossi et al., 2008).

Nas culturas onde os parceiros são tratados como propriedade, o ciúme é considerado normal nos relacionamentos e pode, algumas vezes, ser visto como estopim para o conflito marital. Nestas culturas conservadoras, a independência ou autonomia do parceiro é interpretada muitas vezes como sinal de infidelidade, logo o ciúme é tido como justificativa para a violência marital (Kingham & Gordon, 2004).

O risco para a violência no relacionamento amoroso aumenta consideravelmente quando existem sentimentos de posse, senso de moralidade, estímulo da sociedade ao uso da força e agressividade masculinas, fatores estressores como dificuldades financeiras, desemprego, conflitos familiares, problemas com a lei ou características individuais como impulsividade e abuso de substâncias, ou ainda quando o ciúme é patológico, quando há histórico de casos de violência motivada por ciúme em relacionamentos anteriores, ou quando o indivíduo ciumento é propenso à violência em outras circunstâncias (Mullen, 1995; Harris, 2004; Cortez & Kim, 2007; Lamoglia & Mirayo, 2009).

Outros fatores que influenciam a ocorrência da violência são insegurança e vulnerabilidade por parte de um dos parceiros (Cortez & Kim, 2007).

Algumas vezes, o parceiro que é o alvo do ciúme, angustiado por constantes acusações e questionamentos, pode dar uma falsa confissão causando uma reação violenta por parte do parceiro ciumento (Kingham & Gordon, 2004).

Esses agressores têm algumas características em comum, como baixa autoestima, uso abusivo de álcool e drogas, insegurança, problemas de personalidade, histórico de violência na infância, depressão e ansiedade (Cortez & Kim, 2007).

Em muitos casos, a violência ou a agressão verbal são usadas como uma tentativa de forçar a manutenção do relacionamento, pois podem fazer com que o parceiro se sinta culpado e até mude o comportamento (Spitzberg & Cupach, 1998). O perpetrador agride o parceiro porque se sente ameaçado de alguma forma, e se vê perdendo a exclusividade na relação amorosa (Leiva et al., 2001).

As consequências desses atos violentos no corpo da vítima vão desde fraturas, luxações e hematomas até distúrbios psicológicos e comportamentais, como depressão e abuso de substâncias psicoativas (Rosa et al., 2008)

É de suma importância para a saúde física e psicológica dos sujeitos envolvidos, e ainda para que se tomem medidas de prevenção, conhecer melhor como os fatores individuais e sociais influenciam os comportamentos violentos instigados pelo ciúme e compreender como estes estão interligados.

Dados epidemiológicos

De acordo com dados de 48 estudos populacionais resumidos pela *World Report on Violence and Health*, 10 a 69% das mulheres do mundo já disseram ter sofrido algum tipo de violência física ocasionada pelo parceiro. Nas Filipinas, entre 11 e 26% das mulheres casadas relataram terem sofrido agressão física pelo parceiro, sendo que 24% dessas acreditavam que a agressão era justificada (Ansara & Hindin, 2008).

Dados do estudo de Glass et al. (2008a) mostram que de 79 mulheres que moravam com uma parceira, 11,4% disseram ter sido abusadas física ou sexualmente por essa parceira; e de 229 mulheres, 12,2% vivenciaram algum incidente de violência causado pela parceira, o que mostra que a agressão também ocorre entre mulheres homossexuais.

Dados do *National Violence Against Women Survey* afirmam que 1,3 milhão de mulheres americanas são fisicamente agredidas por um parceiro íntimo masculino por ano (Rilling et al., 2004).

Segundo Puente & Cohen (2003), aproximadamente 1.500 mulheres são assassinadas pelo marido ou namorado nos Estados Unidos a cada ano. Outra pesquisa nos Estados Unidos aponta que anualmente 25% das mulheres e 7,6% dos homens foram agredidos fisicamente pelo(a) parceiro(a) íntimo(a) (Tilley & Brackley, 2005). Segundo Dobash et al., (2007), 10 a 15% das mulheres casadas já foram estupradas pelo próprio parceiro.

Já na Inglaterra e no País de Gales, a prevalência de mulheres assassinadas por um parceiro íntimo é de 37% (Aldridge & Browne, 2003). Na Austrália, mais de um terço das mulheres que vivenciaram algum tipo de relacionamento romântico foram agredidas fisicamente, abusadas emocionalmente ou foram alvo de comportamento controlador por parte do parceiro (Murphy & Smith, 2009).

Entre 102 mulheres afro-americanas, 48% delas disseram ter sofrido abuso verbal, ameaças de agressão física, ou abuso sexual (Raj et al., 1999). Outro estudo realizado na Austrália mostra que 23% das mulheres casadas ou que estiveram em um relacionamento amoroso disseram ter sofrido violência por parte do parceiro íntimo, e 8% relataram pelo menos um incidente no relacionamento amoroso atual (Power et al., 2006).

As mulheres com deficiência, ou seja, as portadoras de algum problema físico ou mental, que têm dificuldade em realizar atividades diárias, têm cinco vezes mais chance de serem agredidas fisicamente pelo parceiro quando comparadas com àquelas sem deficiência (Brownridge et al., 2008a). Em relação às mulheres grávidas que procuraram um hospital escola de Londres para cuidados pré-natais e passaram por uma entrevista sobre violência doméstica, 1,8 a 5,8% (total de 892 mulheres) foram abusadas física e/ou emocionalmente pelo parceiro, sendo que na maior parte a violência ocorreu no final da gravidez (Bacchus, 2006).

Em uma amostra de 2.320 estudantes do ensino médio de 7 escolas multirraciais de ensino médio do condado de Suffolk, Long Island em Nova York, 34,2% dos homens e 33,7% das mulheres que responderam às escalas sobre violência no relacionamento amoroso disseram ter sido vítimas de agressão física por parte do parceiro (Cascardi et al., 1999). O estudo de James et al. (2000) mostra que 20% dos adolescentes já vivenciaram algum tipo de violência no namoro. Schumacher & Slep (2004) analisaram 398 estudantes (227 mulheres e 171 homens) do ensino médio de diferentes escolas escolhidas pela diversidade étnica, e encontraram que 84% dos meninos e 94% das meninas agrediram verbalmente seus parceiros.

Pesquisas de diversos países relatam que a violência doméstica é mais comum entre jovens pobres e desfavorecidos socialmente (Dobash et al., 2007; O'Leary et al., 2007; Ansara & Hindin, 2008). No entanto, a violência psicológica é mais presente do que a violência física em populações jovens; uma pesquisa realizada com 1.886 estudantes universitários mostrou que 81,2% dos homens e 77,2% das mulheres foram agredidos verbalmente por seus parceiros enquanto que 13,6% dos homens e 13,9% das mulheres sofreram violência física como chutes e socos (Muñoz-Rivas et al., 2007).

Durante a adolescência e entre 30 e 40 anos de idade, nos Estados Unidos, a agressão física contra o parceiro aumenta, decrescendo até os 70 anos. Isto ocorre pela diminuição do consumo de álcool e da manifestação do ciúme que ocorrem com a idade (O'Leary, 1999).

No Canadá, entre os anos de 1994 e 1995, houve 7.462 vítimas de perseguição por parte de um ex-parceiro íntimo. Lá, esta forma de violência é mais comumente realizada pelas mulheres (Douglas & Dutton, 2001).

Bases biológicas

Foi realizado um estudo por Takahashi e colegas (2006) no Japão com 11 mulheres e 11 homens estudantes de graduação, com idade média de 20 anos para os homens e 21,4 para mulheres, com o objetivo de verificar as respostas cerebrais diante de questões sobre infidelidade emocional e sexual formuladas pelos pesquisadores do estudo, obtidas através de imagens de ressonância magnética funcional (fMRI). Definiu-se infidelidade sexual como uma condição explícita ou implícita de relacionamento sexual ou contato físico com outra pessoa fora do relacionamento amoroso vigente e infidelidade emocional como o desvio de comprometimento emocional do parceiro.

Os resultados deste estudo mostraram que no grupo masculino, diante da infidelidade sexual, ocorreram ativações mais intensas no córtex visual, giro temporal médio, amígdala, regiões do hipocampo, claustrum e hipotálamo. Diante da infidelidade emocional, ativações mais intensas foram observadas no córtex visual, região frontal (giro frontal medial, giro frontal médio, giro pré-central), córtex cingulado, ínsula, região do hipocampo, tálamo, núcleo caudado, hipotálamo e cerebelo (Takahashi et al., 2006). Já no grupo feminino, durante questionamentos sobre infidelidade sexual, as regiões ativadas foram o córtex visual, regiões frontais (giro frontal médio), tálamo e cerebelo. Em relação à infidelidade emocional, as áreas com atividade intensa foram córtex visual, região frontal (giro frontal medial, giro frontal médio), sulco temporal superior posterior (giro angular), tálamo e cerebelo (Takahashi et al., 2006).

Os autores concluíram que os homens apresentaram maior atividade nas regiões que estão ligadas ao comportamento agressivo e sexual, enquanto nas mulheres a maior ativação se deu nas regiões envolvidas na percepção da intenção dos outros ou violação das normas sociais.

Em uma experiência com imagens de PET, nove macacos *Rhesus* foram submetidos a dois tipos de situações diferentes: na primeira, o macaco testemunhava uma possível interação sexual entre sua parceira e um macaco rival, e na outra, a fêmea não interagia com um rival masculino. Foram observadas respostas mais intensas no hemisfério direito, incluindo a amígdala e amígdala estendida, sulco temporal superior, polo temporal e a ínsula bilateral, o que sugere que o sistema seja parecido entre macacos e humanos (Rilling et al., 2004). Tanto os macacos quantos os homens mostraram aumento de atividade nas regiões cerebrais associadas ao surgimento de emoções negativas e cognição social como a amígdala, ínsula e sulco temporal superior (Rilling et al., 2004; Takahashi et al., 2006).

Caracterização da violência contra o parceiro

O ciúme é um fator desencadeante da violência do homem contra a mulher e, desde os primeiros ancestrais, o homem se tornou predisposto a perceber a ameaça de um intruso ao relacionamento (Jewkes, 2002; Puente & Cohen, 2003; Gage, 2005; Tilley & Brackley, 2005; Foran & O'Leary, 2008).

O ciúme faz com que a pessoa se torne hostil e demonstre comportamentos abusivos para com o parceiro, sendo um fator decisivo nas mortes associadas à violência contra as mulheres (DeSteno et al., 2006; Foran & O'Leary, 2008).

A violência contra o parceiro íntimo está associada ao abuso de poder de um parceiro que resulta em dominação física, psicológica e controle que pode resultar em violência física e sexual, ameaças e intimidações, abuso emocional e social, e privação econômica (Power et al., 2006; Glass et al., 2008b; Coleman et al., 2009).

Ocorre em todas as culturas e grupos sociais, e a maioria dos estudos não mostra diferenças entre raças. A maior parte dos casos de violência é do homem contra mulher por causa da suspeita de infidelidade da parceira (Regoecz, 2001; Goldstein, 2002; Power et al., 2006; Takahashi et al., 2006; Vandello & Cohen, 2008).

Porém, o estudo de Ramos et al. (2004) demonstrou diferenças étnicas em relação ao abuso emocional, relatado por 31,9% das mulheres negras e 19,6% das mulheres brancas que foram atendidas em um serviço de saúde primário. Os autores afirmam que essa diferença se deve ao comportamento distinto dos parceiros: 46% das mulheres negras disseram que seus parceiros tinham comportamentos excessivos de ciúme juntamente com falsas acusações de infidelidade; entre as mulheres brancas esse índice é de 28%. Essas diferenças podem acontecer por diferenças culturais entre os dois grupos de mulheres.

Muitas vezes a violência acontece para limpar a honra do marido traído. Nos Estados Unidos e na América Latina, os índices de violência motivados pelo ciúme são relativamente maiores por causa da cultura da honra, e muitas vezes a responsabilidade por causa da violência recai sobre a mulher (vítima) e não sobre o marido (abusador) (Pavlou & Knowles, 2001; Shackelford et al., 2005; Vandello et al., 2009). Além disso, o estudo de Puente & Cohen (2003) mostra que 32% dos abusadores e 27% das mulheres abusadas disseram que a violência decorreu do amor pela parceira, e o ciúme dos maridos é visto como uma forma de demonstração da seriedade e do comprometimento deles com o relacionamento, fac litando a ocorrência de atos violentos com o intuito de limpar a honra ferida. Acrescenta-se ainda que a violência masculina frequentemente esteja relacionada com controle e dominância sobre a mulher através de ameaças de agressão física (Felson & Outlaw, 2007).

Outros estudos apontam ainda que a principal causa da violência do homem contra a mulher é o ciúme ou a ameaça de abandono pela mulher (Russell & Wells, 2000; Spiwak & Brownridge, 2005; DeSteno et al., 2006; Ansara & Hindir, 2008). Fleischmann e colegas (2005) dizem que o ciúme é uma importante fonte de insatisfação no relacionamento, de conflitos, separações, agressões e violência. Este ciúme tem como objetivo moldar as respostas do parceiro vitimado, assim como limitar a sua autonomia (Wilson et al., 2001; Yoshimura, 2004).

A agressão durante um relacionamento amoroso é, portanto, uma das formas mais comuns de violência contra a mulher (Vandello & Cohen, 2003; Ansara & Hindin, 2008). A violência marital está relacionada com longa duração do casamento, porém com baixa qualidade, conflitos maritais, casos extraconjugais, divergência entre os parceiros, suporte social inadequado e ciúme sexual (Tang & Lai, 2008).

Tal violência tem impactos adversos tanto sobre os indivíduos quanto sobre o relacionamento (O'Leary et al., 2007). E quando o agressor se sente rejeitado pela parceira, é levado a comportamentos negativos, os quais incluem a agressividade (Slep et al., 2001; DeSteno et al., 2006).

Através de um estudo com 453 casais recrutados por meio de telefonemas aleatórios que responderam a uma entrevista estruturada e questionários, concluiu-se que tanto os homens (96,5%) quanto as mulheres (98%) investigadas sofreram agressões psicológicas consideradas moderadas, enquanto que 40% dos homens e 42,6% das mulheres sofreram agressões psicológicas graves. Em relação à agressão física, os homens foram vítimas em 34,9% dos casos considerados medianos e 13,5% sofreram agressões graves, enquanto 42,2% das mulheres sofreram agressão física mediana e 19,9% sofreram agressão grave. Em homens e mulheres, os fatores preditores da agressão foram o ciúme, o fato de querer controlar o parceiro, a presença de sintomas depressivos e maior número de discórdias no relacionamento (O'Leary et al., 2007).

Shannon et al. (2008), em sua pesquisa com 676 mulheres recrutadas no tribunal de justiça após a obtenção de medida cautelar contra o parceiro íntimo masculino e que participaram de forma voluntária da pesquisa, encontraram que 95,9% sofriam com o ciúme do ex-parceiro. O uso de álcool e drogas ilícitas pelas mulheres, nesse estudo, tornavam-nas mais vulneráveis à agressão física e sexual.

Em Nicósia, no Chipre (ilha situada no mar Egeu), uma pesquisa com 130 mulheres casadas concluiu que o ciúme foi a causa de 40% das agressões sofridas por elas, o uso de substâncias foi responsável por 9%, e ainda 34% dessas mulheres disseram acreditar que eram culpadas por terem sido agredidas fisicamente pelo parceiro (Georgiades, 2003).

Na China, um estudo com 2.661 participantes encontrou que o ciúme da mulher em relação ao parceiro é mais comum (27%) do que o ciúme do homem para a mulher (22%). Destaca-se ainda que o parceiro ciumento, aquele que expressa o ciúme, é quem acaba sendo espancado. Geralmente, a vítima da agressão é o parceiro acusado de infidelidade e não o parceiro que está questionando, e não há diferenças entre gêneros sobre este comportamento (Wang et al., 2009).

Aylor e Dainton (2001) correlacionam o ciúme masculino com respostas antissociais à reação ciumenta, tais como possessividade, violência, ameaças ao rival e manipulação; já o ciúme feminino se correlaciona com respostas socialmente aceitas como boa comunicação no relacionamento e resolução de conflitos. Uma revisão da literatura realizada por Harris (2003) não encontrou diferenças de gênero, principalmente relacionadas à agressividade e ao homicídio. A autora afirma que não há evidência de que o ciúme patológico masculino foque mais no sexo do que o ciúme patológico feminino, pois apenas usar o número total de homicídios motivados pelo ciúme e verificar a porcentagem de mulheres e homens assassinos não é suficiente para determinar que um sexo seja mais agressivo diante da infidelidade sexual do que o outro. Ainda, estudos fisiológicos falharam em mostrar essa diferença entre gêneros. Foi pedido a homens e mulheres que imaginassem a infidelidade sexual e emocional de seus parceiros. Os homens apresentaram aumento da frequência cardíaca diante de imagens de infidelidade sexual, enquanto as mulheres apresentaram elevação da frequência cardíaca mais intensa com a imaginação de infidelidade emocional. Contudo, na mensuração da atividade elétrica da pele, os homens tiveram maior reação à imaginação de infidelidade emocional e as mulheres à imaginação de infidelidade sexual (Harris, 2003).

Porém, a pesquisa de Sagarin (2005) mostrou que as mulheres reagem com mais agressividade à infidelidade emocional e os homens à infidelidade sexual, em acordo com a perspectiva evolucionária.

Para tentar explicar os diferentes pontos de vista sobre a agressividade direcionada ao parceiro íntimo, dois estudos apontam três perspectivas teóricas: a primeira é a *perspectiva feminista*, na qual o poder e o controle pelos homens são os construtos dominantes; o desejo do homem é de ter exclusividade sexual, o homem é controlador e mais propenso a assassinar a parceira devido ao ciúme. Essas atitudes são aprendidas socialmente e enfatizam a dominância masculina; a segunda é a *perspectiva do relacionamento diádico*, baseado na discórdia nos relacionamentos e comportamentos. A *perspectiva psicopatológica* enfatiza os problemas individuais como desregulação emocional e abuso de álcool na gênese da violência (O'Leary et al., 2007; Felson & Outlaw, 2007).

Para a perspectiva evolucionista, além do ciúme, a impulsividade, a competitividade e a dominância são variáveis que influenciam na agressividade direcionada ao parceiro. No caso dos homens, eles tendem a agredir a parceira por suspeitar de sua infidelidade sexual (Archer & Webb, 2006; Felson & Outlaw, 2007).

Felson & Outlaw (2007) afirmam que tanto a perspectiva feminista quanto a evolucionária enfatizam que o homem é mais violento por ser mais ciumento e possessivo do que a mulher. Porém, os resultados de sua pesquisa com 10.259 participantes casados e 5.016 que já foram casados anteriormente não provaram que os homens são mais predispostos a usar violência contra suas esposas por serem mais controladores ou ciumentos; nos casamentos atuais são as mulheres que são mais controladoras e ciumentas, enquanto que no grupo daqueles que foram casados anteriormente, os homens são os mais controladores. Contudo, não há diferença significativa na diferenciação do ciúme (sexual e emocional).

O comprometimento pessoal no relacionamento é um fator que influencia a ocorrência de agressividade, diminuindo indiretamente o risco de vitimização porque reduz reações negativas do parceiro, pois quanto maior o comprometimento com a relação, menor a chance de haver ciúme, normal ou patológico, e raiva (Gonzalez-Mendez & Hernández-Cabrera, 2008).

A violência, assim como o assédio sexual, não costuma surgir subitamente durante o casamento, mas sim desde o começo do relacionamento, no namoro (Muñoz-Rivas et al., 2007; Wigman et al., 2008). Muitas mulheres relatam que a violência estava presente mesmo antes da coabitação ou do compromisso. A maioria atribui o comportamento abusivo ao estresse e não o relaciona à violência. Ainda, veem o ciúme como sinal de amor e como um tipo de violência mais branda (Roberts, 2002; Power et al., 2006).

Alguns jovens costumam provocar ciúme no parceiro para que este demonstre afeto e carinho, como mostrou um estudo com 37 estudantes do ensino médio que participaram de um programa do Centro de Controle e Prevenção de Doenças dos Estados Unidos, que indicou que 65% destes provocavam ciúme no parceiro deliberadamente (James et al., 2000). Em resposta a esse tipo de provocação, surgem vários sentimentos negativos como rejeição, abandono e ciúme, os quais levam à agressividade (Moore et al., 2000).

Nos namoros caracterizados por agressões físicas, também acontecem outras formas de agressão ocasionadas pelo ciúme, como abuso verbal e controle de comportamentos. No Canadá, em um estudo realizado para analisar a violência no namoro a partir da perspectiva das mulheres jovens, Ismail et al. (2007) entrevistaram 11 garotas adolescentes com idade entre 17 e 23 anos que narraram suas histórias de namoro e violência e encontraram que o abuso psicológico, incluindo difamação e insultos, controle social e ciúme, indiferença e outros danos à reputação são percebidos como abusos piores do que a violência física; esses dados também foram encontrados na pesquisa de Schumacher e Slep (2004) com 398 estudantes universitários norte-americanos, os quais responderam a questionários sobre seus comportamentos agressivos e ciúme.

Em outro estudo com 1.886 universitários espanhóis, a violência psicológica, como comportamentos hostis, ameaças de machucar um amigo do parceiro, agressões verbais, comportamentos ciumentos ou controle sobre o comportamento do parceiro podem ser considerados como normativos, já que a agressão psicológica é mais frequente do que a agressão física nessa população (Muñoz-Rivas et al., 2007). Na maioria dos casos, a agressão psicológica funciona como um preditor da violência física nesses relacionamentos (O'Leary & Smith Slep, 2003).

Em casais jovens, as agressões físicas são mais amenas, ocorrem arremessos de objetos, batidas ou chutes em alguma coisa, agarros ou empurrões (Cascardi et al., 1999; Muñoz-Rivas et al., 2007). Na fase adulta, as agressões geralmente incluem agressões sexuais, empurrões, bofetadas, estrangulamentos, insultos, humilhações, socos, chutes e ameaças à vida (Elisberg et al., 2000; Dobash et al. 2007; Adinkrah, 2008a). Algumas vezes as ocorrências são letais. O assassinato normalmente ocorre durante um ato violento ou na tentativa de um dos parceiros de deixar o relacionamento (Dobash et al., 2007).

Na maioria dos casos, o corpo é atingido na região da cabeça, pescoço e membros superiores, o que ocasiona equimoses, escoriações, fraturas, contusões, abortos espontâneos e lesões internas. Algumas vezes a desfiguração do rosto é permanente, ocorrendo deficiência física e danos à audição e à visão (Cohall et al. 1999; Dobash et al., 2007; Ansara & Hindin, 2008; Glass et al., 2008a).

As mulheres agredidas geralmente apresentam prejuízos à saúde como problemas crônicos envolvendo a digestão, estômago, rim, dores de cabeça, aumento das taxas de doenças mentais, particularmente de depressão, ansiedade, suicídio ou tentativas de suicídio, transtorno de estresse pós-traumático e abuso de álcool e outras drogas (O'Leary, 1999; Sackett & Saunders, 1999; Power et al., 2006; Gage & Hutchinson, 2006).

Quando comparada com outras formas de violência, as mulheres são menos propensas a contar sobre a violência sofrida à polícia ou a comparecer aos tribunais, procurar ajuda e até mesmo de nomear o ato como violento. Isso acontece porque elas têm medo de retaliação, vergonha, e na maioria das vezes são econômica ou socialmente dependentes dos parceiros, e ainda existe o medo de não receberem crédito (Power et al., 2006).

Outra forma de violência contra o parceiro decorrente do ciúme é a perseguição deste. A perseguição é comumente definida como um ato intencional, malicioso e repetitivo de seguir outra pessoa ameaçando a sua segurança (Douglas & Dutton, 2001; Meloy & Boyd, 2003; Roberts, 2005). Este tipo de comportamento ocorre com maior frequência nos casos de erotomania e ciúme patológico (McGinley & Sabbadini, 2006).

A perseguição comumente é destinada ao ex-parceiro (Douglas & Dutton, 2001). Geralmente vem acompanhada de ideias supervalorizadas de si e do desejo de possuir ou controlar o outro, é também visto como protótipo de uma relação baseada na agressividade (Wilson et al., 2006). Também está relacionada ao abuso psicológico do parceiro antes do término do relacionamento e aos pensamentos obsessivos sobre o ex-parceiro ou vítima da perseguição, sentimentos de raiva e ciúme sentidos pelo perseguidor, que foi excluído do relacionamento (Davis et al., 2000).

Características psicopatológicas

Os agressores têm algumas características em comum independente do tipo da agressão e da razão para perpetração da violência (Glass et al., 2008b). Estudos apontam que os homens são mais propensos a se envolver em atos violentos motivados pelo ciúme com o objetivo de "limpar" a sua honra, enquanto que as mulheres se tornam mais agressivas somente pelo ciúme puro, ou seja, sem o envolvimento de questões morais como a limpeza da honra (Graham, 2001; Jewkes, 2002; Rilling et al., 2004).

Somados a este, os fatores de risco mais comuns são uso de álcool e drogas, história de violência física anterior – tanto para os homens quanto para as mulheres –, existência de comportamentos controladores, doença mental, transtornos de adaptação e do desenvolvimento, problemas educacionais, pobre autoimagem, ideação suicida, dependência financeira ou emocional, depressão, e o término do relacionamento amoroso, em uma tentativa de controlar e punir o outro por ter sido abandonado (Jewkes, 2002; Muzinic et al., 2003; Dobash et al., 2007; Ismail et al., 2007; Tang & Lai, 2007; Costa & Babcock, 2008; Glass et al., 2008b). Para a mulher, existem ainda fatores agravantes como maior tolerância ou aceitação social da violência e a desvalorização da mulher perante a sociedade (Tilley & Brackley, 2005; Power et al., 2006; Tang & Lai, 2008; Wang et al., 2009).

Aldridge & Browne (2003) fizeram uma revisão da literatura e constataram que as mulheres correm mais risco de serem agredidas pelo parceiro quando coabitam com ele. Também concluíram que as mulheres jovens que se relacionam com homens dez anos mais velhos do que elas sofrem mais violência. Quando ocorrem assassinatos de esposas, estas em geral já vinham sendo agredidas fisicamente, e o fator precipitante para o assassinato, na maioria dos casos, foi a acusação de infidelidade sexual da mulher por parte do marido (a partir de motivos reais ou não) e o risco de ser abandonado por ela.

Além disso, as mulheres correm maior risco de violência quando elas ou o parceiro têm nível educacional e status socioeconômico mais baixo, e quando o parceiro cresceu em áreas rurais e tem problemas com substâncias psicoativas, segundo uma revisão da literatura sobre a violência contra o parceiro íntimo na China nos últimos 20 anos realizada por Tang & Lai (2008).

Os agressores são classificados também em outras três dimensões descritivas: gravidade e frequência da violência marido-mulher, generalidade da violência do agressor (somente marital ou extrafamiliar), e presença de psicopatologia e transtorno de personalidade (Holtzworth-Munroe et al., 2000; Holtzworth-Munroe et al., 2003).

A tipologia dos pesquisadores Holtzworth-Munroe e Stuart, descrita em 1994, feita a partir da revisão de quinze tipologias desenvolvidas anteriormente por meio de estratégias dedutivo-racionais e indutivo-empíricas, classifica os agressores em três grupos: *agressores exclusivos da família* – apresentam baixos níveis de violência, engajam-se menos em situações violentas fora do contexto familiar; apresentam nenhuma ou pouca evidência de psicopatologia; *borderline/disfórico* – são psicologicamente angustiados, com maior probabilidade de usar a violência contra a parceira, incluindo abuso sexual ou psicológico; apresentam violência baixa ou moderada fora do contexto familiar quando comparados a outros agressores, tendem a exibir características de personalidade *borderline*, a ser dependentes e ter medo de abandono, com frequentes distorções cognitivas alusivas ao ciúme e reações violentas a essas situações ciumentas e às ameaças de abandono; e *indivíduos violentos/antissociais* – violência moderada a grave, altos índices de comportamentos violento extrafamiliar e com a parceira, altas taxas de dependência de álcool, exibem características de personalidade antissocial, baixos níveis de depressão e nível moderado de raiva, costumam usar a agressividade para atingir os seus objetivos e o controle verbal e do comportamento do outro (Holtzworth-Munroe et al., 2000; Holtzworth-Munroe et al., 2003; Babcock et al., 2004; Echeburúa & Fernández-Montalvo, 2007; Costa & Babcock, 2008).

Tilley & Brackley (2005) desenvolveram, baseados em entrevistas com 16 homens que participaram de um programa de intervenção e prevenção destinado a agressores por decisão judicial, o "Paradigma de Casais Violentos" a partir da visão do agressor masculino na violência contra a parceira íntima. Existem os elementos primários que são as justificativas, minimização da violência, exposição da criança (futuro perpetrador) à violência, falta de habilidades para resolução de conflitos, vivência infantil com a violência e manejo da raiva inefetivo; tais elementos são comuns e contribuem para o desenvolvimento da violência dentro da família. Há os elementos moderadores que são a influência social e familiar; e os elementos contextuais que incluem poder, controle, isolamento social, relacionamento inseguro com as mães ou cuidadoras, questões financeiras e o ciúme. Os elementos contextuais, como o ciúme, podem aumentar as condições primárias quando a violência se desenvolve.

Em uma tipologia dos indivíduos perseguidores, Del Ben e Fremouw (2002) descreveram quatro tipos: *inofensivo* – perseguição mais casual, são menos ciumentos; *baixa ameaça* – menor probabilidade de ser violento ou ameaçador, ou de se engajar em comportamentos ilegais; *violento criminoso* – maior probabilidade de se envolver em ameaças físicas e comportamentos ilegais; e *alta ameaça* – caracterizado por um tipo de relacionamento mais sério e restritivo ao parceiro desde o primeiro encontro. Essa tipologia foi construída nos Estados Unidos a partir de dados recolhidos através de questionários aplicados em 108 mulheres estudantes do ensino médio que foram vítimas de perseguição.

Os agressores, de um modo geral, têm uma infância marcada pela violência familiar e/ou abuso infantil, abuso de álcool pelo pai e traços de personalidade (por exemplo, antissocial, *borderline* e narcísico) que favorecem o surgimento da agressividade. Questões sociais estão frequentemente presentes, tais como desemprego e criminalidade anterior. Questões recorrentes como condição financeira, a criação dos filhos, cuidados com a casa, sexo, fidelidade, ciúme, possessividade, autoridade e status do relacionamento também são fatores de risco para violência (Schumacher & Slep, 2004; Dobash et al., 2007; Echeburúa & Fernández-Montalvo, 2007).

Agressores que cometeram atos violentos não letais (n=122) e agressores que acabam assassinando a mulher (n=106) com a qual estavam se relacionando intimamente foram recrutados no *Estudo com Homens Violentos* e *Assassinato na Grã-Bretanha*. Encontrou-se que os agressores letais geralmente estavam desempregados e que os agressores não letais costumavam trabalhar em empregos que não exigem conhecimentos específicos. Em ambos os grupos há pelo menos uma condenação prévia, por violência ou por abuso de álcool. A respeito do álcool, um terço da amostra dos assassinos têm problemas de abuso dessa droga e mais da metade daqueles agressores não letais fazem uso abusivo do álcool (Dobash et al., 2007).

O estudo de Echeburúa e Fernández-Montalvo (2007) realizado na Espanha com 126 homens sentenciados por atos de violência contra a parceira íntima revelou que 12% deles preenchiam critérios para psicopatia segundo uma entrevista semiestruturada. Estes frequentemente procuravam o serviço de saúde por problemas de dependência de álcool e drogas e depressão, apresentavam baixos níveis de empatia e autoestima e elevados níveis de impulsividade, tendendo a suspeitar dos outros constantemente. Os agressores sem psicopatia apresentavam sentimentos hostis contra as mulheres, tendiam a ser afetivamente instáveis, abusavam de álcool ou drogas, possivelmente tinham algum tipo de transtorno do impulso ou transtorno explosivo intermitente, sentimentos de raiva e ciúme exacerbados.

Em relação ao ciúme, o que o provoca é a ameaça à autoestima. Quando o sujeito se sente abandonado (real ou imaginariamente) pelo parceiro em troca de um rival, a autoestima decresce, surge grande sentimento de ciúme, que leva ao aumento da agressão direcionada tanto ao parceiro quanto ao rival (DeSteno et al., 2006). A agressão verbal e as atitudes controladoras sobre o comportamento do parceiro são os tipos de agressão mais comuns entre homens e mulheres (Muñoz-Rivas et al., 2007).

Uma análise realizada em 200 perícias psiquiátricas forenses por tentativa de homicídio ou homicídio motivados pelo ciúme, no período de 1975-1999, no Centro de Psiquiatria Forense do Hospital Psiquiátrico de Vrapce, em Zagreb (Croácia), 49% dos assassinatos e 50,5% das tentativas de assassinato foram motivados pelo ciúme. Esses crimes ocorreram dentro de casa (50%) e foram cometidos com arma branca (44%) ou com arma de fogo (30,5%) pelo próprio parceiro íntimo (62% casados e 19% não casados). Durante o ato criminoso, 43,5% dos ciumentos não psicóticos estavam sob influência de álcool e 21,5% dos ciumentos psicóticos estavam alcoolizados (Muzinic et al., 2003).

Na sociedade de Gana, no oeste da África, uma pesquisa realizada com 60 casos noticiados no principal jornal do país no período de 1990-2005 constatou que o ciúme e a suspeita de infidelidade foram o principal motivo para o assassinato de esposas (Adinkrah, 2008b).

No sul de Barcelona, na Espanha, em um estudo com 370 indivíduos diagnosticados com transtorno delirante através do DMS-IV, 11% tinha como tema central do delírio o ciúme, isto é, sentir-se traído pelo parceiro; 40% destes indivíduos tinham a agressividade como um dos principais sintomas associados. Este tipo de delírio é mais frequentemente encontrado em homens casados, com história familiar de esquizofrenia e história pessoal de depressão (de Portugal et al., 2008).

Uma pesquisa realizada com dados recolhidos dos Estados Unidos, Canadá e Austrália de 82 mulheres que tinham comportamento de perseguição contra o ex-parceiro mostrou que 24 delas foram diagnosticada com depressão, psicose, ou ambas as condições, e 22 foram diagnosticadas com transtorno de personalidade do grupo B; um terço das mulheres referiram uso de álcool, maconha, anfetamina, opiáceos ou drogas sedativas; 37% tinham histórico criminal anterior à perseguição, 27% eram parceiras sexuais das vítimas, 65% ameaçaram suas vítimas. A principal razão para perseguição foi raiva e hostilidade (63%), seguida de obsessão (63%), e ciúme (33%). Ainda, 25% agrediram fisicamente a vítima e a duração da perseguição foi de pelo menos um ano em 23 casos (32%). As vítimas eram na maioria homens (67%) (Meloy & Boyd, 2003).

Frequentemente, o parceiro demonstrava ciúme antes de ocorrer o comportamento de perseguição. Roberts (2005) pesquisou 220 mulheres que foram vítimas de perseguição pelo ex-parceiro e constatou que 56,8% referiram como motivo principal o ciúme e 35,9% sofreram violência física enquanto estavam sendo perseguidas.

Os indivíduos com comportamento de perseguição costumam ter história de consumo de álcool e drogas, envolvimento criminal anterior ao episódio, histórico de violência, problemas de saúde mental, dificuldades na formação de relacionamentos e reações emocionais inapropriadas, são ciumentos, desconfiados, apresentam elevada externalização da raiva, principalmente em relação ao abandono, têm características de personalidade *borderline*, o ego é pobremente integrado, assim como as defesas primitivas não foram bem estabelecidas (Roberts, 2002; Dye & Davis, 2003; Douglas & Dutton, 2001; Roberts, 2005).

Dados do estudo de Puente & Cohen (2003) mostram que as pessoas normalmente acham que o ciúme está entrelaçado com o amor e com a violência. Aos responderam questionários sobre impressões acerca da violência doméstica, 49 estudantes universitários norte-americanos disseram que consideram os homens que batem em suas mulheres por motivos não relacionados ao ciúme como não apaixonados por essas mulheres. Porém, quando a agressão é motivada pelo ciúme, os agressores são vistos como apaixonados, ou seja, estão romanticamente ligados a elas.

Vandello e Cohen (2008) corroboram esses resultados através de dois experimentos realizados com estudantes universitários de diferentes culturas: no primeiro estudo, 61 estudantes do norte e 41 do sul dos Estados Unidos, além de 61 latinos assistiram a um vídeo no qual uma mulher descrevia agressão física sofrida no relacionamento romântico; no segundo estudo, 153 estudantes da Universidade do Chile e 177 da Universidade de Waterloo no Canadá ouviram entrevistas de homens que agrediram fisicamente suas esposas. Os autores concluíram que nas culturas onde os ideais românticos são muito fortes, como nas culturas do sul dos Estados Unidos e as latino-americanas, o ciúme funciona como um importante estopim na violência contra o parceiro íntimo, já que este é visto como fator positivo associado à expressão de carinho, afeição e amor.

As causas das agressões variam dentro de um complexo de fatores sociológicos, psicológicos, biológicos e culturais (Puente & Cohen, 2003). O ciúme determina a ocorrência de agressão física em 14% das vítimas femininas, 16,7% das vítimas masculinas, e nos casos onde existe agressão mútua esse índice é de 14,9% para as mulheres e 18,6% para os homens (Ansara & Hindin, 2008; Glass et al., 2008a).

Nos Estados Unidos, um programa de tratamento voltado para homens agressores da parceira envolveu 375 participantes em 27 sessões psicoterápicas como parte da sentença judicial desses homens. Os dados mostraram que o álcool influenciou 72% dos atos agressivos. Quando perguntados se concordavam ou não com a afirmação "álcool e/ou uso de drogas causa violência contra parceira", 58% concordaram com a afirmação antes do tratamento, *versus* 47% após o tratamento. Em relação à frase "homens agridem suas mulheres porque são inseguros ou ciumentos", 36% concordaram com a afirmação antes do tratamento contra 60% após o tratamento. Estes resultados revelam mudança positiva diante das atitudes abusivas contra a parceira (Schmidt et al., 2007).

Em um estudo randomizado com 453 casais recrutados entre 1999 e 2002 no *National Family Violence Survey* dos Estados Unidos foram constatados três preditores para agressão ao parceiro, e a principal característica encontrada foi o ciúme e a vontade de dominar o parceiro, a segunda causa foram os conflitos conjugais e depois as funções delegadas ao parceiro, ou seja, aquilo que se espera que o parceiro faça (O'Leary, 2007). As mulheres, ao dar queixa das agressões, relatam que a maioria delas aconteceu por causa do ciúme, porém os homens relatam outras causas, como divergência quanto à criação dos filhos (Elisberg, 2000; Graham, 2001). Além disso, a pobreza e o estresse também são fatores contribuintes para a violência (Jewkes, 2002).

Na China, em um estudo com 2.661 mulheres que responderam a uma entrevista computadorizada, os fatores preditores da violência contra elas foram: parceiros mais jovens, com baixo status socioeconômico, presença de crianças pequenas na casa, consumo de álcool, pouca contribuição do marido em casa e a ausência de outros adultos na casa (Wang et al., 2009). Já no Canadá, um estudo realizado com 7.369 mulheres avaliadas através da aplicação de escalas sobre conflitos maritais encontrou que os fatores preditores da violência contra as mulheres casadas incluem a dominação masculina, o ciúme sexual e a possessividade (Brownridge et al., 2008a).

Entre jovens universitários, a agressão psicológica por causa do ciúme é bastante comum. É frequente a mulher ter ciúme do parceiro, 72,3% delas relacionam o ciúme a amigos do parceiro e pessoas estranhas, demandando explicações por parte do parceiro (Muñoz-Rivas et al., 2007). Outros fatores que contribuem para a agressividade em jovens são a humilhação e a retaliação frente à perda do parceiro e disputa deste (Slep et al., 2001; Hickman et al., 2004).

O ciúme excessivo, quando combinado com problemas de controle da raiva, funciona como um grande fator de risco para a agressão física grave, inclusive em casais adolescentes (Cohall et al., 1999; Foran & O'Leary, 2008). Homens com altas taxas de estresse tendem a exibir afetos negativos, como irritação, ciúme e raiva com maior intensidade do que aqueles que não estão estressados, e acabam tendo comportamentos agressivos direcionados à parceira com maior frequência (Eisler et al., 2000).

Pode-se concluir, portanto, que a agressividade é usada para minimizar a dor de ser rejeitado, e o ciúme e a tentativa de controlar o parceiro são fatores preditores para as agressões, tanto masculinas quanto femininas (Panksepp, 2005; O'Leary et al., 2007).

Instrumentos de avaliação do ciúme e agressividade

Existem diversos instrumentos que são utilizados na mensuração do ciúme e dos conflitos violentos contra o parceiro íntimo. O mais utilizado para os conflitos violentos é o instrumento Conflict Tactics Scale (CTS) de 1979, desenvolvido por Straus, com confiabilidade de 0,83 (Moore et al., 2000; Holtzworth-Munroe et al., 2000; Ramos et al., 2004; Gage, 2005; Felson & Outlaw, 2007; Ansara & Hindin, 2008; Shannon et al., 2008; Wigman et al., 2008) e a Conflict Tactics Scale II, de 1996, desenvolvida por Straus e colaboradores que avaliam a frequência da perpetração, os comportamentos conflitivos dos últimos 12 meses e as formas de agressão (consistência interna varia de 0,34 a 0,94 com média de 0,77) (Cascardi et al., 1999; Holtzworth-Munroe et al., 2000; Meehan et al., 2001; Elisberg et al., 2000; Holtzworth-Munroe et al., 2003; Babcock et al., 2004; Schumacher & Slep, 2004; Archer & Webb, 2006; O'Leary et al., 2007; Brownridge et al., 2008b; Costa & Babcock, 2008; Foran & O'Leary, 2008; Shannon et al., 2008; Wigman et al., 2008; Mohammadkhani et al., 2009).

Utiliza-se também a sua outra versão, a Modified Conflict Tactics Scale de 1999 construída por Cascardi e colaboradores, a qual avalia a forma como o indivíduo resolve os conflitos no decorrer dos desentendimentos com o parceiro. Em termos de estrutura e validade, tem resultados comparáveis com a CTS (Muñoz-Rivas et al., 2007).

Mohammadkhani e colegas (2009) desenvolveram a escala The Personal and Relationships Profile (PRP) especificamente para pesquisar sobre a violência contra o parceiro, com consistência interna média de 0,75. Holtzworth-Munroe e Meehan em 2000 desenvolveram a Generality of Violence Questionnaire (GVQ) ($\alpha = 0.90$), que é um questionário autorresponsivo desenvolvido para acessar a frequência da violência dentro e fora do relacionamento, e a Family of Origin Violence Questionnaire (FOVQ) ($\alpha = 0,86$ para violência pai-mãe; $\alpha = 0,65$ para violência mãe-pai) para acessar a ocorrência de violência na família de origem do respondente (Holtzworth-Munroe et al., 2000; Meehan et al., 2001; Holtzworth--Munroe et al., 2003).

Para averiguar as justificativas dadas pelos respondentes que cometeram agressões físicas, tanto homens quanto mulheres, Riggs em 1990 criou a Attitudes Towards Interpersonal Violence Scale (AIV). Esta escala mostrou consistência interna e teste-reteste de confiabilidade adequados (Cascardi et al., 1999). Em 1996, Riggs e O'Leary desenvolveram a escala Acceptance of Violence Questionnaire ($\alpha = 0,58$) a qual avalia as atitudes tomadas diante da violência (Holtzworth-Munroe et al., 2003; Holtzworth-Munroe et al., 2000). A Proximal Antecedents to Violent Episode (PAVE) ($\alpha = 0,97$) avalia os antecedentes do uso da violência (Babcock et al., 2004). A escala *Danger Assessement* ($\alpha = 0,50$ a $0,86$), de 1986, é um instrumento que pesquisa sobre os perigos de sofrer violência em um relacionamento amoroso (Glass et al., 2008b).

Em 1998, Echeburúa e Fernández-Montalvo criaram a Inventory of Distorted Thoughts on the Use of Violence para detectar os pensamentos irracionais dos agressores. Tais pensamentos são relacionados ao uso da violência vista como uma forma aceitável de resolução de conflitos (Echeburúa & Fernández-Montalvo, 2007).

A escala desenvolvida em 1992 por Buss e Perry, a Buss-Perry Aggression Questionnaire, é utilizada para mensurar as características agressivas dos sujeitos, formada por quatro subescalas: agressão física (α = 0,82); verbal (α = 0,75); hostilidade (α = 0,80) e raiva (α = 0,85). Há também a Acts of Aggressive Behavior desenvolvida em 1990 por Harris e colaboradores, a qual mede a frequência do uso da agressividade, composta por quatro diferentes dimensões: agressão direta ao parceiro (α = 0,92), agressão indireta ao parceiro (α = 0,87), agressão direta a uma pessoa do mesmo sexo (α = 0,84) e agressão indireta a uma pessoa do sexo oposto (α = 0,81) (Archer & Webb, 2006).

Para medir a ocorrência e a frequência do comportamento de perseguição (assédio) depois do término do relacionamento amoroso foi usada a Unwanted Pursuit Behavior Inventory (UPBI) (α = 0,83) (Wigman et al., 2008).

O ciúme e a dominância são avaliados através da Dominating and Jealous Scale, constituída de itens selecionados da Perceived Maltreatment of Women Scale, de 1989 produzida por Tolman, a qual acessa comportamentos controladores e ciumentos vivenciados por cada parceiro, o grau em que cada indivíduo relata vivenciar os sentimentos de ciúme e também sua frequência, com alfa de Cronbach de 0,77 para os homens e 0,87 para mulheres (Cascardi et al., 1999; Schumacher & Slep, 2004; O'Leary et al., 2007; Muñoz-Rivas et al., 2007; Foran & O'Leary, 2008).

A Interpersonal Jealousy Scale (IJS) (α = 0,92) desenvolvida por Mathes e Severa em 1981 mensura a intensidade de ciúme dentro e fora do contexto de violência contra o parceiro íntimo (Holtzworth-Munroe et al., 2000; Meehan et al., 2001; Holtzworth-Munroe et al., 2003). A Sexual Jealousy Scale, de Nannini e Meyers (2000; Wigman et al., 2008) também estabelece níveis de ciúme dos sujeitos, com alfa de Cronbach de 0,90; assim como a Multidimensional Jealousy Scale, criada por Pfeiffer & Wong em 1989 para estudar o ciúme na população de agressores, tem consistência interna de 0,92 para os homens e 0,96 para as mulheres (Holtzworth-Munroe et al., 2000).

Dentre todas as escalas citadas acima, apenas duas, a Conflict Tactics Scales e a Buss-Perry Aggression, foram adaptadas para o contexto cultural brasileiro. Já a escala Interpersonal Jealousy Scale está em processo de adaptação e validação para a língua portuguesa.

Discussão e comentários finais

O ciúme é um sentimento que visa a conservar o relacionamento amoroso, porém, quando ocorre de maneira exacerbada, passa a prejudicar o relacionamento ao invés de melhorá-lo. Em casos extremos, o sentimento de ciúme pode levar ao assassinato do parceiro alvo ou do suposto rival.

As pessoas acreditam que o ciúme pode ser entendido como um sinal de amor. Quando ocorre violência por causa do ciúme, essas pessoas tendem a achar que os parceiros realmente as amam, e que amam mais do que aqueles que não agridem por ciúme.

O álcool e o ciúme são importantes fatores de risco para a agressão ao parceiro, tanto feminina quanto masculina, e a identificação precoce desses fatores é importante para que se possa realizar um tratamento efetivo e tentar diminuir os riscos de agressão.

A educação acerca do ciúme, se pudermos falar assim, deveria começar desde a infância, quando os pais deveriam enfatizar sempre o amor que sentem pelos filhos, que este amor é deles e que ninguém o "roubará"; assim como também os pais não deveriam instigar a competição acirrada entre irmãos. Na vida adulta, nas relações amorosas, os casais devem ser estimulados a conversar abertamente sobre o ciúme, com a reafimarção da segurança do parceiro ciumento, visando à diminuição dos possíveis prejuízos à relação.

Ainda, as mulheres deveriam ser educadas a não tolerarem a violência vinda do parceiro e a melhorarem o seu status dentro da sociedade, como, por exemplo, não dependendo deste parceiro financeiramente. Contudo, vale ressaltar que as mulheres não são somente vítimas das agressões. Elas costumam agredir o ex-parceiro através da perseguição, ameaçando a sua segurança.

É imperioso também, ao nos depararmos com um caso de ciúme excessivo, fazer o diagnóstico diferencial, pois esse sintoma pode estar relacionado a diferentes transtornos psiquiátricos, como pudemos constatar. Dessa forma, deve-se diferenciar o ciúme obsessivo daquele que é psicótico, relacionado ao abuso de substâncias psicoativas ou, ainda, sintoma de um transtorno de personalidade do grupo B.

Em relação ao tratamento, quando o ciúme é do tipo não psicótico, a terapia é recomendada, bem como a abordagem do uso excessivo de álcool e da família. A abordagem mais indicada é a cognitivo-comportamental. Quando o ciúme é psicótico, ou seja, com ideias delirantes, o recomendado é o tratamento com psicofármacos (Muzinic et al., 2003).

Grande parte dos artigos desta revisão se preocupa com a vítima alvo do sentimento de ciúme, e poucos se dedicam ao estudo do algoz, o parceiro agressor, o qual também é uma vítima do ciúme. Esses que estudam o agressor, em sua maioria, o fazem através de escalas e entrevistas com a pessoa que foi alvo da agressão, não levando em consideração as características pessoais e a percepção do próprio agressor. Assim, para ampliar o conhecimento sobre o ciúme, é vital que se aprofunde a investigação sobre a psicopatologia do indivíduo ciumento e agressor.

Caso clínico

Antônio, 46 anos, divorciado, tem dois filhos, atualmente em novo relacionamento amoroso, mora com um dos filhos, ensino médio completo, serralheiro, comparece à consulta alegando sentir ciúme excessivo da parceira.

História da Doença Atual: Paciente diz ser ciumento desde os 16 anos. Foi casado anteriormente duas vezes e acredita que a principal causa do fim das relações foi o ciúme excessivo. Refere que, enquanto estava noivo do primeiro casamento, a companheira admitiu traição e disse que não sabia se o filho que estava esperando era realmente dele ou de outro homem. Mesmo assim resolveu assumir o filho e casar-se, pois disse que gostava muito da companheira. No entanto, com o tempo, ela passou a dar indícios de que o estava traindo novamente, com seu sócio. O paciente é normalmente pessoa bastante pacífica na sociedade, não costuma se envolver em brigas, mas apresentou episódios de agressão física à companheira. Quando não suportava mais a dúvida acerca da infidelidade resolveu divorciar-se. Envolveu-se novamente em novo relacionamento no qual não chegou a casar-se, mas constituiu união estável e passou a morar com a mesma. Diz que nesta relação a mulher era mais dependente dele, consideravam-se formando um "casal perfeito" e teve um filho com ela, sendo que deste não tem dúvidas sobre a paternidade. Contudo, depois de algum tempo, com o medo de perder a esposa e de uma nova traição, resolveu propor um relacionamento aberto no qual ambos poderiam fazer o que quisessem desde que se falasse e pedisse consentimento para o outro. Fez isso no intuito de manter maior controle sobre a relação e não ter pensamentos acerca da infidelidade da parceira. O ciúme aumentou e passou novamente a encontrar indícios de que a esposa estava saindo com outro homem, apesar de, em outro momento, ele até já haver permitido que isso ocorresse, mas dessa vez ela estava fazendo às escondidas. Chegou também a agredir fisicamente essa companheira em alguns momentos. A desconfiança gerou novamente o sentimento de desencantamento pela parceira, culminando em nova separação, que, após todo o sofrimento que a dúvida da infidelidade lhe causava, proporcionou-lhe alívio. Há pouco mais de dois anos iniciou novo relacionamento amoroso, o qual diz ser o mais difícil que já passou, uma vez que a namorada tem curso superior, é profissional autônoma e é independente financeiramente, sendo que até o ajuda nesse sentido, pois passa atualmente por dificuldades financeiras. É uma mulher livre que não gosta que a controle, o que o deixa muito irritado, sem saber lidar com a situação. É uma mulher de 44 anos, bonita, segundo o paciente, e que não precisaria estar com ele se não quisesse, e frente aos constantes questionamentos que faz, ela lhe responde que está com ele porque o ama e a satisfaz sexualmente. Diz também que já teve muitos relacionamentos, não é uma menina imatura, e não haveria razão alguma para procurar outros homens. Mas isso não é suficiente para apaziguar as dúvidas que sente. Frequentemente tem pensamentos que descreve como sendo intrusivos e perseverantes, e tenta afastá-los sem sucesso, apresentando, então, a necessidade de verificar e checar onde ela está, liga constantemente durante o dia, vai visitá-la no trabalho para saber com que roupa está vestida em busca de indícios de comportamentos e atitudes não usuais e que denotariam um possível encontro com outro homem; vai ao apartamento dela, do qual fez cópia escondida das chaves, e verifica os pertences, como agenda de compromissos, celular e roupas íntimas, na tentativa de encontrar algo que confirme suas suspeitas de infidelidade, e, mesmo não encontrando nada, permanece com dúvidas torturantes que causam grande sofrimento pessoal. Tem discussões frequentes com a parceira, sendo que em alguns momentos quase se separaram. Nunca a agrediu, pois sabe que isso significaria o fim do relacionamento, mas percebe todo o desgaste que tais discussões causam e se angustia com medo de perder a parceira. Sente-se muito culpado e percebe o exagero de seu sentimento de ciúme, embora não consiga controlá-lo e deixar de questionar a namorada sobre uma possível infidelidade.

É tabagista, fez uso esporádico de cocaína aos 37 anos, parou e voltou há dois anos fazendo uso da droga aproximadamente uma vez a cada duas semanas, com o intuito de aliviar os pensamentos de que a namorada o estivesse traindo. No entanto, sente-se ainda pior depois, sem conseguir o alívio procurado.

Exame psíquico: Vigil, orientação auto e alo psíquica preservadas, autocuidado e aparência algo desleixados, atitude colaborativa, atenção e memória preservadas, pensamento de curso normal, agregado, sem delírios, sem ideação suicida, com conteúdo de ruína e menos valia, humor deprimido, afeto congruente, ressoante, com modulações, sem alterações da sensopercepção, juízo e crítica preservados.

Antecedentes pessoais: dependência de tabaco e abuso de cocaína. Nega abuso ou dependência de álcool. Refere que desde a adolescência pensou que o tamanho de seu pênis era menor que o dos outros, o que o angustiava muito. Muitas vezes em banheiros masculinos procurava ver a genitália de outros homens para checar o tamanho e fazer comparações. Não apresenta outros sintomas obsessivo-compulsivos ou ansiosos. Não apresenta outros transtornos do controle de impulsos. Considera-se inseguro e com baixa autoestima. Sem outros problemas de saúde.

Antecedentes familiares: o pai, já falecido, foi etilista, era muito ciumento com a esposa, mãe do paciente, e a agredia frequentemente, chegando até a uma tentativa de assassinato sem sucesso. Refere que a mãe é também bastante ciumenta e controladora com o atual companheiro. Diz que seus três irmãos também são ciumentos, mas não tanto quanto ele. Sem outros antecedentes psiquiátricos na família.

As hipóteses diagnósticas são: Episódio depressivo moderado; dependência de tabaco e abuso de cocaína e ciúme patológico.

A conduta adotada é: Prescrito Sertralina 50mg/dia; realizada entrevista motivacional e orientamos interromper o uso de cocaína e grupo de terapia de análise psicodramática direcionada ao ciúme patológico.

Paciente retorna após seis semanas de tratamento com melhora parcial dos sintomas depressivos, dos pensamentos intrusivos acerca da infidelidade da parceira e abstinente de cocaína há quatro semanas. Conduta: aumentamos a Sertralina para 100mg/dia e realizamos entrevista motivacional.

Após mais oito semanas paciente retorna referindo haver apresentado remissão dos sintomas depressivos, haver se sentido bem, com melhora importante do ciúme e dos pensamentos intrusivos, assim como da necessidade de verificação, não foi mais ao apartamento da namorada para checar seus pertences. No entanto, nas últimas três semanas ficou sem medicação, com piora tanto dos sintomas depressivos como dos sentimentos de ciúme e pensamentos intrusivos, e teve um lapso de uso de cocaína. Conduta: Reiniciamos Sertralina 50mg/dia e aumento gradual até 100mg/dia após uma semana. Realizamos entrevista motivacional.

Percebemos neste caso que o paciente descrito preenche todos os critérios para se fazer o diagnóstico de transtorno obsessivo-compulsivo, uma vez que apresenta obsessões como pensamentos intrusivos, recorrentes, acerca da infidelidade da parceira, e compulsões, que se constituem na necessidade de checar informações sobre a rotina dela e verificar seus pertences em busca de indícios de infidelidade. Reconhece que são preocupações excessivas e irracionais, mas não consegue controlá-las o que lhe causa acentuado sofrimento, consome boa parte do seu tempo e interfere significativamente em sua rotina e relacionamentos pessoais. Os sintomas não estão restritos a nenhum outro transtorno do eixo I e não está relacionado ao uso de substâncias psicoativas. A particularidade do ciúme patológico está no fato de as obsessões envolverem o comportamento de uma terceira pessoa, ou seja, tem pensamentos e dúvidas acerca do comportamento da parceira, sobre o qual não pode ter qualquer controle e as compulsões que venha a realizar se restringem a checar se o fato temido ocorreu ou não. É diferente de outras compulsões que buscam, por exemplo, evitar que alguma situação temida, advinda do pensamento obsessivo, aconteça. Nestes casos o paciente tem certo controle sobre a situação, mesmo apresentando pensamentos repetitivos que não conseguem controlar.

Referências

Adinkrah, M. (2008a). Husbands who kill their wives: an analysis of uxoricides in contemporary Ghana. *Int J Offender Ther Comp Criminol*, 52(3): 296-310.

Adinkrah, M. (2008b). Spousal homicides in contemporary Ghana. *J Crim Justice*, 36(3): 209-216.

Aldridge, M. L., Browne, K. D. (2003). Perpetrators of spousal homicide: a review. *Trauma Violence Abuse*, 4(3): 265-76.

Ansara, D. L., Hindin, M. J. (2008). Perpetration of intimate partner aggression by men and women in the Philippines – Prevalence and associated factors. *J Interpers Violence*, 53(4): 549-80.

Archer J., Webb, I. A. (2006). The relation between scores on the Buss-Perry Aggression Questionnaire and aggressive acts, impulsiveness, competitiveness, dominance and sexual jealousy. *Aggressive Behavior*, 32: 464-473.

Aylor, B., Dainton, M. (2001). Antecedents in romantic jealousy experience, expression, and goals. *West J Comm*, 65(4): 370-91.

Babcock, J. C., Costa, D. M., Green, C. G., Eckhardt, C. I. (2004). What situations induce intimate partner violence? A realiability and validity study of the Proximal Antecedents to Violent Episodes (PAVE) Scale. *J Fam Psychol*, 18(3): 433-42.

Bacchus, L., Mezey, G., Bewley, S. (2006). A qualitative exploration of the nature of domestic violence in pregnancy. *Violence Against Women*, 12(6): 588-604.

Brownridge, D. A., Chan, K. L., Hiebert-Murphy, D., Ristock, J., Tiwari, A., Leung, W. C., Santos, S. C. (2008a). The elevated risk for non-lethal post-separation violence in Canada: a comparison of separated, divorced, and married women. *J Interpers Violence*, 23(1): 117-35.

Brownridge, D. A., Ristock, J., Hiebert-Murphy, D. (2008b). The high risk of IPV against Canadian women with disabilities. *Med Sci Monit*, 14(5): PH27-32.

Cascardi, M., Avery-Leaf, S., O'Leary, K. D., Slep, A. M. S. (1999). Factor structure and convergent validity of the Conflict Tactics Scale in high school students. *Psychological Assessment,* 11(4): 546-55.

Cobb, J. P., Marks, I. M. (1979). Morbid jealousy featuring as obsessive-compulsive neurosis: treatment by behavioural psychotherapy. *Br J Psychiat,* 134: 301-5.

Cohall, A., Cohall, R., Bannister, H., Northridge, M. (1999). Love shouldn't hurt: strategies for health care providers to address adolescent dating. *J Am Med Women's Assoc,* 54(3): 144-8.

Cortez, D. M., Kim, H. K. (2007). Typological approaches to violence in couples: a critique and alternative conceptual approach. *Clin Psychol Rev,* 27(3): 253-265.

Costa, D. M., Babcock, J. C. (2008). Articulated thoughts of intimate partner abusive men during anger arousal: correlates with personality disorder features. *J Fam Violence,* 23(6): 395-402.

Davis, K. E., Ace, A., Andra, M. (2000). Stalking perpetrators and psychological maltreatment of partners: anger-jealousy, attachment insecurity, need for control, and break-up context. *Violence Vict,* 15(4): 407-25.

de Portugal, E., González, N., Haro, J. M., Autonell, J., Cervilla, J. A. (2008). A descriptive case-register study of delusional disorder. *Eur Psychiatry,* 23(2): 125-33.

Del Ben, K., Fremouw, W. (2002). Stalking: developing an empirical typology to classify stalkers. *J Forensic Sci,* 47(1): 152-8.

Dermitas, H. A. (2008). Sex differences in sexual versus emotional jealousy: evolutionary approach and recent discussions. *Turkish J Psychiatr,* 19(3): 1-8.

DeSteno, D., Valdesolo, P., Bartlett, M. Y. (2006). Jealousy and the threatened self: getting to the heart of the green-eyed monster. *J Pers Soc Psychol,* 91(4): 626-41.

Dobash, R. E., Dobash, R. P., Cavanagh, K., Medina-Ariza, J. (2007). Lethal and nonlethal violence against an intimate female partner: comparing male murderers to nonlethal abusers. *Violence Against Women,* 13(4): 329-53.

Dobash, R. P., Dobash, R. E., Wilson, M., Daly, M. (1992). The myth of sexual symmetry in marital violence. *Soc Probl.,* 39(1): 71-91.

Dossi, A. P., Saliba, O., Garbin, C. Ã. S., Garbin, A. J. I. (2008). Perfil epidemiológico da violência física intrafamiliar: agressões denunciadas em um município do Estado de São Paulo, Brasil, entre 2001 e 2005. *Cad Saude Pública*, 24(8): 1939-52.

Douglas, K. S., Dutton, D, G. (2001). Assessing the link between stalking and domestic violence. *Aggression and Violent Behavior*, 6(6): 519-46.

Dye, M. L., Davis, K. E. (2003). Stalking and psychological abuse: common factors and relationship-specific characteristics. *Violence and victims*, 18(2): 163-80.

Echeburúa, E., Fernández-Montalvo. (2007). Male batterers with and without psychopathy: an exploratory study in Spanish prisors. *Int J Offender Ther Comp Criminol.*, 51(3): 254-63.

Eisler, R. M., Franchina, J. J., Moore, T. M., Honeycutt, H. G., Rhatigan, D.L. (2000). Masculine gender role stress and intimate abuse: effects of gender relevance of conflict situations on men's attributions and affective responses. *Psychol Men & Masculinity*, 1(1): 30-6.

Elsberg, M., Peña, R., Herrera, A., Liljestrand, J., Winkvist, A. (2000). Candies in hell: women's experiences of violence in Nicaragua. *Soc Sci Med.*, 51(11): 1595-610.

Felson, R. B., Outlaw, M. C. (2007). The control motive and marital violence. *Violence Vict.*, 22(4): 387-407.

Fleischmann, A. A., Spitzberg, B. H., Andersen, P. A., Roesch, S. C. (2005). Tickling the monster: jealousy induction in relationships. *J Soc Pers Relat.*, 22(1): 49-73.

Foran, H. M., O'Leary, K. D. (2008). Problem drinking, jealousy, and anger control: variables predicting physical aggression against a partner. *J Fam Viol.*, 23: 141-48.

Freeman, T. (1990). Psychoanalytical aspects of morbid jealousy in women. *Br J Psychiatr.*, 156: 68-72.

Gage, A. J. (2005). Women's experience of intimante partner violence in Haiti. *Soc Sci Med.*, 61(2): 343-64.

Gage, A. J., Hutchinson, P. L. (2006). Power, control, and intimate partner sexual violence in Haiti. *Arch Sex Behav.*, 35(1): 11-24.

Georgiades, S. (2003). Domestic violence in Cyprus: the voices of Nicosian women. *J Soc Work Research and Evaluation*, 4(2): 199-212.

Glass, N., Perrin, N., Hanson, G., Bloom, T., Gardner, E., Campbell, J. C. (2008a). Risk for reassault in abusive female same sex- relationships. *Am J Public Health*, 98(6): 1021-7.

Glass, N., Laughon, K., Rutto, C., Bevacqua, J., Campbell, C. J. (2008b). Young adult intimate partner femicide. *Homicide Studies,* 12(2): 177-87.

Goldstein, M. A. (2002). The biological roots of heat-of-passion crimes and honor killings. *Politics Life Sci.,* 21(2): 28-37.

Gonzalez-Mendez, R., Hernandez-Cabrera, J. A. (2008). Play context, commitment and dating violence: a structural equation model. *J Interpers Violence,* 24(9): 1518-35.

Graham, K. (2001). The two worlds of aggression for men and women. *Sex Roles,* 45(9/10): 595-622.

Harris, C. R. (2003). A review of sex differences in sexual jealousy, including self-report data, psychophysiological responses, interpersonal violence, and morbid jealousy. *Pers Soc Psychol Rev.,* 7(2): 102-128.

Harris, C. R. (2004). The evolution of jealousy. *American Scientist.,* 92: 62-71.

Hickman, L. J., Jaycox, L. H., Aronoff, J. (2004). Dating violence among adolescents: prevalence, gender distribution, and prevetion program effectiveness. *Trauma, Violence & Abuse,* 5(2): 123-42.

Holtzworth-Munroe, A., Meehan, J. C., Herron, K., Rehman, U., Stuart, G. L. (2003). Do subtypes of maritally violent men contribute to differ over time? *J Consult Clin Psychol.,* 71(4): 728-40.

Holtzworth-Munroe, A., Meehan, J. C., Herron, K., Rehman, U., Stuart, G. L. (2000). Testing the Holtzworth-Munroe and Stuart (1994) batterer typology. *J Consult Clin Psychol,* 68(6): 1000-19.

Ismail, F., Berman, H., Ward-Griffin, C. (2007). Dating violence and the health of young women: a feminist narrative study. *Health Care Women Int.,* 28(5): 453-77.

James, W. H., West, C., Deters, K. E., Armijo, E. (2000). Youth dating violence. *Adolescence,* 35(139): 455-65.

Jewkes, R. (2002). Intimate partner violence: causes and prevetion. *Lancet,* 359(9315): 1423-9.

Keenan, P. S., Farrell, D. P. (2000). Treating morbid jealousy with eye movement desensitization and reprocessing utilizing cognitive inter-weave – A case report. *Couns Psychol Quart.*, 13(2): 175-89.

Kingham, M., Gorgon, H. (2004). Aspects of morbid jealousy. *Adv in Psychiatric Treatment*, 10: 207-215.

Lane, R. D. (1990). Successful fluoxetine treatment of pathological jealousy. *J Clin Psychiatr,* 51(8): 345-46.

Lawrie, S. M., Phil, M. (1998). Attacks of jealousy that responded to clomipramine. *J Clin Psychiatr,* 59(6): 317-18.

Leiva, P. G., Jacinto, L. G., Ortiz, J. M. C. (2001). Reacción de celos ante una infidelidad: diferencias entre hombres y mujeres y características del rival. *Psicothema,* 13(4): 611-16.

Maggini, C., Lundgren, E., Leuci, E. (2006). Jealousy love and morbid jealousy. *Acta Biomed,* 77: 137-46.

Marazziti D. (2009). *...e viveram ciumentos e felizes para sempre.* Porto Alegre: Casa Editorial Luminara.

Marazziti, D., Nasso, E., Masala, I., Baroni, S., Abelli, M., Mengali, F., Rucci, P. (2003). Normal and obsessional jealousy: a study of a population of young adults. *European Psychiatry,* 18: 106-111.

McGinley, E., Sabbadini, A. Play misty for me (1971): the perversion of love. *Int J Psychoanalysis.* 2006, 87(2): 589-597.

Meehan, J.C., Holtzworth-Munroe, A., Herron, K. (2001). Maritally violent men's heart rate reactivity to marital interactions: a failure to replicate the Gottman et al. (1995) typology. *J Fam Psychol,* 15(3): 306-18.

Meloy, J. R., Boyd, C. (2003). Female stalkers and their victims. *J Am Acad Psychiatry Law,* 31(2): 211-9.

Mohammadkhani, P., Khooshabi, K. S., Forouzan, A. S., Azadmehr, H., Assari, S., Lankarani, M. M. (2009). Associations between coerced anal sex and psychopathology, marital distress and non-sexual violence. *J Sex Med.,* 6(7): 1938-46.

Moore, T. M., Eisler, R. M., Franchina, J. J. (2000). Causal attributions and affective responses to provocative female partner behavior by abusive and nonabusive males. *J Fam Violence*, 15(1): 69-80.

Mullen, P. E. (1995). Jealousy and violence. *Hong Kong Journal of Psychiatry*, 5: 18-24.

Muñoz-Rivas, M. J., Graña Gómez, J. L., O'Leary, K. D., González Lozano, P. (2007). Physical and psychological aggression in dating relationships in Spanish university students. *Psicothema*, 19(1): 102-7.

Murphy, K. A., Smith, D. I. (2009). Adolescent girls' responses to warning signs of abuse in romantic relationships: implications for youth-targeted relationship violence prevetion. *J Interpers Violence*. [no prelo].

Muzinic, L., Goreta, M., Jukic, V., Dordevic, V., Koic, E., Herceg, M. (2003). Forensic importance of jealousy, 27(1): 293-300.

O'Leary, K. D. (1999). Developmental and affective issues in assessing and treating partner aggression. *Clin Psychol Sci Pract.*, 6(4): 400-14.

O'Leary K. D., Smith Slep, A. M. (2003). A dyadic longitudinal model of adolescent dating aggression. *J Clin Child Adolesc Psychol.*, 32(3): 314-27.

O'Leary, K. D., Smith Slep, A. M., O'Leary, S. G. (2007). Multivariate models of men's and women's partner aggression. *J Consult Clin Psychol.*, 75(5): 752:64.

Opler, L. A., Feinberg, S. S. (1991). The role of pimozide in clinical psychiatry: a review. *J Clin Psychiatr.*, 52(5): 221-30.

Panksepp, J. (2005). Why does separation distress hurt? Comment on MacDonald and Leary (2005). *Psychol Bull*, 131(2): 224-30.

Pasini, W. (2006). *Ciúme: a outra face do amor*. Rio de Janeiro:Rocco.

Pavlou, M., Knowles, A. (2001). Domestic violence: attributions, recommended punishments and reporting behavior related to provocation by the victim. *Psychiatry, Psychology and Law*, 8(1): 76-85.

Power, C., Koch, T., Kralik, D., Jackson, D. (2006). Lovestruck: women, romantic love and intimate partner violence. *Contemp Nurse*, 21(2): 174-85.

Puente, S., Cohen, D. (2003). Jealousy and the meaning (or nonmeaning) of violence. *Pers Soc Psychol Bull*, (4): 449-60.

Raj, A., Silverman, J. G, Wingood, G. M., DiClemente, R. J. (1999). Prevalence and correlates of relationship abuse among a community-based sample of low-income African American women. *Viol Against Women,* 5(3): 272-91.

Ramos, B. M., Carlson, B. E., McNutt, L. A. (2004). Lifetime abuse, mental health, and African American women. *J Fam Violence,* 19(3): 153-64.

Regoeczi, W. C. (2001). Exploring racial variations in the spousal sex ratio of killing. *Violence Vict.,* 16(6): 591-606.

Rilling, J. K., Winslow, J. T., Kilts, C. D. (2004). The neural correlates of mate competition in dominante male Rhesus macaques. *Biol Psychiatry,* 56(5): 364-75.

Roberts, K. A. (2002). Stalking following the breakup of romantic relationships: characteristics of stalking former partner. *J Forensic Sci.,* 47(5): 1070-7.

Roberts, K. A. (2005). Women's experience of violence during stalking by former romantic partners: factors predictive of stalking violence. *Violence Against Women,* 11(1): 89-114.

Rosa, A. G., Boing, A. F., Büchele, F., Oliveira, W. F., Coelho, E. B. S. (2008). A violência conjugal contra a mulher a partir da ótica do homem autor da violência. *Saúde Soc.,* 17(3): 152-160.

Russell, R. J. H., Wells, P. (2000). Predicting marital violence from the Marriage and Relationship Questionnaire: using the LISREL to solve an incomplete data problem. *Pers Indiv Differ.,* 29(3): 429-440.

Rydell, R. J;, Bringle, R. G. (2007). Differentiating reactive and suspicious jealousy. *Soc Behav Person,* 35(8): 1099-1114.

Sackett, L. A., Saunders, D. G. (1999). The impact of different forms of psychological abuse on battered women. *Violence and victims,* 14(1): 105-17.

Sagarin, B. J. (2005). Reconsidering evolved sex differences in jealousy: comment on Harris (2003). *Pers Soc Psychol Rev.,* 9(1): 62-75.

Schmidt, M. C., Kolodinsky, J. M., Carsten, G., Schmidt, F. E., Larson, M., MacLahlan, C. (2007). Short term change in attittude and motivating factors to change abusive behavior of male batterers after participating in a group intervention program based ond the pro-feminist and cognitive-behavioral approach. *J Fam Violence,* 22: 91-100.

Schumacher, J. A., Slep, A. M. (2004). Attitudes and dating aggression: a cognitive dissonance approach. *Prev Sci.*, 5(4): 231-43.

Shackelford, T. K., Goetz, A. T., Buss, D. M., Euler, H. A., Hoier, S. (2005). When we hurt the ones we love: predicting violence against women from men's mate retention. *Pers Relation,* 12: 447-63.

Shannon, L., Kogan, T. K., Cole, J., Walker, R. (2008). An examination of women's alcohol use and partner victimization experiences among women with protective orders. *Subst Use & Misuse,* 43(8-9): 1110-28.

Silva, P. (1997). Jealousy in couple relationships: nature, assessment and therapy. *Behav Res Ther.*, 35(11): 973-85.

Slep, A. M., Cascardi, M., Avery-Leaf, S., O'Leary, K. D. (2001). Two new measures of attitudes about the acceptability of teen dating aggression. *Psychol Assess.*, 13(3): 306-18.

Spitzberg, B. H., Cupach, W. R. (1998). *The dark side of close relationships.* Lawerence Erlbaum.

Spiwak, R., Brownridge, D. A. (2005). Separated women's risk for violence: an analysis of the Canadian situation. *J Divorce & Remarriage,* 43(3-4): 105-18.

Stein, D. J., Hollander, E., Josephson, S. C. (1994). Serotonin reuptake blockers for the treatment of obsessional jealousy. *J Clin Psychiatr.*, 55(1): 30-34.

Sukru, U., Huner, A., Yerlikaya, E. E. (2004). Violence by proxy in Othello syndrome. *Primary Care Psychiatry,* 9(4): 121-23.

Takahashi, H., Matsuura, M., Yahata, N., Koeda, M., Suhara, T., Okubo, Y. (2006). Men and women show distinct brain activations during imagery of sexual and emotional infidelity. *Neuroimage,* 32: 1299-1307.

Tang, C. S. K., Lai, B. P. Y. (2008). A review of empirical literature on the prevalence and risk markers of mate-on-female intimate partner violence in contemporary China, 1987-2006. *Aggression and Violent Behavior,* 13: 10-28.

Tarrier, N., Beckett, R., Harwood, S., Bishay, N. (1990). Morbid jealousy: a review and cognitive-behavioural formulation. *Brit J Psychiat.*, 157: 319-26.

Til ey, D. S., Brackley, M. (2005). Men who batter intimate partners: a grounded theory study of the development of male violence in intimate partner relationships. *Issues Ment Health Nurs.*, 26(3): 281-97.

Torres, A. R., Ramos-Cerqueira, A. T. A., Dias, R. S. (1999). O ciúme enquanto sintoma do transtorno obsessivo-compulsivo. *Rev Bras Psiquiatr.*, 21(3): 165-73.

Val, A. C., Nicolato, R., Salgado, J. V., Teixeira, A. L. (2009). Ciúme patológico e transtorno obsessivo-compulsivo (TOC). *Rev Brás Psiquiatr.*, 31(2): 181-92.

Vandello, J. A., Cohen, D. (2003). Male honor and female fidelity: implicit cultural scripts that perpetuate domestic. *Coll Antropol.*, 27(1): 293-300.

Vandello, J. A., Cohen, D. (2008). Culture, gender, and men's intimate partner violence. *Soc Pers Psychol Compass,* 2(2): 652-67.

Vandello, J. A., Cohen, D., Grandon, R., Franiuk, R. (2009). Stand by your man: indirect prescriptions for honorable violence and feminine loyalty in Canada, Chile, and the United States. *J Cross-Cultural Psychol.*, 40(1): 81-104

Weng, T., Parish, W. L., Laumann, E. O., Luo, Y. (2009). Partner violence and sexual jealousy in China: a population-based survey. *Violence Against Women,* 15(7): 774-98.

White, G., Mullen, P. E. (1989). *Jealousy: theory, research, and clinical strategies.* New York: The Guilford Press.

Wigman, S. A., Graham-Kevan, N., Archer, J. (2008). Investigating sub-groups of harassers: the roles of attachment, dependency, jealousy and aggression. *J Fam Violence,* 23(7): 557-68.

Wilson, J. S., Ermshar, A. L., Welsh, R. K. (2006). Stalking as paranoid attachment: a typological and dynamic model. *Attach Hum Dev.*, 8(2): 139-57.

Wilson, M., Jocic, V., Daly, M. (2001). Extracting implicit theories about the risk of coercive control in romantic relationships. *Pers Relat.*, 8(4): 457-77.

Wright, S. (1994). Familial obsessive-compulsive disorder presenting as pathological jealousy successfully treated with fluoxetine. *Arch Gen Psychiatr.*, 51: 430-31.

Yoshimura, S. M. (2004). Emotional and behavioral responses to romantic jealousy expressions. *Communication Reports,* 17(2): 85-101.

Transtornos de comportamentos sociais com reprovação cultural: omniomania (comprar patológico) e cleptomania (roubar patológico)

Ygor Arzeno Ferrão, Lívia Lopes Moreira,
Helena Dias de Castro Bins e Luciana Moreira
Universidade Federal de Ciências da Saúde de Porto Alegre (UFCSPA)

Omniomania

Conceitos

Comprar compulsivo, diferentemente do jogo patológico, cleptomania, transtorno explosivo intermitente, piromania e tricotilomania, ainda não está classificado no DSM-IV ou no CID-10. Lejoyeux (1996) sugere que os critérios diagnósticos sejam os seguintes:

A - Preocupação excessiva com comprar e impulsos excessivos por comprar indicados por pelo menos um dos seguintes:

1) Preocupação frequente com os impulsos por comprar, experienciados por irresistíveis, intrusivos ou sem propósito.

2) Compra frequente de mais do que pode ser pago, compra frequente de itens que não são necessários ou gasto de muito tempo em compras.

B - As preocupações com comprar, os impulsos e as compulsões causam prejuízo para o paciente, consomem tempo, interferem significativamente com seu funcionamento social ou ocupacional ou resultam em problemas financeiros.

C - A compulsão por comprar não ocorre exclusivamente durante períodos de mania ou hipomania.

História e epidemiologia

O comprar compulsivo foi primeiro descrito por Kraepelin e Bleuler (Kraepelin, 1915; Bleuler, 1924; APA, 1994; McElroy, Keck, & Philips, 1995). Os pacientes, quase todas mulheres, eram considerados "maníacos por comprar". Kraeplin definiu mania por comprar, ou oniomania, como um impulso patológico; similarmente Bleuler listou a oniomania entre os impulsos reativos. Bleuler e Kraeplin decreveram a síndrome aliados ao conceito de Esquirol de monomania ou impulso instintivo. Monomania era um excesso de atenção em um objeto ou atitude.

Embora alguns casos possam ser descritos como um transtorno, a maioria dos casos de comprar compulsivo é normal. Segundo Rook (1987), a compulsão por comprar é um aspecto distinto e excessivo do consumismo (Rook, 1987; McElroy, Hudson, Pope, & Keck, 1991). Um terço das pessoas das lojas de departamentos experimenta impulsos por comprar; 27-62% caem na categoria dos impulsivos.

Lejoyeux et al., (1996) realizaram um estudo sobre a compulsão por comprar em Paris e arredores e identificaram que 52% das pessoas compraram objetos que posteriormente consideraram sem utilidade, 44% já tiveram problemas com o banco depois de uma compra, e 45% disseram que provocaram reprovações da família e dos amigos. Essas observações confirmam a alta prevalência do comprar compulsivo em pessoas sem uma história psiquiátrica (Lejoyeux, 1996; McElroy et al., 1995).

Muito poucos estudos tentaram acessar a prevalência do comprar compulsivo, através de um questionário identificaram uma prevalência de 5,6%; depois, utilizando um critério mais restritivo, estimaram uma prevalência de 1,1%. A idade média para o desenvolvimento do transtorno é 39 anos. E em ambos os estudos foi identificado 80% de mulheres na amostra de compradores compulsivos (Goldman, 1992; Kaplan e Sadock, 2007).

Manifestações clínicas

O comprar compulsivo corresponde a um tipo inapropriado de consumir, excessivo, e decididamente perturbador (Kaplan, 2007). Faber e O'Guinn (1992) definiram o comprar compulsivo como "uma compulsão crônica, repetitiva que se torna a resposta primeira a eventos e sentimentos negativos (Goldman, 1992). McElroy et al., (1995) excluíram a compulsão por comprar dos pacientes maníacos, que são relacionados à euforia, hiperatividade, grandiosidade e pobre julgamento. A maioria dos autores consideram essas manifestações passageiras e diretamente relacionadas ao episódio maníaco (Ferrão et al., 2011; Bradford & Balmaceda, 1983).

Christenson, Faber et al., (1994) confirmaram estes critérios diagnósticos e observaram que os pacientes que preencheriam critérios para este transtorno regularmente contraíam grandes dívidas (58,3%), não conseguiam pagar as contas (41,7%), não conseguem empréstimos (33,3%) tem consequências criminais e legais (16,6%) e se sentem culpados (45,8%).

Curso

O comprar compulsivo em geral se desenvolve na adolescência quando os pais tentam aliviar a culpa por incompatibilizar sua vida social e profissional. McElroy descreve que 12 de seus pacientes compradores compulsivos consideram-se crônicos, enquanto oito consideram-se compradores compulsivos episódicos. Os pacientes do estudo de McElroy descrevem um máximo de 17 episódios de compulsão por mês, que duram de 1 a 7 horas (Mc Elroy, Keek et al., 1994).

Etiologia biológica, genética, psicológica, social e familiar

Empresas de cartões de crédito, crédito instantâneo, terminais de saques facilitam e iniciam a compra de itens por impulso. No mercado moderno, a compulsão por comprar espontânea é normal. A fantasia de como uma vida mais abundante pode ser maravilhosa é estimulada pela mídia (Ferrão et al., 2011).

Autores consideram que o comprar compulsivo pode estar relacionado ao Transtorno obsessivo-compulsivo, de modo que, cerca de 85% dos compradores compulsivos descrevem pensamentos intrusivos, compulsões ou impulsos que lembram obsessões (Bradford & Balmaceda, 1983). Os impulsos compulsivos "ocupam toda a mente". Dois terços dos pacientes descrevem algumas compulsões ou pensamentos como intrusivos. Além disso, 91% dos compradores compulsivos referem tentativas de resistir à compulsão, jogando fora os cartões de créditos ou comprando sem pagar. As tentativas de resistir em geram não são bem-sucedidas, e no período de 1-5 horas uma compulsão foi seguida por uma compra eventual.

Os sintomas de culpa, solidão, tristeza, raiva, frustração e irritação aumentam a propensão dos compradores compulsivos à compulsão. Geralmente, o comprar também se correlaciona com emoções positivas como felicidade, poder, competência, relaxamento e superioridade. É descrito que 70% dos compradores compulsivos, durante a compulsão, sentem "um barato" (Ferrão et al., 2011). Uma possível ligação entre o comprar compulsivo e depressão pode ser a baixa autoestima. Faber e O'Guinn (1994) referem que compradores compulsivos apresentam escores de autoestima mais baixos que compradores normais, e que há uma relação negativa significativa entre a autoestima e as compulsões (r= -0,24, p= 0,001) (Faber e O'Guinn, 1994; Goldman, 1992).

Rook (1987) observou, dentro da população normal, que o comprar compulsivo é precedido por uma fissura real. A fissura provoca os impulsos para comprar e levam à desconsideração dos problemas potenciais dos gastos impensados (McElroy et al., 1991; Ferrão et al., 2011). Isso nos leva a considerar o comprar compulsivo como provavelmente relacionado aos transtornos de dependência.

Comorbidade

Christenson et al. (1994) referem que os pacientes que experimentam o comprar compulsivo têm uma história de transtornos da ansiedade (50%), de uso de substâncias psicoativas (45,8%) e transtornos alimentares (20,8%) significativamente mais frequentes do que pessoas sem o diagnóstico. No estudo de McElroy et al. (1994), 19/20 pacientes compradores compulsivos preenchiam critérios para um transtorno do humor segundo o DSM-III-R.

Tratamento

Até o momento, não existe tratamento que se tenha demonstrado efetivo para o comprar compulsivo em termos experimentais, o que é, dada a prevalência do transtorno, algo totalmente possível de verificar. Pode ser um reflexo do uso incorreto da abordagem dimensional, em que clínicos venham a considerar suficiente a evidência dos ISRS no Transtorno obsessivo-compulsivo para prescrevê-lo no comprar compulsivo, o que submete os pacientes a riscos, mesmo que pequenos, sem qualquer evidência de benefícios.

Black, Gabel, et al., (2000) realizaram um ensaio clínico randomizado duplo-cego comparando fluvoxamina (até 300mg) com placebo. Com muito poucas perdas de seguimento, não identificando diferença significativa entre os grupos em nove semanas de seguimento (Black, Gabel, et al., 2000, Black, 2007).

Koram et al., (2002) realizaram um estudo aberto em que acompanharam 22 pacientes com comprar compulsivo por seis meses. Dos 22 pacientes, 20 apresentaram melhora significativa em relação ao início do tratamento e mantiveram esta melhora até o final do estudo. A falta de um grupo placebo, entretanto, não nos permite atribuir esta melhora ao citalopram; bem como a falta de cegamento leva a um potencial viés de aferição importante (Grant, 2003). O estudo apenas sugere que o uso do citalopram pode ser útil para os pacientes que sofrem desta enfermidade.

Igualmente, Koran et al., (2007) procuraram estudar 27 pacientes com comprar compulsivo tratados com escitalopram ou placebo, após uma fase aberta em que a droga era titulada a uma dose de 10 a 20mg/d conforme a resposta, e então havia a randomização para substituição por placebo ou manutenção da terapia. O estudo teve importante perda de seguimento, e mesmo utilizando a forma de interpretação dos resultados LOCF, que não considera os desistentes como falha terapêutica como na ITT, não atingiu diferença estatística entre os dois grupos. (Dannon, Lowengrup, Sasson, Shalgi, Tuson et al., 2004)

Vários autores têm demonstrado interesse no desenvolvimento de psicoterapia de grupo para o comprar compulsivo. A primeira experiência foi desenvolvida por Damon. Modelos grupoterapêuticos subsequentes foram desenvolvidos por Burgard e Mitchel (Black, 2007; Burgard & Mitchell, 2000; Villarino et al., 2001). Mitchell et al. (2006) realizaram um estudo piloto que comparava a grupoterapia de orientação cognitivo-comportamental com os pacientes em lista de espera. Acompanharam 39 pacientes, 28 sendo submetidos à grupoterapia e 11 na lista de espera, e identificaram uma melhora significativa nos sintomas dos pacientes tratados em 12 sessões, que se manteve por seis meses após o término da intervenção (Mitchell et al., 2006). Entretanto, a utilização de duas interverções conjuntamente não nos permite discernir entre o que foi benéfico ou não, se a grupoterapia, o psicoterapia cognitivo-comportamental, ou à técnica cognitivo-comportamental aplicada a grupos. De mesmo modo, o desenho do estudo não nos permite verificar se o resultado deve-se a efeito Hawthorn ou a técnica empregada. De qualquer maneira sugere que, se estudada mais apropriadamente, a terapia cognitivo-comportamental ou a grupoterapia podem ser úteis para o comprar compulsivo.

Caso clínico

Maria, 37 anos, procura atendimento por crise vital. Refere que está em processo de divórcio com seu marido, não consegue trabalhar como professora universitária. Tudo começou há muito tempo. Tinham um padrão de vida acima da média, mas Maria sentia-se sempre insegura e desanimada. Conseguia mesmo assim dar conta de suas atividades. Fazer compras fazia no princípio sentir-se, renovada, animada, útil. Entretanto, há aproximadamente quatro meses, era perturbada por pensamentos intrusivos, imagens episódicas de objetos de seu desejo, que duravam quase todo o dia e que eram aliviados pela compra do objeto. Nesses momentos, não se sentia satisfeita já com a compra daquele seu objeto de desejo como no princípio, e vinha a comprar outras coisas, muitas vezes desnecessárias, e não ia embora dessa atividade até que estivesse segurando caixas a ponto de não conseguir carregar mais. Já não se sentia satisfeita, mas culpada. O casal começou a acumular dívidas, e o marido, ressentido com discussões frequentes a respeito de planejamento de despesas, solicitou a separação das contas e cartões de crédito. Mesmo assim, a todo o momento a esposa lhe pedia auxílio para pagar suas dívidas. Não consegue mais trabalhar, preocupando-se ora com despesas e dívidas, ora com pensamentos a respeito de objetos de desejo. O marido ressente-se de ver os colegas de profissão fazendo investimentos e progredindo e ele trabalhando para pagar as dívidas da esposa, passou a ser irritável, e menos desejoso da companhia da mulher.

Maria foi informada de seu diagnóstico e da carência de recursos disponíveis comprovadamente eficazes para seu transtorno. Aceitou submeter-se experimentalmente à psicanálise. Até o momento, persiste com os mesmos sintomas.

CLEPTOMANIA

Conceito

Cleptomania (do grego, "loucura de roubar"), apesar da extensa literatura histórica, não foi incluída no DSM até a publicação do DSM-III em 1980, no qual foi classificada como um transtorno do controle dos impulsos não classificados em outro lugar. Na primeira edição do DSM, fora apenas mencionada como um termo acessório (McElroy, Keck, & Phillips, 1995).

No DSM-IV, é listada nessa mesma categoria, e continua sendo definida como o fracasso recorrente em resistir ao impulso de furtar objetos desnecessários para uso pessoal ou desprovidos de valor monetário. O roubo é imediatamente precedido por um sentimento de tensão aumentada que, durante o ato, dá lugar a sentimentos de prazer, gratificação ou alívio. Segundo essa definição, o furto cleptomaníaco não é cometido para expressar raiva ou vingança, nem ocorre em resposta a um delírio ou alucinação. Da mesma maneira, se o furto é melhor explicado por um transtorno de conduta, um episódio maníaco ou um transtorno de personalidade antissocial, não se trata de um caso de cleptomania (APA, 1994).

De forma semelhante, a CID-10 define a cleptomania como um "transtorno caracterizado pela impossibilidade repetida de resistir aos impulsos de roubar objetos". Conforme essa classificação, "os objetos não são roubados por sua utilidade imediata ou seu valor monetário; o sujeito pode, ao contrário, quer descartá-los, dá-los ou acumulá-los". A CID-10 ainda afirma que "esse comportamento se acompanha habitualmente de um estado de tensão crescente antes do ato e de um sentimento de satisfação durante e imediatamente após a sua realização". Para esse diagnóstico, se excluem "roubos de loja como razão para observação por suspeita de transtorno mental em seguida, roubo no curso de um transtorno depressivo e transtornos mentais orgânicos" (OMS,1993)

História

Desde o início do século XIX, há aproximadamente 200 anos, reconhece-se que um pequeno; porém, distinto subgrupo de ladrões impulsivamente ou compulsivamente roubava objetos de pouco valor ou de pouca utilidade, ou objetos de fácil obtenção por meios legítimos. Esse comportamento, hoje chamado de cleptomania, foi primeiramente descrito por Matthey em 1816, com o nome de "*klopemanie*". Em 1838, Marc e Esquirol o modificaram para cleptomania e o utilizaram para descrever o comportamento de alguns reis que furtavam objetos sem valor. Na época, a cleptomania foi incluída entre as "monomanias instintivas" de Esquirol, dentre as quais também se encontravam algumas formas de abuso de álcool, piromania e homicídio (McElroy, Hudson, Pope, & Keck, 1991; McElroy, Keck, & Phillips, 1995).

Na virada do século, Kraepelin (1907) e Bleuler (1924) trataram o tema incluindo-o dentro dos impulsos patológicos e reativos, respectivamente. Bleuler notou que a cleptomania era irresistível e não se associava necessariamente a outros comportamentos antissociais, observando que sua moralidade, em outros aspectos, encontrava-se preservada (McElroy, Keck, & Phillips, 1995).

Desde a primeira referência ao transtorno não foram realizados estudos formais e rigorosos da cleptomania (Kaplan e Sadock, 2007, 2001; McElroy, Hudson, Pope, & Keck, 1991).

Epidemiologia

Segundo as estimativas atuais, a cleptomania é muito rara, com uma prevaência de somente 0,6% da população em geral (Goldman, 1992). No entanto, esse valor não é verdadeiro, já que o diagnóstico dessa patologia somente é feito nos casos em que as pessoas são flagradas em roubos, o que ocorre na minoria dos casos. Mesmo quando são descobertas, essas pessoas ainda correm o risco de serem mal diagnosticadas como tendo personalidade antissocial, sendo excluídas das estatísticas da cleptomania. Além disso, trata-se de um transtorno que, a exemplo do transtorno obsessivo-compulsivo, é mantido em segredo pelo paciente (Ferrão et al., 2011).

Em estudos realizados com "ladrões de lojas" (*shoplifters*), chegou-se a uma prevalência de 3,8 a 24% de cleptomania nessa população. No único estudo com "ladrões de lojas" em que foram utilizados critérios operacionais para o diagnóstico de cleptomania, relatou-se que somente 4% da amostra de 50 indivíduos encaminhados para avaliação psiquiátrica preencheram os critérios do DSM-III-R para essa condição (Bradford & Balmaceda, 1983).

Embora dados sistemáticos não sejam disponíveis, a cleptomania parece ser mais comum entre as mulheres. Numa revisão de 56 casos de cleptomania, identificou-se que 43 pacientes (77%) eram mulheres (McElroy, Hudson, Pope, & Keck, 1991). De maneira semelhante, um relato de 20 casos de cleptomania, de 1991, mostrou que 75% dos pacientes eram mulheres (McElroy, Pope, Hudson, Keck, & White, 1991).

Uma explicação para o fato de a prevalência de cleptomania ser maior entre o sexo feminino é que as mulheres, além de procurarem auxílio psiquiátrico com mais frequência do que os homens, ao serem flagradas em roubo, são geralmente encaminhadas para avaliação psiquiátrica, enquanto que os homens são quase sempre encaminhados ao sistema penitenciário. Ainda, sugere-se que as mulheres tendem a apresentar variações de transtornos do controle dos impulsos menos agressivas (cleptomania e tricotilomania); já os homens, variações mais violentas ou agressivas (piromania, transtorno explosivo intermitente e jogo patológico).

Um estudo de revisão de 2.400 casos de "ladrões de lojas" observou que não há diferenças de prevalência entre as classes socioeconômicas (McElroy, Hudson, Pope, & Keck, 1991).

Manifestações Clínicas

O ato impulsivo de furtar é uma forma de aliviar uma tensão insuportável. Não há premeditação nem preocupação com as consequências legais, embora algumas pessoas sofram com a possibilidade ou com o fato real de serem presas e, dessa forma, manifestem sintomas de ansiedade e depressão.

A experiência do roubo é vivenciada com um sentimento intensamente prazeroso. Mesmo assim, por saberem que é um comportamento errado, e por não conseguirem impedir os impulsos, os cleptomaníacos sentem culpa e vergonha após o ato, assim como elevados níveis de estresse (Grant & Kim, 2005). Portanto, alguns autores classificam o impulso de roubar como sendo egossintônico durante o episódio, mas egodistônico fora dele (Kernberg, 1967). Algumas pessoas ainda tentam ressarcir os danos causados.

Essa patologia pode resultar em dificuldade de relacionamentos interpessoais, perturbações da personalidade e isolamento social. Na tentativa de prevenir novos furtos, os cleptomaníacos evitam entrar em lojas e mercados, diminuem seus encontros com outras pessoas e, dessa forma, acabam por se tornar reclusas.

A maioria das pessoas com cleptomania costuma roubar em ambientes públicos. No entanto, algumas furtam objetos dentro de suas próprias casas. Os objetos mais frequentemente roubados são roupas, alimentos, joias, cosméticos dinheiro e utensílios de higiene pessoal (McElroy, Pope, Hudson, Keck, & White, 1991).

Em um estudo, quase a metade dos pacientes cleptomaníacos avaliados (43%) relataram uma qualidade de vida muito baixa (Grant & Kim, 2005).

De forma geral, a cleptomania apresenta características compulsivas (McElroy, Pope, Hudson, Keck, & White, 1991). Trata-se de um comportamento repetitivo, às vezes realizado para neutralizar a ansiedade; tem a propriedade de ser inevitável; quando se tenta evitar, surge uma crescente ansiedade, que é substituída por alívio e gratificação ao se executar o furto. Por esse motivo, existe atualmente a tendência em se classificar a cleptomania entre os transtornos do espectro obsessivo-compulsivo (Ferrão et al., 2011).

Curso

Muito pouco se sabe sobre o curso da cleptomania, mas muitos casos iniciam na adolescência ou no início da idade adulta, e o transtorno parece seguir um curso episódico ou crônico (McElroy, Keck, & Phillips, 1995). Em um estudo de revisão de 56 casos, a idade de início dos roubos era de 20 anos em 50% dos casos (McElroy, Hudson, Pope, & Keck, 1991). Em outro estudo, com 20 pacientes cleptomaníacos, a média de início dos sintomas foi aos 19 anos (McElroy, Pope, Hudson, Keck, & White, 1991). Embora algumas pessoas roubem por menos de um ano, cerca de 50% delas seguem roubando por cinco anos ou mais.

Etiologia

Biológica/genética

Por meio de estudos de neuroimagem (TC, RMN, PET, SPECT, etc.), chegou-se à hipótese de que as principais estruturas neuroanatômicas envolvidas na impulsividade são: o córtex pré-frontal, o hipotálamo, o tálamo, a amígdala e os gânglios da base. Relatos de casos mostram manifestações de furto compulsivo desencadeados por causas orgânicas, como tumores, epilepsia, demência e efeito de medicamentos (Kapczinski, Quevedo, Izquierdo et al., 2004; Kaplan e Sadock, 2007).

Em relação aos neurotransmissores, relacionou-se o descontrole da impulsividade com perturbações no metabolismo das monoaminas. Em especial, níveis reduzidos do principal metabólito da serotonina, o ácido 5-hidroxiindolacético (5-HIAA), foram encontrados no líquor de pacientes com alta impulsividade. Da mesma forma, existe associação entre os transtornos do controle dos impulsos com a hiperatividade do sistema noradrenérgico. No entanto, poucos estudos relacionam o funcionamento do sistema dopaminérgico à impulsividade (Kapczinski, Quevedo, Izquierdo et al., 2004; Kaplan e Sadock, 2007).

Existe escassez de estudos que avaliem a etiologia genética da cleptomania, em específico, embora existam correlações genéticas com os transtornos do controle dos impulsos em geral (Kapczinski, Quevedo, Izquierdo et al., 2004).

Psicodinâmica

As teorias psicodinâmicas dizem que esses impulsos ou desejos cleptomaníacos podem refletir temas sexuais ou masoquistas, podendo o ato de furtar representar um mecanismo por meio do qual um indivíduo narcisisticamente vulnerável impede uma fragmentação do *self* realizando o impulso. A maioria dos estudos sugere que os indivíduos com cleptomania tipicamente tiveram uma infância tempestuosa e disfuncional, e essa história é usada para apoiar a premissa analítica de que o furto impulsivo é uma tentativa de recuperar perdas da primeira infância (Kaplan e Sadock, 2007).

Social/familiar

Algumas teorias sociais dizem que o comportamento dos cleptomaníacos é devido, em parte, à grande oferta de produtos no mercado, e que a cleptomania é mais comum entre as mulheres porque elas fazem compras com mais frequência que os homens (McElroy, Pope, Hudson, Keck, & White, 1991).

Alguns autores sugerem que a história familiar positiva para alcoolismo e outros transtornos psiquiátricos possa criar um contexto familiar que favoreça o desenvolvimento da cleptomania (Grant, 2003)

Um estudo mostra que 32% dos pacientes têm pelo menos um familiar em primeiro grau com cleptomania (Grant & Kim, 2002).

Comorbidades

Numerosos relatos e séries de casos têm descrito a coexistência de cleptomania com diversos outros sintomas e transtornos psiquiátricos. Os sintomas mais comumente associados parecem estar relacionados aos transtornos do humor (McElroy, Keck, & Phillips, 1995).

Em um estudo com 20 cleptomaníacos, todos eles preenchiam critérios para transtornos do humor (espectro bipolar ou depressão maior) (McElroy, Pope, Hudson, Keck, & White, 1991). Em outro estudo, com 19 pacientes com cleptomania, nove (47%) tinham transtornos afetivos e sete (37%) tinham transtornos de ansiedade (Dannon, Lowengrub, Sasson, Shalgi, Tuson et al., 2004). Nesse mesmo estudo, 11% dos pacientes apresentavam sintomas relacionados ao transtorno obsessivo-compulsivo.

Um estudo controlado mostrou que outros transtornos do controle dos impulsos são significativamente mais encontrados em cleptomaníacos do que no grupo-controle (Grant, 2003).

Instrumentos de Avaliação

Para a avaliação da severidade dos sintomas relacionados à cleptomania, estudos têm utilizado o Kleptomania Symptom Assessment Scale (K-SAS), uma ferramenta com 11 itens que avaliam pensamentos, impulsos e comportamentos e que demonstrou boas propriedades psicométricas (Grant & Kim, 2002; 2004).

O instrumento utilizado para se medir a qualidade de vida desses pacientes foi o Quality of Life Inventory (QOLI), que consiste em 16 itens que exploram alguns aspectos da vida como saúde, trabalho, recreação, amizades, relacionamentos amorosos, casa, autoestima e padrão de vida. Essa escala tem demonstrado excelente confiança e validade em vários estudos (Frish, Cornell, & Villancuva, 1993).

O SCID (Strutured Clinical Interview for DSM-IV) foi utilizado para avaliar comorbidades (First, Spitzer, Gibbon, & Williams, 1995). O MIDI (Minnesota Impulsive Disorders Inventory), para o caso de condições não avaliadas pelo SCID (Christenson, Faber, de Zwaan, Raymond, Specker, Ekern et al., 1994).

Para a coleta de informações sobre transtornos psiquiátricos em familiares de primeiro grau, foi aplicado o FH-RDC (Family History Research Diagnostic Criteria) (Andreasen, Endicott, Spitzer, & Winokur, 1979).

Tratamento

Embora as estratégias atuais de tratamento para a cleptomania sejam baseadas apenas em relatos de casos, há alguma evidência de que os sintomas da cleptomania possam responder a várias abordagens terapêuticas:

Psicoterapias

A psicoterapia orientada ao insight e à psicanálise têm apresentado bons resultados, embora tenham a desvantagem de dependerem da motivação do paciente. Já a terapia comportamental tem tido resultados favoráveis independentemente da motivação do paciente. Incluem-se aqui a dessensibilização sistemática e o condicionamento aversivo (Kaplan e Sadock, 2007).

O fato de vários pacientes referirem a existência de fatores desencadeantes, que incitam ao impulso de roubar, pode ajudar na elaboração de técnicas específicas de terapia cognitivo-comportamental para a cleptomania (Grant & Kim, 2002).

Farmacoterapia

Embora alguns relatos de casos tenham citado melhoras com o uso de inibidores seletivos da recaptação de serotonina, estabilizadores do humor, antagonistas opioides e antidepressivos tricíclicos, não existem informações disponíveis acerca de doses efetivas ou duração do tratamento (Dell'Osso, Altamura, Allen, Marazziti, & Hollander, 2006; Grant & Kim, 2002).

Em um relato de caso de 1992, Schwartz observou que o uso de 80mg/dia de fluoxetina diminuiu o desespero relacionado ao comportamento impulsivo da paciente, deixando margem para a psicoterapia (Schwartz, 1992). No mesmo ano, Burstein descreveu um caso de uma senhora que, depois de tentar monoterapias com fluoxetina e depois com clomipramina, passou a receber 40mg/dia de fluoxetina associada a 600mg/dia de carbonato de lítio. Após uma semana com esse novo tratamento, notou uma diminuição substancial em sua necessidade de roubar. Durante os próximos três meses, não teve mais nenhuma necessidade incontrolável de roubar; no entanto, mesmo assim, cometeu três furtos a lojas (Burstein, 1992).

Chong e Low (1996) descreveram o caso de um homem cleptomaníaco de 38 anos que, depois de não ter respondido à psicoterapia, terapia comportamental e farmacoterapia com clomipramina, imipramina e lítio, conseguiu ficar nove meses sem roubar, com tratamento de 300mg/dia de fluvoxamina, um agente serotoninérgico.

No ano seguinte, Durst e seus colaboradores obtiveram sucesso ao experimentar o uso de fluvoxamina com a buspirona. Relataram o caso de um homem de 29 anos que apresentava cleptomania severa desde os 11 anos, associada a transtorno afetivo, tendo tido várias tentativas prévias de suicídio. Após 15 anos em psicoterapia psicodinâmica, iniciou monoterapia com fluvoxamina, sem obter resultado algum. Foi feita então a associação com a buspirona e, em duas a três semanas, já houve melhora tanto dos sintomas cleptomaníacos como dos sintomas depressivos. Em dez meses com doses diárias de 250mg/dia de fluvoxamina e 30m/dia de buspirona, o paciente conseguiu ficar sem roubar uma vez sequer. A associação entre um ISRS e a buspirona já tinha se mostrado útil no tratamento da depressão refratária, do transtorno obsessivo-compulsivo e dos transtornos de despersonalização (Durst, Katz, Knobler, 1997).

Partindo de uma premissa de que a cleptomania é fenomenologicamente relacionada ao transtorno bipolar, Kmetz e colaboradores divulgaram um caso, em 1997, de uma senhora de 36 anos que apresentava cleptomania severa e um episódio misto de transtorno do humor bipolar, que tinham piorado em um tratamento prévio com 20mg/dia de fluoxetina e melhoraram significativamente em um mês com o uso de 2000mg/dia ácido valproico. Por nove meses com esse novo tratamento, a paciente ficou sem cometer roubos (Durst, Katz, & Knobler, 1997).

Em um estudo de 1998, Kim relatou o caso de uma mulher de 38 anos com cleptomania e TOC em que foi administrado a naltrexona, um antagonista opioide. Com uma semana usando 50mg/dia de naltrexona, a paciente não sentiu melhora alguma de seus sintomas. A partir de vários dias usando 100mg/dia do fármaco, ela começou a sentir uma diminuição significativa da necessidade de roubar. Foi somente com o uso de 150mg/dia que ela conseguiu realmente parar de roubar. No entanto, após cinco semanas com esse tratamento, a paciente teve que interromper o uso da droga devido a seus sérios efeitos adversos e, dentro de alguns poucos dias, voltou a cometer furtos (Kim, 1998).

Caso Clínico

Silvana, 22 anos, feminina, solteira, desempregada (trabalhava em uma corretora de seguros), 2º grau completo, branca, católica.

Irmão da paciente traz a mesma por "roubar o dinheiro das pessoas sem que as mesmas saibam" e "negar" esse comportamento.

A paciente é a terceira filha de uma prole de três. Os irmãos (com 24 e 25 anos) são hígidos. O pai tem 49 anos e tem psoríase (é separado). A mãe tem 52 anos e há duas semanas descobriu ser HIV positiva, com infecção oportunista. Refere que uma tia materna tem "reações estranhas" em que chora muito, se bate, "incorpora", mas nunca procurou auxílio médico. Nega outras histórias de problemas psiquiátricos na família, assim como uso de álcool ou drogas.

A paciente nasceu de parto normal, em ambiente hospitalar e a termo. Nega intercorrências na gestação e refere boas condições como recém-nascido. Foi amamentada no peito (não sabe até que idade) e apresentou desenvolvimento neuropsicomotor normal. Nega tiques, convulsões ou infecções no SNC, bem como medos, fobias específicas ou ansiedade de separação. Quando tinha 12 anos bateu a cabeça, havendo perda da consciência. Apresentou amnésia anterógrada por três dias. Relata ter sido uma criança "braba" e irritada, com poucos amigos. Nega realizar atos cruéis com animais, mentir compulsivamente ou realizar comportamentos não aceitáveis socialmente. Estas informações são confirmadas pela família.

Iniciou a escola com cinco anos de idade e repetiu a 6ª e 8ª séries. Silvana conta que discutiu com uma professora e então, num intervalo, sujou a cadeira da mesma para que ficasse marcada quando sentasse. A citada professora descobriu e disse que a rodaria por indisciplina. Completou o segundo grau e agora quer fazer vestibular para Administração de Empresas.

Refere menarca aos 11 anos e início das atividades sexuais aos 18 anos com um namorado. Nega disfunções sexuais. Há um ano descobriu que estava grávida do seu namorado na época. Sua mãe, quando soube, começou a lhe "pressionar" para que abortasse, pois não era o momento, ela não estava casada e "seu irmão ia ficar contra". Tanto a paciente quanto o namorado queriam a gestação, mas Silvana acabou realizando o aborto com ingestão de prostaglandinas (a mãe conseguiu), fato que lhe causa grande culpa até hoje. Duas semanas depois acabou o namoro após o companheiro lhe colocar na situação de escolher entre ele e a família.

Começou a trabalhar aos 12 anos distribuindo propaganda (de prédios) nas ruas. Com 14 anos trabalhou no atelier da mãe, auxiliando-a em tarefas administrativas e gerais. Dos 15 aos 16 anos trabalhou como balconista em uma locadora de vídeo. Dos 16 aos 18 anos foi instrutora de futebol de salão e "futebol sete" em uma escolinha (que acabou fechando). Foi então trabalhar em uma corretora de seguros até ser despedida após o início dos sintomas da doença atual (vide História Doença Mental).

Refere uso de bebida alcoólica (preferencialmente cerveja) aos finais de semana (não todos), com um consumo médio de 10 garrafas nestes três dias, compartilhadas com amigos (em torno de três). O uso se dá desde os 15 anos, sempre acompanhada dos amigos e em encontros sociais, negando abstinência ou fissura pelo álcool. Nega uso de drogas.

Há quatro anos conheceu, por intermédio de uma amiga, um rapaz a quem começou a namorar. Silvana descreve-o como uma pessoa boa e prestativa e logo se apaixonou por ele. Na época eles não trabalhavam (ele estava afastado por acidente de trabalho há um ano), mas após seis meses resolveram noivar, sendo que, neste período, Silvana começou a trabalhar na empresa corretora de seguros. Logo após iniciar neste emprego, ele começou a pedir pequenas quantias em dinheiro (para o ônibus, por exemplo). A paciente conta que também gostava de lhe dar presentes, como peças de roupas, para agradar. Seu namorado morava com os pais, mas possuía um relacionamento familiar "estranho", ficando períodos ora com os pais, ora com avós ou tios, sem dar explicações a este respeito. Silvana nunca confirmou, mas acha que ele usava drogas. Aos poucos o noivo começou a pedir quantias cada vez maiores de dinheiro à paciente, que não questionava o destino destes montantes. Quando ficou sem dinheiro, começou a pedir emprestado a amigos e familiares. Quando dizia a ele que não tinha mais, ele retrucava "te vira" e, sem questionar, ela buscava a quantia. Por fim, começou a pegar dinheiro das pessoas e do seu emprego. Relata estas primeiras experiências como impulsivas, pois não planejava o ato e nega pensamentos obsessivos que a motivassem. Simplesmente, se visse o dinheiro, pegava-o. Após cada ato, sentia culpa e não sabia o que fazer com a quantia. Começou a jogar fora o que pegava ou comprava coisas para "presentear" a pessoa furtada. Não apresentava episódios de furto por qualquer outro objeto (de valor ou não), assim como cartões de crédito ou cheques e nunca ficava com o dinheiro roubado. Como regra, negava o ato por medo de repreensão. Nega ansiedade antecipatória, sentimento de gratificação, prazer, ou alívio após o roubo. Seus familiares começaram a desconfiar e armaram situações em que Silvana acabou pegando o dinheiro. Mesmo depois de confrontada com a situação, negava veementemente por medo. A paciente diz que sabia que estava fazendo algo errado, mas "não sabia como agir".

Separou-se do noivo há dois anos, após descobrir que ele a havia traído e engravidado outra mulher. Nesse período, logo após a separação, apresentou um episódio de impulsividade em que agrediu com pedaços de pau a companheira do seu ex--noivo, que havia "xingado sua família". Descreve este ato como desproporcional e exagerado, mas nega situações prévias semelhantes deste tipo de comportamento.

Neste último verão, começaram a sumir quantias na sua casa e sua família lhe deu o crédito do desaparecimento. Silvana nega que tenha pego. Por estas situações, foi trazida ao ambulatório deste serviço, pelos familiares, para avaliação e tratamento.

Hipóteses Diagnósticas: F 63.2 - Cleptomania

Referências

American Psychiatric Association (1994). *Diagnostic and Statistical Manual of Mental Disorders (DSM-IV)*. Ed. 4. Washington, DC: American Psychiatric Association

Black, D. (2007). A review of compulsive buying disorder. *World Psychiatry*, 6, 14-18.

Black, D. W., & Gabel, J. (2000). A double-blind comparison of fluvoxamine versus placebo in the treatment of compulsive buying disorder. *Ann Clin Psychiatry*, 12(4), 205-211.

Bleuler, E. (1924). *Textbook of psychiatry*. Nova Iorque, MacMillan, 538-40.

Bradford, J., & Balmaceda, R. (1983). Shoplifting: is there a specific psychiatric syndrome? *Canadian Journal Psychiatry*, 28, 248-254.

Burgard, M., & Mitchell, J. E. (2000). *Group cognitive-behavioural therapy for buying disorders*. In: A. I Benson (Ed.). Shop before I am – compulsive buying and the search for self. (pp. 367-397). New York: Aronson.

Burstein, A. (1992). Fluoxetine-lithium treatment for kleptomania. *Journal of Clinical Psychiatry*, 53, 28-29.

Chong, S. A., & Low, B. L. (1996). Treatment of kleptomania with fluvoxamine. *Acta Psychiatr Scand*, 93(4), 314-315.

Christenson, G., Faber, R. J. et al. (1994). Compulsive buying: descriptive characteristics and psychiatric comoorbidity. *Journal of Clinical Psychiatry*, 55, 5-11.

Christenson, G. A., Faber, R. J., de Zwaan, M., Raymond, N. S., Specker, S. M., & Andreasen, N. C., Endicott, J., Spitzer, R. L., & Winokur, G. (1979). The family history method using diagnostic criteria: Reliability and validity. *Archives Gen Psychiatry*, 34, 1229-1235.

Cannon, P. N., Lowengrub, K., Sasson, M., Shalgi, B., Tuson, L., Saphir, Y., & Kotler, M. (2004). Comorbid psychiatric diagnoses in kleptomania and pathological gambling: a preliminary comparision study. *European Psychiatry*, 19, 299-302.

Dell'Osso, B., Altamura, A. C., Allen, A., Marazziti, D., & Hollander, E. (2006). Epidemiologic and clinical updates on impulse control disorders: A critical review. *European Arch Psychiatry Clin Neuroscience*, 246(8), 464-475.

Durst, R., Katz, G., & Knobler, H. Y. (1997). Buspirone augmentation of fluvoxamine in the treatment of kleptomania. *Journal of Nervous Mental Disorders*, 185, 586-588.

Ekern, M. D. (1995). Compulsive buying: descriptive characteristics and psychiatric Comorbidity. *Journal of Clinical Psychiatry*, 55, 5-11.

Faber, R. J., & O'Guinn, T. C. (1992). *A clinical screener for compulsive buying*. Journal of Consumer Research, 19, 459-69

Ferrão, Y. A., Costa, G. M., & Busnello, E. D. (2011). Transtornos de Controle dos Impulsos. In.: F. Kapczinski, J. Quevedo & I.Izquierdo (Eds.). *Bases Biológicas dos Transtornos Psiquiátricos: Uma abordagem translacional* (pp. 225-140). Porto Alegre, Artmed.

First, M. B., Spitzer, R. L., Gibbon, M., & Williams, J. B. W. (1995). *Structured Clinical Interview for DSM-IV Patient Edition (SCID-I/P, Version 2.0)*. New York, NY: Biometrics Research Department, New York State Psychiatric Institute.

Frish, M. B., Cornell, J., & Villancuva, M. (1993). Clinical validation of the Quality of Life Inventory: A measure of life satisfaction for use in the treatment planning and outcome assessment. *Psychological Assessment*, 4, 92-101.

Grant, J. E. (2003). Family history and psychiatric comorbidity in persons with kleptomania. *Comprehensive Psychiatry*, 44, 437-441.

Grant, J. E., & Kim, S. W. (2002). Clinical characteristics and associated psychopathology of 22 patients with Kleptomania. *Comprehensive Psychiatry*, 43, 378-384.

Grant, J. E., & Kim, S. W. (2005). Quality of life in kleptomania and pathological gambling. *Comprehensive Psychiatry*, 46, 34-37.

Goldman, M. J. (1992). Kleptomania: An overview. *Psychiatr Ann*, 22, 68-71.

Kapczinski, F., Quevedo, J., & Izquierdo, I. (2004). *Bases biológicas dos transtornos psiquiátricos*. Porto Alegre: Artmed, 503 páginas. 2ª edição.

Kaplan H. I., & Sadock. B. J. (2007). *Compêndio de Psiquiatria*. 9ª edição. Porto Alegre, Editora Artmed.

Kernberg, O. (1967). Borderline personality organization. *Journal of the American Psychoanalitic Association*, 15, 641-685.

Kim, S. W. (1998). Opioid antagonists in the treatment of impulse-control disorders. *Journal of Clinical Psychiatry*, 59, 159-164.

Kmetz, G. F., McElroy, S. L., & Collins, D. J. (1997). Response of kleptomania and mixed mania to valproate. *American Journal of Psychiatry*, 154, 580-581.

Koran, L. M., Abujaoude, E. M. et al. (2007). Escitalopram for compulsive buying disorder: a double-blind discontinuation study. *Journal of Clinical Psychopharmacology*, 27(2), 225-227.

Koran, L. M., Bullock, K. D. et al. (2002). Citalopram treatment of compulsive shopping: an open-label study. *Journal of Clinical Psychiatry*, 63(8), 704-8.

Kraeplin, E. (1915). *Psychiatrie*. Leipzig, 408-409.

Lejoyeux, M., Adés, J. et al. (1996). Phenomenology and psychopathology of uncontrolled buying. *American Journal of Psychiatry*, 153(12), 1524-1529.

McElroy, S. L., Hudson, J. I., Pope, H. G., & Keck, P. E. (1991). Kleptomania: clinical characteristics and associated psychopathology. *Psychological Medicine*, 21, 93-108.

McElroy, S. L., Keek, P. E. J. et al. (1994). Compulsive buying: a report of 20 cases. *Journal of Clinical Psychiatry*, 55, 242-248.

McElroy, S. L, Keck, P. E., & Phillips, K. A. (1995). Kleptomania, compulsive buying, and Binge-Eating Disorder. *Journal of Clinical Psychiatry*, 56(4), 14-26.

McElroy, S. L., Pope, H. G., Hudson, J. I., Keck, P. E., & White, K. L. (1991). Kleptomania: A report of 20 cases. *American Journal of Psychiatry*, 148, 652-657.

McElroy, S. L., & Satlin, A. (1991). Treatment of compulsive shopping with antidepressants. *Ann Clin Psychiatry*, 3, 199-204.

Mitchell, J. E., & Burgard, M. (2006). Cognitive behavioral therapy for compulsive buying disorder. *Behavior Research Therapy*, 44(12), 1859-1865.

Organização Mundial da Saúde (1993). *Classificação de Transtornos Mentais e de Comportamento da CID-10*. Porto Alegre: Artes Médicas.

Rook, D. W. (1987). The Buying impulse. *Journal Consumer Res.*, 14, 189-199.

Schwartz, J. H. (1992). Psychoanalytic psychotherapy for a woman with diagnosis of kleptomania. *Hosp Community Psychiatry*, 43, 109-110.

Villarino, R., & Ottero-Lopez, J. L. (2001). *Adicion a la compra: analysis, evaluaction y tratamiento.* Madrid: Ediciones Piramide.

TRANSTORNOS DE COMPORTAMENTOS ADITIVOS: JOGAR PATOLÓGICO, DEPENDÊNCIA DE INTERNET E "VIDEOGAMING"

Helena Dias de Castro Bins e Ygor Arzeno Ferrão
Universidade Federal Ciências da Saúde de Porto Alegre (UFCSPA)

JOGO PATOLÓGICO

Definição e Conceitos

Jogar é uma atividade antiga e comum na população em geral. Existem diversos tipos de jogos como, por exemplo, corridas de cavalos, *pocker* e outros jogos de cartas, loteria esportiva, apostas esportivas, em ações, apostas com amigos, bingos, jogos de cassino, videogames, jogos eletrônicos e de internet. Essas atividades proporcionam entretenimento para muitas pessoas sem interferências negativas na suas vidas (Hollander & Cohen, 1996). No entanto, para um pequeno número de jogadores, esses comportamentos adquirem uma importância excessiva em suas vidas, interferindo com demandas de tempo e dinheiro. Esse uso mal adaptativo do jogo é a principal característica do jogo patológico (Hollander & Cohen, 1996).

O jogo patológico é uma patologia progressiva e crônica, caracterizada pela incapacidade de resistir ao impulso de jogar, a despeito de severas e devastadoras consequências pessoais, familiares ou profissionais (Cataldo & Gauer, 2003). No DSM-IV (APA, 1994), o jogo patológico é classificado como um transtorno do controle dos impulsos não classificado em outro local.

Na CID-10 (WHO, 1992), o jogo patológico é classificado como Transtornos de Hábitos e Impulsos, no qual o aspecto essencial é jogar persistente e repetidamente, o que contínua e frequentemente aumenta a despeito de consequências sociais adversas, tais como empobrecimento, comprometimento das relações familiares e ruptura da vida social.

Os pacientes, no entanto, frequentemente se queixam de ter uma "compulsão" para jogar, e alguns profissionais de saúde mental consideram o jogo patológico como um transtorno compulsivo ou aditivo, devido às suas características clínicas (Wong & Hollander, 1995).

Há dúvidas e controvérsias atualmente na literatura quanto ao fato de como o jogo patológico deve ser classificado: se como um comportamento impulsivo, compulsivo ou de adição. A diferença entre uma compulsão e um impulso é definida através da presença ou ausência de percepção egodistônica pelo sujeito. Diferentemente das compulsões, o ato impulsivo é prazeroso no momento da realização e segue um desejo consciente da pessoa, apesar de que pensamentos de remorso e culpa possam surgir posteriormente. Apesar de a *American Psychiatry Association* (APA, 1994) classificar o jogo patológico como um transtorno de controle dos impulsos, a descrição dos sintomas assemelha-se ao alcoolismo e dependência de substâncias. Há autores (Petry, 2006; Potenza, 2006) que sugerem reconsiderar e reclassificar o capítulo de transtorno de uso de substâncias a fim de incluir neste capítulo adições não farmacológicas, tais como o jogo patológico, devido às semelhanças encontradas entre os dois transtornos, como por exemplo, a semelhança entre os estados emocionais e de *craving* entre os jogadores patológicos e os alcoolistas (Tavares, Ziberman, Hodgins, & El-Guebaly, 2005). Inegavelmente, há um forte componente de comportamento aditivo neste transtorno, como se o comportamento de jogar fosse uma "substância" aditiva, que reduz a tensão e a ansiedade nos indivíduos acometidos (Wong & Hollander, 1996).

Descrevendo-se fenomenologicamente o comportamento de jogar, há aumento dos níveis de tensão antes da atividade, seguido por sensação de gratificação, alívio ou prazer, durante e após a atividade (Wong & Hollander, 1995; 1996). O aumento dos valores das apostas corresponderia à tolerância e ao fazer mais do que o pretendido. A inquietude e a irritabilidade de quando não estão jogando seria um tipo de reação de abstinência. O empréstimo para pagar os débitos em retribuição a uma promessa de parar corresponderia à desintoxicação sem um tratamento maior. A origem da palavra "adição" parece ser adequada para este quadro, pois tem origem de um antigo termo romano, que se referia a pessoas legalmente escravizadas por não pagarem o que deviam (Harvard Mental Health Letter, 2004). Infelizmente, os problemas resultantes desta condição frequentemente intensificam o comportamento, e se mantém um ciclo vicioso com diversos efeitos negativos (Wong & Hollander, 1995).

As diferenças individuais nas dimensões da personalidade podem exercer um papel importante na explicação do risco para desenvolver jogo patológico, e também para a coexistência de jogo patológico e outros transtornos aditivos relacionados a substâncias. O perfil de personalidade associado com o jogo patológico é similar aos perfis de pacientes com dependência de álcool, *Cannabis* e nicotina (Slusteke, Caspi, Moffitt, & Poulton, 2005). Portanto, a partir da perspectiva da personalidade, o jogo patológico tem muito em comum com os transtornos aditivos. Utilizando-se do modelo de Cloniger para características de temperamento e caráter, jogadores patológicos apresentaram escores mais altos nos fatores de temperamento "busca de novidades" e "esquiva ao dano", quando comparados a controles normais. Houve diferenças também no "autodirecionamento", "cooperatividade" e "autotranscendência" (Nordin & Nylander, 2007). Outro estudo (Martinotti, Andreoli, Giametta, Poli, Bria, & Janiri, 2006) encontrou valores mais altos para busca de novidades e autotranscedência nos jogadores patológicos, enquanto que encontrou valores mais baixos nestes pacientes para o autodirecionamento e cooperatividade, quando comparados com jogadores não patológicos e pacientes controles. Os jogadores patológicos que relataram também envolvimento familiar em jogos mostrou uma "Busca de Novidades" mais alta do que os demais jogadores patológicos.

A identificação de um perfil de personalidade de risco para problemas com jogo pode representar um importante preditor de resultado e constituir um possível alvo para abordagens específicas de tratamento.

Histórico e Epidemiologia

Histórico

O jogo é uma das mais antigas atividades humanas, em todas as sociedades; a humanidade tem se devotado aos mais diferentes tipos de jogos de azar. No entanto, o reconhecimento das manifestações psicopatológicas, incluindo diagnóstico e opção de tratamento, para os jogadores compulsivos, é muito recente. Somente nos anos 80 que a APA passou a considerar o jogo patológico como problema de saúde mental, tendo sido reconhecido oficialmente pela primeira vez no DSM-II. Em 1980, a APA incluiu o jogo patológico no DSM-III (Diagnostic and Statistical Manual of Mental Disorders, third edition), reconhecendo-o, portanto, como uma doença médica. O jogo patológico também é reconhecido como doença pelo manual diagnóstico da Organização Mundial da Saúde, a Classificação Internacional de Doenças (CID).

Desde 1980, a definição de jogo patológico passou por grandes mudanças. Primeiramente, a ênfase era dada nos danos causados pela doença. O motivo era considerado de pequena importância. Versões subsequentes (DSM-III-R) mudaram esta descrição e revisaram os critérios diagnósticos para o jogo patológico, enfatizando a natureza aditiva da patologia, refletindo semelhanças entre jogo patológico e uso e dependência de substâncias psicoativas. São mencionadas questões relativas à tolerância e à abstinência, o que pode sugerir uma base biológica para a doença (no caso do jogador patológico, a tolerância se refere à necessidade aumentada de jogar, e geralmente jogos com riscos e apostas cada vez maiores são necessários para se obter o mesmo efeito emocional; assim como com a dependência química, os efeitos de abstinência referem-se à dor e ao desconforto associados com a não realização do comportamento) (Lobo & Kennedy, 2006).

Não obstante, inúmeras críticas foram lançadas contra os critérios do DSM-III-R, preferindo um retorno aos critérios do DSM-III, que enfatizava os efeitos em termos de problemas legais, sociais, profissionais e interpessoais na vida do jogador patológico.

Para resolver esta situação, foi criado um novo conjunto de critérios, combinando elementos do DSM-III e do DSM-III-R, que foi incorporado aos critérios revisados publicados no DSM-IV. O DSM-IV restabeleceu a essência das expressões do DSM-III que detalhavam as consequências do jogo patológico em múltiplos níveis.

Epidemiologia

O jogo patológico é um problema de saúde pública e sua prevalência tem aumentado secundariamente às oportunidades vastamente aumentadas pelo jogo legalizado e pelos jogos computadorizados (Wong & Hollander, 1995). Isto resultou, por exemplo, no aumento do número de mulheres, populações mais jovens e idosos que têm se tornado adictos em uma atividade que anteriormente era considerada como um transtorno do sexo masculino (Wong & Hollander, 1995).

O custo para a sociedade se multiplicou, em consequência da deterioração da situação financeira, laboral, de moradia, marital dos jogadores, e o seu envolvimento com os sistemas legal e penal.

O jogo patológico é o único transtorno de controle dos impulsos bastante comum (Dell'Osso, Altamura, Allen, Marazziti, & Hollander, 2006). Estudos sugerem que 68% das pessoas na população geral joguem ocasionalmente, mas somente de 0,2 a 3% da população tornam-se jogadores patológicos (prevalência na população) (Cataldo & Gauer, 2003; Wong & Hollander, 1995).

O perfil típico do jogador patológico foi caracterizado como um homem branco, de classe média ou classe média alta, com idade entre 40 e 50 anos (Dell'Osso et al., 2006). Aproximadamente 2/3 dos jogadores são do sexo masculino (Cataldo & Gauer, 2003). Nos homens, o transtorno geralmente aparece mais cedo, no início da adolescência, com um início insidioso. Nas mulheres, costuma aparecer entre os 20 e os 40 anos (Zimmerman, Chelminski, & Young, 2006). A prevalência e o impacto deste transtorno no Brasil ainda não são conhecidos. Em 1994, o Departamento de Psiquiatria e Psicologia Médica da Universidade Federal de São Paulo criou o Ambulatório de Jogo Patológico do Programa de Orientação a Atendimento a Dependentes. Nos primeiros dez anos de atividade, a procura pelo serviço foi muito maior do que a possibilidade de atendimento. Observou-se que os jogos referidos como desencadeadores do problema acompanharam as mudanças do mercado. Os primeiros pacientes jogavam videopôquer em casas de diversões eletrônicas. Posteriormente, passaram a ser jogadores de bingo e de jogos eletrônicos. Um quarto desses jogadores já cometeu ato ilícito relacionado ao jogo, 78% contraíram dívidas, 47% já haviam tido ideação suicida e 14% já haviam feito ao menos uma tentativa de suicídio (Oliveira, Bizeto, & Fernandes, 2006; Oliveira, Silveira, & Silva, 2008).

Comorbidades

Parece existir alta frequência de comorbidades psiquiátricas entre jogadores patológicos. Apesar de clara correlação entre jogo patológico e algumas morbidades específicas, notadamente são o alcoolismo e o abuso de drogas as comorbidades mais documentadas.

Esta forte relação encontra-se tão bem estabelecida que alguns autores especulam mecanismos neurobiológicos similares entre JP e dependências químicas. Algumas pesquisas apontam semelhanças entre ambas as entidades, já que é alta a comorbidade entre esses transtornos e porque compartilham pontos semelhantes, como padrões de gênero (masculino), curso (crônico e progressivo em termos de gravidade), sintomas (perda de controle, tolerância e abstinência) e um possível componente genético comum (Slutze et al., 2000).

Entre a população dependente de drogas (lícitas ou não), a prevalência estimada de JP varia de oito a cerca de 19%. Por outro lado, um grande estudo populacional mostrou que entre portadores de JP, 73.2% apresentavam transtornos por uso de álcool, 60.4% apresentavam dependência de nicotina e 38.1% tinham transtorno por uso de outra droga. Este mesmo estudo demonstrou ainda que 60.8% dos JP apresentavam transtornos de personalidade, 49.6% tinham algum transtorno de humor e 41.3% com transtorno de ansiedade associado (Petry, Stinson, & Grant, 2005).

Outro estudo mostrou alta comorbidade com uso de substâncias, transtornos de humor e ansiedade, com taxas ao longo da vida de 64, 60 e 40%, respectivamente. Encontrou também alto percentual de portadores de transtornos de personalidade (87%) (Black & Moyer, 1998).

Avaliação de jogadores patológicos diagnosticados através da escala SOGS (South Oaks Gambling Screen) em tratamento ambulatorial revelou que 62,3% destes pacientes apresentavam comorbidade outro transtorno psiquiátrico no momento do estudo. As principais comorbidades apresentadas foram transtornos de personalidade (42%), abuso ou dependência de álcool (33,3%) e transtornos de ajustamento (17,4%). Jogadores com transtorno psiquiátrico comórbido apresentaram significativamente maiores escores na escala SOGS (indicando maior severidade) e uma correlação direta entre o número de comorbidades e a gravidade de outros problemas clínicos (Ibanez, Blanco, Donahue, Lesieur, Perez de Castro, Fernandez-Piqueras et al., 2001).

Uma revisão sobre a associação entre transtornos do humor e JP mencionou a incerta correlação entre estas entidades clínicas e a prudência necessária ao se diagnosticar JP na vigência de um transtorno do humor, particularmente de episódio maníaco, como assinalado no DSM-IV. De forma geral, a maioria dos estudos tem sistematicamente mostrado maior prevalência de transtornos do humor em jogadores patológicos, em relação à população geral. Entretanto, a determinação da relação temporal entre JP e os transtornos de humor na maioria destes estudos não é explorada. Ou seja, muitas vezes não está claro se um episódio depressivo foi primário ou secundário à compulsão pelo jogo. Alguns pacientes com diagnóstico de JP podem ter iniciados ou agravados os sintomas relacionados ao jogo como uma forma de escape da depressão, uma "automedicação" via ativação de endorfinas. Por outro lado, outros podem ter ficado deprimidos em virtude da aflição financeira e psicológica sabidamente provocada pelo jogo (Kim, Grant, Eckert, Faris, & Hartman, 2006). Estas distinções são importantes serem realizadas, pois podem repercutir decisivamente em termos clínicos.

Entre os poucos estudos que analisaram relação entre JP e outros transtornos de controle dos impulsos, ficou demonstrada maior comorbidade com compras compulsivas e também com compulsão sexual (Kim et al., 2006). Entretanto, mais estudos são necessários para poderem ser melhor entendidas as relações entre estas entidades.

Manifestações clínicas

Os jogadores patológicos na maioria das vezes mostram-se superconfiantes, algo ríspido, muito enérgicos e gastadores, quando existem sinais óbvios de estresse pessoal, ansiedade e depressão. A atitude dessas pessoas, geralmente, é de que o dinheiro é tanto a causa quanto a solução para todos os seus problemas. À medida que o jogo aumenta, geralmente são forçados a mentir para obter dinheiro e continuar jogando, enquanto escondem a extensão do comportamento de jogo. Não fazem qualquer tentativa séria de planejar ou economizar.

Quando seus recursos emprestados terminam, tendem a engajar-se em comportamento antissocial, para obterem dinheiro para o jogo. Seu comportamento criminoso tipicamente não apresenta violência, mas inclui falsificação, fraude ou estelionato. A intenção consciente é de devolver ou repor o dinheiro.

As complicações incluem afastamento da família e conhecidos, perda de bens conquistados durante a vida, tentativa de suicídio e associação com grupos marginais e ilegais. As detenções por crimes não violentos podem levar à prisão.

As características essenciais deste transtorno encontram um paralelo nas de dependência de substâncias psicoativas. Em ambos os casos a pessoa com a adição tem um controle prejudicado sobre o comportamento e dá continuidade a ele, apesar de severas consequências adversas. O quadro abaixo apresenta os critérios diagnosticados de Jogo Patológico, conforme as classificações diagnosticadas mais usadas (DSM-IV e CID-10).

DSM-IV

A. Comportamento de jogo mal adaptativo, persistente e recorrente, indicado por cinco (ou mais) dos seguintes quesitos:

1. Preocupação com o jogo (por exemplo, preocupa-se com reviver experiências de jogo passadas, avalia possibilidades ou planeja a próxima parada, ou pensa em modos de obter dinheiro para jogar);
2. Necessidade de apostar quantias de dinheiro cada vez maiores, a fim de obter a excitação desejada;
3. Esforços repetidos e fracassados no sentido de controlar, reduzir ou cessar com o jogo;
4. Inquietude ou irritabilidade, quando tenta reduzir ou cessar com o jogo;
5. Joga como forma de fugir de problemas ou de aliviar um humor disfórico (por exemplo, sentimentos de impotência, culpa, ansiedade, depressão);
6. Após perder dinheiro no jogo, frequentemente volta outro dia para ficar quite ("recuperar o prejuízo");

7. Mente para familiares, para o terapeuta e outras pessoas, para encobrir a extensão do seu envolvimento com o jogo;

8. Comete atos ilegais, tais como falsificação, fraude, furto ou estelionato, para financiar o jogo;

9. Colocou em perigo ou perdeu um relacionamento significativo, o emprego ou uma oportunidade educacional ou profissional por causa do jogo;

10. Recorre a outras pessoas com o fim de obter dinheiro para aliviar uma situação financeira desesperadora causada pelo jogo.

11. O comportamento de jogo não é mais bem explicado por um episódio maníaco.

CID-10

- Transtorno que consiste em episódios repetidos e frequentes de jogo que dominam a vida a vida do sujeito em detrimento dos valores e dos compromissos sociais, profissionais, materiais e familiares.

- Jogo compulsivo.

Exclui: jogo e apostas SOE (Z72.6); em personalidades dissociais (F60.2); excessivo em pacientes maníacos (F30.-).

Curso da doença

O curso do jogo problemático é insidioso e a conversão para o jogo patológico provavelmente é precipitada ou por exposição aumentada ao jogo ou pela ocorrência de um estressor psicológico particular ou uma perda significativa. O jogo patológico geralmente começa na adolescência, nos homens, e mais tarde, nas mulheres. Seu curso tem altos e baixos e tende a ser crônico. A história natural da doença foi dividida em fases (Custer, 1984):

1ª Fase (ganhos): No jogador, há uma busca de emoções fortes, seguida de uma grande vitória que estimula a fantasia de onipotência. As mulheres geralmente não experimentam uma grande vitória, inicialmente. Elas parecem buscar o jogo mais como uma forma de fugir de seus problemas atuais ou do passado.

2ª Fase (perdas): Neste período, a pessoa ou passa a ter azar ou começa a achar intolerável perder. O jogador altera a sua estratégia na tentativa de recuperar tudo de uma só vez (perseguição). As dívidas se avolumam, há uma sensação de urgência, o jogador mente para encobrir o comportamento e as perdas. As relações se deterioram à medida que o jogador se torna irritável e calado.

3ª Fase (desespero): O jogador envolve-se com comportamentos que não são do seu feitio, frequentemente ilegais: cheques sem fundos, falsificação, fraude, furtos. Busca desesperadamente formas de obter dinheiro para continuar jogando, e assim recuperar as perdas e reconquistar o sentimento de excitação, característicos da fase inicial. As relações familiares e profissionais se deterioram ainda mais. Aparecem sintomas de depressão, ideação e tentativas de suicídio, problemas com a lei, com eventuais prisões. Nesta fase, é que comumente ocorre o encaminhamento para a avaliação psiquiátrica. O indivíduo pode levar até quinze anos para atingir a terceira fase, mas então, dentro de um ano ou dois, está totalmente deteriorado.

4ª Fase (desesperança): O jogador aceita que as perdas nunca poderão ser ressarcidas. O jogo continua na busca da excitação ou euforia.

Outra apresentação clínica do jogo é descrita como "O Artista da Fuga". Nela, o jogo tem o objetivo de passar o tempo e evitar o tédio. As mulheres e os idosos predominam neste grupo.

Embora alguns poucos jogadores procurem ajuda enquanto estão na fase de ganhos, a maioria procura ajuda muito mais tarde, geralmente porque seus relacionamentos estão ameaçados ou porque cometeram atos ilícitos. Os jogadores patológicos são difíceis de tratar porque exibem uma forma de *insight* e frequentemente sofrem de transtornos paralelos de uso de álcool ou substâncias. Tratamentos bem-sucedidos com pacientes individuais têm sido relatados, mas ainda não foram feitos estudos controlados com grande número de pacientes. Como na recuperação de abuso e dependência de substâncias, um bom resultado bem-sucedido é geralmente definido com abstinência total do jogo. Não obstante, alguns relatos sugerem que o chamado jogo controlado, envolvendo menos de 10.000 dólares por semana em um ambiente social envolvendo amigos e família, pode também indicar um bom resultado, se medido por uma redução continuada do comportamento de jogo, melhora psicossocial e diminuição dos sintomas afetivos e ansiosos.

Etiologia do jogo patológico

Explicação para a etiopatologia do jogo patológico tem sido influenciada por várias teorias. Nas ultimas décadas, pesquisas neurobiológicas e cognitivas têm complementado teorias psicodinâmicas. Até o presente momento nenhuma teoria separadamente pode explicar satisfatoriamente este transtorno.

Teorias de adição têm sido reportadas no jogo patológico incluindo tolerância e sintomas de abstinência. Irritabilidade, depressão, diminuição da concentração e pensamentos obsessivos tem sido descritos depois do cesse do jogo, como em outras adições. Para alguns, o comportamento do jogador patológico é semelhante ao modelo farmacológico dos benzodiazepinos. O jogo patológico também parece afetar o sistema opioide, sintomas de abstinência como diarreia, tremor, cefaleia e dor abdominal são frequentes tanto na abstinência por jogo como na abstinência por opiáceos (Ferrão, Bedin, & Busnello, 2005).

A ideia de que o jogo é um comportamento que modifica o estado interno do indivíduo tem recentemente ganhado muita atenção. O jogo representa um importante evento emocional e fisiológico. O jogo geralmente é acompanhado por aumento da atividade simpática, manifestando-se por mudanças na frequência cardíaca, e está associado a sintomas subjetivos de ativação. A ativação é reportada como uma sensação de euforia ou excitação com aumento do humor e diminuição do cansaço, o que lembra efeitos de anfetaminas e opiáceos. A maioria dos jogadores reporta que eles iniciaram o jogo para esquecer problemas como solidão, depressão e ansiedade. A depressão é usualmente associada com expectativas negativas, sentimentos de perda da autoestima parecendo que o jogador depressivo deveria sentir-se com menos chance para ganhar. A ilusão do controle e expectativas onipotentes associadas ao jogo poderiam ser atrativas para o indivíduo depressivo. Pesquisas em animais mostraram que estar em uma posição de controle age como um reforço positivo e está associada à redução do estresse e possivelmente ao aumento da secreção de opioides endógenos.

Finalmente, tem sido definido que o jogo patológico está relacionado à baixa viabilidade para controlar impulsos. Como em muitas outras atividades prazerosas, muitas pessoas se sentem atraídas pelo jogo sem desenvolver um comportamento mal adaptativo. Somente algumas pessoas com reduzido controle de impulso falham em parar o jogo quando esse se torna um comportamento pernicioso. Recentes conhecimentos neurobiológicos e farmacológicos indicam uma disfunção da atividade serotoninérgica central em pacientes jogadores patológicos.

Alguns achados mostram que jogadores patológicos recuperados podem ter um eletroencefalograma similar a algumas crianças com transtorno de déficit de atenção; essa relação foi confirmada pela demonstração da correlação entre jogo patológico em adulto e comportamento na infância relacionado ao déficit de atenção.

Neurobiologia do jogo patológico

<u>Resposta da dexametasona</u>: Apesar de o jogo patológico ter sido associado à depressão, o único estudo que investigou a resposta da dexametasona em jogadores patológicos, encontrou que todos os indivíduos da amostra tiveram resposta normal, ou seja, foram supressores. Entretanto, os autores encontraram flutuações diurnas significativas dos níveis de cortisol basal no subgrupo dos jogadores com características depressivas, indicando alguma disfunção no eixo hipotálamo-hipofisário em pacientes jogadores patológicos com características depressivas.

Função noradrenérgica: Vários estudos encontraram alteração no plasma e LCR no nível de metabólitos de noraepinefrina em indivíduos com transtorno de jogo patológico. Jogadores patológicos tinham uma alta produção da fração CSF 3-metóxi-4 hidroxifenilglicol (MHPG), como também uma alta excreção urinária de norepinefrina em relação ao grupo-controle. Estes achados sugerem que déficits noradrenérgicos podem explicar o comportamento de busca de emoções dos jogadores patológicos (Ferrão et al., 2005).

Função serotoninérgica, dopaminérgica e atividade da monoaminaoxidase plaquetária: As semelhanças entre jogo patológico e outros transtornos impulsivos contribuíram para a pesquisa da função serotoninérgica em jogadores compulsivos. Vários estudos demonstraram que a disfunção do sistema serotoninérgico está associada aos traços impulsivos e compulsivos dos jogadores patológicos (Ferrão et al., 2005).

Neuroimagem: A maior parte dos estudos de neuroimagem em jogo patológico explora áreas cerebrais envolvidas com as tomadas de decisão e circuitos de recompensa. Assim é que a principal região envolvida é o córtex pré-frontal ventromedial, que integra o circuito de informações sensoriais, mnésticas e emocionais relevantes para a realização da tarefa. Outras estruturas também participam de modo importante nesse processo: a amígdala (processamento e codificação de sinais emocionais e sua associação com estímulo ambiental) e córtex do cíngulo (processa o monitoramento e resposta inibitória, especialmente em situações de incerteza). O córtex pré-frontal dorsolateral pode também estar envolvido, pois é aí que há a ativação de memórias procedurais na tomada de decisões, especialmente em tarefas complexas (Cavedini, Riboldi, Keller, D'Annuncci, & Bellodi, 2002; Chau, Roth, & Green, 2004; Martínez-Selva, Sanchez-Navarro, Becharra, & Román, 2006).

Tratamento

A abordagem terapêutica do Jogar Patológico deve envolver aspectos biológicos, psicológicos e sociais, dependendo, obviamente, dos principais aspectos envolvidos no processo diagnóstico. Por exemplo, uma avaliação de um grupo de tratamento na comunidade de 150 jogadores patológicos concluiu que uma grande porcentagem dos participantes possuíam comorbidades como depressão (15%) e dependência de substâncias e álcool (7 e 5%, respectivamente), o que deve ser abordado terapeuticamente em conjunto com o ato de jogar. Mas encontrou também um grande número de pessoas com problemas financeiros, o que deve ser abordado como um fator de risco para possíveis recaídas e/ou não resposta aos tratamentos estipulados (Teo, Myhity, Anantha, & Winslow, 2007).

A fenomenologia descritiva do ato de jogar pode dar algumas pistas no tipo predominante de abordagem terapêutica. Ou seja, se o jogar patológico estiver ocorrendo dentro de um modelo aditivo, a abordagem deverá acontecer de modo semelhante às demais alternativas para tratamento de transtornos aditivos, como, por exemplo: medicações serotoninérgicas ou que ajudem a controlar a ansiedade e a "fissura"; grupos de autoajuda, como os Jogadores Anônimos (J.A.); abordagens psicoterápicas de apoio e de prevenção de recaída, entre outras. Se o jogar estiver acontecendo dentro de um modelo afetivo, como consequência ou em reação a sintomas depressivos ou de solidão (comum em senhoras viúvas que recorrem a "bingos"), como uma alternativa para "passar o tempo", a abordagem poderá envolver antidepressivos, mas deverá focar em psicoterapias de apoio e motivacionais, em que ocorra o resgate ou o aparecimento de novas atividades substitutivas saudáveis. Grupos de convivência e de inserção social também podem ser úteis.

Abordagem Neurobiológica

Medicações

Estima-se a resposta terapêutica de jogadores patológicos a medicamentos em torno de 78%, levando entre três e quatro meses de uso continuado para que alguma resposta terapêutica possa ser percebida (Grant & Kim, 2002). O naltrexone parece atingir níveis de resposta de até 90% enquanto os inibidores seletivos da recaptação da serotonina atingem cerca de 45% de resposta (Grant & Kim), dentre os quais a fluvoxamina parece ser uma das recomendações (Hollander, DeCaria, Finkell, Begaz, Wong, & Cartwright, 2000), inclusive com aprovação da "Food and Drug Administration" americana. O antagonista opioide nalmefene também pode ser uma opção, pois demonstrou reduzir a gravidade do jogar patológico em 59% dos pacientes quando comparado com 34% de redução proporcionado pelo placebo (Grant, Potenza, Hollander, Cunningham-Williams, Nurmien, Smits et al., 2006). Dannon et al. (2005) encontrou um efeito semelhante entre a bupropiona e o naltrexone, ou seja, cerca de 75% de melhora, num estudo duplo-cego randomizado. Embora muito prevalente, há uma nítida escassez de estudos na literatura devidamente desenhados que explorem as abordagem psicofarmacológicas do Jogo Patológico (Dannon et al.).

Outras abordagens neurobiológicas

Não há evidências de eficácia de eletroconvulsoterapia, estimulação cerebral profunda ou de estimulação magnética transcraniana no Jogo Patológico. Há apenas um estudo, mostrando uma série de casos de pacientes com Doença de Parkinson (DP) (seis homens e uma mulher) que antes de realizarem cirurgia para a DP, tinham Jogo Patológico e que, após o procedimento cirúrgico (estimulação do núcleo subtalâmico), além da melhora motora, tiveram o comportamento de jogar resolvido em até 18 meses após a cirurgia. Os autores destacam que o jogar patológico em pessoas portadoras de DP pode dever-se ao uso de medicamentos com ação dopaminérgica, pois a cirurgia possibilitou nesses pacientes a redução significativa das doses dessas medicações (Ardouin, Voon, Worbe, Abouazar, Czernecki, Hosseini et al., 2006).

Abordagem Psicoterápica

Na realidade, poucos estudos têm abordado de forma sistemática a efetividade de abordagens psicoterápicas no Jogo Patológico, embora uma quantidade muito grande de relatos de casos demonstre que, de certa forma, todas as abordagens podem ser úteis em pelo menos algum dos aspectos da doença. As abordagens cognitivo-comportamentais (CB), embora mais utilizadas, também carecem de evidências científicas mais robustas. O estudo de revisão sistemática, seguido de uma meta-análise, de Pallessen, Mitsem, Kvale, Johnsen e Molde (2005), conseguiram colher a informação de apenas 22 estudos entre 1968 e 2004, que abordavam terapias psicológicas em jogadores patológicos. Esses estudos envolveram 1.434 pacientes. O tamanho do efeito de curto prazo das psicoterapias como um todo foi de 2,01, enquanto que em longo prazo (em média 17 meses após a abordagem psicoterápica) o efeito foi de 1,59, quando comparadas a nenhum tratamento (Pallesen et al., 2005). Petry et al. (2006) compararam técnicas CB e participação no "Jogadores Anônimos" em 231 jogadores por 12 meses, concluindo que as técnicas CB obtiveram um resultado melhor durante o período de acompanhamento individual (Petry et al.). Wulfert, Blanchard, Freidenberg e Martell (2006) demonstraram que técnicas motivacionais, adicionadas às técnicas CB, permitem um maior engajamento de pacientes à terapia, incrementando os resultados de resposta (Wulfert et al., 2006). Ladouceur, Sylvain, Boutin, Lanchance, Doucet e Leblond (2003) mostraram que a abordagem CB pode ser realizada em grupo, obtendo resposta em cerca de 90% dos participantes.

Abordagens sociais

- Acesso: o acesso ao jogo poderia ser colocado como uma das questões sociais que permite (ou não) o aparecimento dessa doença, uma vez que muitos países permitem (e até exploram) jogos de azar. Muito ainda precisa ser estudado para comprovar que o acesso ao jogo pode proporcionar um aumento da prevalência dessa patologia. O único estudo da literatura, de Jacques e Ladouceur (2006), avaliou essa situação antes da abertura de um cassino em uma cidade canadense e acompanhou uma amostra dessa população por quatro anos. Ao final primeiro ano detectou-se um aumento de jogos de cassino naquela população e da quantidade média de dinheiro gasta por dia nessas atividades, mas essa evidência não se manteve no final do segundo e do quarto ano.

- Abordagens familiares: Oei e Raylu (2004) evidenciaram que membros de famílias onde existam jogadores parecem aprender e desenvolver cognições que deixariam o sujeito mais vulnerável para desenvolver o ato de jogar patológico. Desta forma, a abordagem de familiares como um todo, e não apenas os familiares jogadores, deve ser enfatizada na intervenção terapêutica, inclusive com encaminhamento para grupos de autoajuda de familiares de jogadores.

- Grupos de Autoajuda (Jogadores anônimos): Apesar das características de participantes de grupos de J.A. terem características diferentes daqueles que não participam das sessões (como maior gravidade dos sintomas, maior frequência de problemas familiares e conjugais) (Petry, 2003), muitos dos participantes que frequentam com certa assiduidade acabam ficando abstinentes do ato de jogar por vários meses. Recomenda-se uma pesquisa mais detalhada do funcionamento do Jogadores Anônimos nos seguintes endereços eletrônicos: www.gamblersanony-mous.org ou www.jogadoresanonimos.org.

Caso clínico

Sra. Luíza, 64 anos, viúva há 12 anos, mãe de dois filhos e uma filha. Sempre foi dona de casa, mas após a morte do marido assumiu a administração do aluguel de um imóvel que o marido tinha, passando a viver com uma pensão e com o aluguel desse apartamento. Quando o filho mais novo mudou-se para outra cidade por motivos profissionais, a Sra. Luíza passou a viver sozinha. Apesar de ter um bom convívio familiar e social, passou a isolar-se socialmente, saindo cada vez menos de casa, alegando "dores" por todo o corpo. Passou a sentir-se sozinha e entediada, uma vez que sua maior companhia era a televisão. Seguia visitando algumas poucas amigas, ou as recebia em sua casa, mas suas atividades sociais foram escasseando. Há cerca de três anos, aceitou o convite de uma amiga e foram a uma casa de bingo como forma de passatempo e onde poderia "aproveitar o saboroso café com tortas" oferecido, além de integrar-se socialmente. A frequência a essa casa de bingos aumentou com o tempo e quando percebeu chegava a passar de seis a dez horas sentada em frente às máquinas eletrônicas, apostando centavos de cada *vez. De início não ia todos os dias ao bingo, mas ao final de um ano, não deixava de frequentar nem aos finais de semana. Gastava cerca de R$ 200,00 por dia, segundo informou, mas ao final de um ano, acumulou uma dívida de R$ 60.000,00. Como sua renda não conseguia pagar os credores (havia feitos empréstimos para poder jogar e pagar outros empréstimos com agiotas), acabou vendendo seu apartamento, o que proporcionou, além do pagamento das dívidas, certa reserva em dinheiro. Essa quantia excedente (cerca de R$ 80.000,00 acabou sendo gasta em seis meses), pois "com o dinheiro no bolso a tentação foi bem maior", como ela mesma assumiu. Quando os filhos descobriram, ela já estava com o condomínio do apartamento em que vivia atrasado quase um ano. Nessa oportunidade, foi encaminhada para atendimento psiquiátrico e psicológico, passando a frequentar os Jogadores Anônimos duas vezes por semana. Com a utilização de até 200 mg/dia de fluvoxamina, psicoterapia cognitivo-comportamental e para prevenção de recaída (duas horas por semana), em cerca de três meses estava completamente afastada das casas de bingo e sem qualquer tipo de "fissura" por jogar. Após um ano afastada do jogo, abandonou os tratamentos sem o conhecimento dos filhos. Recaiu duas vezes durante esse período, mas com a reintrodução das abordagens terapêuticas acima citadas, consegue ficar abstêmia.*

Internet compulsiva
Impulsive-Compulsive Internet Usage Disorder (IC-IUD)

Conceitos

A internet compulsiva é uma patologia ainda não incluída no DSM, já que se trata de um problema relativamente recente (Stein, 1997). Em vários aspectos, é provavelmente mais bem classificada como um transtorno do controle dos impulsos, pois muitas de suas características são compatíveis com as de outras patologias dentro da mesma categoria (Black, Belsare, & Scholosser, 1999; Shapira, Goldsmith, Keck, Khosla, & McElroy, 2000).

O uso problemático da internet é uma condição descrita atualmente na literatura como "adição à internet" e "uso patológico da internet" de acordo com a definição do DSM-IV para dependência química e jogo patológico, respectivamente (Shapira et al., 1998).

Desde a primeira vez em que essa patologia foi relatada (Young, 1996; 1998), muitos autores vêm tentando encontrar uma definição para ela. Por exemplo, uns a definem como: incontrolável; bastante angustiante, que consome muito tempo ou que resulta em dificuldades sociais, ocupacionais ou financeiras; não presente somente durante episódios maníacos ou hipomaníacos (Ha, Yoo, Cho, Chin, Shin, & Kin, 2006; Shapira et al., 2000). Outra interessante definição, dada por Stein (1997), caracteriza-a como "tempo excessivo gasto com a internet ou a substituição dos relacionamentos reais e genuínos por outros virtuais e superficiais".

História

Nos últimos anos, em meio à rápida disseminação do uso da internet, surgiu esse novo problema psicológico. Em 1996, foi relatado o primeiro caso com problemas relacionados ao uso descontrolado da internet: uma dona de casa de 43 anos sem formação tecnológica que, mesmo tendo uma vida sem problemas domésticos e mesmo sem ter história prévia de vícios ou outras desordens psiquiátricas, viu a sua vida familiar comprometida em decorrência do abuso da internet (Young, 1996; 1998).

Epidemiologia

A prevalência do uso patológico da internet não é conhecida. No entanto, supõe-se que esse seja um problema crescente, devido à propagação acelerada desse meio de comunicação e ao fácil acesso a computadores (Black et al., 1999). Por essas mesmas razões, têm crescido os índices de prevalência entre as mulheres, apesar da tendência de estudos anteriores em estereotipar o paciente clássico como um homem jovem introvertido (Dell'Osso, Altamura, Allen, Marazziti, & Hollander, 2006).

Casos de problemas relacionados ao uso da internet têm sido relatados em todas as faixas etárias e em qualquer nível social, educacional e econômico (Dell'Osso et al., 2006).

Manifestações clínicas

Pessoas que fazem uso compulsivo da internet frequentemente referem aumento no número de horas gastas navegando, jogando, comprando ou explorando páginas pornográficas da rede. Outros referem gastar tempo em salas de bate-papo ou com correspondências eletrônicas. Essas pessoas acabam desenvolvendo uma preocupação com relação à internet, uma necessidade de escapar dela e uma crescente irritabilidade quando tentam evitar o seu uso (Dell'Osso, Altamura, Hadley, Baker, & Hollander, 2006).

Esses pacientes costumam apresentar conflitos com a família e amigos; comprometimento em atividades sociais, incluindo os campos acadêmico e profissional; sintomas psiquiátricos, como depressão, ansiedade e obsessões; e problemas fisiológicos, como insônia, cefaleia tensional e xeroftalmia (Ha et al., 2006).

Esse transtorno compartilha características dos transtornos do controle dos impulsos, dos transtornos obsessivo-compulsivos e de abuso de substâncias (Dell'Osso et al., 2006). Por exemplo, assim como o jogo patológico, que é um transtorno do controle dos impulsos, o uso abusivo da internet é o fracasso em resistir ao impulso de seguir certo comportamento, apesar de sérias consequências pessoais; além disso, é considerado prazeroso e raramente resistível (Black et al. 1999).

Essas consequências têm a tendência de se manifestarem de forma mais expressiva nas crianças e nos adolescentes (Ferrão et al., 2005; Ha, 2006). Assim, 50% deles apresentam problemas escolares ou acadêmicos, incluindo redução de horas de estudo e falta às aulas (Ferrão et al.).

Tabela 1. Critérios diagnósticos propostos por Young para a dependência da Internet (5 ou mais dos seguintes).

Preocupação excessiva com internet;
Necessidade de aumentar o tempo conectado (on-line) par ater a mesma satisfação;
Exibir esforços repetitivos para diminuir o tempo de uso da internet;
Presença de irritabilidade e/ou depressão;
Quando o uso da internet é restringido, apresenta labilidade emocional (internet como forma de regulação emocional)
Permanecer mais conectado (on-line) do que o programado;
Trabalho e relações sociais em risco pelo uso excessivo;
Mentir aos outros a respeito da quantidade de horas on-line.

Etiologia

Não existem estudos que tratem da etiologia desse transtorno em específico. No entanto, vários trabalhos relacionam os transtornos do controle dos impulsos com níveis reduzidos de serotonina no SNC (Ferrão et al., 2005).

Existem ainda trabalhos em que se questiona se a adição à internet constitui um diagnóstico verdadeiro, levantando a hipótese de que seja apenas uma manifestação de outros transtornos de base ou de problemas psicossociais de adaptação a uma nova tecnologia (Holden, 2001; Mitchell, 2000). Um exemplo dessa hipótese é o fato de que crianças com TDAH apresentam capacidade diminuída de inibir seus comportamentos devido à imaturidade do lobo frontal, o que pode levar ao fracasso do autocontrole em relação ao uso da internet (Ha et al., 2006).

Em adolescentes, comportamentos relacionados ao uso abusivo da internet podem ser sintomas de transtornos depressivos, pois a tendência introspectiva desses adolescentes leva-os a usar a internet como um meio de substituir o mundo real pelo mundo virtual, para evitar os desconfortos da realidade (Ha et al., 2006).

Comorbidade

Em geral, associa-se o uso abusivo da internet à depressão maior. No entanto, um estudo realizado em 2000, por Shapira, encontrou uma prevalência de 70% de indivíduos com adição à internet que fechavam critérios para transtorno do humor bipolar, em comparação com baixas taxas de comorbidade com depressão maior e TOC (15% e 20% respectivamente). Os autores desse estudo sugeriram que a tendência anterior, de se encontrar maior associação com depressão maior, fosse consequência do fato dos pacientes estarem sendo mal diagnosticados, já que os sintomas maníacos e hipomaníacos apenas se tornam evidentes quando são aplicadas entrevistas estruturadas padronizadas (Shapira et al., 2000).

Alguns pacientes ainda apresentam comorbidade com dependência química e transtornos de ansiedade (Shapira et al., 2000). Segundo estudos, aproximadamente metade dos pacientes preenche critérios para pelo menos um transtorno de personalidade, sendo os mais frequentes os tipos *borderline*, antissocial e narcisístico (Black et al., 1999).

Nas crianças, existe maior comorbidade com TDAH; nos adolescentes, com transtorno depressivo maior. Foram diagnosticados TOC, esquizofrenia e fobia social em adolescentes com problemas relacionados ao uso da internet (Shapira et al., 2000). Os sintomas encontrados nos adolescentes com adição à internet, de um estudo sul-coreano, que indicam essas comorbidades são: comportamentos repetitivos e fracasso em controlar comportamentos desnecessários (TOC); negação dos sintomas, como os delírios de referência, ao se identificar facilmente com personagens cibernéticos devido a um pobre senso de realidade (esquizofrenia); sentimento de maior conforto dentro do mundo virtual do que no mundo real (fobia social) (Shapira et al.).

Instrumentos de avaliação

Para o diagnóstico do uso problemático da Internet, modificou-se o Yale--Brown Obsessive-Compulsive Scale (IC-IUD-YBOCS) (Goodman, Price, Rasmussen, Mazure, Fleischmann, Hill et al., 1989). Uma das escalas de triagem mais utilizadas para internet compulsiva é a Internet Addiction Scale (IAS), um questionário com 20 perguntas desenvolvido pela modificação dos critérios do DSM-IV para jogo patológico (Young, 1998).

Tratamento

Biológico

Devido ao seu recente reconhecimento como um transtorno psiquiátrico, são poucos os ensaios clínicos controlados que avaliam a terapia farmacológica para o uso problemático da internet.

Recentemente foi relatado um caso de um homem de 31 anos severamente viciado no uso da Internet que foi tratado com sucesso com o uso de 10mg/dia de escitalopram, um inibidor seletivo da recaptação de seroronina (Sattar & Ramaswamy, 2004).

O primeiro ensaio clínico a testar a eficácia do escitalopram no tratamento da internet compulsiva mostrou uma melhora significativa dos sintomas. No entanto, os autores sugerem que boa parte dessa melhora foi devida a mudanças comportamentais desencadeadas por esse fármaco. Por exemplo, o tratamento com escitalopram melhorou a habilidade dos pacientes em reduzir o tempo gasto com uso desnecessário da internet (Dell'Osso et al., 2006).

Em sua série de casos, Shapira et al. (1998) identificou que houve uma resposta terapêutica significativamente melhor com o uso de estabilizadores do humor do que com inibidores seletivos da recaptação de serotonina, reforçando aquela hipótese de que o uso abusivo da internet seria uma manifestação clínica do transtorno do humor bipolar.

Psicológico

A abordagem psicoterápica envolve terapias comportamentais em que se prioriza a limitação do tempo gasto com a internet ao invés de exigir a abstinência, método utilizado para outras formas de dependência, como no abuso de substâncias. Grupos de autoajuda têm sido formados, tanto na rede mundial de computadores como fora dela (Dell'Osso et al., 2006; Shapira et al., 1998).

"Videogaming"

Não existe um consenso quanto ao nome desse possível transtorno e seus critérios diagnósticos, sendo também conhecido por "dependência de videogame", "computer games", "electronic games", "videogaming", "videogame compulsivo", entre outros. Observa-se que as pesquisas que tentam criar critérios diagnósticos para esta nova patologia psiquiátrica emprestam conceitos dos trabalhos com dependentes químicos ou com jogadores patológicos, bem como de dependências comportamentais, adaptando conceitos para o videogame (Brow & Robertson, 1993). Os verdadeiros dependentes, além de despenderem tempo excessivo, apresentam com frequência prejuízo marcado em várias áreas da vida diária, especialmente pela substituição de atividades sociais, pois o indivíduo que se envolve durante muitas horas por dia em uma determinada atividade (videogame) acaba por negligenciar outras atividades importantes, como estudar, conviver com amigos e familiares, praticar esportes, dormir, etc. (Kraut, Patterson, Lundmark, Kiesler, Mukophadhyay, & Scherlis, 1998). A Tabela 2 evidencia os critérios propostos por Brown para "videogaming" (Brown et al., 1993).

Além da dependência, alguns outros aspectos negativos têm sido associados aos jogos eletrônicos: obesidade, aumento de agressividade decorrente do uso de jogos eletrônicos violentos, desencadeamento de crises convulsivas em indivíduos fotossensíveis, dores osteomusculares devido aos movimentos repetitivos, má postura, problema visuais, etc. (Abreu, Karam, Góes, & Spritzer, 2008).

Tabela 2. Características centrais do uso excessivo de jogos eletrônicos.

- Saliência: quando o jogo se torna a atividade mais importante da vida do indivíduo, dominando seus pensamentos (saliência cognitiva) e comportamentos (saliência comportamental);
- Modificação de humor/euforia: experiência subjetiva de prazer, euforia ou mesmo alívio da ansiedade relatada pelo jogador;
- Tolerância: necessidades de jogar por períodos cada vez maiores para atingir a mesma modificação de humor;
- Abstinência: estados emocionais e físicos desconfortáveis quando ocorre descontinuação ou redução súbita do jogo (intencional ou forçada);
- Conflito: pode ser entre o jogador e as pessoas próximas (conflito interpessoal), conflito com outras atividades (trabalho, escola, vida social, prática de esportes, etc.) ou mesmo o indivíduo com ele mesmo relacionado ao fato de estar jogando excessivamente (conflito intrapsíquico);
- Recaída/restabelecimento: tendência de retornar rapidamente ao padrão anterior de jogo excessivo após períodos de abstinência ou controle.

Epidemiologia

A prevalência de problemas associados ao videogame varia, de acordo com a metodologia do estudo, mas varia de 2,7 a 37,5% (Abreu et al., 2008), estando mais associado ao sexo masculino, mau desempenho escolar, isolamento social, baixa autoestima, presença de Transtorno de Hiperatividade/Déficit de Atenção e de Jogo Patológico (Abreu et al.).

Etiologia

As imagens (visualizadas cronicamente nos monitores dos computadores e aparelhos televisores durante o ato de jogar videogame) condicionadas e associadas ao comportamento de dependência podem ativar a liberação de dopamina em regiões cerebrais onde ocorre o sistema de recompensa. Esses achados correspondem aos mecanismos neurais subjacentes ao desenvolvimento e manutenção do comportamento de jogo excessivo, que se daria através da sensibilização do sistema dopaminérgico mesolímbico. Ou seja, da mesma forma que o jogo patológico, parece haver envolvimento dos neurocircuitos dopaminérgicos do núcleo accumbens (Koepp, Gunn, Lawrence, Cunningham, Dagher, Jones et al., 1998).

Tratamento

Não há evidências na literatura de abordagens terapêuticas para videogaming, embora se recomende abordagens semelhantes àquelas adotadas para jogo patológico.

Referências

Abreu, C. N., Karam, R. G., Góes, D. S., & Spritzer, D. T. (2008). Dependência de Internet e de jogos eletrônicos: uma revisão. *Revista Brasileira de Psiquiatria, 30*(2), 156-67.

American Psychiatric Association (1994). *Diagnostic and Statistical Manual of Mental Disorders*. Fourth edition. Washington, DC: American Psychiatric Press.

Ardouin, C., Voon, V., Worbe, Y., Abouazar, N., Czernecki, V., Hosseini, H., Pelissolo, A. et al. (2006). Pathological gambling in Parkinson's disease improves on chronic subthalamic nucleus stimulation. Mov Disord, 21(11), 1941-1946.

Black, D. W., Belsare, G., & Schlosser, S. (1999). Clinical features, psychiatric comorbidity, and health-related quality of life in persons reporting compulsive computer use behavior. *Journal of Clinical Psychiatry*, 60, 839-844.

Black, D. W., & Moyer, T. (1998). Clinical features and psychiatric comorbidity of subjects with pathological gambling behavior. *Psychiatric Services,* 49, 1434-1439.

Brown, R. I., & Robertson, S. (1993). Home computer and video game addictions in relation to adolescent gambling: Conceptual and developmental aspects. In: W. R. Eadington, J. A. Cornelius, (Eds.). *Gambling Behavior and Problem Gambling*. Reno: University of Nevada Press, 451-471.

Cataldo, N. A., & Gauer, G. C. (2003). Piquiatria para estudantes de Medicina. 1ª. Ed. Edipucrs, Porto Alegre

Cavedini, P., Riboldi, G., Keller, R., D'Annucci, A., & Bellodi, L. (2002). Frontal lobe dysfunction in pathological gambling patients. *Biological Psychiatry*, 51(4), 334-341.

Chau, D. T., Roth, R. M., & Green, A. I. (2004). The neural circuitry of reward and its relevance to psychiatric disorders. *Currrent Psychiatry Reports*, 6(5), 391-399.

Custer, R. L. (1984). Profile of the pathological gambler. *Journal of Clinical Psychiatry*, 45(12), 35-38.

Dennon, P. N., Lowengrub, K., Musin, E., Gonopolski, Y., & Kotler, M. (2005). Sustained-release bupropion versus naltrexone in the treatment of pathological gambling: a preliminary blind-rater study. *Journal of Clinical Psychopharmacology*, 25(6), 593-596.

Dell'Osso, B., Altamura, A. C., Allen, A., Marazziti, D., & Hollander, E (2006). Epidemiologic and clinical updates on impulsive control disorders: A critical review. *Eur Arch Psychiatry Clin Neurosci*, 246(8),464-475.

Dell'Osso, B., Altamura, A. C., Hadley, S. J., Baker, B. R., & Hollander, E. (2006). An open-label trial of escitalopram in the treatment of impulsive-compulsive internet usage disorder. European Neuropsychopharmacology, 16(S1),82-83.

Ferrão, Y. A., Bedin, N., & Busnello, E. (2005). Impulsividade. In: *Bases Biológicas dos Transtornos Psiquiátricos*, Porto Alegre, Artmed.

Goodman, W. K., Price, L. H., Rasmussen, A. S., Mazure, C., Fleischmann, R. L., Hill, C. L., Heninger, G. R., & Charney, D. S. (1989). The Yale-Brown obsessive-compulsive scale. I. Development, use, and reliability. *Archives of General Psychiatry, 46*, 1006-1011.

Grant, J. E., & Kim, S. W. (2002). Effectiveness of pharmacotherapy for pathological gambling: a chart review. *Annals Clinical Psychiatry*, 14(3), 155-161.

Grant, J. E., Potenza, M. N., Hollander, E., Cunningham-Williams, R., Nurminen, T., Smits, G., & Kallio, A. (2006). Multicenter investigation of the opioid antagonist nalmefene in the treatment of pathological gambling. *American Journal of Psychiatry*, 163(2), 303-312.

Ha, J. H., Yoo, H. J., Cho, I. H., Chin, B., Shin, D., & Kim, J. H.(2006). Psychiatric comorbidity assessed in Korean children and adolescents who screen positive for internet addiction. *Journal of Clinical Psychiatry*, 67(5), 821-826

Harvard Mental Health Letter. Problem Gambling (2004). Disponível em: <http://www. health.harvard.edu/newsletters/Harvard_Mental_Health_Letter_resources.htm Acessado em: 22/07/2011.

Holden, C. (2001). Behavioral' addictions: do they exist? *Science*, 294, 980-982.

Hollander, E., & Cohen, J. (1996). Psychobiology and psychopharmacology of compulsive spectrum disorders. In: J. M. Oldham, E. Hollander, & E. Skodol (Eds.). *Impulsivity and compulsivity* (p.143-166). Washington, DC: American Psychiatric Press.

Hollander, E., DeCaria, C. M., Finkell, J. N., Begaz, T., Wong, C. M., & Cartwright, C. (2000). A randomized double-blind fluvoxamine/placebo crossover trial in pathologic gambling. *Biological Psychiatry*, 47(9), 813-817.

Ibanez, A., Blanco, C., Donahue, E., Lesieur, H. R., Perez de Castro, I., & Fernandez-Piqueras, J. (2001). Psychiatric comorbidity in pathological gamblers seeking treatment. *American Journal of Psychiatry*, 158, 1733-1735.

Jacques, C., & Ladouceur, R. (2006). A prospective study of the impact of opening a casino on gambling behaviours: 2- and 4-year follow-ups. *Canadian Journal of Psychiatry*, 51(12), 764-773

Kim, S. W., & Grant, J. E.(2003). Comorbidity of impulse control disorders in pathological gamblers. *Acta Psychiatrica Scandinavica*, 108, 203-207.

Kim, S. W., Grant, J. E., Eckert, E. D., Faris, P. L., & Hartman, B. K. (2006). Pathological gambling and mood disorders: clinical associations and treatment implications. *Journal of Affective Disorders*, 92, 109-116.

Koepp, M. J., Gunn, R. N., Lawrence, A. D., Cunningham, V. J., Dagher, A., Jones, T., Brooks, D. J., Bench, C. J., & Grasby, P. M. (1998). Evidence for striatal dopamine release during a video game. *Nature* 393, 266-8.

Kraut, R., Patterson, M., Lundmark, V., Kiesler, S., Mukophadhyay, T., & Scherlis, W. (1998). Internet paradox: a social technology that reduces social involvement and psychological well-being? *American Psychologist*, 53(9), 1017-1031.

Ladouceur, R., Sylvain, C., Boutin, C., Lachance, S., Doucet, C. & Leblond, J. (2003). Group therapy for pathological gamblers: a cognitive approach. *Behavior Research Therapy*, 41(5), 587-596.

Lobo, D. S., & Kennedy, J. L. (2006). The genetics of gambling and behavioral addictions. CNS Spectrums, 11(12), 931-939.

Martínez-Selva, J. M., Sánchez-Navarro, J. P. Bechara, A., & Román, F.(2006). Brain mechanisms involved in decision-making. *Rev Neurol*, 42(7), 411-418.

Martinotti, G., Andreoli, S., Giametta, E., Poli, V., Bria, P., & Janiri, L. (2006). The dimensional assessment of personality in pathologic and social gamblers: the role of novelty-seeking and self-transcendence. *Comprehensive Psychiatry*, 47(5), 350-356.

Mitchell, P. (2000). Internet addiction: genuine diagnosis or not? *Lancet*, 355, 632.

Nordin, C., & Nylander, P. O. (2007). Temperament and Character in Pathological Gambling. *Journal of Gambling Studies*, 23(2), 113-120.

Oei, T. P., & Raylu, N. (2004). Familial influence on offspring gambling: A cognitive mechanism for transmission of gambling behavior in families. *Psychological Medicine*, 34(7), 1279-1288.

Oliveira, M. P., Bizeto, J., & Fernandes, M. (2006). O jogo patológico. In: D. X. Silveira & F. Moreira (Eds). *Panorama atual de drogas e dependências* (p. 409-413). São Paulo: Atheneu.

Oliveira, M. P., Silveira, D. X., & Silva, M. T. (2008). Pathological gambling and its consequences for public health. *Revista de Saúde Pública*, 42(3), 542-549.

Pallesen, S., Mitsem, M., Kvale, G., Johnsen, B.H., & Molde, H. (2005). Outcome of psychological treatments of pathological gambling: a review and meta-analysis. *Addiction*, 100(10), 1412-1422.

Petry, N. M. (2003). Patterns and correlates of Gamblers Anonymous attendance in pathological gamblers seeking professional treatment. *Addictive Behavior*, 28(6), 1049-1062.

Petry, N. M. (2006) Should the scope of addictive behaviors be broadened to include pathological gambling? *Addiction*, 101(1), 152-160.

Petry, N. M., Ammerman, Y., Bohl, J., Doersch, A., Gay, H., Kadden, R., Molina, C. et al. (2006). Cognitive-behavioral therapy for pathological gamblers. *Journal of Consulting Clinical Psychology*, 74(3), 555-567.

Petry, N. M., Stinson, F. S., & Grant, B. F. (2005). Comorbidity of DSM-IV pathological gambling and other psychiatric disorders: results from the National Epidemiologic Survey on Alcohol and Related Conditions. *Journal of Clinical Psychiatry*, 66(5), 564-574.

Potenza, M. N. (2006). Should addictive disorders include non-substance-related conditions? *Addiction*, 101(1), 142-151.

Sattar, P., & Ramaswamy, S. (2004). Internet gaming addiction. *Canadian Journal of Psychiatry*, 49(12), 869-870.

Shapira, N. A., Goldsmith, T. D., Keck, P. E, Khosla, U. M., & McElroy, S. L. (2000). Psychiatric features of individuals with problematic internet use. *Journal of Affective Disorders*, 57, 267-272.

Slutske, W. S., Caspi, A., Moffitt, T. E., & Poulton, R. (2005). Personality and problem gambling: A prospective study of a birth cohort of young adults. *Archives of General Psychiatry*, 62(7), 769-75.

Slutzke, W. S., Eisen, S., True, W. R., Lyons, M. J., Goldberg, J., & Tsuang, M. (2000). Common genetic vulnerability for pathological gambling and alcohol dependence in men. *Archives of General Psychiatry*, 57, 666-673.

Stein, D. J. (1997). Internet addiction, internet psychotherapy. *American Journal of Psychiatry*, 154(6), 890.

Tavares, H., Zilberman, M. L., Hodgins, D. C., & el-Guebaly, N. (2005). Comparison of craving and emotional states between pathological gamblers and alcoholics. *Alcoholism, Clinical and Experimental Research*, 29(8), 1427-1431.

Teo, P., Mythily, S., Anantha, S., & Winslow, M. (2007). Demographic and clinical features of 150 pathological gamblers referred to a community addictions programme. *Annals Academy of Medicine of Singapore*, 36(3), 165-168.

Wong, C. M., & Hollander, E. (1995). Body Dysmorphic Disorders, Pathological Gambling, and Sexual Compulsions. *Journal of Clinical Psychiatry*, 56(4), 7-12.

Wong, C. M., & Hollander, E. (1996). New Dimensions in the OCD Spectrum: Autism, Pathologic Gambling, and Compulsive Buying. *Primary Psychiatry*, 3(3), 20-26.

Why do people gamble too much? Disponível em: <http://www.library.ca.gov/crb/97/03/Chapt8.html> Acessado em: 22/07/2011.

World Health Organization (1992). *The ICD-10 classification of mental and behavioural disorders: Clinical descriptions and diagnostic guidelines.* Porto Alegre: Artes Médicas.

Wulfert, E., Blanchard, E. B., Freidenberg, B. M., & Martell, R. S. (2006). Retaining pathological gamblers in cognitive behavior therapy through motivational enhancement: A pilot study. *Behavior Modification,* 30(3), 315-340.

Young, K. S. (1998). Caught in the Net. New York: John Wiley & Sons.

Young, K.S. (1996). Psychology of computer use: XL. Addictive use of the internet: a case that breaks the stereotype. *Psychol Rep,* 79, 899-902.

Zimmerman, M., Chelminski, I., & Young, D. (2006). Prevalence and diagnostic correlates of DSM-IV Pathological Gambling in psychiatric outpatients. *Journal of Gambling Studies,* 22(2), 255-262.

Transtorno dismórfico corporal

Albina Rodrigues Torres
Melissa Chagas Assunção
Universidade Estadual Paulista (UNESP-Botucatu)

Daniel L. da Conceição Costa
Luciana Archetti Conrado
Universidade de São Paulo (USP)

Introdução, aspectos históricos e de classificação

Preocupações com a aparência física são normais e sempre existiram (Berrios & Kan, 1996), mas, atualmente, a insatisfação com a própria imagem corporal parece ser muito comum na população geral (Sarwer & Crerand, 2004).

O nível de preocupação gerado pela insatisfação com a aparência, porém, varia consideravelmente entre os indivíduos e pode atingir níveis altos, em que causa sofrimento e interferência no funcionamento cotidiano e nos relacionamentos interpessoais. Tal insatisfação desempenha importante papel em um grande número de transtornos psiquiátricos, incluindo os transtornos alimentares, a fobia social, o transtorno de identidade de gênero e o Transtorno Dismórfico Corporal (TDC). No entanto, a extrema insatisfação com a imagem corporal é o sintoma nuclear do TDC, e esta é a única categoria diagnóstica no "Diagnostic and Statistical Manual of Mental Disorders" (DSM) americano que diretamente se refere a queixas com a imagem corporal.

Assim, no TDC há percepção distorcida da imagem corporal e preocupação exagerada com alguma anomalia imaginária na aparência ou com um mínimo defeito de fato presente (APA, 2000; Phillips et al., 2000). Apesar de relativamente comum e de gerar limitações e problemas sociais importantes, até poucos anos atrás este transtorno foi negligenciado pelos pesquisadores e não reconhecido ou diagnosticado por profissionais de saúde (Phillips, 2005).

O TDC foi descrito pela primeira vez em 1886 por Enrico Morselli, como um tipo de "insanidade com ideia fixa" ou "paranoia rudimentar", envolvendo a consciência da própria deformidade física ou o medo de ter ou de adquirir alguma deformidade, tendo sido denominado de "dismorfofobia" (Berrios & Kan, 1996; Veale et al., 1996). Do ponto de vista etimológico, o termo *"dysmorphophobia"* deriva do grego *"dysmorphia"*, que significa "feiura", particularmente em relação à face. No entanto, o transtorno não é caracterizado simplesmente pelo medo de ter um defeito físico, como o sufixo *"phobia"* pode sugerir, e a feiura alheia é bem tolerada (Birtchnell, 1988); os pacientes apresentam uma polarização da atenção, cujo foco é uma parte específica de seu corpo considerada repulsiva, com alto custo emocional.

Janet (1903) descreveu a *"l'obsession de honte du corps"* (obsessão com vergonha do corpo) como uma forma de psicastenia, Kraepelin (1909) o denominou de *"dysmorphophobic syndrome"*, e os japoneses de *"shubo-kyofu"* (Phillips & Kaye,

20)7). Historicamente, outros termos como "psicose da feiura" ou "hipocondria da beleza" também já foram utilizados (Berrios & Kan, 1996).

Relatos de casos de pacientes com sintomas compatíveis com o TDC apareceram na literatura de Cirurgia Plástica e Dermatologia antes da inclusão deste transtorno no DSM da Associação Americana de Psiquiatria (APA) ou na "Classificação Internacional de Doenças" (CID) da Organização Mundial de Saúde. Já nos anos 60 foram descritos pacientes cirúrgicos com mínimas deformidades e "insaciáveis" em relação à realização de cirurgias plásticas cosméticas (Edgerton et al., 1960). Na literatura dermatológica há descrições de pacientes cujo quadro clínico foi denominado dismorfofobia, síndrome dismórfica, *dermatological non-disease*" (Coterrill, 1996), ou ainda "hipocondria dermatológica" (Sarwer et al., 1998). Tais pacientes mostravam altos níveis de insatisfação com os resultados de tratamentos objetivamente aceitáveis ou, a seguir, focavam sua preocupação em outra área do corpo (Hollander et al., 1992). Mesmo esses estudos não tendo critérios diagnósticos estruturados, é provável que alguns destes pacientes apresentassem o transtorno.

Assim, apesar de descrito há mais de um século, o TDC não foi incluído nos sistemas diagnósticos até 1980 e sua classificação é discutida até hoje (Pavan et al., 2008). Durante muito tempo, suas manifestações foram consideradas apenas sintomas de outros distúrbios psiquiátricos, tais como a esquizofrenia, os transtornos de humor ou da personalidade (Perugi et al., 1997). Na nosografia psiquiátrica americana o TDC foi listado pela primeira vez no DSM-III (APA, 1980), como um transtorno somatoforme atípico, e depois no DSM-III-R (APA, 1987), com as variantes delirante e não delirante. Os transtornos somatoformes, que no DSM-IV-TR (APA, 2000) incluem, além do TDC, a hipocondria, os transtornos de somatização, conversivos, dolorosos e indiferenciados, ocorrem "sintomas físicos que sugerem uma condição médica geral, mas que não são completamente explicados por esta, nem pelos efeitos diretos de uma substância ou por outro transtorno mental" (APA, 2000).

Na CID-10 (WHO, 1992), apesar de também classificado entre os transtornos somatoformes (sob a rubrica maior de transtornos neuróticos, relacionados ao estresse e somatoformes), o TDC está incluído no transtorno hipocondríaco. Assim, este grupo descreve indivíduos com queixas somáticas ou preocupações corporais persistentes, que creem apresentar alguma doença física séria ou deformidade, interpretando como anormais sensações ou características físicas normais e focando a atenção em partes específicas do corpo.

Mais recentemente, o TDC tem sido cogitado como uma possível categoria diagnóstica autônoma, ou como parte do chamado "Espectro do Transtorno Obsessivo-Compulsivo" (TOC), que inclui diversos transtornos que apresentam características psicopatológicas, de evolução clínica, padrão de comorbidades e resposta terapêutica semelhantes ao TOC (Simeon et al., 1995; Phillips & Stout, 2006); ou ainda relacionado ao espectro das doenças afetivas (Phillips et al., 1995; Phillips & Stout, 2006). No entanto, ainda não há conclusões definitivas sobre essas relações, pela limitação de conhecimentos sobre a etiopatogenia do TDC.

Critérios diagnósticos no DSM-IV e na CID-10

O DSM-IV-TR (APA, 2000) lista três critérios diagnósticos para TDC: A) Preocupação com um defeito imaginário na aparência; e caso uma mínima anomalia física esteja presente, a preocupação do indivíduo é marcadamente excessiva; B) Essa preocupação causa sofrimento clinicamente significativo ou prejuízo na vida social, ocupacional ou em outras áreas importantes do funcionamento; e C) A preocupação não é mais bem explicada por outro transtorno mental (por exemplo, insatisfação com a forma e o tamanho do corpo, relacionada ao peso, na Anorexia Nervosa).

A aplicação dos critérios diagnósticos para o TDC na população de pacientes com queixas cosméticas, porém, pode ser um desafio. O primeiro critério diagnóstico (A), se aplicado de forma independente nas populações que buscam os profissionais da dermatologia ou cirurgia plástica, será positivo na maioria dos pacientes. Muitos pacientes desejam corrigir mínimos defeitos ou melhorar aspectos normais, e os profissionais são treinados para identificar e corrigir essas pequenas imperfeições na aparência. Além disso, nessa população, é normativo algum grau de insatisfação com a aparência para o qual o tratamento é desejado (Crerand et al., 2006). O segundo critério diagnóstico (B), ou seja, o grau de insatisfação e prejuízo no funcionamento geral cotidiano pode ser o melhor indicador do TDC nesses pacientes (Sarwer et al., 1998). Já o critério C visa excluir principalmente os transtornos alimentares, pois um paciente com anorexia nervosa que tenha preocupações com a imagem corporal focadas somente em "estar gordo" não deve receber um diagnóstico adicional de TDC. No entanto, os dois transtornos podem ocorrer simultaneamente.

Na CID-10 (WHO, 1992), dois critérios são exigidos para o diagnóstico do TDC, que é descrito como transtorno hipocondríaco: A) crença ou preocupação persistente com alguma doença orgânica séria ou suposta deformidade, mesmo não identificadas por investigações e exames repetidos, e B) recusa persistente em aceitar a informação de vários médicos da ausência de doença ou anormalidade física. Assim, o diagnóstico pressupõe que o paciente tenha procurado atenção médica para suas queixas. No entanto, Phillips (2006a) aponta uma importante limitação desses critérios, uma vez que tais pacientes podem não ter procurado atendimento médico por diferentes razões, como dificuldade de acesso ao tratamento, vergonha ou pelo próprio isolamento social em que possam se encontrar.

É interessante destacar que, tanto no DSM-IV-TR (APA, 2000) quanto na CID-10 (WHO, 1992), enquanto o TDC é classificado como um transtorno somatoforme, sua variante "delirante" (ou seja, com a capacidade crítica ou *insight* mais comprometido) é classificado separadamente, junto com os "transtornos delirantes" do subtipo somático no DSM ou com os transtornos delirantes persistentes na CID. Entretanto, enquanto alguns autores defendem esta separação (Berrios & Kan, 1996), há estudos apontando que as duas variantes constituem na verdade o mesmo transtorno, pois apresentam muito mais semelhanças clínicas do que diferenças, exceto por uma maior gravidade nos casos com pior crítica (McElroy et al., 1993; Phillips et al., 2006b). Assim, esta subdivisão categorial entre TDC "psicótico" e "não psicótico" não seria justificada (DeLeon et al., 1989; Castle e Rossell, 2006), uma vez que os pacientes poderiam evoluir para uma apresentação "delirante" ao longo do curso do transtorno (Snaith, 1992) ou recuperar o *insight* com o tratamento (McElroy et al., 1993). Portanto, essa demarcação seria pouco aplicável na prática clínica, sendo mais realística uma abordagem dimensional em relação a graus de crítica. Estudos de neuroanatomia e de resposta ao tratamento também não sustentam essa divisão entre portadores de TDC "delirantes" ou não (McElroy et al., 1993) e, do ponto de vista psicopatológico, vários outros aspectos além do grau de convicção estão envolvidos na definição de uma crença como sendo delirante (Fontenelle et al., 2006a). Assim, Para DeLeon et al. (1989), as crenças do TDC, independentemente de sua intensidade, deveriam ser sempre consideradas como ideias supervalorizadas (ou prevalentes), situadas numa *"gray área"* entre crenças normais e delírios verdadeiros. Isto porque tais ideias se caracterizam pelo conteúdo não bizarro e compreensível psicologicamente, com preservação de outras funções psíquicas e forte tonalidade emocional, levando o indivíduo a tentar insistentemente resolver o "problema" e convencer outras pessoas da veracidade deste. As ideias delirantes verdadeiras, pela clássica definição de Karl Jaspers, são bizarras, incompreensíveis e inabaláveis, não têm compartilhamento social e implicam uma completa e duradoura transformação na forma como o indivíduo compreende o mundo e se relaciona com ele (Miguel et al., 2005). Como se pode constatar, a caracterização psicopatológica e a classificação diagnóstica do TDC ainda são temas controversos na literatura.

Aspectos demográficos e clínicos

O TDC inicia-se em geral na adolescência, podendo ocorrer também na infância. Em média, os pacientes sofrem de 10 a 15 anos antes que procurem tratamento específico ou recebam o diagnóstico adequado (Phillips, 1991; Veale, 2004b; Phillips, 2006a). Estudo de Phillips et al. (2005b) com 200 pacientes mostrou média de idade de início do transtorno de 16,4 anos (± 7 anos), embora a insatisfação com a aparência já se manifestasse aproximadamente três anos e meio antes (12,9 ± 5,8 anos). Entre os 30 casos avaliados por Phillips et al. (1993) e os 50 casos avaliados por Veale et al. (1996), a idade média de início do quadro foi 15 e 17.9 anos, respectivamente. Segundo Pavan et al. (2008), pode haver um segundo pico de incidência ocorrendo após a menopausa.

A evolução do TDC é usualmente crônica (Phillips, 1991; Phillips et al., 1993; Phillips et al., 2006d) e, embora questão ainda controversa, parece não haver diferenças entre os gêneros na ocorrência do TDC (Crerand et al., 2006). Alguns estudos mostraram maior frequência nas mulheres (Veale et al., 1996; Veale, 2004b; Phillips et al., 2005b), outros em homens (Phillips et al., 1993; Ishgooka et al., 1998; Taqui et al., 2008). Nos estudos de Rief et al. (2006) e Koran et al. (2008), que avaliaram as maiores amostras de base populacional, o TDC foi ligeiramente mais prevalente entre as mulheres (1,9:1,4% e 2,5:2,2%, respectivamente). No entanto, homens e mulheres parecem similares quanto à maior parte dos aspectos clínicos e demográficos do TDC (Phillips et al. 2005b; Phillips et al., 2006a), assim como de resposta ao tratamento (Phillips et al., 2006d). Quanto ao curso da doença, avaliação retrospectiva de 95 pacientes descreveu remissão completa (16,7%) ou parcial (37,8%) em pouco mais da metade deles após quatro anos de tratamento (Phillips et al., 2005a). Já um seguimento de um ano de 186 pacientes (Phillips et al., 2006d) encontrou apenas 9% de remissão total e 21% de remissão parcial dos sintomas, taxas inferiores aos transtornos de humor e à maioria dos transtornos ansiosos.

Não há estudos transculturais sobre o TDC, mas relatos de casos sugerem apresentações semelhantes em diferentes culturas, embora aquelas que dão maior importância à aparência possam ter taxas mais elevadas de TDC e de cirurgias cosméticas (Veale, 2004b).

As partes do corpo mais focadas pelos pacientes de modo geral seriam a pele, o cabelo e a face (nariz, boca, dentes, olhos, testa, queixo), mas a maioria deles refere múltiplas preocupações simultânea ou sucessivamente, pois estas podem mudar com o passar do tempo (McElroy et al., 1993; Phillips et al., 1993; Veale, 2004b). Queixas típicas relacionam-se a tamanho, desproporção ou assimetria de alguma parte do corpo (por exemplo, nariz, orelhas, quadris, genitais, mamas), queda de cabelos, irregularidades na pele (acne, cicatrizes, discromias, rugas, pilosidade, pequenos vasos, estrias, etc.), mas podem ser muito vagas ou inespecíficas, como a simples crença de ser feio(a) (Veale, 2004b) ou de que determinada parte do corpo é "esquisita" ou "diferente" (Birtchnell, 1988). Tais preocupações costumam ter significados pessoais, relacionando-se a situações anteriormente vividas ou presenciadas, em geral envolvendo interpretações particulares e não realísticas de consequências negativas ou sentimentos de desamor, inferioridade, humilhação e rejeição em função da aparência física (Veale, 2004b).

São bastante comuns entre os portadores comportamentos repetitivos de checar o "defeito" no espelho ou em outras superfícies refletoras, de se comparar com outras pessoas, de perguntar sobre o "problema" para familiares, assim como de tentar disfarçá-lo ou camuflá-lo usando maquiagem, óculos, chapéu, certos tipos de roupa, etc. (Phillips et al., 1993; Veale, 2004b). Tais comportamentos podem ocupar grande parte do tempo e ser contraproducentes, incluindo "disfarces" que chamam mais a atenção do que o próprio "defeito" e manipulação excessiva da pele ou mesmo automutilações, na tentativa de minimizá-lo. Assim, a busca constante de soluções, mesmo com profissionais, pode acabar piorando o problema (Veale, 2004b). Ideias de autorreferência, ou seja, a impressão ou crença de que outras pessoas estão o tempo todo percebendo e criticando a suposta anomalia, são também muito frequentes, estimando-se que ocorram em mais de 70% dos pacientes (Phillips et al., 1993).

No estudo de Phillips et al. (2006a), os homens eram mais velhos, mais frequentemente solteiros e preocupados com os genitais, com a massa muscular e com os cabelos (por exemplo, queda); enquanto as mulheres apresentaram maior preocupação com as mamas, coxas e pernas, e também maior tendência a camuflar o suposto defeito. Em estudantes de medicina paquistaneses, enquanto entre as moças com TDC predominava a preocupação de estarem muito gordas, os rapazes preocupavam-se mais com os cabelos e com o fato de estarem magros (Taqui et al., 2008).

Vários estudos apontam o sofrimento e o importante impacto negativo do TDC na qualidade de vida do portador, como mais desemprego, dificuldade de progressão na carreira, menor nível de renda e taxa de casamento (Phillips, 1991;

McElroy et al., 1993; Phillips et al., 1993; Veale et al., 1996; Veale, 2004b; Rief et al., 2006; Neziroglu e Cash, 2008; Phillips et al., 2008b). Maior gravidade do quadro correlacionou-se com maior prejuízo no funcionamento psicossocial em um estudo prospectivo (Phillips et al., 2008b). Além de se submeterem a diversas intervenções cosméticas desnecessárias e com expectativas irrealísticas (Birtchnell, 1988), estima-se que quase um terço dos pacientes chegue a ficar totalmente isolado socialmente, deixando até mesmo de sair de casa (Phillips, 1991; Phillips et al., 1993; Veale, 2004b), e até um quarto deles possa apresentar tentativas de suicídio (Phillips, 1991; Veale et al., 1996). Em estudo de revisão realizado há quase 20 anos, Phillips (1991) ressaltou o grande impacto emocional do TDC já no título do artigo: "o sofrimento da feiura imaginária".

Outro aspecto importante é o caráter habitualmente secreto do TDC (Phillips, 1991; Phillips et al., 1993), pois muitos portadores não revelam espontaneamente suas preocupações com a aparência para seus médicos ou outros profissionais de saúde, por vergonha ou medo de serem considerados vaidosos ou fúteis (Veale, 2004b). Isto ocorre mesmo quando estão em tratamento para outros transtornos psiquiátricos associados (Veale et al., 1996). Assim, é importante a investigação ativa e rotineira de sintomas do TDC, principalmente em indivíduos com depressão, fobia social ou TOC (Veale et al., 1996; Veale, 2004b), e mesmo em pacientes psiquiátricos hospitalizados (Conroy et al., 2008).

Epidemiologia

Transtorno dismórfico corporal na população geral e estudantil

A prevalência do TDC na população geral não é bem estabelecida, mas estima-se que afete aproximadamente 1 a 2% das pessoas (APA, 2000). Dois estudos relataram prevalência de 0,7% (Faravelli et al., 1997; Crerand et al., 2006) e outro de 1 a 3% (Bienvenu et al., 2000). Entre aproximadamente 1.000 mulheres americanas de 36 a 44 anos, a prevalência foi de 0,7% (Otto et al.,

2001). Levantamentos mais recentes, avaliando amostras comunitárias maiores, indicaram prevalência de 1,7% na Alemanha (Rief et al., 2006) e de 2,4% nos Estados Unidos (Koran et al., 2008).

Em populações de estudantes, as prevalências do TDC variam substancialmente, de 2,5% a 28% (Bohne et al., 2002; Crerand et al., 2006; Taqui et al., 2008), mas um estudo utilizando amostras e métodos similares não encontrou diferenças significativas entre estudantes americanos (4%) e alemães (5,3%) (Bohne et al., 2002). No entanto, mais estudos são necessários, pois fatores socioculturais têm grande influência na determinação de padrões de beleza e de satisfação com a aparência física (Snaith, 1992).

Transtorno dismórfico corporal em populações de dermatologia e cirurgia plástica

Pesquisas sugerem que a prevalência do TDC nesses pacientes é bem maior do que na população geral. Não são raras histórias de insatisfação com cirurgias prévias e de "*surgeon shopping*" na busca de uma solução para o problema imaginário ou supervalorizado (Birtchnell, 1988). A maioria dos estudos indica que 7 a 15% dos indivíduos que procuram cirurgia plástica cosmética apresentam TDC (Ishigooka et al., 1998). Um estudo americano (Sarwer et al., 1998) descreveu a prevalência do TDC em pacientes de cirurgia plástica cosmética variando entre 7 e 8%, e dois estudos europeus mostraram prevalências de 6,3% (Altamura et al., 2001) e 9,1% (Aouizerate et al., 2003). No entanto, as prevalências na literatura variam amplamente, de 2,9% a 53,6% (Crerand et al., 2006), em parte por questões metodológicas, como amostras pequenas, vieses de seleção e uso de entrevistas diagnósticas não estruturadas. De todo modo, como normalmente tais pacientes não se beneficiam de procedimentos estéticos, tais profissionais deveriam saber identificá-los e encaminhá-los para tratamento psicológico ou psiquiátrico (Crerand et al., 2006).

A prevalência do TDC nos indivíduos que procuram consultas dermatológicas parece ser ligeiramente maior do que em populações de cirurgia cosmética (Phillips et al., 2000; Crerand et al., 2006). Segundo Phillips et al. (2000), o dermatologista pode ser o profissional mais frequentemente consultado por esses pacientes, evidenciando a importância de estes conhecerem os aspectos clínicos desse transtorno, já denominado de "hipocondria dermatológica". Em estudo de prevalência em pacientes de dermatologia clínica, 14,4% deles preencheram critérios diagnósticos para TDC, sendo que a maioria havia procurado tratamento para acne (Phillips et al., 2000). Na verdade, acne é uma das preocupações mais comuns em pacientes com TDC e um estudo de Bowe et al. (2007) encontrou taxas de TDC entre 14 e 21% em portadores de acne de diferentes gravidades, conforme a abrangência do critério diagnóstico utilizado. As escoriações patológicas ("*skin picking*") podem ser uma manifestação secundária bastante comum do TDC (Hollander et al., 1992; Phillips et al., 2006c). "*Skin picking*" foi encontrado por Grant et al. (2006) em 45% dos pacientes com TDC ao longo da vida e em 37% no momento da avaliação.

Em nosso meio, Conrado et al. (2010) avaliaram 350 pacientes dermatológicos e obtiveram a prevalência de 9,1% de TDC, mais alta no grupo de dermatologia cosmética (14%) do que no de dermatologia geral (6.7%) e em controles não dermatológicos (2%). Nesses grupos, nenhum paciente com TDC tinha recebido o diagnóstico, a preocupação mais frequente foi com discromias e, em metade dos casos, a razão para procurar tratamento não era a preocupação dismórfica principal. Além disso, os portadores de TDC eram mais frequentemente solteiros e tinham índice de massa corporal mais baixo do que os demais.

Transtorno dismórfico corporal em populações de pacientes psiquiátricos

Um estudo de Zimmerman e Mattia (1998) encontrou prevalência de 3,2% do TDC entre pacientes de uma clínica psiquiátrica ambulatorial. Wilhem et al. (1997) encontraram 6,7% de portadores de TDC entre 165 pacientes em tratamento para transtornos ansiosos em geral, chegando a 12% em indivíduos com fobia social. No Brasil, Fontenelle et al. (2006b) encontraram 12% de prevalência em pacientes ambulatoriais. Entre pacientes psiquiátricos internados por outros diagnósticos, de 13 e 16% preencheram critérios diagnósticos para TDC atual ou passado, respectivamente (Conroy et al., 2008). Ressalte-se que nenhum desses pacientes havia recebido o diagnóstico do TDC durante a hospitalização, mesmo que alguns deles considerassem os sintomas do TDC como o "seu maior problema". Todos disseram que não revelariam tais sintomas espontaneamente ao seu médico, por sentirem vergonha (Conroy et al., 2008).

Transtorno dismórfico corporal em outras populações médicas

Em outras populações médicas os estudos são mais escassos. Na clínica médica geral, 4% dos pacientes apresentaram critérios de TDC (Hunter-Yates et al., 2007) e, em um estudo com pacientes ortodônticos, 7,5% (Hepburn e Cunninghan, 2006). Estudo de Kittler et al. (2007) mostrou que pacientes obesos também podem apresentar TDC e, com o desenvolvimento da cirurgia bariátrica nos últimos anos, tem havido grande procura por tratamentos cosméticos para melhorar as consequências da redução drástica de peso. No entanto, pouco se sabe sobre os aspectos psicológicos desses pacientes (Sarwer e Crerand, 2004). Não existem estudos com pessoas que procuram tratamento cosmético com profissionais não médicos, mas alguns autores sugerem que pacientes com o TDC frequentemente buscam esses profissionais (Crerand et al., 2005; Tignol et al., 2007).

Comorbidades psiquiátricas

A comorbidade do TDC com outros transtornos psiquiátricos parece ser mais a regra do que a exceção (Veale et al., 1996; Veale 2004b; Rief et al., 2006). Portanto, esse transtorno, que já acarreta bastante comprometimento funcional, com frequência vem acompanhado de outras desordens psiquiátricas, que aumentam ainda mais a incapacitação e o sofrimento. Entre estas, destacam-se os transtornos de humor e ansiedade, transtornos alimentares, por uso de substâncias, e da personalidade, além de outros transtornos do espectro obsessivo-compulsivo.

A depressão maior parece ser a comorbidade mais frequente no TDC (Phillips et al., 1995; Ziemmerman & Mattia, 1998; Phillips, 2005; Phillips & Stout, 2006), com prevalência ao longo da vida variando de 36% (Veale et al., 1996) a 83% (Phillips et al., 1995). Outros transtornos que estiveram frequentemente associados ao TDC no estudo de Phillips et al. (1995) foram a fobia social e o TCC, com prevalências ao longo da vida de 35% e 29%, respectivamente. Gustand e Phillips (2003) encontraram 30% de TOC ao longo da vida em pacientes com TDC. Na verdade, diversos estudos tiveram achados semelhantes, indicando os transtornos de humor, a fobia social e o TOC como as comorbidades mais prevalentes no TDC (Hollander et al., 1989; Phillips et al., 1993; Brawman-Mintzer et al., 1995; Simeon et al., 1995; Veale et al., 1996; Phillips & Diaz, 1997; Wilhelm et al., 1997; Ziemmerman & Mattia, 1998; Gustand e Phillips, 2003; Veale, 2004b; Phillips, 2005; Phillips et al., 2005b).

Os transtornos por uso de substâncias também apresentam alta prevalência em portadores de TDC. Grant e Phillips (2005) relataram abuso em 49% e dependência em 36%, particularmente de álcool (29%). No estudo de Grant et al. (2005), 68% dos indivíduos com transtorno por uso de substância comórbido relataram que o TDC contribuiu para o uso abusivo. Ruffolo et al. (2006) destacaram a importância da comorbidade do TDC com os transtornos alimentares. De acordo com estes autores, 32,5% dos indivíduos com TDC apresentariam um transtorno alimentar ao longo da vida; 9% teriam anorexia nervosa, 6,5% bulimia e 17,5% transtorno alimentar não especificado. Como já destacado, o *"skin picking"* é também bastante prevalente em indivíduos com TDC, sendo que no estudo de Grant et al. (2006) com 176 pacientes, 45% apresentaram tal problema ao longo da vida, secundário ao TDC.

Veale et al. (1996) mostraram que 72% dos portadores de TDC apresentavam algum transtorno da personalidade associado, sendo mais comuns os subtipos paranoide (38%), evitativo (38%) e obsessivo-compulsivo (28%). No estudo de Phillips e McElroy (2000), 57% dos pacientes tinham comorbidade de eixo II, sendo mais frequente o transtorno evitador (43%), seguido do dependente (15%), obsessivo-compulsivo e paranoide (ambos 14%), mas é importante ressaltar que há sobreposições de características clínicas do TDC com alguns destes traços de personalidade.

Não apenas os pacientes com TDC teriam taxas elevadas de comorbidade com outros transtornos psiquiátricos, mas indivíduos com outros transtornos mentais primários também teriam altas taxas de TDC (Rief et al., 2006), principalmente depressão ou transtornos de ansiedade (Brawman-Mintzer et al., 1995; Simeon et al., 1995; Wilhelm et al., 1997; Otto et al., 2001).

Diagnóstico diferencial

A questão central do TDC é a crença de ser feio(a) ou de apresentar alguma deformidade física, enquanto na realidade o "defeito" na aparência é mínimo ou inexistente. Essa distorção cognitiva torna-se uma preocupação central estressante, difícil de resistir e controlar, e que ocupa grande parte do tempo. Para diferenciar o TDC das preocupações normais com a aparência, comuns na população geral, a preocupação deve causar considerável sofrimento ou prejuízo no funcionamento cotidiano (Castle et al., 2004). Este aspecto quantitativo ou dimensional da diferenciação entre preocupações normais e patológicas é particularmente importante nos dias de hoje, já que, por questões socioculturais, a aparência física tem sido muito valorizada, tornando-se uma preocupação quase universal. É importante também destacar que há um componente bastante subjetivo no julgamento do que seria um defeito "mínimo" (Veale et al., 1996), pois não há uma padronização sobre o que significa aparência "normal" (Snaith, 1992) ou de quanta preocupação é "preocupação excessiva". Além disso, não há uma relação proporcional entre a gravidade de determinado defeito e a gravidade do sofrimento que ele acarreta (Birtchnell, 1988). Portanto, a primeira questão importante, mas nem sempre simples, é diferenciar o TDC de preocupações normais com a aparência.

Transtorno obsessivo-compulsivo

Há muito tempo são reconhecidas as similaridades entre o TDC e o Transtorno obsessivo-compulsivo (TOC), e o primeiro tem sido conceituado como um dos Transtornos do "Espectro Obsessivo-Compulsivo" (Phillips & Kaye, 2007). Quando Morselli identificou os pacientes com *"dysmorphophobia"* há mais de um século, destacou as preocupações obsessivas e os comportamentos compulsivos que caracterizam esses pacientes (Frare et al., 2004). No entanto, alguns autores consideram que o TDC, embora relacionado ao TOC, não seria apenas uma variante clínica deste, apresentando diferenças importantes (Frare et al., 2004; Castle & Rossel, 2006; Phillips & Kaye, 2007; Pavan et al., 2008).

Frare et al. (2004) ressaltam que as principais similaridades entre os dois transtornos evidenciam-se pelas características das preocupações, que são de natureza obsessiva (indesejadas, intrusivas e recorrentes), com pensamentos que causam incômodo ou ansiedade e que são difíceis de resistir e controlar, enquanto os comportamentos repetitivos de verificação para obter alívio lembram as compulsões do TOC. Porém, no TDC seriam mais comuns sentimentos de vergonha, humilhação, rejeição e baixa autoestima, além de ideias de autorreferência. Possivelmente portadores de TDC teriam também maior predisposição a tentar suicídio (Phillips et al., 2007), chegando a 17% (Phillips et al., 1993) ou 24% dos casos (Veale et al., 1996), enquanto em pacientes com TOC essa taxa seria de apenas 11% (Torres et al., 2010). Os dois quadros, porém, se assemelham em relação à idade de aparecimento, distribuição entre os sexos, curso crônico e flutuante, frequente comorbidade com transtornos ansiosos e depressivos, história familiar de transtornos psiquiátricos e resposta ao tratamento, tanto farmacológico quanto psicoterápico (Miguel et al., 2005; Torres et al., 2005; Chosak et al., 2008).

Além dos comportamentos de checagem e reasseguramento, outras características são similares, tais como preocupação com simetria (na posição de objetos ou partes do próprio corpo) e detalhes, busca por perfeição e controle do ambiente (Frare et al., 2004). Vivências de incompletude, como a sensação de que algo não está "em ordem" ou "como deveria estar" ocorrem nos dois quadros, assim como a priorização de impressões internas em detrimento de percepções reais ou da avaliação de outras pessoas (Miguel et al., 2005). Assim, portadores de TDC desconsiderariam o que observam no espelho da mesma forma que pacientes com TOC desconsideram que viram a porta trancada ou as mãos limpas, repetindo várias vezes a verificação ou a lavagem (Miguel et al., 2005; Torres et al., 2005). Enquanto o foco das preocupações no TDC se restringe à própria aparência física, no TOC é bem mais variado (por exemplo, medo de contaminação, de outras doenças ou acidentes, de ser responsável por algum evento negativo que venha a ocorrer consigo ou com outras pessoas, etc.). Em ambos os quadros, porém, as preocupações podem ser múltiplas e mudar com o passar tempo (Miguel et al., 2005).

Os mesmos autores (Frare et al., 2004) apontam para a principal diferença entre o TDC e o TOC: o nível de juízo crítico ou *"insight"* sobre os sintomas. Enquanto no TOC geralmente as preocupações são egodistônicas e, portanto, vivenciadas como mais intrusivas, irracionais e exageradas, no TDC muitos pacientes estão convencidos de que a sua visão sobre o suposto defeito é acurada e não distorcida. Assim, as preocupações no TDC em geral são vivenciadas de modo mais natural ou egossintônico, e os pacientes cedem a elas sem tanta resistência, sendo mais bem caracterizadas do ponto de vista psicopatológico como ideias supervalorizadas e não obsessivas (Miguel et al., 2005; Torres et al., 2005). Um estudo mostrou que nos pacientes que apresentam TOC e TDC associado, o nível de *"insight"* foi significantemente mais prejudicado em relação às preocupações com as dismorfias corporais do que em relação aos sintomas do TOC (Hollander et al., 2007). No entanto, sabe-se que a capacidade crítica no TOC, apesar de usualmente preservada, apresenta graus variáveis não só entre os pacientes, mas também no mesmo indivíduo, conforme a situação e o tipo de sintoma. Assim, tanto no TOC quanto no TDC a crítica não é um fenômeno claramente "branco ou preto", mas sim de natureza dimensional, que pode melhorar com o tratamento (Miguel et al., 2005).

Há poucas investigações sobre as repercussões clínicas da coocorrência destes transtornos, o que é relativamente comum. Observou-se, por exemplo, que, quando os dois quadros estão presentes, a melhora dos sintomas do TOC prediz a remissão dos sintomas de TDC, mas não o contrário (Phillips & Stout, 2006). O TDC apresenta também aspectos de sobreposição clínica com outros transtornos do espectro do TOC, tais como tricotilomania (Phillips et al., 2007) e escoriações patológicas ou *"skin picking"* (Phillips et al., 2006c; Grant et al., 2006).

Anorexia Nervosa e Anorexia "Inversa"

Uma notável semelhança envolve a característica central do TDC e dos transtornos alimentares: a distorção da imagem corporal. Em ambos há preocupação excessiva e insatisfação com a aparência física, sendo considerados transtornos da imagem corporal. Caracterizam-se por ideias supervalorizadas sobre a aparência e busca de melhorá-la, pois esta ocupa um papel muito importante nos relacionamentos e na autoavaliação (Ruffolo et al., 2006). Entretanto, enquanto pacientes anoréxicos percebem-se mais gordos do que realmente são, indivíduos com TDC se preocupam com aspectos particulares da aparência (Hollander et al., 1992). Outras similaridades incluem idade de início e comportamentos evitativos ou repetitivos, como camuflagem do problema e checagem no espelho, na balança e de medidas corporais. No entanto, em geral pacientes com TDC têm aparência normal enquanto portadores de anorexia nervosa podem apresentar-se caquéticos, e melhor se sentem quanto mais emaciados estão (Ruffolo et al., 2006).

Mais recentemente foi descrita a "anorexia inversa", também denominada de vigorexia, dismorfia muscular ou Síndrome de Adônis, que se caracteriza pela crença de ser "pequeno" ou de ter a musculatura pouco desenvolvida. Bem mais comum no sexo masculino, o quadro gera a necessidade de praticar musculação de maneira excessiva e muitas vezes usar substâncias prejudiciais à saúde, como esteroides anabolizantes, além de comportamentos de evitação de praias ou piscinas e sintomas de transtornos alimentares (Olivardia et al., 2000). A prática de exercícios físicos em academias passa a ser o centro da vida desses indivíduos, em detrimento de outras atividades, pois há uma clara distorção da imagem corporal e ideias supervalorizadas sobre a aparência, assim como associação com transtornos depressivos e ansiosos (Cafri et al., 2008). Do ponto de vista psicopatológico, portanto, trata-se de um quadro indistinguível do TDC, talvez um subtipo (Hildebrandt et al., 2006) ou apenas uma apresentação mais "contemporânea" deste, ou mesmo uma manifestação do TOC (Miguel et al., 2005).

Fobia Social

Os limites clínicos entre o TDC e a Fobia Social (FS) deveriam parecer claros, porém sua apresentação clínica é muitas vezes semelhante (Mourtier e Stein, 1999). Ambos são caracterizados pelo medo de uma avaliação alheia negativa, extrema ansiedade e esquiva de situações sociais, podendo chegar ao isolamento social (Phillips et al., 1993). No entanto, enquanto o foco da preocupação dos pacientes com FS é o medo da avaliação do seu desempenho ou competência, no TDC eles estão preocupados com sua aparência e o possível defeito físico que os outros possam estar percebendo.

Para o correto diagnóstico, deve-se investigar a causa subjacente à esquiva ou ao desconforto em situações sociais. Além disso, a capacidade crítica costuma estar mais comprometida no TDC; o paciente em geral não admite o caráter excessivo ou irracional de sua preocupação, diferentemente do que ocorre na FS (Michels & Torres, 2004). Entretanto, no Japão, o TDC é considerado uma forma de FS (Phillips & McElroy, 1993).

Segundo Wilhelm et al. (1997), o TDC apresenta uma alta prevalência entre pacientes com transtornos ansiosos, particularmente FS, chegando a 12% destes. Os mesmos autores observaram que, em pacientes com ambos os diagnósticos, a FS precedeu o TDC em 100% dos casos, com início dos sintomas mais precoce, por volta dos 12,6 anos. Este achado é consistente com estudo anterior de Phillips et al. (1993), no qual o início da FS precedeu o TDC em 80% dos pacientes. Para Wilhelm et al. (1997), o TDC se desenvolveria secundariamente em indivíduos com FS de início precoce e curso crônico. Como a avaliação negativa de si mesmo em relação a outras pessoas é o sintoma nuclear da FS, quando esta tendência se desenvolve cedo e persiste, propiciaria um terreno fértil para a emergência de uma autoimagem corporal distorcida, característica do TDC. Porém, tais autores deixam claro que esta hipótese precisa ser mais bem avaliada em estudos longitudinais. Como os sintomas dismórficos são geralmente ocultados pelos portadores, é importante que os clínicos questionem rotineiramente a respeito de sintomas de TDC, particularmente em pacientes com FS de início precoce (Wilhelm et al., 1997).

Depressão

Alguns autores, baseados na alta comorbidade do TDC com depressão e na resposta favorável com antidepressivos, têm levantado a hipótese de que o TDC esteja relacionado ao espectro das doenças afetivas (Phillips et al., 1995). Os dois quadros são caracterizados por baixa autoestima, grande sensibilidade à rejeição e sentimentos de desvalia. Entretanto, o TDC e a depressão também apresentam importantes diferenças, sugerindo que o primeiro não é simplesmente um sintoma depressivo (Phillips, 1999). Por exemplo, o TDC é caracterizado por pensamentos obsessivos e comportamentos compulsivos proeminentes (Phillips et al., 2008a) e, como o TOC, responde aos antidepressivos inibidores da recaptação de serotonina, mas não aos antidepressivos não serotoninérgicos (Hollander et al., 1999; Phillips, 2001) ou à eletroconvulsoterapia (Phillips et al., 1994). Além disso, os pacientes não raramente relatam que o tratamento com antidepressivos não serotoninérgicos melhora sua depressão, mas não o TDC, o que não seria esperado se o TDC fosse simplesmente um sintoma de depressão (Phillips et al., 1995).

Indivíduos com depressão costumam ainda negligenciar sua aparência e não se preocupar excessivamente com ela. Assim, podem não gostar da própria aparência, mas é improvável que enfoquem de modo seletivo e obsessivo determinado aspecto físico ou passem horas executando comportamentos compulsivos, como checagem no espelho, camuflagem ou reasseguramento. Outras diferenças incluem o fato de o TDC geralmente apresentar idade de início mais precoce, curso tipicamente crônico e não episódico, além de não demonstrar claramente maior frequência em mulheres. A experiência clínica e resultados de pesquisa sugerem que os sintomas de depressão geralmente são posteriores ao início do TDC (Phillips, 1999; Phillips & Stout, 2006), sendo secundários ao sofrimento e à desmoralização causados por este. Todavia, a relação do TDC com a depressão ainda não é clara (Phillips & Stout, 2006), necessitando de mais estudos.

É importante ressaltar que muitas vezes, porém, o indivíduo com TDC procura ajuda profissional apenas quando desenvolve um quadro depressivo, pois percebe este como algo a ser tratado e que requer ajuda, ao contrário do TDC.

Outros transtornos "delirantes" somáticos

Há outros quadros caracterizados pela distorção da percepção corporal e classificados como transtornos delirantes - subtipo somático no DSM IV-TR (APA, 2000), além da forma "delirante" do TDC, que representaria apenas uma forma extrema do TDC, com maior prejuízo da crítica (Phillips & McElroy, 1993). Alguns exemplos desses transtornos, denominados anteriormente de "hipocondria monossintomática delirante", são o "delírio de infestação parasitária" (síndrome de Ekbom: crença de estar com o corpo infestado por sarnas, piolhos ou vermes, ou infectado por bactérias e fungos) e o "delírio de mau cheiro corporal" (síndrome de referência olfatória: crença de que alguma área do corpo, em geral boca, axilas ou genitais, tem odor desagradável). Assim, os conteúdos de dismorfose, parasitose e bromose são muito semelhantes em suas manifestações clínicas, com crenças de conteúdo possível, ideias de autorreferência, comportamentos de checagem e evitação social, preocupações supervalorizadas e tentativas repetidas de resolver o suposto problema somático (Torres, 1996). O "delírio de mau cheiro corporal" costuma se relacionar com culpa e baixa autoestima, e a esquiva de situações sociais pode chegar a um completo isolamento. Por tais características, pode gerar dúvidas diagnósticas também em relação à FS, e somente através de avaliação clínica cuidadosa é possível identificar a crença patológica subjacente ao comportamento (Michels & Torres, 2004). Nos casos de crença em infestação por parasitas ou mau cheiro, são comuns comportamentos excessivos de verificação e limpeza corporal, numa clara aproximação fenomenológica com o TOC (Torres, 1996). Além disso, nestes outros transtornos delirantes somáticos também pode haver sintomas ansiosos e depressão secundária, até com risco de suicídio (Michels & Torres, 2004).

Etiologia

Genética do transtorno dismórfico corporal

Fatores familiares e/ou genéticos parecem desempenhar importante papel na etiologia do TDC, como evidenciado por alguns estudos. Dentre os indivíduos com TDC, 8% têm algum membro da família com este diagnóstico durante a vida, o que representa de quatro a oito vezes a prevalência na população geral (Bienvenu et al., 2000). O TDC compartilha ainda aspectos familiares com o TOC, como mostrou um estudo no qual 7% dos pacientes com TDC tinham algum familiar de primeiro grau com TOC (Feusner et al., 2008).

Fatores neurobiológicos

Funções anormais da serotonina e da dopamina podem estar envolvidas no desenvolvimento do TDC, como foi evidenciado pela boa resposta desses pacientes a medicações que alteram os níveis desses neurotransmissores (Crerand et al., 2006). Relatos de casos sugerem que o desenvolvimento do TDC pode ter como gatilho patologias clínicas inflamatórias que interferem na síntese de serotonina e que os sintomas podem se exacerbar após infecção estreptocócica (Mathew, 2001) ou ainda surgir após lesão na região do lobo frontotemporal (Gabbay et al., 2003).

Estudos de neuroimagem e fisiopatologia

Um estudo preliminar de ressonância magnética volumétrica (MRI) encontrou uma assimetria no volume do caudado, com maior volume esquerdo e maior volume total de substância branca em oito mulheres com TDC, quando comparadas com oito controles (Rauch et al., 2003). Um estudo de imagem não controlado de apenas seis pacientes com TDC utilizando SPECT (*"single photon emission computed tomography"*) obteve achados variáveis e discrepantes relacionados a déficits relativos de perfusão nas regiões anteromedial temporal (bilateral) e occipital, além de perfusão assimétrica nos lóbulos parietais (Carey et al., 2004).

Feusner et al. (2007) apresentaram recentemente os resultados do primeiro estudo de neuroimagem funcional de pacientes com TDC, examinando o processamento de informações visuais. Doze pacientes com TDC e doze controles saudáveis realizaram ressonância magnética funcional enquanto combinavam fotografias de faces. Os portadores de TDC apresentaram diferenças fundamentais em relação aos controles no processamento visual, com diferentes lateralidades nos padrões de ativação em áreas que representam uma extensão das redes de processamento visual, e atividade anormal das amígdalas. Para os autores (Feusner et al., 2007), essas anormalidades podem estar associadas às aparentes distorções encontradas nos pacientes com TDC, fazendo com que priorizem focos específicos da face, perdendo a avaliação do contexto geral.

Embora a fisiopatologia do TDC ainda seja desconhecida, Feusner et al. (2008), observando casos clínicos com lesões cerebrais e estudos de neuroimagem com ativação cerebral que mostraram padrões de percepção visual, imagem corporal distorcida e processamento emocional, propuseram um modelo para compreensão das disfunções neuroanatômicas possivelmente envolvidas nos sintomas do TDC. Esse modelo propõe que ocorra uma combinação de disfunções no circuito frontoestriatal, nos balanços entre os hemisférios cerebrais e maiores graus de respostas na amígdala e na ínsula, mediando os sintomas e déficits neuropsicológicos no TDC.

Fatores psicológicos e sociais

Pelo menos duas teorias psicológicas propuseram-se a esclarecer as causas do TDC, a teoria psicanalítica e a cognitivo-comportamental. A teoria psicanalítica sugere que o TDC emerge do deslocamento inconsciente de conflitos sexuais ou emocionais, de sentimentos de inferioridade, culpa ou distorção da imagem corporal de alguma parte do corpo. Explicações a partir do ponto de vista cognitivo-comportamental sugerem que o TDC se manifesta pela interação entre fatores comportamentais, cognitivos e emocionais, que formam um círculo vicioso perpetuador dos sintomas (Veale, 2004a). Os fatores cognitivos que parecem ser instrumentais no desenvolvimento e manutenção do TDC incluem atitudes não realistas sobre a imagem corporal relacionadas à perfeição e simetria; atenção seletiva aos defeitos percebidos e aumento do monitoramento da presença de defeitos na aparência, além da interpretação errônea das expressões faciais dos outros como sendo, por exemplo, de crítica (Buhlmann et al., 2002). Na verdade, a autoimagem corporal envolve um conjunto de percepções, crenças, atitudes e reações cognitivas, emocionais e comportamentais à autoavaliação da própria aparência física (Neziruglu & Cash, 2008). Pacientes com TDC consideram sua aparência bem menos atrativa do que acreditam ser a ideal e supervalorizam a aparência no contexto existencial, acreditando que nada pode "dar certo" enquanto o "defeito" estiver presente (Veale, 2004b). Pior autoestima e associações implícitas mais fortes entre atratividade física e competência geral foram descritos em pacientes com TDC em comparação com controles saudáveis e casos subclínicos, os quais obtiveram avaliações intermediárias nesses aspectos (Buhlmann et al., 2009).

Outros fatores de risco de natureza psicossocial, mesmo que inespecíficos, incluem: timidez, perfeccionismo, temperamento ansioso (em parte também geneticamente determinados), adversidades na infância (por exemplo, dificuldades de relacionamento, "*bullying*" em relação à aparência ou competência, falta de suporte familiar, abuso sexual), antecedentes de algum problema físico associado a estigma (por exemplo, acne), maior sensibilidade à estética ou a críticas, ou ainda maior valorização da aparência para a própria identidade (Veale, 2004b). Tais fatores são, obviamente, bastante permeáveis a influências do meio cultural.

Tratamento

Pacientes com TDC sempre foram considerados extremamente difíceis de tratar (Munro & Chmara, 1982). Muitos deles submetem-se a procedimentos dermatológicos, cirúrgicos e outras formas de tratamento não psiquiátrico (Phillips et al., 1994), o que raramente melhora seus sintomas (Phillips et al., 2001).

Em função do prejuízo da crítica sobre as preocupações com a aparência, pode ser difícil para alguns pacientes aderir ao tratamento psiquiátrico ou psicológico. Sendo assim, deve-se atentar para a necessidade de se avaliar o entendimento e a motivação para o tratamento, de tal forma que estratégias de entrevista motivacional possam ser úteis. Estabelecer como objetivos terapêuticos a diminuição da preocupação e do sofrimento, além de melhorar o funcionamento e a qualidade de vida, pode facilitar a adesão (Phillips et al., 2008a).

Farmacoterapia

Pesquisas conduzidas nos últimos anos mostram que inibidores da recaptação de serotonina (IRS) são efetivos no tratamento do TDC (Phillips, 2005; Phillips e Hollander, 2008), diferentemente dos antidepressivos não IRS e dos "antipsicóticos" ou neurolépticos. As evidências mais antigas, obtidas inicialmente por séries de casos e depois por estudos abertos mais rigorosos, mostram que a Fluvoxamina é efetiva para a maioria dos pacientes (Hollander et al., 1989; Phillips et al., 1993; Phillips et al., 1994; Perugi et al., 1996; Phillips et al., 1998). Foi observada eficácia também com Fluoxetina, Citalopram e Escitalopram (Phillips et al., 2002; Phillips e Najjar, 2003; Phillips, 2006b).

O primeiro estudo a evidenciar que um IRS efetivo no TDC era também efetivo na sua variante "delirante" foi conduzido por Hollander et al. em 1989. Nele, comparou-se Clomipramina com Desipramina, um potente inibidor da recaptura de norepinefrina, e observou-se que o primeiro era mais eficaz, sugerindo que pacientes com TDC respondem preferencialmente a IRS, assim como os indivíduos com TOC. As taxas de resposta nesses estudos variaram de 63 a 83% (Phillips, 2002). Pacientes que respondem aos IRS gastam menos tempo com as preocupações relacionadas à aparência e têm melhor controle sobre os comportamentos repetitivos. Além disso, observa-se melhora do sofrimento associado, dos sintomas depressivos e ansiosos, da hostilidade, do comportamento suicida e do funcionamento geral (Phillips, 2005; Phillips e Hollander, 2008).

Da mesma forma que no TOC, estudos parecem apontar que são necessárias doses maiores de IRS para o tratamento do TDC, em comparação àquelas tipicamente usadas para a depressão (Phillips, 2001; Phillips, 2002; Phillips, 2005) e alguns pacientes podem se beneficiar até mesmo de doses que excedem o máximo estabelecido pelo fabricante (esta abordagem, porém, não é recomendada para a Clomipramina). As doses médias (e desvios-padrão) das medicações utilizadas em diferentes estudos foram as seguintes: Clomipramina 138 (± 87) mg/dia (Hollander et al., 1999), Fluvoxamina 187,5 (± 52,8) mg/dia (Perugi et al., 1996), Fluvoxamina 238,3 (± 85,8) mg/dia (Phillips et al., 1998), Fluoxetina 77,7 (± 8,0) mg/dia (Phillips et al., 2002) e Citalopram 51,3 (± 16,9) mg/dia (Phillips e Najjar, 2003). De acordo com Phillips e Hollander (2008), recomenda-se usar Paroxetina 55 (± 13,0) mg/dia e Sertralina 202 (± 46,0) mg/dia. O tempo médio de resposta varia de quatro ou cinco até nove semanas (Phillips, 2001; Phillips, 2002); entretanto, muitos pacientes não responderão até a décima ou décima segunda semana de tratamento com IRS, mesmo com uma titulação rápida da dose. Se a resposta for inadequada depois de 12 a 16 semanas, e a maior dose recomendada pelo fabricante ou tolerada pelo paciente tiver sido usada por duas a três semanas, recomenda-se tentar outra medicação (Phillips, 2005). Uma proporção substancial dos pacientes que não respondem a um primeiro ensaio com IRS responderá com outra medicação da mesma classe (Phillips, 2005).

As recaídas são comuns após a descontinuação do IRS, especialmente em pacientes que não se submeteram à psicoterapia concomitante, de modo que a manutenção com tais drogas geralmente é necessária em longo prazo (Phillips, 2005; Phillips & Hollander, 2008).

Há um estudo aberto recente que demonstrou a eficácia da Venlafaxina no TDC (Allen et al., 2008), porém não existem outras investigações que corroborem este achado, de tal forma que os antidepressivos duais não devem ser considerados como tratamento de primeira linha. Alguns relatos e séries de casos sugerem que se pode tentar utilizar um inibidor da monoaminoxidase em casos resistentes (Phillips e Hollander, 2008). A eletroconvulsoterapia geralmente não é efetiva no TDC e nos sintomas depressivos secundários (Phillips, 2005; Phillips & Hollander, 2008). Estratégias de potencialização ainda não foram extensamente estudadas, mas eventualmente podem ser úteis. Os seguintes agentes podem ser utilizados para potencializar o tratamento com um IRS: Buspirona, Clomipramina, neurolépticos atípicos, Bupropiona, Venlafaxina, Lítio ou Metilfenidato (Phillips, 2005; Phillips e Hollander, 2008).

Psicoterapia

A maioria dos estudos que avaliou a eficácia das intervenções psicológicas no TDC utilizou a terapia comportamental (TC) e a terapia cognitivo-comportamental (TCC) (Rosen et al., 1995; McKay et al., 1997). Uma exceção é o estudo de Geremia e Neziroglu (2001), que utilizou apenas a terapia cognitiva, sem intervenções comportamentais. Tanto abordagens individuais (Neziroglu e Yaryura-Tobias, 1993) quanto grupais (Rosen et al., 1995) têm sido conduzidas, em geral com duração de 7 a 30 sessões (Williams et al., 2006), com resultados positivos.

A TC consiste basicamente em exposição e prevenção de resposta (EPR), durante a qual os pacientes são gradualmente expostos a estímulos aversivos e orientados a evitar comportamentos que têm por objetivo reduzir a ansiedade, tais como os rituais de checagem no espelho e a esquiva. Da mesma forma que no TOC, a exposição deve continuar até que a ansiedade diminua e atinja um nível tolerável (Neziroglu e Yaryura-Tobias, 1993).

Na TCC, além da EPR, utilizam-se técnicas cognitivas, como a identificação de pensamentos automáticos relacionados à aparência e crenças disfuncionais ou distorções cognitivas, buscando modificá-las. Numa meta-análise recente, tanto a farmacoterapia quanto a TCC mostraram-se efetivas no tratamento do TDC, mas a TCC esteve associada a tamanhos de efeito significativamente maiores do que as medicações. Além disso, em cinco dos noves estudos com psicoterapia, 100% dos pacientes completaram o tratamento, sugerindo que tal modalidade terapêutica é geralmente bem aceita por eles (Williams et al., 2006).

Caso clínico[*]

Silvia, 50 anos, casada, do lar. Paciente encaminhada ao serviço de Psiquiatria da FMB-UNESP referindo preocupações excessivas com o cabelo há seis anos, quando resolveu clareá-lo, por achar que "cabelo escuro envelhecia". Passou a perguntar diversas vezes para pessoas loiras o método de clareamento utilizado por elas, assim como a cor e marca da tinta, anotando as informações para "não esquecer" e fazendo listas ritualizadas: tinha que escrever com a mesma caneta e reescrever as informações com letras "perfeitas". Ia ao salão de beleza e lojas de cosméticos várias vezes ao dia, para conferir os catálogos dos produtos e, ao chegar em casa, telefonava para checar novamente as informações com as vendedoras. Admitia que "tudo isso era absurdo", mas não conseguia se controlar, pois ficava extremamente ansiosa caso tentasse não checar. Percebia que as funcionárias a evitavam e sentia-se envergonhada ao pensar que debochavam dela. Gerentes das lojas chegavam a ligar para seus familiares, pois ela ficava horas perguntando as mesmas coisas e incomodando os demais clientes. Desenvolveu humor deprimido, insônia, anedonia, diminuição do apetite e peso, pragmatismo prejudicado, desvalia e ideação suicida.

No seguimento, relatou que desde a adolescência evitava sair de casa de dia, pois sempre teve "complexo" do seu nariz "grande e torto" e de suas mãos e pés

---

[*] Este caso foi publicado originalmente na *Revista Brasileira de Psiquiatria* como carta ao editor (Assunção et al., 2009).

"muito grandes e feios". Ao sentar-se, procurava sempre cruzar os braços e pernas procurando esconder suas mãos e pés. Achava também que tinha muitas pintas e manchas na pele, o que a levava a se proteger excessivamente do sol, chegando a não viajar de férias no verão com os familiares. Relatou que tais pensamentos sobre a aparência sempre a fizeram sofrer muito e atrapalharam demais sua vida e seus relacionamentos.

Relatou também que sempre teve "mania de limpeza e organização", referindo, quando questionada, diversas compulsões de limpeza e ordenação. Dizia que seu marido e seus filhos não suportavam suas "manias", que sempre foram motivo de grandes discussões familiares. Referiu já ter tido períodos anteriores de intenso desânimo, tristeza, anedonia, isolamento, desesperança e apatia, relatando já ter feito tratamento para "depressão" várias vezes.

Preencheu critérios diagnósticos para TDC, TOC e transtorno depressivo recorrente quando avaliada pela Structured Clinical Interview for Axis I DSM-IV Disorders (SCID-I). Sua pontuação foi de 28 na escala de Yale-Brown, que mede a gravidade dos sintomas OC e que tem máximo de 40 pontos, e de 41 no Inventário de Depressão de Beck, com máximo de 63 pontos. Obteve melhora global com Paroxetina 40mg/dia e abordagem psicoterápica cognitivo-comportamental.

Este caso clínico ilustra os prejuízos e limitações que o TDC pode trazer à vida do portador. Além disso, demonstra a comorbidade com depressão e as dificuldades do diagnóstico diferencial entre TDC e TOC, cujas similaridades clínicas envolvem não apenas questões teóricas e nosológicas, mas também aspectos etiológicos e terapêuticos relevantes (Torres et al., 2005; Chosak et al., 2008).

Conclusões

O TDC é um quadro frequentemente grave, que gera considerável sofrimento e limitação na vida diária do portador, sendo muitas vezes secreto e, portanto, subdiagnosticado e subtratado. Apesar de usualmente cursar com pior nível de crítica, apresenta claras sobreposições fenomenológicas, de evolução, história familiar e resposta terapêutica com o TOC, podendo ser considerado um transtorno do espectro obsessivo-compulsivo, senão uma variante clínica do próprio TOC. De todo modo, mais estudos são necessários para se definir com clareza a classificação mais adequada para este intrigante problema de saúde mental, cujo conteúdo central de certa forma reflete e é exacerbado pela supervalorização da aparência física que vem ocorrendo em grande parte das sociedades contemporâneas.

REFERÊNCIAS

Allen, A., Hadley, S. J., Kaplan, A., Simeon, D., Friedberg, J., Priday, L., Baker, B. R., Greenberg, J. L., & Hollander, E. (2008). An open-label trial of venlafaxine in body dysmorphic disorder. *CNS Spectr,* 13, 138-144.

Altamura, C., Paluello, M. M., Mundo, E., Medda, S., & Mannu, P. (2001). Clinical and subclinical body dysmorphic disorder. *European Archives Psychiatry Clin Neuroscience,* 251(3): 105-8.

American Psychiatric Association (1980). *Diagnostic and Statistical Manual of Mental Disorders, Third Edition.* Washington, D.C.: American Psychiatric Association,

American Psychiatric Association. (1987). *Diagnostic and Statistical Manual of Mental Disorders, Third Edition, Revised.* Washington, D.C.: American Psychiatric Association.

American Psychiatric Association. (2000). *Diagnostic and Statistical Manual of Mental Disorders, Fourth Edition, Text Revision.* Washington, D.C. American Psychiatric Association.

Aouizerate, B., Pujol, H., Grabot, D., Faytout, M., Suire, K., & Braud, C. (2003). Body dysmorphic disorder in a sample of cosmetic surgery applicants. *European Psychiatry,* 18(7), 365-368.

Assunção, M. C., Torresan, R. C., & Torres, A. R. (2009). Body dysmorphic and/or obsessive-compulsive disorder: where do the diagnostic boundaries lie? *Revista Brasileira de Psiquiatria,* 31, 282-293.

Berrios, G. E., & Kan, C. S. (1996). A conceptual and quantitative analysis of 178 historical cases of dysmorphophobia. *Acta Psych Scand,* 94, 1-7.

Bienvenu, O. J., Samuels, J. F., Riddle, M. A., Hoehn-Saric, R., Liang, K. Y., & Cullen, B. A. (2000). The relationship of obsessive-compulsive disorder to possible spectrum disorders: Results from a family study. *Biological Psychiatry,* 48(4), 287-293.

Birtchnell, S. A. (1988). Dysmorphophobia: a centenary discussion. *British Journal of Psychiatry,* 153 (supl. 2), 41-43.

Bohne, A., Wilhelm, S., Keuthen, N. J., Florin, I., Baer, L., & Jenike M. A. (2002). Prevalence of body dysmorphic disorder in a German college student sample. *Psychiatry Res,* 109(1),101-104.

Bowe W. P., Leyden J. J., Crerand C. E., Sarwer D. B., & Margolis D. J. (2007). Body dysmorphic disorder symptoms among patients with acne vulgaris. *Journal American Academy Dermatology,* 57, 222-230.

Brawman-Mintzer, O., Lydiard, R. B., Phillips, K. A., Morton, A., Czepowicz, V., Emmanuel, N., Villareal, G., Johnson, M., Ballenger, J. C. (1995). Body dysmorphic disorder in patients with anxiety disorders and major depression: a comorbidity study. *American Journal of Psychiatry,* 152, 1665-1667.

Buhlmann, U., McNally, R. J., Wilhelm, S., Florin, I. (2002). Selective processing of emotional information in body dysmorphic disorder. *Journal Anxiety Disorders,* 16(3), 289-298.

Buhlmann, U., Teachman, B. A., Naumann, E., Fehlinger, T., & Rief, W. (2009). The meaning of beauty: implicit and explicit self-esteem and attractiveness beliefs in body dysmorphic disorder. *Journal Anxiety Disorders,* 23: 694-702.

Cafri, G., Olivardia, R., & Thompson, J. K. (2008). Symptom characteristics and psychiatric comorbidity among males with muscle dysmorphia. *Compr Psychiatry,* 49, 374-379.

Carey, P., Seedat, S., Warwick, J., van Heerden, B., & Stein, D. J. (2004). SPECT imaging of body dysmorphic disorder. *Journal Neuropsychiatry Clinical Neuroscience,* 16(3), 357-359.

Castle, D. J., & Rossell, S. L. (2006). An update on body dysmorphic disorder. *Current Opinion in Psychiatry,* 19, 74-78.

Chosak, A., Marques, L., Greenberg, J. L., Jenike, E., Dougherty, D. D., & Wilhelm S. (2008). Body dysmorphic disorder and obsessive-compulsive disorder: similarities, differences and the classification debate. *Expert Review on Neurotherapeutics*, 8(8), 1209-1218.

Conrado, L. A., Hounie, A. G., Diniz, J. B., Fossaluza, V., Torres, A. R., Miguel, E. C., & Rivitti, E. A. (no prelo). Body dysmorphic disorder among Brazilian dermatologic patients: prevalence and clinical features. *Journal American Acad Dermatology*.

Conroy, M., Menard, W., Fleming-Ives, K., Modha, P., Cerullo, H., & Phillips, K. A. (2008). Prevalence and clinical characteristics of body dysmorphic disorder in an adult inpatient setting. *Gen Hosp Psychiatry*, 30(1), 67-72.

Cotterill, J. A. (1996). Body dysmorphic disorder. *Dermatology Clinic,* 14(3), 457-463.

Crerand, C. E., Franklin, M. E., & Sarwer D. B. (2006). Body dysmorphic disorder and cosmetic surgery. *Plastic Reconstruction Surgery*, 118(7), 167-180.

Crerand, C. E., Phillips K. A., Menard, W., & Fay, C. (2005). Nonpsychiatric medical treatment of body dysmorphic disorder. *Psychosomatics* 46(6), 549-555.

De Leon, J., Bott, A., & Simpson, G. M. (1989). Dysmorphophobia: Body dysmorphic disorder or delusional disorder, somatic subtype? *Compr Psychiatry,* 30(6), 457-472.

Edgerton, M. T., Jacobson, W. E., & Meyer, E. (1960)Surgical-psychiatric study of patients seeking plastic (cosmetic) surgery: ninety-eight consecutive patients with minimal deformity. *Br J Plast Surg*, 13: 136-145.

Faravelli, C., Salvatori, S., Galassi, F., Aiazzi, L., Drei, C., Cabras, P. (1997). Epidemiology of somatoform disorders: a community survey in Florence. *Soc Psych Psychiatr Epidemiol*; 32: 24-29.

Feusner, J. D., Townsend, J., Bystritsky, A., Bookheimer, S. (2007). Visual information processing of faces in body dysmorphic disorder. *Archives Gen Psychiatry*, 64(12), 1417-1425.

Feusner, J. D., Yaryura-Tobias, J., & Saxena, S. (2008). The pathophysiology of body dysmorphic disorder. *Body Image*, 5(1): 3-12.

Fontenelle, L. F., Mendlowicz, Kalaf, J., & Versiani, M. (2006a). The problem of delusional ugliness: is it really body dysmorphic disorder? *World Journal Biol Psychiatry*; 7(2), 110-115.

Fontenelle, L. F., Telles, L. L., Nazar, B. P., de Menezes, G. B., do Nascimento, A. L., Mendlowicz, M. V., & Versiani, M. (2006b). A sociodemographic, phenomenological, and long-term follow-up study of patients with body dysmorphic disorder in Brazil. *International Journal of Psychiatry Med.* 36(2), 243-259.

Frare, F., Perugi, G., Ruffolo, G., & Toni, C. (2004). Obsessive-compulsive disorder and body dysmorphic disorder: a comparison of clinical features. *European Psychiatry*, 19(5), 292-298.

Gabbay, V., Asnis, G. M., Bello J. A., Alonso, C. M., Serras, S. J., & O'Dowd, M. A. (2003). New onset of body dysmorphic disorder following frontotemporal lesion. *Neurology.* 61(1), 123-125.

Geremia, G., & Neziroglu F. (2001). Cognitive therapy in the treatment of body dysmorphic disorder. *Clinical Psychol Psychother*, 8, 243-251.

Grant, J. E., Menard, W., Pagano, M. E., Fay, C., & Phillips, K. A. (2005). Substance use disorders in individuals with body dysmorphic disorder. *Journal of Clinical Psychiatry*, 66, 309-311.

Grant, J. E., Menard W., & Phillips, K. A. (2006). Pathological skin picking in individuals with body dysmorphic disorder. *Gen Hosp Psychiatry* 28, 487-493.

Grant, J. E., & Phillips K. A. (2005). Recognizing and treating body dysmorphic disorder. *Ann Clinical Psychiatry*, 17(4), 205-210.

Gunstad, J., & Phillips, K. A. (2003). Axis I comorbidity in body dysmorphic disorder. *Compr Psychiatry.* 44(4), 270-276.

Hepburn, S., Cunningham, S. (2006). Body dysmorphic disorder in adult orthodontic patients. *American Journal of Orthod Dentofacial Orthop*, 130(5), 569-574.

Hildebrandt, T., Schlung, D., Langenbucher, J., & Chung, T. (2006). Presence of muscle dysmorphia symptomatology among male weightlifters. *Compr Psychiatry*, 47, 127-135.

Hollander, E., Allen, A., Kwon, J., Aronowitz, B., Schmeidler, J., Wong, C., & Simeon D. (1999). Clomipramine vs desipramine crossover trial in body dysmorphic disorder: Selective efficacy of a serotonin reuptake inhibitor in imagined ugliness. *Archives Geneneral Psychiatry*, 56, 1033-1039.

Hollander, E., Kim, S., Khanna, S., & Pallanti, S. (2007). Obsessive-compulsive disorder and obsessive-compulsive spectrum disorders: Diagnostic and dimensional issues. *CNS Spectr.*, 12 (Suppl 3), 5-13.

Hollander, E., Liebowitz, M. R., Winchel, R., Klumker, A., & Klein, D. F. (1989). Treatment of body dysmorphic disorder with serotonin reuptake blockers. *American Journal of Psychiatry*; 146, 768-770.

Hollander, E., Neville, D., Frenkel, M., Josephson, S., & Liebowitz, M. R. (1992). Body dysmorphic disorder: Diagnostic issues and related disorders. *Psychosomatics*, 33(2), 156-165.

Hunter-Yates, J., Dufresne, R. G., & Phillips, K. A. (2007). Tanning in body dysmorphic disorder. *Journal of American Academy Dermatolology*, 56 (Suppl 5), 107-109.

Ishigooka, J., Iwao, M., Suzuki, M., Fukuyama, Y., Murasaki, M., & Miura, S. (1998). Demographic features of patients seeking cosmetic surgery. *Psychiatry Clinical Neuroscience*, 52(3), 283-287.

Kittler, J. E., Menard, W., & Phillips, K. A. (2007). Weight concerns in individuals with body dysmorphic disorder. *Eating Behavior*, 8(1), 115-120.

Koran, L. M., Abujaoude, E., Large M. D., Serpe, R. T. (2008). The prevalence of body dysmorphic disorder in the United States adult population. *CNS Spectr*, 13(4), 316-322.

Mathew, S. J. (2001). PANDAS variant and body dysmorphic disorder. *American Journal of Psychiatry*, 158(6), 963.

McElroy, S. L., Phillips, K. A., Keck, P. E., Hudson, J. I., & Pope, H. G. (1993). Body dysmorphic disorder: does it have a psychotic subtype? *Journal of Clinical Psychiatry*; 54(10), 389-395.

McKay, D., Todaro, J., Neziroglu, F., Campisi, T., Moritz, E. K., & Yaryura-Tobias, J. A. (1997). Body dysmorphic disorder: A preliminary evaluation of treatment and maintenance using exposure with response prevention. *Behavior Research and Therapy*, 35, 67-70.

M chels, M. J., & Torres, A. R. (2004). Diagnóstico diferencial da fobia social: Uma revisão. *J Bras Psiquiatr,* 53(5), 291-300.

M guel, E. C., Torres, A. R., Ferrão, Y. A. (2005) Body dysmorphic disorder and obsessive-compulsive disorder: more similarities than differences (comentário). In: M, Maj, H. S., Akiskal, J. E., Mezzich & Okasha, A. (Eds.). *Somatoform Disorders* (pp 249-251). WPA series Evidence and Experience in Psychiatry. John Wiley & Sons, Ltd. Vol. 9,

Mourtier, C. Y., & Stein, M. B. (1999). The history, epidemiology, and differential diagnosis of social anxiety disorder. *Journal of Clinical Psychiatry,* 60(9), 4-8.

Munro, A., & Chmara J. (1982). Monosymptomatic hypochondriacal psychosis: A diagnostic checklist based on 50 cases of the disorder. *Canadian Journal of Psychiatry,* 27, 374-376.

Neziroglu, F., & Cash, T. F. (2008). Body dysmorphic disorder: causes, characteristics, and clinical treatments. *Body Image,* 5: 1-2.

Neziroglu, F. A., & Yaryura-Tobias, J. A. (1993). Exposure, response prevention, and cognitive therapy in the treatment of body dysmorphic disorder. *Behavior Therapy,* 24, 431-438.

Olivardia, R., Pope, H. G., & Hudson, J. I. (2000). Muscle dysmorphia in male weightlifters: a case-control study. *American Journal of Psychiatry,* 157, 1291-1296.

Otto, M. W., Wilhem, S., Cohen, L. S., & Harlow, B. L. (2001). Prevalence of body dysmorphic disorder in a community sample of women. *American Journal of Psychiatry,* 158, 2061-2063.

Pavan, C., Simonato, P., Marini, M., Mazzoleni, F., Pavan, L., & Vindigni, V. (2008). Psychopathologic aspects of body dysmorphic disorder: a literature review. *Aesthetic Plastic Surgery,* 32(3), 473-484.

Perugi, G., Akiskal, H. S., Giannotti, D., Frare, F., Di Vaio, S., & Cassano, G. B. (1997). Gender-related differences in body dysmorphic disorder (dysmorphophobia). *Journal of Nervous Mental Disorders,* 185(9): 578-582.

Perugi, G., Giannotti, D., Di Vaio, S., Frare, F., Saettoni, M., & Cassano, G. B. (1996). Fluvoxamine in the treatment of body dysmorphic disorder (dysmorphophobia). *Int Clinical Psychopharmacology,* 11, 247-254.

Phillips, K. A. (1991). Body dysmorphic disorder: the distress of imagined ugliness. *American Journal of Psychiatry*, 148, 1138-1149.

Phillips, K. A. (1999). Body dysmorphic disorder and depression: theoretical considerations and treatment strategies. *Psychiatric Quarterly*, 70: 313-331.

Phillips, K. A. (2001). Body dysmorphic disorder. In: K. A. Phillips (Ed.). Somatoform and Factitious Disorders (67-94). Washington, DC, *American Psychiatric Publishing*.

Phillips, K. A. (2002). Pharmacologic treatment of body dysmorphic disorder: review of the evidence and a recommended treatment approach. *CNS Spectr*, 7, 453-460.

Phillips, K. A. (2005). The Broken Mirror: *Understanding and Treating Body Dysmorphic Disorder, revised and expandeded*. New York, Oxford University Press.

Phillips, K. A. (2006a). The presentation of body dysmorphic disorder in medical settings. *Prim Psychiatry*, 13(7), 51-59.

Phillips, K. A. (2006b). An open-label study of escitalopram in body dysmorphic disorder. *Int Clinical Psychopharmacology*, 21, 177-179.

Phillips, K. A., Albertini, R. S., & Rasmussen, S. A. (2002). A randomized placebo-controlled trial of fluoxetine in body dysmorphic disorder. *Archives of General Psychiatry*, 59, 381-388.

Phillips, K. A., & Diaz, S. F. (1997). Gender differences in body dysmorphic disorder. *Journal of Nervous Mental Disorders*, 185, 570-577.

Phillips, K. A., Didie, E. R., Feusner, J., & Wilhelm, S. (2008). Body Dysmorphic Disorder: treating an underrecognized disorder. *American Journal of Psychiatry*, 165(9), 1111-1118.

Phillips, K. A., Dwight, M. M., & McElroy, S. L. (1998). Efficacy and safety of fluvoxamine in body dysmorphic disorder. *Journal of Clinical Psychiatry*, 59, 165-171.

Phillips, K. A., Dufresne, R. G., Jr., Wilkel, C. S., & Vittorio, C. C. (2000). Rate of body dysmorphic disorder in dermatology patients. *Journal of American Academy Dermatology*, 42(3), 436-441.

Phillips, K. A., & Hollander, E. (2008). Treating body dysmorphic disorder with medication: evidence, misconceptions, and a suggested approach. *Body Image*, 5, 13-27.

Phillips, K. A., & Kaye, W. H. (2007). The relationship of body dysmorphic disorder and eating disorders to obsessive-compulsive disorder. *CNS Spectr.,* 12(5), 347-58.

Phillips, K. A., & McElroy, S. L. (1993). Insight, overvalued ideation, and delusional thinking in body dysmorphic disorder: theoretical and treatment implications. *Journal of Nervous Mental Disorders,* 181(11), 699-702.

Phillips, K. A., & McElroy, S. L. (2000). Personality disorders and traits in patients with body dysmorphic disorder. *Compr Psychiatry,* 41(4), 229-236.

Phillips, K. A., Pagano, M. E., Menard, W., & Stout, R. L. A (2006). 12-month follow-up study of the course of body dysmorphic disorder. *American Journal of Psychiatry,* 163: 907-912.

Phillips, K. A., Pinto, A., Menard, W., Eisen, J. L., Mancebo, M., & Rasmussen, S. A. (2007). Obsessive-compulsive disorder versus body dysmorphic disorder: a comparison study of two possibly related disorders. *Depress Anxiety,* 24(6): 399-409.

Phillips, K. A., Quinn G., & Stout, R. L. (2008). Functional impairment in body dysmorphic disorder: a prospective follow-up study. *Journal of Psych Research,* 42, 701-707.

Phillips, K. A., McElroy, S. L., Hudson, J. I., & Pope, H. G, Jr. (1995). Body dysmorphic disorder: an obsessive-compulsive spectrum disorder, a form of affective spectrum disorder, or both? *Journal of Clinical Psychiatry,* 56 (Suppl 4), 41-52.

Phillips, K. A., McElroy, S. L., Keck Jr., P. E., Pope Jr., H. G., & Hudson, J. I. (1994). A comparison of delusional and nondelusional body dysmorphic disorder in 100 cases. *Psychopharmacol Bulletin,* 30, 179-186.

Phillips, K. A., McElroy S. L., Keck, P. E. Jr., Pope, H. G. Jr., & Hudson, J. I. (1993). Body dysmorphic disorder: 30 cases of imagined ugliness. *American Journal of Psychiatry,* 150(2), 302-308.

Phillips, K. A., Menard, W., & Fay, C. (2006). Gender similarities and differences in 200 individuals with body dysmorphic disorder. *Compr Psychiatry,* 2; 47(2): 77-87.

Phillips, K. A., Menard, W., Fay, C., & Weisberg, R. (2005). Demographic characteristics, phenomenology, comorbidity, and family history in 200 individuals with body dysmorphic disorder. *Psychosomatics,* 46(4): 317-325.

Phillips, K. A., Menard, W., Pagano, M. E., Fay, C., & Stout, R. L. (2006). Delusional versus nondelusional body dysmorphic disorder: clinical features and course of illness. *Journal of Psych Research*; 40: 95-104.

Phillips, K. A., & Najjar, F. (2003). An open-label study of citalopram in body dysmorphic disorder *Journal of Clinical Psychiatry*, 64, 715-720.

Phillips, K. A., & Stout, R. L. (2006). Associations in the longitudinal course of body dysmorphic disorder with major depression, obsessive-compulsive disorder and social phobia. *Journal of Psych Research*, 40, 360-369.

Phillips, K. A., Grant, J., Siniscalchi, J., & Albertini, R. S. (2001). Surgical and nonpsychiatric medical treatment of patients with body dysmorphic disorder. *Psychosomatics*, 42, 504-510.

Phillips, K. A., Grant, J. E., Siniscalchi, J. M., Stout, R., & Price, L. H. (2005). A retrospective follow-up study of body dysmorphic disorder. *Comprehensive Psychiatry*, 46(5), 315-321.

Phillips, K. A., Pagano, M. E., & Menard, W. (2006). Pharmacotherapy for body dysmorphic disorder: Treatment received and illness severity. *Ann Clinical Psychiatry*, 18(4), 251-257.

Rauch, S. L., Phillips, K. A., Segal, E., Makris, N., Shin, L. M., & Whalen, P. J. (2003). A preliminary morphometric magnetic resonance imaging study of regional brain volumes in body dysmorphic disorder. *Psychiatry Research*, 122(1), 13-19.

Rief, W., Buhlmann, U., Wilhelm, S., Borkenhagen, A., Brahler, E. (2006). The prevalence of body dysmorphic disorder: a population-based survey. *Psychol Medicine*, 36(6), 877-885.

Rosen, L. C., Reiter, J., & Orosan, P. (1995). Cognitive-behavioural body image therapy for body dysmorphic disorder. *Journal of Consulting and Clinical Psychology*, 63, 263-269.

Ruffolo, J. S., Phillips, K. A., Menard, W., Fay, C., & Weisberg, R. B. (2006). Comorbidity of body dysmorphic disorder and eating disorders: severity of psychopathology and body image disturbance. *Int J Eat Disord*, 39(1): 11-19.

Sarwer, D. B., & Crerand, C. E. (2004). Body image and cosmetic medical treatments. *Body Image*, 1(1): 99-111.

Sawer, D. B., Wadden, T. A., Pertschuk, M. J., & Whitaker, L. A. (1998). Body image dissatisfaction and body dysmorphic disorder in 100 cosmetic surgery patients. *Plastic Reconstr Surgery*, 101(6), 1644-1649.

Simeon, D., Hollander, E., Stein, D. J., Cohen, L., & Aronowitz, B. (1995). Body dysmorphic disorder in the DSM-IV field trial for obsessive-compulsive disorder. *American Journal of Psychiatry*, 152(8), 1207-1209.

Smaith P. (1992). Body image disorders. *Psychother Psychosom*, 119-124.

Taqui, A. M., Shaikh, M., Gowani, S. A., Shahid, F., Khan, A., Tayyeb, S. M. (2008). Body dysmorphic disorder: gender differences and prevalence in a Pakistani medical student population. *BMC Psychiatry* 8, 20.

Tignol, J., Biraben-Gotzamanis, L., Martin-Guehl, C., Grabot, D., & Aouizerate, B. (2007). Body dysmorphic disorder and cosmetic surgery: evolution of 24 subjects with a minimal defect in appearance 5 years after their request for cosmetic surgery. *European Psychiatry*, 22(8), 520-524.

Torres, A. R. (1996). Hipocondria e transtorno delirante somático. In: E. C. Miguel (Ed.). *Transtornos do Espectro obsessivo-compulsivo: Diagnóstico e tratamento* (pp. 138-149). Editora Guanabara-Koogan

Torres, A. R., Ferrão, Y. A., & Miguel, E. C. (2005). Transtorno dismórfico corporal: uma expressão alternativa do transtorno obsessivo-compulsivo? *Revista Brasileira de Psiquiatria*, 27(2), 95-96.

Torres, A. R., Ramos-Cerqueira, A. T. A., Ferrão, Y. A., Fontenelle, L. F., Rosário, M. C., & Miguel, E. C. (2010). Suicidality in obsessive-compulsoive disorder: prevalence and relation to symptom dimensions and comorbid conditions. *Journal of Clinical Psychiatry* (in press).

Veale, D. Body dysmorphic disorder. *Postgrad Medical Journal*, 80: 67-71.

Veale, D. (2004a). Advances in a cognitive behavioural model of body dysmorphic disorder. *Body Image*, 1(1), 113-125.

Veale, D., Boocock, A., Gournay, K., Dryden, W., Shah, F., Willson, R., & Walburn J. (1996). Body dysmorphic disorder: a survey of fifty cases. *British Journal of Psychiatry*, 169, 196-201.

Wilhem S., Otto, M. W., Zucker, B. G., & Pollack., M. H. (1997). Prevalence of body dysmorphic disorder in patients with anxiety disorders. *Journal Anxiety Disorders*, 11(5), 499-502.

Williams, J., Hadjistavropoulos, T., & Sharpe, D. (2006). A metanalysis of psychological and pharmacological treatments for body dysmorphic disorder. *Behavior Research and Therapy*, 44, 99-111.

World Health Organization (1992). *International Classification of Mental and Behavioural Disorders*. Tenth revision (ICD 10). Geneva: WHO.

Zimmerman, M., Mattia, J. I. (1998). Body dysmorphic disorder in psychiatric outpatients: Recognition, prevalence, comorbidity, demographic, and clinical correlates. *Compr Psychiatry*, 39(5), 265-270.

Transtorno da compulsão alimentar periódica (TCAP)

Lucia Marques Stenzel
Universidade Federal Ciências da Saúde de Porto Alegre (UFCSPA)

Rafael Marques Soares
Instituto de Pesquisas Ensino e Gestão em Saúde

Este capítulo propõe-se a discutir o espectro da obsessão/compulsão que engloba quadros psicopatológicos específicos, dentre eles a compulsão alimentar. Talvez a compulsão alimentar, mais especificamente o Transtorno da Compulsão Alimentar Periódica (TCAP), seja, entre todos os quadros aqui referidos, o mais debatido no senso comum. Comer em excesso, ou comer compulsivamente é hoje um dos grandes males a ser combatido, não só por aqueles diagnosticados com TCAP, mas por todos aqueles que têm algum tipo de preocupação com a saúde e com a forma corporal. Esta preocupação com o excesso alimentar acaba por gerar grande confusão, não só para o público leigo, como também para os acadêmicos e profissionais. Será que existe claros indicadores que separam o excesso alimentar de uma compulsão alimentar considerada patológica? Será que tais características nos permitem classificar a compulsão alimentar como parte do espectro obsessivo/compulsivo, foco central deste livro? Acrescida a esta discussão, outro fator que gera controvérsia quanto à compulsão alimentar é sua constante associação ao quadro de obesidade. Será que o diagnóstico de TCAP, necessariamente se associa a um quadro de obesidade? São estas entre outras questões que este capítulo busca esclarecer.

Este capítulo se dividirá em quatro grandes focos: num primeiro momento, busca-se definir as dimensões e representações comportamentais da compulsão alimentar, mais especificamente, esclarecer esta necessária diferenciação apontada de início entre *excesso e compulsão alimentar*. Para tanto, serão traçados alguns aspectos históricos do construto. Tendo esta diferenciação estabelecida, partimos para a descrição do TCAP, principais características e sintomatologia; também serão traçadas relações existentes entre o TCAP e outros quadros psicopatológicos, como, por exemplo, a bulimia nervosa. Neste item, serão referidos possíveis comorbidades e adequados instrumentos de avaliação que podem auxiliar os profissionais no diagnóstico diferencial de quadros psicopatológicos com sintomatologia semelhante. No quarto e último item, discute-se como e por que a compulsão alimentar está associada aos quadros obsessivos/compulsivos.

Do excesso à compulsão alimentar: um percurso histórico pela patologização do consumo alimentar

Talvez exista dúvida quanto à relação do TCAP com a real inserção no espectro obsessivo-compulsivo; no entanto, não há dúvida quanto à caracterização da doença no que se refere ao aspecto da compulsão. O próprio nome Transtorno da "Compulsão" Alimentar Periódica oferece-nos esta certeza. Este item abordará algumas reflexões quanto a fatores históricos que levaram o consumo excessivo ao *status* de patologia, pois nem sempre comer de forma desmedida foi considerado doença.

É importante que desde cedo se possa fazer esta conexão entre compulsão, excesso alimentar e o ato de consumir. Esta ligação pode parecer óbvia, porém se perceberá a importância de abordá-la aqui no sentido de uma melhor compreensão do significado do excesso alimentar nos tempos atuais.

Consumo, ou o ato de consumir, pode ter diferentes significados. Por um lado, consumir é sinônimo do simples ato de comer, ingerir, ou absorver. Por outro, consumir também está historicamente associado ao excesso, no sentido do desperdício.

Estes diferentes significados atribuídos ao ato de consumir podem ser transportados para o problema de excesso alimentar. O homem glutão, que foi historicamente um símbolo do consumo e abundância, possui uma ambígua representação que transita entre uma imagem positiva no passado e outra negativa na atualidade.

Alguns teóricos como Stearns (1997), Schwartz (1986), e Lears (1983) aprofundaram-se nesta questão do consumo ligada ao excesso alimentar. Estes autores concordam que a abundância, como uma escolha proveniente do ato de consumir, exacerbada na modernidade pelo capitalismo, gerou uma série de tensões na sociedade americana – exemplo que parece se estender para outras sociedades, como a brasileira. Lears (1983), ao se referir à sociedade americana, diz que a abundância e o desperdício geraram uma série de culpas e exacerbaram a noção de pecado e a necessidade do sacrifício. À medida que a vida foi ficando cada vez mais direcionada para o consumo, cresceu também o sentimento de culpa que acabou reforçando a necessidade do autocontrole, como forma de compensação. O sacrifício, os jejuns autoimpostos, antes estimulado pela religião, passaram a ser estimulados por razões diversas na modernidade: come-se menos por questões econômicas, culturais, estéticas e de saúde.

Consequentemente, o excesso alimentar e mesmo o excesso de peso, pode também ser visto como uma transgressão a estas prescrições culturais, econômicas e estéticas. O termo transgressão associado ao problema do excesso alimentar tem sido muito utilizado principalmente entre teóricos que estudam o problema da obesidade sob um enfoque histórico e psicossocial (Stears, 1997). A transgressão a normas de como bem portar-se, como cuidar bem do corpo, é vista hoje como uma ameaça ao equilíbrio prescrito pela modernidade. Por isto, qualquer tendência ao excesso é vista de forma negativa. Consumir alimentos em excesso é uma forma de transgredir. Ter um peso excessivo, acima dos padrões estabelecidos, também é uma forma de transgredir.

Para que não sejamos tentados ao excesso é preciso negar os desejos, as tentações, negar os apetites. A negação dos apetites passou a ser uma postura esperada no final do século XIX; uma postura não mais ligada à crença religiosa, mas ligada sim à cultura. A negação dos apetites e o sacrifício para abdicar dos prazeres, antes valores e prescrições religiosas, retornaram no final do século XIX com grande força. De acordo com Lears (1983), a restrição dos excessos foi secularizada, mas manteve o significado moral e religioso de "libertação da alma" antes somente ligado a questões espirituais.

À medida que o consumo e o excesso foram sendo exacerbados pela modernidade, concomitantemente foram crescendo as práticas para conter e restringir este excesso. O que Lears (1983) e Stearns (1997) argumentam é que a ascensão do consumo foi acompanhada de uma secularização e ressignificação da culpa antes promulgada pela religião. O que pode ser observado na virada do século XX é uma crescente tensão no sentido de conter os excessos promovidos pelo consumo capitalista. De um lado vemos um consumo em ascendência, que estimula o excesso. Por outro, temos a cultivação e ressignificação da culpa moral e religiosa, que predispõe às práticas de controle social e simbólico.

O que teóricos como Lears (1983) e Stearns (1997) têm a dizer sobre a ética do excesso (ou a ética da extravagância) e a ética do controle é extremamente importante para que possamos entender o TCAP na forma como este é classificado hoje e na forma como se configuram as características da doença.

A culpa que acompanha um episódio de compulsão alimentar também é assim absorvida e sentida em função da representação de transgressão que este ato tem na nossa sociedade no nosso tempo. O que fica evidente, já no final do século XIX, e se mantém ainda hoje, é uma constante tensão: por um lado tem-se a ética do consumo que expõe as pessoas ao excesso; por outro, tem-se a ética do controle, que as expõe ao desconforto e as faz sentir desconfortáveis diante de todo e qualquer excesso. Toda a sociedade é tomada por esta contradição.

Mas o que faz então com que uns sejam mais afetados do que outros por tais pressões contraditórias? O que faz com que uns sejam classificados como doentes e/ou "dependentes" do alimento e outros apenas glutões? O que diferencia o normal e o patológico no que se refere ao comer?

O ato de comer em excesso, ou compulsão alimentar, hoje tem classificações claras. Com o advento da nutrição direcionada ao controle de peso, da psicologia das patologias alimentares e da indústria do emagrecimento, criaram-se fronteiras específicas que diferenciam o uso e o abuso da comida. Existem estilos específicos de se alimentar e razões diferenciadas para tal ato. Comer por necessidade fisiológica ou "por prazer"; comer demasiadamente em datas comemorativas; comer por estar sentindo-se triste ou muito alegre; dependendo da forma e da quantidade, o ato de comer pode ser considerado como um sintoma de uma específica patologia.

A compulsão alimentar é uma forma descontrolada e exagerada de se alimentar, fruto de um desequilíbrio não só do corpo, mas de uma fragilidade do sujeito no que se refere ao controle. Apesar de algumas vezes comprometido em não comer em excesso, o sujeito se diz invadido por pensamentos obsessivos/compulsivos que o levam a ceder e consequentemente ao descontrole.

Em 1880, o excesso alimentar começou a ser descrito como doença e principalmente ligado a quadros de obesidade. Antes a imagem denegrida do excesso alimentar era vista como uma violação de valores estéticos; já na virada do século, o excesso passou a representar um problema de saúde e de caráter. A obesidade foi gradativamente sendo medicalizada e as pessoas com excesso de peso passaram a ser vistas como vítimas de sua doença (Chang, 2002; Sobal & Mauer, 1999). É nesta direção que hoje o excesso alimentar e o excesso de peso vão adquirindo classificações diagnósticas cada vez mais claras que o legitimam como patologia.

A palavra compulsão alimentar ganhou destaque nos manuais de psiquiatria a partir da década de 50; historicamente, bem depois do início do estabelecimento do excesso alimentar como patologia. Foi neste período que se começou a observar e diagnosticar este tipo de transtorno alimentar. Em 1959, Stunkard descreveu o comer compulsivo como "um padrão alimentar distinto em alguns obesos" (Coutinho, 1998, p. 203). Hoje, calcula-se que 30% das pessoas que seguem programas de emagrecimento possuem este comportamento patológico (Herscovici, 1997). No que se refere à distribuição por sexos, a proporção é de três mulheres para cada homem (Coutinho, 1998). Estudos recentes como o de Hudson (2007) encontram uma diferença um pouco menor na proporção entre homens em mulheres e outros sugerem que especialmente a diferença encontrada na prevalência de TCAP é fruto de poucos estudos sobre transtornos alimentares tendo o sexo masculino como foco, e por poucos homens relatarem a doença ou sintomas no campo alimentar (Hudson, Hiripi et al., 2007; Striegel--Moore, Rosselli et al., 2009).

A compulsão alimentar é também associada aos quadros de bulimia nervosa; no entanto, os pacientes com TCAP se diferenciam dos pacientes bulímicos, pois os primeiros não recorrem aos mecanismos de compensação como fazem os bulímicos. Atos compensatórios são aqueles comportamentos autodestrutivos e intencionais que buscam anular a compulsão; uma tentativa de compensar a transgressão característica do excesso alimentar. Os atos compensatórios se caracterizam pelo vômito autoinduzido, uso de laxantes e diuréticos, e prática excessiva de exercícios físicos. Porém, tanto a bulimia como o TCAP se caracterizam por uma fragilidade de controle. A semelhança está no fato de que ambos pacientes cedem ao excesso alimentar e comem compulsivamente. No que se refere aos episódios de compulsão, estes são classificados como: comer de forma copiosa, rápida, até sentirem-se incomodadamente cheios (Herscovici, 1997).

No próximo item, ficarão claras as fronteiras que separam o normal e o patológico no ato de comer em excesso e a caracterização do TCAP como parte dos Transtornos Alimentares Sem Outra especificação (TASOE). Até aqui se pode concluir que a história que levou o excesso alimentar ao *status* de patologia delimitou os contornos do TCAP no que se refere às características comportamentais e sintomatológicas, bem como às implicações psicossociais.

Transtornos alimentares sem outras especificações

De acordo com a descrição dos principais sistemas de classificação de transtornos mentais, a Classificação Internacional de Doenças – CID 10(WHO, 2007) e o Manual Diagnóstico e Estatístico de Transtornos Mentais – DSM-IV-TR (APA 2000), existem duas síndromes principais de transtornos alimentares: a anorexia nervosa (AN) e a bulimia nervosa (BN).

Mas a prática clínica ambulatorial demonstra que uma parcela significativa de pacientes apresenta comportamento alimentar inadequado, com sintomas significativos, mas que não preenchem todos os critérios diagnósticos para AN e BN (Fairburn & Bohn, 2005). Esses quadros são denominados atípicos ou sem outra especificação (TASOE). Os transtornos alimentares não especificados (TASOE) caracterizam-se por pacientes que não preenchem todos os critérios diagnósticos para anorexia nervosa ou bulimia nervosa, mas apresentam alterações importantes no comportamento alimentar e sofrimento psicológico em decorrência dos sintomas. Por serem erroneamente considerados estados subclínicos e de "leve" severidade, são negligenciados pelos pesquisadores, mesmo sendo o diagnóstico mais comum apresentando uma prevalência de 60% dos casos em estudos clínicos (Fairburn, Agras et al., 2004).

Entre os TASOE, ressalta-se o transtorno da compulsão alimentar periódica (TCAP). Destaca-se então que o assunto foco deste capítulo se refere a um quadro que ainda não é considerado como entidade nosológica distinta, sendo que as sugestões de critérios diagnósticos estão incluídos no apêndice do DSM IV-TR

(APA, 2000). É relevante ainda esclarecer que o sintoma de compulsão alimentar foi identificado pela primeira vez por (Stunkard, 1959), no entanto, a síndrome de *Binge Eating Disorder* (BED) ainda não alcançou o reconhecimento oficial de diagnóstico e continua a ser uma síndrome na necessidade de um estudo mais aprofundado no Diagnóstico e Estatístico Manual of Mental Disorders (DSM)- -IV-TR (APA, 2000).

O TCAP tem como critérios diagnósticos sugeridos

- Episódios recorrentes de compulsão alimentar periódica (excesso alimentar + perda de controle).
- Comportamentos associados à compulsão alimentar (pelo menos três)
- Comer rapidamente.
- Comer até sentir-se cheio.
- Comer grandes quantidades de comida até mesmo sem estar com fome.
- Comer sozinho por embaraço pela quantidade de comida.
- Sentir repulsa por si mesmo, depressão ou demasiada culpa após a compulsão.
- Acentuada angústia pela compulsão alimentar.
- Frequência e duração da compulsão alimentar: média de dois dias/ semana por seis meses.
- Não se utiliza de métodos compensatórios inadequados (por exemplo, purgação).

Este último item é o principal motivo que diferencia o TCAP da BN, pelo fato dos pacientes apresentarem, também, os episódios de compulsão alimentar, mas esses não são seguidos de episódios de purgação ou comportamentos compensatórios inadequados, como abuso de laxantes, excesso de exercício, jejum e vômito, embora a fronteira exata entre os TCAP e Bulímicos não purgativos esteja longe de ser clara (Fichter, Quadflieg et al., 2008; Latner, Vallance et al., 2008). Em comum com a BN, o critério de frequência do sintoma compulsão alimentar é duas vezes por semana, embora este critério não tenha um bom suporte científico da literatura para BN e não foi, assim como os demais, validado para o TCAP (Garfinkel, Lin et al., 1996), Garfinkel et al., 1996; Sullivan, Bulik et al., 1998).

Os critérios diagnósticos atuais são controversos, em parte pela extrema dificuldade do profissional identificar claramente alguns episódios de compulsão alimentar. Por várias razões, os investigadores e os clínicos são muitas vezes malsucedidos em avaliar e diferenciar uma quantidade anormalmente grande de comida (Cooper & Fairburn, 2003). Esta dificuldade se dá primeiramente no fato de que algumas vezes é muito tênue a diferença entre um ataque compulsivo ou comer em excesso ao longo do dia (em vez de comer refeições previstas), ou comer por circunstanciais atípicas (por exemplo, férias e festividades). Estas contradições tornam difícil determinar o verdadeiro número de episódios de compulsão alimentar experimentada por um paciente. Por outro lado pesquisadores, clínicos e pacientes não são confiáveis para determinar se a perda de controle estava presente (Cooper & Fairburn, 2003); devido às diferenças subjetivas na definição, a perda de controle é difícil de medir. Alguns indivíduos podem relatar perda de controle após a ingestão de uma pequena quantidade de alimentos (por exemplo, um biscoito), enquanto outros só podem experimentar uma sensação de perda de controle depois de uma quantidade muito maior de alimentos (por exemplo, uma caixa de cereal) (Cooper and Fairburn 2003).

Buscando facilitar e contribuir para a melhora do diagnóstico de TCAP ou do sintoma, durante a última década, uma variedade de inquéritos de autopreenchimento (*Self-report*) tem sido utilizados, como, por exemplo, o Binge Eating Scale (Hawkins and Clement 1980), Three Factor Eating Questionnaire (Stunkard and Messick 1985), Body Shape Questionnaire (Cooper, Taylor et al., 1987) bem como os métodos de entrevista, por exemplo, Eating Disorders Examination (EDE) (Fairburn & Cooper, 1993), Questionnaire of Eating and Weight Patterns (Nangle, Johnson et al., 1994).

Portanto, devido à natureza altamente subjetiva de todos os itens que cercam o diagnóstico do TCAP, não surpreende que o debate sobre a inclusão do TCAP no DSM continue. Faz-se necessário compreender melhor as bases biológicas, psicológicas, comportamentais e ambientais da compulsão alimentar para que se possa aprofundar nos estudos psicológicos tão raros e imprescindíveis.

Epidemiologia

Ainda há pouca informação consistente quanto à epidemiologia do transtorno da compulsão alimentar periódica. Dois estudos, Martin et al. (2000) e Ricca et al. (2001) encontraram prevalências de 9,7% e 8,5% respectivamente, ambos em pacientes atendidos em ambulatórios específicos de transtornos alimentares (Martin, Williamson et al., 2000; Ricca, Mannucci et al., 2001). O único estudo de base populacional realizado até o presente foi conduzido nos Estados Unidos, e revelou uma prevalência de 3,5% em mulheres adultas e 2,0% entre homens adultos (Hudson, Hiripi et al., 2007).

No Brasil, ainda não foram realizados estudos de base populacional que tenham avaliado a prevalência de TCAP dentro dos critérios diagnósticos estabelecidos. No sul do Brasil, foi realizado um estudo que investigou a prevalência do sintoma de compulsão alimentar em mulheres nos períodos pré-gestacional e gestacional, encontrando uma prevalência de 26,5% para o período pré-gestacional e 17,3% para o gestacional (Soares, Nunes et al., 2009). Vitolo, (2005) em um estudo envolvendo universitárias de uma instituição privada de ensino encontrou uma prevalência de 18% e destas 54,5% estavam com peso acima do considerado normal de acordo com o Índice de Massa Corporal (IMC≥25) (Vitolo, Bortololini et al., 2005).

A obesidade é um ponto relevante quando se estuda TCAP, pois esta é uma das complicações clínicas mais comuns nos pacientes portadores deste transtorno. Estudos têm demonstrado que a prevalência de TCAP entre obesos pode superar 30% (Matos, Aranha et al., 2002) e que esta associação se torna mais forte quando o índice de massa corporal é de obesidade severa (IMC≥40kg/m²) (Hudson, Lalonde et al., 2006).

Apesar da maioria dos estudos internacionais e nacionais se concentrarem na avaliação de mulheres, estudos demonstram que determinantes sociodemográficos como gênero e raça parecem não influenciar na prevalência do transtorno. (Brownley, Berkman et al., 2007; Striegel-Moore & Franko, 2003).

Etiologia

Os transtornos alimentares são considerados doenças de difícil abordagem terapêutica devido a sua complexa etiologia. Para se tentar compreender as causas dos transtornos alimentares, é importante não se restringir a identificar um único fator patogênico, e sim buscar o entendimento de como vários fatores interagem para determinar a vulnerabilidade ao transtorno alimentar, para um indivíduo em particular, em determinado momento de sua vida. Assim, considera-se que os transtornos alimentares têm etiologia multifatorial, causado por fatores psicológicos, familiares e socioculturais, associados a uma vulnerabilidade genética.

De acordo com Morgan et al. (2002), destacam-se entre os fatores predisponentes, a história de transtorno alimentar e (ou) transtorno do humor na família, os padrões de interação presentes no ambiente familiar, o contexto sociocultural, caracterizado pela extrema valorização do corpo magro, disfunções no metabolismo das monoaminas centrais e traços de personalidade (Morgan, Vecchiatti et al., 2002).

Compulsão alimentar é um fenômeno comportamental complexo que se assemelha ao abuso de drogas e da tóxico-dependência na sua etiologia e biologia. Modelos animais de compulsão alimentar têm ajudado a elucidar alguns dos sistemas biológicos de condução de compulsão alimentar comportamental. Muitas circunstâncias precursoras que contribuem para o desenvolvimento da compulsão alimentar em seres humanos (como um histórico de restrição calórica, stress e a disponibilidade de alimentos saborosos normalmente condicionados à estímulos ambientais e sensoriais) também provocam um frenesi alimentar em animais de laboratório. Da mesma forma, os dados de modelos animais sugerem que a compulsão alimentar, como o abuso de substâncias, pode resultar de perturbações não adaptativas no sistema de recompensa natural (Davis & Carter 2009; Mathes, Brownley et al., 2009).

A dieta é o comportamento precursor que geralmente antecede a instalação de um transtorno alimentar. Contudo, a presença isolada da dieta não é suficiente para desencadear o transtorno alimentar, tornando-se necessária uma interação entre os fatores de risco e outros eventos precipitantes. Por último, o curso transitório ou crônico de um transtorno alimentar está relacionado à persistência de distorções cognitivas, à ocorrência de eventos vitais significativos e a alterações secundárias ao estado nutricional (Morgan, Vecchiatti et al., 2002).

Estudo de Pope em 2006 investigou a relação entre os aspectos comportamentais, dietéticos e psicológicos anteriormente citados e o TCAP e seus resultados sugerem que o TCAP é pelo menos tão crônico quanto a anorexia nervosa e bulimia nervosa, já bem melhor avaliadas e estudadas, o que faz que o TCAP provavelmente represente uma síndrome estável (Pope, Lalonde et al., 2006).

Farburn (1998), em um estudo caso-controle em uma comunidade, encontrou diferenças significativas entre a exposição a fatores de risco entre mulheres com TCAP e controles saudáveis, mas surpreendentemente poucas diferenças entre mulheres com TCAP e BN. Em comparação com controles saudáveis, as mulheres com TCAP relataram maior experiências adversas na infância, depressão parental, vulnerabilidade pessoal à depressão, e a exposição a comentários negativos sobre peso (Fairburn, Doll et al., 1998).

Dentre estes fatores um se destaca, a influência familiar; o estudo de Hudson ressalta que o TCAP pode ser considerado um transtorno familiar, causado em parte por fatores distintos e outros já conhecidos para obesidade. Mais Tecnicamente, a relação entre o contexto familiar e o TCAP é determinada por uma combinação de fatores genéticos e ambientais compartilhados entre os familiares, fatores que podem aumentar o risco de obesidade, especialmente a obesidade grave. Isso resulta que as intervenções orientadas capazes de prevenir ou tratar os traços familiares que influenciam o TCAP poderiam reduzir a carga da obesidade sobre todos os níveis do atendimento a saúde (Hudson, Lalonde et al., 2006).

Tratamento dos transtornos alimentares: a importância da equipe multidisciplinar

O tratamento dos transtornos alimentares é realizado predominantemente em regime ambulatorial. O programa terapêutico é elaborado por uma equipe interdisciplinar constituída por psiquiatra, psicólogo, nutricionista e clínico geral, sendo que a coesão de ideias e a tomada de decisões em equipe são essenciais para o andamento favorável do tratamento (APA, 2000; Association, 2006). Outros profissionais de saúde também podem fazer parte da equipe como terapeuta ocupacional e educador físico, se os recursos disponíveis assim permitirem. É importante ressaltar que, em transtornos alimentares, o tratamento em equipe interdisciplinar é fundamental, sendo esse princípio um consenso em toda a literatura nacional e internacional a respeito do tema (APA, 2000). Os profissionais de saúde são encorajados a expandir os seus pontos de vista individuais para ver uma pessoa como um todo e estar ciente de sinais e sintomas potencialmente nocivos dos transtornos alimentares (Association, 2006).

Tratando-se especificamente do TCAP, ainda não há consenso e evidências de qual seria o tratamento ou abordagem mais eficaz. Estudos de revisão realizaram comparações e análises das evidências sugeridas pelos estudos, se resumindo a quatro questões-chave, medicação e intervenção comportamental, intervenção comportamental, autoajuda e outras abordagens (Brownley, Berkman et al., 2007).

Tabela 1 - Força da evidência relativa ao tratamento de questões essenciais para o tratamento de Transtorno de compulsão alimentar

Resultados tratamentos	Danos do tratamento	Fatores associados com eficácia	Diferenças sociodemográficas
Medicação e mais intervenções comportamentais			
Moderada	Forte	Fraca	Inexistente
Intervenção comportamental			
Moderada	Inexistente	Fraca	Inexistente
Autoajuda			
Fraca	Inexistente	Fraca	Inexistente
Outros			
Fraca	Inexistente	Fraca	Inexistente

Adaptado (Brownley, Berkman et al., 2007).

As diretrizes de tratamento orientam que o profissional prescreva ao seu paciente com TCAP a associação de programas comportamentais de controle de peso (normalmente o uso de um diário alimentar e a escolha preferencial do nutricionista para o início deste trabalho) com dietas de valor calórico baixo ou muito baixo e que esta combinação de tratamentos possa ajudar com a perda de peso e, geralmente, com a redução dos sintomas de compulsão alimentar. Ressaltam ainda que é importante aconselhar os pacientes que a perda de peso frequentemente não é mantida e que a compulsão alimentar pode reaparecer quando há novo ganho de peso e este poderá reforçar o ciclo viciosos compulsão à ganho de peso à compulsão (Association, 2006).

Várias combinações de dietas, terapias comportamentais, terapias interpessoais, psicoterapia psicodinâmica tratamentos psicossociais não dirigidos ao peso, e até mesmo alguns *"no diet* / saúde em todos os tamanhos", abordam que a psicoterapia pode ser benéfica para a compulsão alimentar e perda de peso ou estabilização. Pacientes com história de perda de peso repetida seguida de ganho de peso (dieta "iô-iô") ou pacientes com um início precoce da compulsão alimentar podem se beneficiar de programas que se concentram em diminuir a compulsão alimentar, em vez de perda de peso (Association, 2006), mesmo que ainda exista discordância entre se priorizar a perda de peso ou a cessação da compulsão.

Têm-se ainda poucas evidências acerca das características do paciente (por exemplo, a idade de início da compulsão alimentar, magnitude e frequência de variação de peso). Estes dados são de extrema importância para que se possa contribuir para a elaboração de programas que abordem o TCAP em todos os seus aspectos, tornando o seu prognóstico mais favorável (Association, 2006).

A seguir, serão traçadas algumas características do TCAP, inclusive algumas já mencionadas, que fazem intersecção com o espectro obsessivo-compulsivo.

São em sua maioria ONGs ou grupos "não clínicos que pregam a "NÃO DIETA" que é possível ser saudável na maioria das faixas de peso.

TCAP e a relação com o espectro obsessivos-compulsivo

É possível traçar um interessante paralelo existente entre transtornos alimentares e características obsessivas/compulsivas. Estudiosos têm examinado a relação existente entre os Transtornos Alimentares e um número significativo de características típicas dos quadros obsessivos/compulsivos (Cassin & Ranson, 2005), incluindo a dúvida patológica, sintomas de verificação, os rituais simétricos, preocupações e pensamentos intrusivos e a compulsão (Hasler et al., 2005). No caso da anorexia, por exemplo, são tão comuns os rituais simétricos que levam psiquiatras e psicólogos a terem dúvidas quanto ao diagnóstico. Em geral, é a relação com o medo de engordar e a preocupação com a forma do corpo, acompanhadas dos rituais simétricos e dos pensamentos intrusivos que auxiliam o diagnóstico de anorexia nervosa nestes casos.

Alguns autores têm enfatizado diferentes dimensões do espectro obsessivo-compulsivo (Lochner & Stein, 2006) e aqui se fará uso de algumas destas dimensões com a finalidade de se traçar um paralelo com as características centrais do TCAP. Vinhetas de casos clínicos serão apresentadas para exemplificar cada uma destas dimensões.

A presença de pensamentos intrusivos e um consequente padrão de comportamento repetitivo

A presença de obsessões e compulsões causa sofrimento psíquico e consome um espaço considerável de tempo no cotidiano das pessoas com Transtorno Obsessivo-Compulsivo (TOC), que interferem significativamente na rotina de pessoa, em suas atividades profissionais e sociais. Pacientes com TOC costumam relatar a presença de pensamentos intrusivos, como se fosse muitas vezes "uma voz invadindo a cabeça". Se o indivíduo tem obsessões ligadas à sujeira das mãos, por exemplo, a angústia e o sofrimento são revertidos em uma compulsão repetitiva por lavar as mãos. As compulsões servem como uma forma de alívio aos pensamentos intrusivos.

Nos quadros de TCAP estes pensamentos giram em torno do alimento ou da preocupação com o peso. É comum o relato clínico de pacientes que em tratamento e ao se comprometerem com determinada prescrição dietética passam a se queixar de um aumento da vontade de comer em excesso e de um pensamento obsessivo por determinados alimentos. Uma paciente, ao relatar um episódio compulsivo ao psicólogo, faz referência a este padrão de pensamento e conduta: *"Doutor, eu estava determinada a seguir a dieta da nutricionista, mas bastou sair do consultório para que tudo se transformasse num grande tormento. Quanto mais eu penso em não comer, pior fica. Eu juro que estava determinada a seguir o nosso combinado, mas esta voz que me manda comer me persegue onde eu vou. É como se fosse um grilo falante sussurrando no meu ouvido: coma, coma, é só um pedacinho. Tenho certeza que está fora de mim, que é algo externo a mim. Não tenho forças contra este monstro".*

A preocupação obsessiva com o alimento, na forma de pensamentos intrusivos, em geral é comum no desencadear de uma compulsão. Em alguns pacientes com TCAP isto se restringe a um grupo de alimentos específicos, que podem ser carboidratos ou doces. Algumas abordagens terapêuticas inclusive solicitam que o paciente não tenha em casa ou em seu local de trabalho o alimento que é considerado o precursor de um episódio compulsivo; no entanto isto não alivia a obsessão pelo mesmo. Alguns pacientes relatam levantarem-se durante a madrugada para comprar o alimento que evitam como única forma de alívio do sofrimento; enquanto outros apresentam um comportamento evitativo com pessoas e lugares onde julgam que ficarão expostos ao alimento. Esta característica se assemelha a outros quadros, como, por exemplo, a dependência química que será abordada a seguir.

Comportamento dependente

A aproximação dos quadros obsessivos-compulsivos com o comportamento dependente (ou aditivo) é outro campo de estudo do espectro obsessivo-compulsivo, apesar de existir discussões sobre a veracidade desta relação (Lochner & Stein, 2006). Neste item será abordada a aproximação de algumas características entre a dependência química e o TCAP, principalmente no que se refere ao tratamento.

Muitas abordagens terapêuticas apontadas como efetivas no TCAP foram baseadas em tratamentos para o uso de drogas e álcool. Os sintomas característicos do paciente dependente incluem preocupações obsessivas com o uso ou não uso da droga (no caso do TCAP, preocupações obsessivas com preocupações obsessivas com a comida), fissura, busca desenfreada pelo prazer e gratificação.

Com frequência observa-se nos relatos de TCAP uma sistemática preocupação em não ceder ao objeto gerador da dependência (comida). A fissura, ou *craving*, comum em pacientes dependentes de drogas, também é comum no paciente com TCAP. Como relata uma paciente: *"O tratamento de um dependente químico às vezes me parece mais fácil do que o meu. Pelo menos um alcoolista ou um usuário de drogas não precisa estar constantemente exposto ao seu objeto de dependência. Como que eu vou isolar totalmente a comida da minha vida? Um usuário de cocaína pode, é só não ter a droga por perto! Eu não, eu tenho que estar constantemente me testando, me controlando, pois a comida está em todo lugar!".*

Grande parte das intervenções no tratamento do TCAP que tem como objetivo evitar a compulsão pelo alimento faz referência à prevenção à recaída, por exemplo. A vinheta a seguir busca exemplificar esta semelhança em sintomatologia e em abordagem terapêutica com os comportamentos aditivos.

No exemplo, o terapeuta busca criar estratégias comportamentais para que o paciente não tenha um comportamento compulsivo com a comida e evite uma recaída. Para tanto, parte de um estabelecimento conjunto de metas com o paciente:

"T: Qual é a sua meta para a semana?

P: Eu vou comer só um prato de comida no almoço.

T: Como você vai cumprir a sua meta?

P: Eu vou levantar da mesa assim que terminar a refeição e vou lavar o prato logo em seguida.

T: (O terapeuta faz então um reforço para mudança de atitude fazendo com que ele tenha expectativas realísticas e não se frustre com tanta facilidade como quando espera coisas que não pode alcançar.) *Qual será a consequência desta sua mudança de comportamento?*

P: Vou me sentir com maior controle e não vou ficar culpada como fico quando como dois pratos de comida.

T: *Quais são os riscos que podem fazer com que você não cumpra a sua meta?* (Essa pergunta faz com que o paciente possa dar-se conta dos seus mecanismos sabotadores internos e externos e possíveis precursores de uma recaída).

P: *Pensando melhor, acho que se sobrar muita comida eu posso ficar 'roubando' os restos das panelas mesmo após ter saído da mesa.*

T: (O terapeuta auxilia o paciente a enfrentar o risco previsto) *Como você poderia enfrentar este risco?*

P: *Acho que eu posso pedir uma ajuda a minha filha. Posso pedir que ela arrume a cozinha para mim e coloque os restos de comida nos potes. Ficarei então responsável somente por lavar a louça."*

O uso de rituais

A presença de rituais no espectro obsessivo-compulsivo é uma das características que mais afeta a qualidade de vida dos pacientes. Os rituais são considerados pelos pacientes como os principais causadores de problemas nos relacionamentos sociais e nas atividades básicas do dia a dia (higiene, alimentação, organização da casa, manejo de dinheiro, etc.) (Niederauer et al., 2007). A forma como se apresentam os rituais no TCAP não é homogênea e difere da forma como em geral se apresentam no TOC. Percebe-se que o uso ritual destinados a neutralizar os comportamentos ou atos mentais obsessivos com relação à comida difere de paciente para paciente.

Comportamentos padronizados e repetitivos nas refeições são muitas vezes utilizados pelos pacientes como forma de conter ou evitar a compulsão alimentar. A dificuldade para o psicólogo/psiquiatra está em definir se se trata de apenas uma espécie de superstição, hábito ou até mesmo uma estratégia terapêutica ou de fato uma característica do espectro obsessivo-compulsivo que causa sofrimento e prejuízo psicossocial.

Uma paciente costumava usar sempre o mesmo prato para as refeições principais alegando que desde que adotara tal hábito nunca mais havia tido compulsões severas. Em ocasiões em que não podia levar o prato consigo era surpreendida por um desejo incontrolável e desmedido pela comida, acompanhado de episódios de compulsão que se cessavam somente no dia seguinte quando retomava o uso habitual do tal prato. Outro paciente adotara um específico restaurante como forma de conter as compulsões, ritual este que lhe custava muito cumprir. Quando afastado por razões de trabalho, viajava quilômetros para repetir o que chamava de hábito e não obsessão. De forma diametralmente oposta, uma paciente planejava minuciosamente o ritual da compulsão. Com dia e hora marcada escolhia um recanto da casa para estender uma toalha no chão, como num piquenique, com seus alimentos favoritos, e ali passar parte do dia ingerindo uma quantidade exagerada de todos os tipos de guloseimas. Depois do ritual que acontecia com frequência, tinha os mesmos sentimentos de culpa e vergonha comuns nos quadros de TCAP, no entanto o descontrole característico que em geral antecede a compulsão havia sido cuidadosamente planejado por ela.

Conclusão

Após esta revisão sobre o TCAP, podemos perceber que, de diferentes modos, a alimentação sofre as mais diversas influências. A sociedade, o contexto familiar, a mídia, a internet, a cultura e o referencial da imagem corporal criam um contexto multifatorial e complexo que gera a necessidade de uma abordagem interdisciplinar para que se possam acessar todos os aspectos envolvidos na etiologia desta doença. Vale reforçar que, mesmo hoje, ainda não dispomos de referencial teórico-científico suficiente para que se possa preconizar algum tratamento ou abordagem como preferencial, tampouco seus critérios diagnósticos estão plenamente definidos. Entretanto, o aumento da demanda destes pacientes nos ambulatórios especializados e o maior interesse dos profissionais e/ou dos pesquisadores sobre o assunto propicia a discussão deste transtorno através da luz da ciência e da prática clínica.

Psicólogos clínicos, psiquiatras e nutricionistas talvez verão nos exemplos citados aqui uma semelhança estreita com o quadro e características de alguns de seus pacientes em sua prática cotidiana. Este capítulo teve como objetivo incluir um novo foco de discussão para a pesquisa e prática clínica do TCAP: a relação deste com o espectro obsessivo-compulsivo.

Referências

APA (2000). *Diagnostic and Statistical Manual IV-TR*. Washington, DC.

Association, A. D. (2006). Position of the American Dietetic Association: Nutrition Intervention in the Treatment of Anorexia Nervosa, Bulimia Nervosa, and Other Eating Disorders. J. o. t. A. D. Association.

Association, A. P. (2006). *Practice guideline for the treatment of patients with eating disorders Third Edition*.

Brownley, K. A., Berkman, N. D. et al. (2007). Binge eating disorder treatment: a systematic review of randomized controlled trials. *International Journal of Eating Disorders, 40*(4), 337-348.

Cooper, P., Taylor, M. J. et al. (1987). The Development and Validation of the Body Shape Questionnaire. *International Journal of Eating Disorders, 6,* 485-494.

Cooper, Z., & Fairburn, C. G. (2003). Refining the definition of binge eating disorder and nonpurging bulimia nervosa. *International Journal of Eating Disorders, 34,* 89-95.

Coutinho, W. (1998). Obesidade: Conceitos e Classificação. In: Nunes, M. A. et.al. *Transtornos Alimentares e Obesidade*. Porto Alegre: ArtMed, 197-202.

Davis, C. and Carter, J. C. (2009). Compulsive overeating as an addiction disorder. A review of theory and evidence. *Appetite, 53*(1) 1-8.

Fairburn, C., & Cooper, M. J. (1993). *The eating disorder examination*. New York, Guilford Press.

Fairburn, C. G., Agras, W. S. et al. (2004). Prediction of outcome in bulimia nervosa by early change in treatment. *Am J Psychiatry, 161*(12), 2322-2324.

Fairburn, C. G., & Bohn, K. (2005). Eating disorders NOS (EDNOS): an example of the troublesome "not otherwise specified" (NOS) category in DSM-IV. *Behaviour Research and Therapy, 43,* 691-701.

Fairburn, C. G., Doll, H. A. et al. (1998). Risk factors for binge eating disorder: a community-based, case-control study. *Arch Gen Psychiatry,* 55(5), 425-432.

Fichter, M. M., Quadflieg, N. et al. (2008). Long-term course of binge eating disorder and bulimia nervosa: relevance for nosology and diagnostic criteria. *Int J Eat Disord,* 41(7), 577-586.

Garfinkel, P. E., Lin, E. et al. (1996). Purging and nonpurging forms of bulimia nervosa in a community sample. *Int J Eat Disord,* 20(3), 231-238.

Hawkins, R. C., Clement, P. F. (1980). Development and construct validation of a self--report measure of binge eating tendencies. *Addict Behav,* 5(3), 219-226.

Herscovici, C. R. (1997). *A escravidão das dietas: um guia para reconhecer e enfrentar os transtornos alimentares.* Porto Alegre: Artes Médicas.

Hudson, J. I., Hiripi, E. et al. (2007). The prevalence and correlates of eating disorders in the National Comorbidity Survey Replication. *Biol Psychiatry,* 61(3), 348-358.

Hudson, J. I., Lalonde, J. K. et al. (2006). Binge-eating disorder as a distinct familial phenotype in obese individuals. *Arch Gen Psychiatry,* 63(3), 313-319.

Latner, J. D., Vallance, J. K. et al. (2008). "Health-related quality of life in women with eating disorders: association with subjective and objective binge eating." *J Clin Psychol Med Settings,* 15(2), 148-153.

Lears, T. J. Jackson (1983) From Salvation to Self-Realization: Advertising and the Therapeutic Roots of the Consumer Culture, 1880-1930. In: Richard Wighton & T. J. Jackson Lears (Eds.). *The Culture of Consumption: Critical Essays in American History,* 1880-1980, New York: Pantheon.

Martin, C. K., Williamson, D. A. et al. (2000). Criterion validity of the multiaxial assessment of eating disorders symptoms. *Int J Eat Disord,* 28(3), 303-310.

Mathes, W. F., Brownley, K. A. et al. (2009). The biology of binge eating. *Appetite,* 52(3), 545-553.

Matos, M. I. R., Aranha, L. S. et al. (2002). Binge eating disorder, anxiety, depression and body image in grade III obesity patients. *Rev Bras Psiquiatr,* 24(4), 165-169.

Morgan, C. M., Vecchiatti, I. R. et al. (2002). Etiologia dos transtornos alimentares: aspectos biológicos, psicológicos e sócio-culturais. *Rev Bras Psiquiatr,* 24(Supl III), 18-23.

Nangle, D. W., Johnson, W. G. et al. (1994). Binge eating disorder and the proposed DSM-IV criteria: psychometric analysis of the Questionnaire of Eating and Weight Patterns. *Int J Eat Disord,* 16(2), 147-157.

Pope, H. G., Jr., Lalonde, J. K. et al. (2006). Binge eating disorder: a stable syndrome. *Am J Psychiatry,* 163(12), 2181-2183.

Rangé, Bernard, & Souza, Conceição Reis de. (1998) Terapia Cognitiva. In: Cordioli, Aristides Volpato. *Psicoterapias.* Porto Alegre: Artes Médicas.

Ricca, V., Mannucci, E. et al. (2001). Psychopathological and clinical features of outpatients with an eating disorder not otherwise specified. *Eat Weight Disord,* 6(3), 157-165.

Schwartz (1986). Hillel Schwartz, Never Satisfied: A Cultural History of Diets, Fantasies and Fat. New York: Anchor Books.

Soares, R. M., Nunes, M. A. et al. (2009). Inappropriate eating behaviors during pregnancy: prevalence and associated factors among pregnant women attending primary care in southern Brazil. *Int J Eat Disord,* 42(5), 387-393.

Sobal, Jeffery; Maurer, Donna (1999). *Interpreting Weight: the social management of fatness and thinness.* Aldine de Gruyter: New York.

Stearns, Peter N. (1997) *Fat History: bodies and beauty in the Modern West.* NewYork University Press: New York and London.

Striegel-Moore, R. H., & Franko, D. L. (2003). Epidemiology of binge eating disorder. *Int J Eat Disord,* 34, Suppl: S19-29.

Striegel-Moore, R. H., Rosselli, F. et al. (2009). Gender difference in the prevalence of eating disorder symptoms. *Int J Eat Disord,* 42(5), 471-474.

Stunkard, A. J. (1959). Eating patterns and obesity. *Psychiatr Q,* 33, 284-295.

Stunkard, A. J., & Messick, S. (1985). The three-factor eating questionnaire to measure dietary restraint, disinhibition and hunger. *J Psychosom Res, 29*(1), 71-83.

Sullivan, P. F., Bulik, C. M. et al. (1998). Genetic epidemiology of binging and vomiting. *Br J Psychiatry, 17*, 75-79.

Vitolo, M. R., Bortololini, G. A. et al. (2005). Prevalência de compulsão alimentar entre universitárias de diferentes áreas de estudo. *Rev Psiquiatr RS, 28*(1), 20-26.

WHO, W. H. O. (2007). Growth reference data for 5-19 years.

Sobre os autores

Albina Rodrigues Torres - Psiquiatra. Docente do Departamento de Neurologia, Psicologia e Psiquiatria da Faculdade de Medicina de Botucatu (FMB) – UNESP e coordenadora do Ambulatório de transtornos ansiosos e obsessivo-compulsivos (ATAOC) da FMB. Doutorado pela Escola Paulista de Medicina - UNIFESP e pós-doutorado no Instituto de Psiquiatria do *King's College* - Universidade de Londres.

Alcyr de Oliveira - Psicólogo. Mestrado em Psicobiologia pela Universidade de São Paulo (USP-Ribeirão Preto) e doutorado pelo *Institute of Psychiatry King's College London*. Professor do programa de pós-graduação em Ciências da Reabilitação e chefe do Departamento de Psicologia da Universidade Federal de Ciências da Saúde de Porto Alegre.

Ana Carolina Peuker - Psicóloga. Mestre e Doutora em Psicologia pela Universidade Federal do Rio Grande do Sul (UFRGS). Professora do curso de pós-graduação em Terapia Cognitiva-Comportamental (UFRGS). Pós-doutoranda do Laboratório de Psicologia Experimental, Neurociências e Comportamento (LPNeC/UFRGS).

Andrea Lorena da Costa - Psicóloga clínica, Mestrado pelo Departamento de Psiquiatria da Universidade de São Paulo (USP), especialista em Dependência Química pela Universidade Federal de São Paulo (UNIFESP) e membro do Ambulatório Integrado dos Múltiplos Transtornos do Impulso (PRO-AMITI) da USP.

Caroline Tozzi Reppold - Psicóloga. Mestre e doutora em Psicologia pela Universidade Federal do Rio Grande do Sul (UFRGS), com estágios de pós-doutorado em Psicologia pela UFRGS e pela Universidade São Francisco. Professora dos Programas de pós-graduação em Ciências da Saúde e em Ciências de Reabilitação da Universidade Federal de Ciências da Saúde de Porto Alegre (UFCSPA). Diretora do curso de Psicologia da UFCSPA. Membro da Diretoria do Instituto Brasileiro de Avaliação Psicológica (IBAP) e membro da Comissão Consultiva de Avaliação Psicológica do Conselho Federal de Psicologia (SATEPSI). Bolsista de Produtividade do CNPq.

Cláudia Galvão Mazoni - Psicóloga. Mestre em Ciências Médicas pela Universidade Federal de Ciências da Saúde de Porto Alegre (UFCSPA). Professora-Adjunta do Curso de Psicologia da Universidade Luterana do Brasil (ULBRA-Gravataí)

Claudio S. Hutz - Psicólogo. Mestre e Ph.D. pela *University of Iowa* (USA) e professor titular da Universidade Federal do Rio Grande do Sul (UFRGS) onde coordena o Programa de Pós-Graduação em Psicologia. Bolsista de produtividade I-A do CNPq.

Daniel L. da Conceição Costa - Psiquiatra. Ex-Preceptor da graduação do Departamento de Psiquiatria da Faculdade de Medicina da Universidade de São Paulo. Médico Colaborador do Protoc (Projeto Transtornos do Espectro Obsessivo-Compulsivo) do Instituto de Psiquiatria do Hospital das Clínicas da Faculdade de Medicina da Universidade de São Paulo (HC-FMUSP).

Ellis A. D'arrigo Busnello - Médico. Psiquiatra. Psicanalista. Mestre em Saúde Pública e doutor em Ciências. Professor Titular de Psiquiatria da Faculdade de

Medicina da Universidade Federal do Rio Grande Do Sul (UFRGS), professor titular de Psiquiatria de Ciências da Saúde de Porto Alegre e professor dos cursos de graduação e de pós-graduação em ambas as escolas. Organizador do curso de pós-graduação senso estricto da UFRGS, que coordenou de 1993 a 1998. Psiquiatra da Secretaria da Saúde do Estado do Rio Grande do Sul, médico-chefe da Unidade Sanitária Murialdo (1972-1982) e diretor do Hospital Psiquiátrico São Pedro (1984-1988). Organizador do primeiro sistema de saúde comunitária brasileiro na Unidade Sanitária Murialdo com implantação da primeira residência em Medicina Comunitária/Medicina de Família e de Comunidade. Coordenação da implantação da residência em Psiquiatria Clínica e Social no Hospital Psiquiátrico São Pedro para a SSRS e no Hospital Materno Infantil Presidente Vargas para o curso de Medicina da Universidade Federal de Ciências da Saúde de Porto Alegre. Consultor da Organização Mundial da Saúde desde 1982 e da Organização Pan-Americana da Saúde desde 1970.

Helena Dias de Castro Bins - Médica pela Universidade Luterana do Brasil (ULBRA), psiquiatra pelo HPSP, psicoterapeuta pela UFCSPA, psiquiatra forense pela Universidade Federal de Ciências da Saúde de Porto Alegre (UFCSPA), Psicoterapeuta de Orientação Psicanalítica pela Universidade Federal do Rio Grande do Sul (UFRGS), Médica Psiquiatra Judiciária do Tribunal de Justiça do Rio Grande do Sul.

Helena Maria Tannhauser Barros - Médica. Professora titular de Farmacologia Básica e Clínica da Universidade Federal de Ciências da Saúde de Porto Alegre (UFCSPA). Doutora em Psicofarmacologia pela Universidade Federal de São Paulo (UNIFESP). Coordenadora do Serviço Nacional de Orientações e Informações Sobre a Prevenção do Uso Indevido de Drogas (VIVAVOZ).

Igor Marcanti dos Santos - Médico psiquiatra pela Universidade Federal de Ciências da Saúde de Porto Alegre (UFCSPA). Possui graduação em Medicina pela Universidade de Caxias do Sul (UCS).

Leandro Ciulla - Médico psiquiatra. Possui graduação em medicina pela Universidade Luterana do Brasil (ULBRA). Residência médica em Psiquiatria pela

Universidade Federal de Ciências da Saúde de Porto Alegre (UFCSPA). Sócio da Associação Brasileira de Psiquiatria (ABP). Sócio da Associação de Psiquiatria do Rio Grande do Sul (APRS). Coordenador do Núcleo de Psiquiatras em formação da APRS (2008-2010). Preceptor de residência médica em Psiquiatria e do Ambulatório de Neuropsiquiatria Geriátrica do Hospital São Lucas da Pontifícia Universidade Católica do Rio Grande do Sul (PUCRS). Pesquisador do Grupo de Pesquisa Envelhecimento e Saúde Mental (GPESM) do Instituto de Geriatria e Gerontologia da PUCRS.

Letícia Oliveira - Psicóloga. Especialista em Psicoterapia Psicanalítica pelo Instituto Abuchaim/PoA, mestre e doutora em Psicologia/UFRGS. Professora do Curso de Graduação em Psicologia da Faculdade Anhanguera do Rio Grande, do curso de graduação em Direito da Faculdade Anhanguera de Pelotas e pesquisadora do Programa de Transtornos Alimentares do Hospital de Clínicas de Porto Alegre.

Lívia Lopes Moreira - Médica pela Universidade de Caxias do Sul, residente do Serviço de Pediatria do Hospital São Lucas da Pontifícia Universidade Católica do Rio Grande do Sul (PUCRS).

Liziane Bizarro - Psicóloga. Doutorada e pós-doutorada no *Institute of Psychiatry King's College of London*. Professora orientadora do Programa de Pós-graduação em Psicologia da Universidade Federal do Rio Grande do Sul (FURG) e professora-adjunta do Instituto de Psicologia da Universidade Federal do Rio Grande do Sul.

Lucas Neiva-Silva - Psicólogo pela Universidade de Brasília (UnB). Mestre e Doutor em Psicologia pela Universidade Federal do Rio Grande do Sul (UFRGS), com estágio doutoral na *Universidad Autónoma de Madrid*. Professor do curso de Psicologia da Universidade Federal do Rio Grande (FURG). Membro do CEP-Rua UFRGS/FURG e pesquisador colaborador do CEARGS (Centro de Estudos sobre AIDS do RS).

Lucia Marques Stenzel - Psicóloga. Professora-adjunta da Universidade Federal de Ciências da Saúde de Porto Alegre (UFCSPA). Mestre em Psicologia pela

Pontifícia Universidade Católica do Rio Grande do Sul (PUCRS) e doutora em Psicologia pela PUCRS. Professora colaboradora do Programa de pós-graduação em Nutrição Clínica com ênfase em doenças cardiovasculares, diabetes e obesidade.

Luciana Archetti Conrado - Graduação em medicina pela Universidade Estadual Paulista Júlio De Mesquita Filho, mestrado em medicina pela Universidade de São Paulo (USP), doutorado em Ciências pela USP e Especialização em Psicossomática Psicanalítica pelo Instituto Sedes Sapientiae-SP.

Luciana Lopes Moreira - Médica pela Universidade Federal de Ciências da Saúde de Porto Alegre, psiquiatra e psiquiatra forense.

Luciana Signor - Farmacêutica. Mestre em Ciências da Saúde - Farmacologia (UFCSPA). Supervisora do serviço nacional de orientações e informações sobre a prevenção do uso indevido de drogas (VIVAVOZ).

Marcelo Campos Castro Nogueira - Médico psiquiatra do Ambulatório Integrado de Transtornos de Controle de Impulsos (AMITI) e do Ambulatório de Jogo Patológico (AMJO) do Instituto de Psiquiatria do Hospital das Clínicas da Faculdade de Medicina da Universidade de São Paulo (HC-FMUSP).

Maristela Ferigolo - Farmacêutica da Universidade Federal de Ciências da Saúde de Porto Alegre (UFCSPA). Doutora em Ciências Médicas pela Universidade Federal do Rio Grande do Sul (UFRGS) e coordenadora do serviço nacional de orientações e informações sobre a prevenção do uso indevido de drogas (VIVAVOZ).

Melissa Chagas Assunção - Médica psiquiatra. Graduação e residência pela Faculdade de Medicina de Botucatu (FMB – UNESP) e mestranda do Programa de pós-graduação em Saúde Coletiva da FMB - UNESP. Membro do Consórcio Brasileiro de Pesquisa em Transtornos do Espectro Obsessivo-Compulsivo (C-TOC).

Monica L. Zilberman - Médica psiquiatra, professora do Programa de pós-graduação do Departamento de Psiquiatria da Universidade de São Paulo (USP) e Pesquisadora do Laboratório De Psicofarmacologia LIM-23.

Rafael Marques Soares - Nutricionista pela Universidade do Vale do Rio dos Sinos (Unisinos), especialista em nutrição clínica de adultos pela Unisinos; mestre em Epidemiologia pela Universidade Federal do Rio Grande do Sul (UFRGS). Nutricionista do Grupo de estudos e assistência em transtornos Alimentares (GEATA). Pesquisador do Estudo Longitudinal de Saúde do Adulto (ELSA – UFRGS), professor do Instituto de Pesquisas Ensino e Gestão em Saúde (IPGS); professor do curso de pós-graduação em Dietoterapia nos ciclos da vida (UNIVATES) e professor do curso de pós-graduação em Nutrição Humana (UNIFRA).

Ygor Arzeno Ferrão - Graduação em Medicina pela Universidade de Ciências da Saúde de Porto Alegre; residência em Psiquiatria pela Universidade de Ciências da Saúde de Porto Alegre (UFCSPA), mestrado em Medicina: Ciências Médicas, pela Universidade Federal do Rio Grande do Sul (UFRGS) e doutorado em Psiquiatria pela Universidade de São Paulo (2004). Atualmente é professor-adjunto de Psiquiatria da UFCSPA e médico Psiquiatra preceptor no Hospital Materno Infantil Presidente Vargas.

Impresso por :

gráfica e editora

Tel.:11 2769-9056